Quarante Ans

DE

THÉATRE

FRANCISQUE SARCEY A 60 ANS

Francisque SARCEY

# Quarante Ans DE THEATRE

(Feuilletons dramatiques)

E. ZOLA, J. CLARETIE, F. COPPÉE, A. PARODI,
E. BERGERAT, P. DÉROULÈDE, J. AICARD, G. OHNET,
A. BISSON, J. RICHEPIN, G. PORTO-RICHE,
O. MIRBEAU, J. LEMAITRE, F. de CUREL, J. JULLIEN.

BIBLIOTHÈQUE DES ANNALES
Politiques et Littéraires

PARIS — 15, RUE SAINT-GEORGES

1902

IL EST TIRÉ DE CET OUVRAGE

CINQUANTE EXEMPLAIRES NUMÉROTÉS A LA PRESSE

SUR PAPIER DE HOLLANDE

# ÉMILE ZOLA

## LE THÉATRE ET LES PRÉFACES DE ZOLA

A l'époque où notre confrère en critique théâtrale, Émile Zola, publia son théâtre en volume, je m'engageai à revenir, un jour où je serais de loisir, sur les trois pièces qui le composent, et plus particulièrement sur les trois préfaces qui les précèdent. Des trois œuvres dramatiques, j'aurais peu de chose de nouveau à dire; je les ai lues à tête reposée. Mon opinion n'a pas changé. Zola s'est trompé : ou il n'est pas né pour le théâtre, ou il n'a pas encore trouvé sa voie. Si aussi bien ses pièces, surtout les deux dernières, étaient signées d'un autre nom, personne n'eût retourné la tête au bruit de la chute.

Notre confrère a cru devoir écrire, pour chacune de ses pièces tombées, une préface où il explique ce qu'il a voulu faire, et prend à partie, non sans aigreur, d'abord les critiques, ses confrères, puis le public tout entier.

C'est une chose digne de remarque, tout auteur qui tombe au théâtre cède à la démangeaison d'écrire une préface. C'est que les pièces qui réussissent n'en ont pas besoin; elles portent avec elles leur explication et leur lumière. Comme le public leur a fait bon accueil, l'écrivain les lui livre sans se croire obligé d'exposer ses intentions et ses idées. Un simple remercîment de politesse au directeur, aux comédiens et quelquefois au public lui-même, tient lieu de toute préface. Il n'en va pas de même pour celui qui a trouvé des spectateurs rétifs. Vous vous rappelez le mot de Figaro : On a vingt-quatre heures au Palais pour maudire ses juges, on a vingt-quatre ans au théâtre; la vie même est trop courte pour user un tel ressentiment. C'est un coup si dur pour un malheureux auteur dramatique que la chute d'une pièce; si dur et si imprévu; on a caressé tant d'illusions en l'écrivant; on s'est si bien épris d'elle en la mettant en scène! Autour de soi, durant les dernières répétitions générales, on n'a vu que des gens qui se sont grisés, tout comme vous, du succès qu'ils espèrent. Les amis, quelle que soit leur pensée intime, vous ont accablé de félicitations et de poignées de mains : « Ah! mon cher, vous avez là dedans cent représentations, c'est moi qui vous le dis. » Vous imaginez aisément l'étonnement, le dépit, la fureur, la rage dont un auteur est saisi, lorsqu'il voit le chef-d'œuvre, ce chef-d'œuvre qui avait coûté tant de travail et sur lequel on avait mis tant d'espérance, bousculé en un soir par une foule gouailleuse.

C'est que là, il n'y a pas à se dissimuler l'insuccès; il n'y a pas de porte de derrière par où l'amour-propre puisse se dérober. Dans tout autre genre, si l'on ne réussit point, on ne l'apprend que peu à peu, à la longue; et lorsque enfin l'échec est certain, indéniable, on est déjà tout occupé d'une autre œuvre; on a eu le temps de se créer des illusions nouvelles, qui rendent indifférent le souvenir du déboire. Mais au théâtre le coup est immédiat; il frappe en pleine poitrine. On peut regimber un jour ou deux et compter sur les retours de la seconde ou de la troisième représentation. Mais au bout de trois jours, c'est une affaire conclue; il faut retirer la pièce de l'affiche. L'œuvre est démolie; il n'en reste plus rien. Les ruines même ont péri, comme disaient les anciens.

Il faudrait être plus philosophe que ne le sont les auteurs dramatiques, gens nerveux pour la plupart, pour accepter patiemment la leçon, et se remettre au travail, sans exhaler un peu de la bile qui bouillonne au fond du cœur. Quelques-uns sont pris de vrais accès de rage, ils se jettent sur une plume; Sardou écrit des lettres aux journaux, Zola des préfaces. Vous souvenez-vous que Racine, le doux Racine, — je dis le *doux Racine* pour me conformer à l'usage, car il n'y avait pas d'écrivain plus susceptible, plus aigre et plus mordant que le doux Racine, quand on avait le malheur de froisser sa vanité littéraire, — a dans sa vie composé deux ou trois préfaces très piquantes, qu'il a eu le bon sens de supprimer plus tard. Mais sur le moment il n'avait pu résister à l'envie de dire leur fait et à ses critiques et aux spectateurs de la cour et de la ville.

Il semble, au premier abord, qu'il n'y aurait rien de plus simple pour un auteur que de se dire : Ma pièce ne plaît pas au public; c'est apparemment qu'elle a des défauts que je n'aurais pas soupçonnés; c'est qu'elle n'est pas taillée à son goût; c'est que je me suis trompé. Jamais ou presque jamais il ne fait ce raisonnement; il va toujours chercher les raisons de l'insuccès que subit son œuvre, non dans l'œuvre elle-même, mais dans le public à qui il l'a offerte. Il n'y a pour lui que deux raisons de cet étrange accueil que fait la salle à une œuvre qui est évidemment excellente.

Ou le public ne l'a point comprise, et alors c'est donc un public d'imbéciles; ou il s'est parfaitement rendu compte du mérite de l'ouvrage, mais il n'en veut pas convenir, et c'est en ce cas un public de gens de mauvaise foi. Des idiots ou des canailles, il hésite entre ces deux explications; ou plutôt, il n'hésite pas, il les donne l'une après l'autre; et c'est là un faible si naturel à l'auteur dramatique qu'Émile Zola lui-même, qui est pourtant un homme d'esprit et un romancier hors ligne, n'a pu se défendre d'y tomber.

Toute la préface des *Héritiers Rabourdin* pourrait se résumer d'un mot : Vous êtes tous des crétins ! Celle du *Bouton de Rose* revient à dire : Vous êtes tous des canailles !

Pauvres critiques ! Zola les a-t-il assez malmenés pour n'avoir rien compris aux beautés des *Héritiers Rabourdin* :

> Ce qui me plonge dans une stupéfaction profonde, dit-il, c'est la parfaite innocence de ces messieurs en face de mon œuvre et de ma personnalité. On les aurait placés en face d'un Mohican ou d'un Lapon, apportant de son pays quelque joujou barbare, qu'ils n'auraient pas ouvert des yeux plus ignorants, ni émis sur le mécanisme du joujou des jugements plus extraordinaires. Pas un d'eux n'a paru se douter un instant que j'avais fait, dans les *Héritiers Rabourdin*, une tentative d'un genre particulier. Ils n'ont pas même essayé de se rendre compte pourquoi la pièce est ce qu'elle est et non ce qu'ils voudraient qu'elle fût... Puisque la critique a, volontairement ou non, passé à côté des *Héritiers Rabourdin*, sans discuter le point de vue auquel je m'étais placé, je suis réduit à expliquer ici ce que j'ai entendu faire.

M. Zola, qui accuse les critiques d'innocence, me semble faire preuve ici d'une certaine ingénuité. Il oublie qu'il n'en est pas d'une pièce de théâtre comme d'un roman, où l'auteur peut expliquer et le but de son œuvre et le caractère de ses personnages, et y revenir dans le courant du volume pour les expliquer encore. Une des conditions nécessaires du théâtre, c'est que l'œuvre puisse se passer de tous ces commentaires; que le sens en soit si clair, si évident, qu'il saute aux yeux tout d'abord et s'impose à l'esprit.

Toutes les fois que nous ne comprenons pas un drame, il y a bien des chances pour que ce ne soit pas notre faute, mais celle du drame. Car son devoir à lui et son premier mérite, c'est de se faire comprendre aux plus ignorants, à plus forte raison aux hommes dont c'est le métier de comprendre.

Enfin, n'importe! Voyons ce qu'a voulu Émile Zola dans les *Héritiers Rabourdin*. Oh! mon Dieu! c'est bien simple. Il a voulu tout uniment remonter aux sources de notre théâtre, ressusciter la vieille farce littéraire, telle que nos auteurs du XVII<sup>e</sup> siècle l'ont comprise, et faire, pour me servir de ses expressions, du réel contemporain avec le réel humain qui est de tous les temps.

> J'insiste, ajoute-t-il, sur ce point de départ. Il n'est pas une scène dans la pièce qui n'aurait dû ouvrir les yeux de la critique et lui inspirer le soupçon qu'elle avait devant elle une protestation contre la façon dont nos auteurs gaspillent l'héritage de Molière. Qu'a-t-on fait de ce beau rire, si profond dans sa franchise, de ce rire ouvert où il y a des sanglots?

Dame! c'est une question que nous aurions bonne envie de retourner contre Zola lui-même : qu'avez-vous fait de ce beau rire, si simple et si profond dans sa franchise? J'en retrouve des traces chez Augier, chez Labiche, qui n'affectent pourtant pas l'impertinente prétention de succéder à Molière. Mais il ne me paraît pas que les *Héritiers Rabourdin* soient les héritiers de ce grand homme.

Et une fois que notre ami Zola a enfourché ce dada, le voilà qui, la lance en avant, comme Don Quichotte, court en guerre contre les moulins à vent éclos de son imagination. Il nous apprend qu'aujourd'hui (en 1878, s'il vous plaît), Scribe est le seul maître que le public et les critiques vous proposent comme modèle :

> Il y a, dit-il, pour fabriquer une pièce selon les règles, tout un manuel à consulter. On doit connaître Scribe par cœur. Il vous enseignera dans quelle proportion l'amour doit entrer dans une comédie ; ce qu'on y peut risquer de scélératesse ; de quelle façon on escamote un dénouement et de quelle autre on modifie un personnage d'un seul coup de baguette. Il vous apprendra en un mot le *métier* du théâtre que Molière ignorait, mais que la critique déclare aujourd'hui de toute nécessité, si l'on aspire à l'honneur de faire rire ou de faire pleurer ses contemporains.

Mais où diable Zola a-t-il vu tout cela ? Il y a dans ces assertions presque autant d'erreurs que de mots. Scribe est si peu le maître du théâtre contemporain, que ce théâtre est au contraire une réaction contre celui qu'il a aimé et prôné. C'est vers 1850 que le genre de Scribe a commencé de baisser dans l'opinion publique, et, quand je suis arrivé à Paris en 1859, je l'ai trouvé en pleine décadence. Scribe lui-même disait non sans mélancolie à ses fidèles : « Mes dernières pièces sont pourtant aussi bien faites que les premières, pourquoi le public n'en veut-il plus ? » C'est que le public ne voulait plus de *pièces bien faites*.

Ce moule contre lequel Zola n'a point assez de raillerie, qu'il frappe sans relâche dans ses feuilletons de théâtre, est depuis tantôt trente années un moule usé, fini, dont personne ne veut plus, ni dans les grands théâtres, ni sur les scènes de genre. Est-ce que les derniers grands vaudevilles de Labiche, est-ce que les fines et spirituelles études de Meilhac et Halévy, est-ce que les superbes tableaux de mœurs d'Augier ont le moindre rapport avec la *pièce bien faite* de Scribe ? Mais je défie Zola de me montrer dans le quart du siècle qui vient de s'écouler, je ne dis pas une *pièce bien faite* qui ait eu du succès, mais une seule pièce dont on ait pu dire qu'elle était une pièce bien faite. C'est un genre absolument suranné.

Et puis, y a-t-il du bon sens à venir nous dire que Molière ne savait pas *le métier?* Comment Zola, lui qui connaît le théâtre, ose-t-il avancer de semblables incongruités littéraires. Personne au contraire n'a su *le métier* et les infiniment petits du métier comme Molière; personne ne l'a pratiqué avec plus d'adresse. Ce n'est pas pour ce mérite secondaire qu'il est grand; mais il l'avait ce mérite, à un degré incroyable.

Got me disait un jour dans cette langue imagée qui constitue l'argot des coulisses : « Ce Molière! plus on l'étudie, plus on voit qu'il n'y a pas plus *roublard!* » Et le fait est que personne, non pas même Scribe, n'a mieux connu cette foule de trucs à l'aide desquels on bouche un trou, on sauve une explication ennuyeuse, on fait passer une situation scabreuse.

Le *métier*, puisque *métier* il y a, s'est élargi et s'est modifié depuis Molière. Molière savait celui de son temps. Il est bon que nos auteurs apprennent celui du nôtre. Mais s'ils n'ont que du métier, cela ne les mènera pas loin, je l'avoue. Zola fait vraiment trop bon marché du théâtre contemporain.

> Certes, dit-il, si le théâtre, à notre époque, jetait un vif éclat; si les œuvres représentées étaient des chefs-d'œuvre; si les auteurs dramatiques donnaient à l'art tout le resplendissement désirable; enfin, s'il n'y avait pas place pour une renaissance, je comprendrais que l'on nous repoussât. Mais les planches sont vides...

Les planches sont vides! Sérieusement, est-il permis à un homme, quelle que soit sa mauvaise humeur, de se permettre une aussi extravagante monstruosité. Quoi! les planches sont vides! et Augier vient de donner les *Four-*

*chambault*, et l'on va reprendre le *Fils naturel* d'Alexandre Dumas, et l'on joue en ce moment la *Cagnotte* de Labiche, la *Cigale* de Meilhac, les *Deux Orphelines* de d'Ennery, et l'on annonce une comédie nouvelle de Sardou. Mais si vous mettez à part ces grands noms de Molière et de Shakespeare, qui ne sont que des accidents de génie, vous pouvez courir toute l'histoire du théâtre dans l'univers sans trouver une époque où se soient rencontrés à la fois, dans un seul genre, tant d'écrivains de premier ordre.

Zola n'en est pas, à la bonne heure. Mais faute d'un moine, l'abbaye chôme-t-elle? Il est vrai qu'il joint sa cause à celle d'autres écrivains qu'il ne nomme pas :

> Ma cause n'est pas isolée, dit-il. Je plaide ici pour tout un groupe d'écrivains. Je n'ai pas l'orgueil de croire que ma mince personnalité a suffi pour soulever tant de colères. Je suis un bouc émissaire, et rien de plus. On a frappé en moi une formule plutôt qu'un homme. La critique voit grandir devant elle un groupe qui s'agite fort et qui finira par s'imposer. Elle ne veut pas de ce groupe, elle le nie ; car le jour où elle lui reconnaîtrait du talent, elle serait perdue.

On reste confondu en lisant ces choses-là. Mais où est-il ce groupe qui s'agite et auquel nous refusons de reconnaître du talent. Il y a, à la Chambre, des députés qui forment un groupe à eux tout seuls. Zola m'a l'air d'être à la fois un zoliste et un soliste. Et s'il montrait du talent pour le théâtre, s'il y arrivait, aucun de nous ne se croirait perdu pour cela.

Et voyez comme on se contredit aisément quand on est dans le faux. C'est une formule, s'écrie-t-il, que l'on a voulu frapper et non un homme! Et lui-même, deux pages plus bas, parlant de sa pièce, dit en propres termes : « Pour moi, ma comédie n'est qu'une étude, qu'une expérience. A part quelques bouts de scène, elle est en dehors de la formule que je cherche. » Eh! bien, si sa pièce est en dehors de sa formule, comment aurions-nous pu voir et frapper dans cette pièce une formule qui n'y est pas?

Décidément nous ne sommes pas si bêtes que Zola nous peint dans sa préface des *Héritiers Rabourdin*. Nous ne sommes pas non plus si canailles qu'il nous a vus dans *Bouton de Rose*.

Dans cette préface, il se pose en moraliste curieux des grands mouvements d'opinion qui se produisent dans les foules, et il cherche à analyser les vrais sentiments du public qui a conspué son œuvre.

Le premier qu'il trouve paraîtra sans doute un peu extraordinaire;

> Avant tout, dit-il, le public a eu une déconvenue. Il s'attendait certainement à autre chose... Il demandait à l'auteur de *Rougon-Macquart* une comédie extraordinaire et tout à fait hors ligne; cela était certainement très flatteur, mais bien dangereux... Donc, le public était dans l'attente de quelque chose de prodigieux.

Zola s'abuse : on n'attendait rien de si prodigieux. J'ai entendu ces terribles conversations de couloirs, où les habitués des premières représentations disent leurs impressions secrètes avec une singulière franchise, et parlent en toute sincérité les feuilletons qu'ils se garderaient bien d'écrire. « Tiens! disait-on de tous côtés, Zola au Palais-Royal! Ce n'est pas son genre... Il n'y a pas dans toute son œuvre un mot vraiment gai... Il a mieux que de l'esprit, il a du génie; mais ce génie lui tient généralement lieu d'esprit... Enfin, il faut voir... Il est difficile qu'un homme de ce mérite ne rencontre pas une scène plaisante... Qu'il y ait une scène, nous le tenons quitte du reste. » Tels étaient les propos échangés ce soir-là. Zola doit voir qu'il est loin de compte. Loin de se dire avec admiration : C'est Zola ! quel chef-d'œuvre nous allons avoir ; tout le monde répétait en secouant la tête : C'est Zola ! il faut de l'indulgence !

Cette indulgence, je ne saurais trop le répéter, nous nous en étions assurés d'avance ; elle était (sauf exceptions, bien entendu) générale dans le public. Aussi ne puis-je m'empêcher de sourire quand j'entends M. Zola parler de cabale, conter que ses feuilletons du *Bien public* avaient animé contre lui et les dramaturges et les gens de lettres, qui avaient apporté des clefs exprès, qu'il y avait dans tous les cœurs une secrète jalousie exaspérée contre lui :

> Le romancier lui-même, dit-il, était en cause. Les succès se payent. Je devais expier le 8 mai les quarante-deux éditions de l'*Assommoir* et les vingt éditions d'une *Page d'amour*. Un romancier faire du théâtre, un romancier dont les œuvres se vendent à de tels nombres ! cela menaçait de devenir l'abomination de la désolation.
>
> J'allais prendre toute place ; j'étais vraiment encombrant. Il s'agissait de mettre ordre à cela. Pour peu que l'œuvre prêtât le flanc, on la bousculerait, et l'on se régalerait de voir l'heureux romancier se casser les reins comme auteur dramatique.

Mais non... mais non... J'en appelle de Zola, auteur dramatique, à Zola, feuilletoniste de théâtre. Est-ce que cela est si régalant pour lui de voir une pièce dévorée par le public ? Est-ce qu'il ne rentre pas en lui-même et ne se dit pas : Et il faudra que, par métier, je frappe un homme à terre, que je m'en fasse un ennemi, que je fuie pendant quinze jours au moins ses yeux et sa rencontre ? Cette perspective est-elle si réjouissante ? Sans compter que, moi, je vais au spectacle pour mon plaisir, que je m'y amuse pour mon compte, et qu'une œuvre qui tombe me donne toujours une soirée ennuyeuse.

Zola, comme la plupart des auteurs tombés, en appelle

du public de la première aux autres publics. Il s'imagine que c'est le critique qui a tué sa pièce, qui l'a empêché de réussir aux représentations suivantes. Comme si nous avions le pouvoir d'arrêter la foule. Ah! si j'avais cette influence! Est-ce que nous avons réussi à détourner le public de *Niniche?* Est-ce que nous avons pu prolonger le succès de *Madame Caverlet? Niniche* amusait la foule; elle y a couru, malgré nos objurgations. *Madame Caverlet* choquait ses préjugés; elle s'en est éloignée, en dépit de nos conseils et de nos prières.

Ce n'est point nous qui avons tué les *Héritiers Rabourdin*, ni *Bouton de Rose*. Ils sont morts parce qu'ils n'étaient pas nés viables.

M. Zola n'en veut pas convenir :

> Un dimanche soir, dit-il dans sa préface des *Héritiers Rabourdin*, je suis allé me mettre au beau milieu de la salle, pleine du public illettré des jours de fête. Le quartier Saint-Jacques était là. Les trois actes n'ont été qu'un long éclat de rire. Chaque mot était souligné; rien n'échappait à ce grand enfant de public, pour lequel la pièce, primitive et naïve de parti pris, semblait avoir été faite. Les enluminures un peu fortes le ravissaient; la simplicité des moyens le mettait de plain-pied avec les personnages. Le dirai-je? J'ai goûté là la première heure d'orgueil de ma vie!

Je crains bien que M. Zola n'ait mal vu, car moi aussi je suis retourné voir les *Héritiers Rabourdin*, et j'y suis retourné un dimanche, par conscience de critique, pour voir ce que pensait de la pièce de Zola ce public illettré dont il parle.

Ils étaient là cent cinquante à peu près dans la salle, qui s'ennuyaient bien comme quinze cents. Il n'y eut pas un effet tout le long de la pièce, et je m'en revins chez moi navré. D'où je conclus que si c'était là le dimanche dont Zola veut parler, nous n'avons pas vu les choses des mêmes yeux, ou que si c'était un autre dimanche, les dimanches à Cluny se suivent et ne se ressemblent pas.

Je n'ai dans ces deux préfaces qu'un mot à approuver :

> Si ma pièce, dit Zola dans la première, est massacrée, niée, noyée au milieu du tapage de la critique courante, peu importe ; je pousse mes verrous ; je m'exile de nouveau dans le travail.

Et dans l'autre :

> Je suis par terre, mais l'art est debout. Ce n'est pas parce qu'un soldat est blessé, que la bataille est perdue. Au travail, et recommençons !

A la bonne heure ! Voilà de nobles et viriles paroles ! Et c'est là, en effet, pour un auteur tombé la seule chose qu'il y ait à faire. Un chef-d'œuvre est la seule réponse d'un écrivain de talent aux injustices du public, si tant est que le public se soit montré injuste.

> Et ta plume peut-être aux censeurs de Pyrrhus
> Doit les plus nobles traits dont tu peignis Bacchus,

disait Boileau à son ami Racine.

Au travail ! A supposer que Zola ait raison contre nous et que nous nous soyons trompé, ce ne sont pas ses préfaces qui nous convaincront. Qu'il nous donne un bon drame, un drame où se trouvent les grandes qualités de *Thérèse Raquin*, sans les énormes défauts qui nous ont rebutés, et nous oublierons tout, même ses préfaces ; et lui-même il ne sentira plus le besoin d'écrire une préface nouvelle à sa pièce. Il la donnera telle quelle au public, comme il livre ses romans, sans s'inquiéter des discussions qu'ils soulèvent, et sûr de l'avenir.

21 octobre 1878.

# L'ASSOMMOIR (1)

Nous sortons de la représentation, qui ne s'est terminée qu'à une heure et demie du matin ; elle avait commencé à sept heures trois quarts. Vous voyez que l'œuvre est longue et de poids, comme presque tous les drames découpés dans les romans.

Je sens d'ordinaire quelque scrupule à parler ainsi, au pied levé, d'un ouvrage nouveau important qui a été donné le samedi soir, et dont la représentation ne s'est achevée que le matin. Je n'ai pas aujourd'hui de ces inquiétudes. L'*Assommoir*, quelque bruit que l'on ait fait autour de ce titre, est un drame qui ne soulève aucune question littéraire et qui est fort aisé à juger. C'est tout bonnement une de ces pièces dont on a tout dit lorsqu'on a appris au public si l'on s'y est diverti ou ennuyé. Elle n'a pas de visées plus hautes, et il faut la prendre pour ce qu'elle est. Le nom de M. Émile Zola et sa prétention bruyamment affichée de créer au théâtre une poétique nouvelle ne doivent pas nous faire illusion. L'*Assommoir* ne régénérera rien du tout ; c'est un drame comme nous en avons vu beaucoup et comme nous en verrons beaucoup encore.

(1) Par MM. W. Busnach et Gastineau, d'après le roman d'É. Zola.

Les premiers tableaux sont amusants, lestes, et habilement enlevés. Ils nous mènent de la chambre où Lantier vit avec la Gervaise, à ce lavoir où se passe cette bataille épique à coups de battoir, entre Gervaise et la grande Virginie, puis à la barrière Poissonnière, où nous faisons connaissance avec l'illustre Mes-Bottes, le célèbre Bibi-la-Grillade, l'incomparable Bec-Salé, sans parler de Coupeau et de Goujet, qui sont les deux héros du drame ; de là au Moulin-d'Argent, où se célèbrent les noces de Gervaise avec Coupeau, et enfin dans cette maison en construction du haut de laquelle Coupeau tombe et manque de se tuer.

Tous ces premiers tableaux marchent vivement : ils rappellent ces drames populaires que les Cogniard et Paul de Kock faisaient jouer autrefois soit aux Folies-Dramatiques, soit aux Variétés. Cogniard et Paul de Kock y mettaient moins de prétention et plus de gaieté. Au fond, c'était la même facture, le même ordre d'idées, et presque le même langage. La petite pointe de morale s'y trouvait également. J'avoue que Goujet, le bon ouvrier, est plus solennel et plus prêcheur que ceux qu'on nous présentait jadis. Mais, après tout, il dit les mêmes choses.

La différence est surtout dans la mise en scène. On ne s'occupait guère de ce détail à l'époque où Cogniard et Paul de Kock donnaient au père Mourier leurs pochades, brossées à la diable. M. Chabrillat, le directeur de l'Ambigu-Comique, a cédé au goût du jour ; il a soigné tout particulièrement le cadre et les accessoires. Quand le rideau s'est levé sur le tableau qui représente le lavoir, il n'y a eu qu'un cri dans la salle. Je crois bien que personne de nous n'avait jamais, au grand jamais, vu l'intérieur d'un lavoir. Mais *c'était ça*, ce devait être ça, tout au moins. Toutes les blanchisseuses plongent leurs mains dans une eau qui est vraiment chaude ; elles ont de vrai savon, elles lavent et étendent de vrai linge. Il n'y a qu'un moment où la convention reprenne ses droits; c'est quand l'action se remet en marche. Nous attendions tous le moment où les deux femmes aux prises se distribueraient des coups de battoir, pile et face. Mais les auteurs ont reculé; il paraît qu'il n'y a pas moyen (quoi qu'en dise Zola) de se passer de convention au théâtre. Ils ont fait (à l'exemple de Cogniard et de Paul de Kock) entourer au moment décisif les deux femmes par le bataillon des laveuses, qui nous dérobait leur vue. Ce n'est pas la peine d'être réaliste, alors!

Moi, personnellement, tous ces premiers tableaux m'ont amusé, et ils ont été vigoureusement applaudis du public. C'est que — j'en reviens là — ils relèvent du bon vieux théâtre d'autrefois arrangé au goût du jour. On aime, de notre temps, la représentation exacte et pittoresque du terrain où se passe l'action. Eh! bien, c'est affaire au directeur de voir à ces détails. Il n'y a rien à reprocher à M. Chabrillat. Il a fait son métier comme les hommes d'esprit qui ont tiré un drame de l'*Assommoir* ont fait le leur. Le vrai drame est tout de convention, comme était celui des Cogniard autrefois; mais les personnages accessoires sont vrais et gais; ils ont du mouvement; cette gaieté se mouille parfois et l'attendrissement va jusqu'à la sensiblerie. C'est précisément ce que demande le public.

Toute cette première moitié du drame m'a amusé, et si l'on en avait retranché je ne sais quel ton de solennité philosophique ou déclamatoire qui s'y mêlait de temps à autre, je n'aurais que des éloges à en faire. Le tableau qui suit ceux que j'ai indiqués, celui qui nous fait assister au repas donné par Gervaise le jour de sa fête est encore assez plaisant : partout ailleurs, je ne ferais pas remarquer que ce repas est un repas de théâtre, un repas de convention ; que l'on n'y mange pas, que l'on n'y boit pas sérieusement. Mais, puisque ces messieurs parlent sans cesse de réalisme, il faut bien leur montrer qu'ils sont toujours, malgré eux, dans la convention jusqu'au cou. Ils y sont pour les sentiments ; ils y sont aussi pour la mise en scène. Ils auront beau faire, ils ne s'en tireront jamais. Car, si loin qu'on veuille pousser l'imitation de la réalité au théâtre, il y a toujours un moment où la convention reprend ses droits.

C'est après le dîner de fête des Coupeau que le drame tourne au sombre. Ce qui fait la beauté du roman, c'est l'étude des dégradations successives par lesquelles passe Coupeau, avant de devenir un mauvais ouvrier, puis un ivrogne, puis un alcoolisé. Le théâtre supprime les intermédiaires. Nous avons vu au tableau précédent Coupeau brave garçon et excellent zingueur ; nous le retrouvons au suivant déjà perdu pour le travail et adonné à la boisson. Que voulez-vous ? On ne peut pas tout faire à la fois. Tandis qu'on perd dix bonnes minutes à vous montrer comment un ouvrier mange sa soupe ou monte à une échelle, on ne peut vous faire voir en même temps comment ses sentiments s'altèrent et sa vie change. Il faut choisir ; Zola, dans le roman, préfère l'étude philosophique de l'âme ; au théâtre, il aime mieux laisser le gros de la besogne au metteur en scène.

Coupeau a donc tourné à l'ivrognerie ; il laisse Gervaise sans le sou à la maison. Gervaise, dans le drame, reste jusqu'au bout une brave femme ou à peu près, qui ne succombe qu'accablée sous l'excès de la détresse. Ce n'est plus la Gervaise du roman. Ce qui fait son malheur, c'est qu'elle est poursuivie par la grande Virginie, celle même qu'elle a frappée d'un coup de battoir. Cette Virginie lui a voué une haine irréconciliable. Elle joue dans le drame le rôle du traître. Car il y a une *traître* dans l'*Assommoir* de Zola, tout comme dans les mélodrames de Pixérécourt. Et ce traître est tout aussi faux que les autres, et un peu plus ennuyeux.

C'est la grande Virginie qui cherche à remettre Gervaise avec son ancien amant Lantier, et qui n'y réussit point. Zola a encore reculé devant le personnage de Lantier. Il l'avait caressé avec amour dans le roman ; à la scène, Lantier s'est évanoui, a disparu. On le voit par-ci par-là circuler dans l'action, où il n'a rien à faire, qu'à jeter des menaces inutiles. J'aime autant qu'il ne paraisse pas davantage ; mais aussi ne fais-je point profession d'être réaliste.

Gervaise, à bout de ressources, va chez Goujet, le bon ouvrier, s'excuser de ne pouvoir lui rembourser la somme qu'il lui a prêtée dans le temps. Goujet l'aime et lui propose de s'enfuir avec lui. La mère de Goujet, une brave femme que l'on n'avait pas encore vue jusqu'alors, sort de sa chambre comme d'une boîte à surprises, et chapitre vertement les deux amoureux. Ah ! dame, le sermon est long, long est le sermon, et il nous a paru tel à tous. Ce n'est pas seulement parce qu'il est long, en effet, c'est aussi parce que toute cette histoire nous était parfaitement indifférente.

Est-ce qu'on m'a jusqu'à présent intéressé à Gervaise, à Coupeau et à Goujet ? Pas le moins du monde. On m'a amusé par une suite de tableaux où la vie ouvrière est habilement mise en scène : je ne me doutais pas qu'une action sérieuse, et qui mettait en jeu des sentiments profonds, allait sortir de là. Les anciens dramaturges dont je parlais tout à l'heure, les Cogniard et les Paul de Kock, les prédécesseurs de Zola, étaient plus conséquents. Ils conservaient jusqu'au bout le même style et n'avaient pas la prétention de tirer un gros mélodrame bien sombre d'une spirituelle pochade.

Nous avons fait un saut dans le noir, comme disent les Anglais. Nous y restons. Coupeau, sermonné par Goujet, s'était amendé. Lantier, pour servir la haine de la grande Virginie, s'engage à le ramener à l'Assommoir. Nous voilà donc à l'Assommoir. Toute la scène se réduit à ceci : Coupeau boira-t-il ou ne boira-t-il pas le verre d'eau-de-vie qu'on lui offre ? Je vous avouerai que ça m'est absolument égal. Il m'ennuie, ce Coupeau ; ce Coupeau me dégoûte. Il faut bien croire que ce sentiment est celui de toute la salle : car les applaudissements ont cessé, un froid mortel se répand dans le théâtre. On trouve que *c'est long*.

C'est long ! je le crois parbleu bien ! Voilà trois heures que nous sommes avec des ivrognes gais. On nous flanque, pour nous réconforter, un ivrogne triste. Nous en avons assez de tous ces ivrognes-là. Qu'il boive et qu'il crève tout de suite, l'animal, et n'en parlons plus.

Il a bu, il s'est enivré ; il est retourné à son vomissement, pour parler la langue des Écritures et du roman naturaliste. Quand le rideau se relève, nous voyons Gervaise seule, dans une mansarde nue, cherchant dans le tiroir de vieilles croûtes oubliées afin de les manger. Coupeau est à l'hôpital, et elle a faim.

La grande Virginie (le traître) arrive pour jouir du spectacle de cette misère, et lui propose de laver sa vaisselle. Comme tout cela est régalant ! Zola aime dans ses romans à montrer les endroits où ça pue ferme. Eh ! bien, on s'ennuyait ferme ! mais attendez : voilà Coupeau qui revient de l'hôpital. Il est agité de ce tremblement nerveux que laisse après lui le *delirium tremens* alcoolique. Le médecin, en le renvoyant, lui a dit que, s'il buvait seulement un verre d'eau-de-vie, il serait fichu (style de l'endroit). La grande Virginie a entendu la prédiction. Elle demande à Coupeau la permission de lui faire cadeau d'une bouteille de bordeaux ; il reçoit en place une bouteille d'eau-de-vie.

C'est la scène de l'*Assommoir* qui recommence. Boira-t-il, ne boira-t-il pas? Mais bois donc tout de suite, misérable, et fiche-nous la paix! Il boit, et ce n'est plus de l'ivresse, c'est de la folie furieuse. Il pousse des cris inarticulés, il saute, il se roule, il se tord, il bave... Non, on me donnerait mille francs pour voir ce spectacle hideux à l'hôpital, je refuserais, et c'est ça qu'on me donne au théâtre pour m'amuser !

Mais c'est horrible! Mais il n'y a pas ombre d'art dans tout cela! L'art consisterait, si l'on en arrive à reproduire sur la scène ces ignominies, à choisir un ou deux traits qui donneraient la sensation du reste. Mais imiter les cris et les gestes désordonnés d'un fou furieux enfermé dans un cabanon de Bicêtre, le dernier des acteurs est capable d'en faire autant, car personne ne saurait être juge du plus ou moins de ressemblance. Je trouve ce spectacle très répugnant et ne comprends rien à la frénésie d'admiration qu'a marquée le public.

Le dernier tableau nous transporte au boulevard Rochechouart où Gervaise, devenue veuve, mendie son pain, le soir, en face de l'Élysée-Montmartre. Lantier et la grande Virginie, qui vont ensemble au bal, l'aperçoivent, et voilà cette mégère qui, après avoir assassiné le mari, accable de reproches et d'injures la malheureuse femme. Elle s'applaudit de sa vengeance. Et tout ça pour un coup de battoir ! C'en était trop pour le tempérament du public! Il s'est fâché, et il est probable que la scène sera coupée, ou du moins fort adoucie.

Zola se plaindra des pudibonderies bourgeoises du public. Il ne se dira pas que, s'il nous avait fait de Virginie un vrai personnage, que nous la sachions passionnée et ardente, implacable, on accepterait sa scène ; mais que du moment où il ne trace pas un caractère, nous avons le droit de nous étonner d'actions que rien ne justifie plus.

Au reste, comme dans les bons mélos du vieux temps, le crime a son châtiment. Le mari de la grande Virginie, qui épiait sa femme, la tue d'un coup de poignard dans le dos ; Gervaise tombe à côté, morte de faim et de froid. Les deux femmes ennemies reposent ainsi côte à côte, et un croque-mort facétieux, que l'on a vu paraître de loin en loin dans la pièce, vient les enlever, après avoir souhaité à Gervaise de *faire dodo, car elle l'a bien mérité. Et nous donc!* Tout ça, pour user de la langue de l'*Assommoir*, n'est décidément pas assez rigolo. C'est broyer du noir, pour le plaisir de le broyer. J'aime mieux une autre couleur.

20 janvier 1879.

## POT-BOUILLE (1)

Les disciples de M. Émile Zola mènent grand tapage autour de *Pot-Bouille*; ils s'en vont criant partout que c'est une révélation et une révolution. J'entendais l'un d'eux dire, le soir de la première représentation, dans les couloirs : « Voilà une pièce qui fait faire un grand pas à l'art. » Ces messieurs, en parlant de la sorte, font grand tort à l'œuvre et à l'auteur. Si l'on ne veut voir dans *Pot-Bouille* qu'une adaptation assez adroite d'un roman à succès, on sera tout disposé à reconnaître qu'il s'y trouve quelques scènes agréables, et que l'ouvrage, en somme, n'est pas ennuyeux à entendre. Si l'on prétend nous donner *Pot-Bouille* comme l'aube d'un art nouveau, comme une explosion du naturalisme triomphant, il ne reste plus qu'à sourire ou à se fâcher. La prétention est ou trop ridicule ou trop agaçante.

Le rideau se lève sur la salle à manger des Josserand. Il est près de minuit. M. Josserand travaille à la lueur d'une lampe. Il copie des bandes qu'on lui paye trois francs le mille. Il s'est installé dans sa salle à manger, par économie.

(1) En collaboration avec W. Busnach.

On y a fait du feu pour le dîner, la chambre est chaude encore. M. Josserand a une place qui lui rapporte huit mille francs par an ; il y joint le produit de quelques travaux supplémentaires. Avec dix mille francs, on n'est pas riche à Paris, quand on a deux filles à marier. Mais on peut vivre, et M. Josserand, dont les goûts sont modestes, vivrait aisément de ce revenu médiocre.

Mais sa femme est de celles qui aiment le paraître plutôt que l'être. Elle veut jeter de la poudre aux yeux, et elle sacrifie tout à la montre. Elle sert pour dîner à son mari un plat de pommes de terre ; mais elle reçoit et elle a ses jours. Elle n'a qu'une bonne, qu'elle est obligée de prendre ignorante du service, parce qu'elle la paye mal ; mais elle l'accable de besogne et exige que la malheureuse l'attende tous les soirs jusqu'à une heure du matin pour la déshabiller. Elle a pris, dans une belle maison, un appartement de 3.200 fr. de loyer, parce qu'il lui faut un salon.

Et quand son mari la gronde doucement sur ses dépenses inutiles :

— Ne faut-il pas marier nos filles ? répond-elle.

Et elle court les bals, les réceptions, toujours en quête d'un gendre pour sa fille aînée, M<sup>lle</sup> Berthe ; on s'occupera ensuite de la cadette. Elle est allée précisément ce soir à un bal, où doit se conclure un mariage ; mais ce mariage a manqué comme les autres.

Elle rentre à une heure du matin, furieuse, et c'est naturellement sur son mari qu'elle passe sa mauvaise humeur. Il baisse la tête sous l'orage ; car c'est un bon homme un peu faible, qui voit très bien l'impertinence de l'éducation que l'on a donnée à ses filles, mais qui n'a pas le courage de rester maître chez lui. Il se contente de les aimer et de se tuer de travail pour ajouter un ruban à leur toilette.

Toute cette scène d'explication conjugale est fort bien

aite, rondement menée, et semée de traits piquants, qui ont amusé le public.

Mais, il faut bien le dire aux disciples de M. Émile Zola, il n'y a rien de moins nouveau que cette scène-là. Le brave homme de mari, laborieux et sensé, tarabusté par une femme frivole et dépensière, c'est un des lieux communs les plus rebattus de l'ancien vaudeville. Il a fallu tout l'esprit de Chavette pour renouveler, en ces derniers temps, ce thème qui semblait épuisé au théâtre. Tout le monde a lu les scènes de M. et M<sup>me</sup> Duflos dans les *Petites Comédies du Vice*, et Chavette, qui est très au courant du théâtre, ne se piquait point, en les mettant en scène, de rien inventer. Il savait fort bien que l'on eût pu retrouver M. et M<sup>me</sup> Duflos chez Labiche, dans l'école de Scribe, chez Paul de Kock, chez Pigault-Lebrun, partout. Et, au fond, qu'avaient fait les Labiche, les Paul de Kock et les Pigault-Lebrun ? Ils avaient tout simplement pris à Molière son ménage du *Bourgeois gentilhomme*, ils avaient donné à madame les ridicules de M. Jourdain, et à monsieur le bon sens de madame.

C'est toujours le droit d'un écrivain, surtout au théâtre, de refaire ce qui a déjà été fait cent fois avant lui ; et je ne chercherais assurément pas cette chicane à M. Zola si l'on ne nous avait rebattu les oreilles de son génie d'invention. Il n'y a pas la moindre invention là dedans : c'est une scène très connue, qui avait déjà fait plaisir des milliers de fois au public parisien ; elle a plu encore cette fois-ci ; elle plaira des milliers de fois encore. Elle appartient à M. Zola, comme elle appartient à tout le monde. Il l'a reçue, comme à une table d'hôte, de son voisin de droite et la passera à son voisin de gauche. Il n'y a pas tant là de quoi se récrier.

Pardon ! s'écrie le chœur des disciples, c'est dans l'observation exacte du détail vrai que Zola innove. Ainsi, tenez ! voici la mère et les deux filles qui rentrent du bal ; elles n'ont pas pris de voiture pour économiser quarante sous ; il pleuvait ; regardez les jupes des trois femmes, elles sont frangées de boue. Elles ont faim, et cherchent dans le buffet s'il n'y aurait pas quelque reste du dîner. La mère découvre un plat que la bonne a oublié de nettoyer ; elle le flaire, et, faisant la grimace : « Quelle infection ! » s'écrie-t-elle.

Quelle infection ! C'est là que se révèle le génie novateur. Ces jupes frangées de boue, c'est là qu'est le pas fait par l'art.

A la bonne heure ! mais, si l'on prend par là les choses, je ferai remarquer à ces messieurs que Zola s'est arrêté à mi-chemin et que sa timidité m'étonne. Il est vrai qu'une couche de boue a été artistement collée sur le bas des jupes, mais le reste du costume est tout frais, et, frange de boue à part, ces dames semblent sortir d'une boîte. La pluie ne les a donc pas mouillées par en haut. J'imagine qu'au bal elles ont sué, que leurs teints se sont plombés, que leurs cheveux se sont collés aux tempes. Pourquoi ne vois-je rien de tout cela sur leur visage ou sur leurs vêtements ?

Les deux jeunes filles vont se défaire : elles devraient revenir (étant donné le train de la maison Josserand) en camisole, traînant les pieds dans des savates, et pour jupe un restant de vieille robe. Elles reparaissent vêtues d'un joli petit complet de nuit, fort coquet, qui leur sied à ravir. Je ne m'en plains pas, moi qui fais profession de n'attacher aucune importance à ces détails. Mais à quoi bon la frange de boue si l'on ne va pas jusqu'à la camisole ?

Et même ce mot, dont M. Zola est sans doute si glorieux : C'est une infection ! ce mot n'est pas le dernier du naturalisme. D'autres, plus hardis, pousseront plus loin. Ces dames, qui reviennent du bal, ont apparemment à vaquer à certaines soins de toilette. Pourquoi ne s'en acquitteraient-elles pas sous les yeux du spectateur ; ou, si par un ridicule excès de pudeur, la censure venait à s'y opposer, pourquoi n'en parlerait-on pas ingénument sur la scène ? Mᵐᵉ Josserand pourrait rentrer et dire : — On n'avait pas encore lavé la cuvette des lieux. C'est dégoûtant ! ça puait à engloutir le cœur !

Sérieusement, comment un homme de la valeur de M. Zola attache-t-il du prix à ces puérilités ? Le voilà bien avancé de nous avoir fait avaler son infection ? Le mot était-il donc d'une invention si difficile ? Fallait-il avoir du génie pour l'écrire ? Mais le moindre grimaud de lettres est capable de trouver quelqu'une de ces grossièretés plus inutiles encore que vilaines, plus prétentieuses que malpropres.

Les séides de M. Zola se pâment d'admiration sur ces détails ; le public n'est pas de cet avis. Il les juge répugnants et s'écrierait volontiers, lui aussi : C'est une infection! Ils lui gâtent une scène qui, je le répète, est jolie et amusante. La mauvaise humeur criarde de la femme et l'inaltérable douceur du mari s'y opposent de la façon la plus comique. On sent à certaines répliques que ces filles, si mal élevées, n'estiment ni ne respectent leur père, qu'elles aiment parce qu'il est bon, ni leur mère, qu'elles craignent : l'un est trop faible, l'autre trop sotte. On se dit qu'elles ne peuvent manquer un jour de tourner mal.

Au second acte, nous avons une soirée chez les Josserand. C'est la fête de l'oncle Bachelard, un oncle riche, dont on espère tirer une dot pour Berthe. On l'a invité à dîner, et avec lui un de ses amis, M. Trublot, un garçon fort mal élevé, qui a pour habitude de faire la cour aux bonnes des maisons où il est reçu. Faire la cour est un terme honnête, car il commence par leur prendre la taille, les embrasse, et leur demande crûment pour le soir la clef de leur chambre.

Au reste, Bachelard n'est guère plus ragoûtant que lui et tous les deux font la paire.

Je ne saurais m'en tenir là et il faut que je fasse querelle à M. Zola. Personne n'admire plus que moi ses grandes qualités d'observateur et d'écrivain. Il n'y a pas, depuis dix ans, un seul de ses volumes dont je n'aie parlé, soit dans le journal, soit en conférence, avec toute la sympathie que mérite un si prodigieux labeur. Je ne saurais donc être suspect de partialité contre l'auteur des *Rougon-Macquart*. J'oserais même dire que j'ai plus d'une fois été obligé de rompre avec certaines traditions de l'école à laquelle j'appartiens pour comprendre et pour louer les œuvres de M. Émile Zola.

Eh ! bien, ces incongruités brutales, qui me déplaisent déjà dans le roman, me sont insupportables à la scène. Cela est plus fort que moi.

Sa peinture d'une soirée bourgeoise... Eh ! mon Dieu ! elle est assez plaisante ; c'est du Paul de Kock poussé au noir ; du Paul de Kock sans bonne humeur ; du Paul de Kock où la gaieté et le gros rire sont remplacés par une ironie amère et triste. Le trait caricatural est tout aussi gros, mais il est sombre : là est la seule différence.

Vous trouverez là, comme chez le célèbre romancier, la jeune fille qui chante une romance et qu'un amateur accompagne sur sa flûte. Vous y trouverez aussi les allusions délicates que cette flûte peut fournir à de braves gens qui aiment la *rigolade*. Vous y trouverez encore et les sirops avariés et les babas trop durs, et toutes les petites vilenies où se voit réduite une maîtresse de maison qui veut recevoir avec économie.

Mais chez Paul de Kock et chez ses héritiers, les vaudevillistes d'autrefois, tout cela était bon enfant, gai, avec une pointe de grosse malice rabelaisienne. Paul de Kock n'affichait pas de hautes prétentions à l'observation profonde; il ne se posait point en moraliste. Il saisissait à la volée quelques traits superficiels de caractère ou de mœurs; il les grossissait à plaisir, il les poussait à la charge, il en riait à ventre déboutonné et tout le monde en riait avec lui.

Il ne fût venu à personne l'idée de prendre ces pochades au sérieux. Il s'y trouvait un fond de vérité générale. On n'en voulait pas davantage. On s'amusait de ces ridicules, dont l'énormité même excusait la ressemblance.

M. Émile Zola a toujours l'air de vous dire :

— Vous savez, moi, je suis naturaliste. Je fais vrai. Je dis que les choses sont ainsi, parce qu'elles sont ainsi.

Ah ! dame ! alors, je me rebiffe.

Eh ! bien, non, cent fois non, elles ne sont pas ainsi. J'ai beaucoup vécu dans la petite bourgeoisie provinciale ou parisienne. Je puis affirmer à M. Zola que sa peinture est absolument fausse de tous points : elle est, ce mot va l'horripiler, elle est de *convention*. Oui, c'est la convention, une convention qui date de Picard, et qui a été consacrée par Paul de Kock. Moi, ce me serait bien égal, puisque j'accepte la convention et qu'elle m'amuse, quand on en fait un heureux usage. Mais, ce qui est agaçant, c'est de voir un écrivain qui se vante tout le temps de ne copier que la vie réelle et qui tout le temps travaille sur de vieilles caricatures.

Et le pis de tout, c'est qu'il y ajoute des énormités sales et tristes.

Ce Bachelard — j'y reviens — n'est déjà pas très admissible dans le roman, où l'auteur s'est pourtant donné la peine de l'expliquer et de l'illustrer avec luxe. Au théâtre, où le commentaire manque, c'est tout bonnement un être ignoble et répugnant. On rougit à voir de jolies et honnêtes filles lui prodiguer des caresses pour lui carotter vingt francs qu'elles lui volent dans la poche de son gilet, sous l'œil indulgent de la mère qui les approuve. Ce mastodonte, qui s'est empiffré de nourriture, s'endort dans tous les coins :

— Pourvu qu'il ne ronfle pas! dit Mme Josserand écœurée.

Quant à Trublot, c'est à exciter des haut-le-cœur. Il court après un souillon, dont ne voudrait pas le tourlourou de la caserne d'en face. Mais il aime le relent des cottes mal lavées, comme d'autres se plaisent à respirer la rose.

A un moment, il dit à l'un des convives, que, s'il n'a pas dîné, c'est qu'il ne peut pas manger de la cuisine où ce souillon d'Adèle a mis les mains.

— Ah! ah! lui répond son ami; je ne vous croyais pas si dégoûté. Je vous ai surpris tantôt pinçant la taille du souillon que vous dites.

— Pour la *rigolade*, je ne dis pas; mais, quand il s'agit de cuisine, ah! mais non.

Que voulez-vous? c'est à lever le cœur. J'ignore s'il y a des gens de cette espèce. Mais je ne crois pas qu'ils avouent hautement leur préférence pour le graillon; je ne crois pas qu'ils étalent si ostensiblement leur vice que tout le monde en parle; je ne crois pas qu'ils en fassent la théorie avec l'impudence de Trublot; je ne crois pas, en un mot, que tout cela soit vrai.

Et quand cela serait vrai! N'est-ce pas le cas de répéter le proverbe que toutes vérités ne sont pas bonnes à dire?

Vous voulez me peindre le ménage Josserand, et me faire toucher au doigt les conséquences de la mauvaise éducation qu'ont reçue les filles dans ce déplorable intérieur. A quoi servent ce Bachelard inexplicable et inexpliqué, et ce Trublot, qui n'est, hélas! lui, que trop facile à comprendre. Ce Trublot n'est et ne sera jamais, après tout, qu'une exception, et une exception hideuse, comme serait, dans une institution de jeunes gens, un jeune homme attaqué d'un ulcère à la face. Quel avantage trouvez-vous à nous le montrer, surtout quand il n'exerce aucune action sur la conduite du drame? On en retrancherait ce vilain morceau, que l'action n'en serait ni ralentie ni précipitée. Trublot n'est qu'un agrément dans la pièce, et quel agrément!

Ce détail et quelques autres de même sorte me corrompent tout le plaisir que je pourrais trouver à cette caricature d'une réception dans le monde de la petite bourgeoisie. Busnach est après tout de l'école de Paul de Kock; il en a la grosse gaieté bon enfant, et, s'il eût été laissé à ses seuls instincts, il eût fait tout uniment une scène de Clairville, ne pouvant s'élever jusqu'au Labiche. Le diable, c'est qu'il avait Zola derrière, un Zola chef d'école, un Zola implacable, qui lui disait : Songez que nous portons d'une main le scalpel et de l'autre le fer rouge. Et ce pauvre Busnach enfonçait sans conviction le scalpel dans l'ulcère et le pus qui en jaillissait lui était, j'en suis convaincu, très désagréable. Ah! si on l'eût laissé faire!

Ce second acte est gai encore; quelques endroits en ont déplu, mais nombre de détails ont fait rire. L'exposition s'y achève heureusement.

Berthe y a pêché un mari : un pauvre imbécile malingre, souffreteux, M. Auguste Vabre, le propriétaire d'un magasin de nouveautés, qui n'oserait pas même toucher le bout du doigt d'une femme, et souffre de son incurable timidité. La mère a laissé exprès Berthe seule avec lui, après l'avoir chapitrée sur ce qu'elle a à faire. Berthe l'amène, par des raffinements de coquetterie, à se jeter à ses genoux, à lui baiser le bout des doigts : on sait ce que cela signifie au théâtre. O convention! te retrouverais-je partout dans les drames de Zola ! On entre, on les surprend. Une réparation est devenue nécessaire ; le mariage a été conclu en dix minutes. Voilà M$^{me}$ Josserand au comble de ses vœux : elle est débarrassée d'une de ses filles.

Que va devenir cette fille mariée par surprise à un homme qu'elle n'aime point et qui ne l'eût jamais épousée s'il n'avait été pris au mariage comme une ablette à l'hameçon. C'est là le drame, ou, si vous voulez, l'étude.

J'ai regret à le dire : l'étude n'est pas faite ; et de drame, il n'y en a guère.

Ces deux premiers actes d'exposition nous avaient, malgré certains passages répugnants, véritablement amusés. Il ne faudrait que des corrections très légères pour qu'ils fussent très comiques d'un bout à l'autre.

Le troisième est plein de mouvement, mais un peu vide.

Il nous transporte au magasin du Bonheur des Dames, où Berthe, devenue M$^{me}$ Vabre, trône à la caisse, inscrivant les factures et recevant l'argent.

Qu'est-ce que l'auteur devait s'efforcer de montrer ?

Cette Berthe, ennuyée de son mari, dégoûtée de son travail, ne songe qu'à dépenser de l'argent ; au lieu de se tenir à sa caisse, elle se sauve aussitôt qu'elle peut avec sa mère et sa sœur, fait des emplettes, qu'elle ne paye pas, se plaint de son mari qui est un grigou, et d'une oreille complaisante écoute les doux propos de son premier commis, qui lui parle d'amour. Tel est le résultat de la détestable éducation qu'elle a reçue de sa mère.

C'est cela qu'il fallait mettre en saillie. Cela sans doute y est bien ; mais noyé, mais perdu dans toutes sortes de détails oiseux et soi-disant réalistes. On s'est donné un mal infini pour reproduire l'aspect d'un vrai magasin avec de vraies étoffes dépliées, avec de vrais clientes, qui vont à la caisse donner de vrai argent sur un vrai comptoir, andis que de vraies voitures traînées par de vrais chevaux ersent incessamment le monde des visiteurs. Une mère uivie d'un petit garçon regarde une confection, et l'on apporte au petit bonhomme un vrai ballon qu'il laisse aller au bout d'une vraie ficelle. Le public s'est extasié. On me permettra de ne tenir aucun compte de ces niaiseries. Si je veux voir un magasin en mouvement, rien n'est plus simple : je n'ai qu'à entrer au Louvre, au Bon Marché ou au Printemps ; ce sera bien autrement réel que toutes les reproductions frelatées et arrangées qui pourront m'être offertes par le théâtre.

La seule chose que je désire voir sur la scène, c'est l'action à laquelle les personnages sont mêlés et les sentiments qui les animent.

C'est ce dont MM. Zola et Busnach ne s'occupent pas assez. Sur le cœur et la vie de Mme Vabre, rien ou presque rien. Mais une foule de scènes épisodiques, qui ont la prétention de nous montrer le va-et-vient d'un magasin de nouveautés à l'heure de la vente. Quant à l'amant Octave Mouret, il tient si peu de place dans le drame, qu'on pourrait presque le conter sans parler de lui. Ce n'était pas la peine de tant se moquer des amoureux de l'ancien répertoire, pour en fabriquer de plus fades et de plus incolores.

Mme Vabre a laissé là la caisse et est partie se promener avec sa mère et sa sœur. Le mari rentre, ne la trouve pas à son poste ; il l'attend, et quand elle rentre, l'orage, qui a longtemps grondé, éclate. Nous assistons à une scène d'explication, qui rappelle par quelques points celle dont nous avons été rendus témoins au premier acte. Car Mme Vabre fait aux observations de son mari juste les mêmes réponses que sa mère faisait jadis à M. Josserand.

Mais M. Vabre n'est pas un Josserand : il n'est pas, celui-là, résigné, paisible et doux ; ce méchant petit avorton que nous avons vu à l'acte précédent embarrassé et piteux, a changé de manières et d'allures : il est violent comme les caractères faibles quand la colère les domine ; il rage et accable sa femme d'invectives.

Encore une scène bien faite ; mais c'est la seconde où l'on nous présente un mari et une femme se querellant et ce ne sera pas la dernière.

Elle est sèche et amère, et l'acte se terminerait d'une façon désagréable si les auteurs n'avaient eu l'idée de ramener le père Josserand. Il a vu de la lumière chez sa fille ; il est monté ; il la trouve en pleurs. Il a appris par sa femme que Berthe avait fait des dettes, qu'elle n'avait osé avouer à son mari, et qu'elle n'avait pu payer. Il lui apporte deux cents francs, qu'il a pu économiser sur le prix de ses écritures supplémentaires. Il les lui donne de la main à la main et les accompagne de quelques conseils, mouillés d'une larme. La scène est charmante, et l'effet en a été très vif sur le public.

Le rideau est tombé sur cette dernière impression.

Nous en avons emporté cette idée : que Berthe, raffermie par les sages et tendres paroles du vieillard, allait s'arrêter dans la voie où elle s'était imprudemment engagée, qu'elle allait tout au moins combattre le penchant qui l'entraînait vers la faute définitive et irréparable.

Nous sommes loin de compte.

Dans l'intervalle de deux actes, elle est devenue la maîtresse d'Octave Mouret. La scène où elle tombe, c'était une des scènes à faire. Elle se passe dans la coulisse, à la cantonade, comme on dit en style de vaudevilliste.

Quand la toile se relève, nous voyons Mouret installé dans sa mansarde, qu'il a fleurie pour l'occasion : il attend sa maîtresse. Car Auguste Vabre est parti pour un voyage d'affaires et il laisse à sa femme la liberté de sa nuit.

Elle doit venir à dix heures ; il l'attend tout en monologuant à la façon des amoureux. Mais, ce qui distingue celui-là, c'est qu'il est un amoureux sans amour. M^me Vabre est jolie ; il l'a désirée, il l'a possédée ; il est satisfait d'avoir réussi. Mais il n'y tient pas plus que cela.

Il y tient si peu, que, voyant entrer sa voisine de palier, une femme mariée, qui vient lui emprunter des romans à lire, M^me Marie Pichon, il la fait asseoir, se met à genoux devant elle, l'assure qu'il l'adore, qu'il n'a jamais adoré qu'elle, et l'embrasse en guise de hors-d'œuvre ou plutôt d'apéritif.

On a trouvé la scène un peu forte ; on a murmuré. Ici, je me sentirais presque envie de prendre la défense de M. Zola. Je me mets contre lui quand il croit renouveler l'art en disant : *C'est une infection.* Je préfère le soutenir lorsqu'il hasarde une scène d'une vérité profonde, mais d'une exécution scabreuse.

Ce que je lui reprocherais, ce n'est pas précisément d'avoir conçu et écrit la scène : c'est de ne pas l'avoir préparée ; c'est de l'avoir jetée là, au hasard, avec une incroyable inexpérience des nécessités dramatiques, sans avoir pris d'avance la peine de disposer l'esprit du public à l'accepter. Oui, cela est vrai : on attend la reine de Golconde, et on l'aime passionnément ; elle est en retard ; la première venue passe, et l'on oublie la reine de Golconde, à qui l'on prodiguera, cinq minutes après, si elle arrive enfin, les démonstrations de la tendresse la plus éthérée et les témoignages de l'amour le plus effectif.

C'est la vérité. Elle peut, sans aucun doute, être mise au théâtre. Car tout, sachez-le bien, tout peut être mis au théâtre. Il n'y a que manière de l'y mettre. M. Zola nous traite de crétins, ou, ce qui est dans sa bouche une pire injure, de bourgeois, parce que nous n'admettons pas sur la scène ces réalités cruelles ; nous lui répondrons en le traitant de maladroit, parce que c'est à lui de nous les faire admettre.

Je puis, moi, Parisien sceptique, et qui en ai tant vu de toutes les couleurs que rien ne saurait plus me surprendre ni me scandaliser, je puis m'abstraire de l'infamie de cette fidélité à bout portant et me dire tout bas, tandis que la scène passe :

— Eh ! eh ! cela n'est pas déjà si rare !

Mais il est trop dur de demander ce désintéressement à un public, composé de braves gens, qui viennent chercher au théâtre l'image des préjugés qu'ils se sont formés sur l'amour et sur la vertu.

M⁽ᵐᵉ⁾ Marie Pichon est sortie; Berthe pousse la porte et entre effarée. Ici encore l'auteur nous a pris en traître.

Une femme mariée se résout à braver une foule de dangers pour monter chez son amant. Notez que c'est la première fois qu'elle se hasarde ainsi; elle a failli sans doute, mais c'est en passant et à la volée.

Quelle est la scène que nous attendons ?

Une scène de tendresse, d'extase et de joie. Il pourra se faire assurément qu'après les premiers moments d'amour, on se querelle, on se lance à la tête les récriminations et les reproches. Mais, ces quelques minutes d'effusion, il les faut au public. M. Zola les lui refuse; c'est une déception qui le trouble.

Berthe arrive, grincheuse, irritée; et nous avons une troisième édition de la dispute du premier acte. Berthe dit crûment à Octave Mouret :

— Ce n'est pas la peine de prendre un amant, s'il n'a pas plus le sou que votre mari.

Octave Mouret lui porte un châle dont elle a manifesté l'envie, et qu'il a acheté pour elle.

— Est-ce que vous me prenez pour une femme qui se vend ? lui dit-elle d'un ton superbe.

Il le lui montre.

— Mais ce n'est pas du chantilly, s'écrie-t-elle. Vous faites des cadeaux à bon marché.

Et la discussion continue, aigre, emportée, furieuse.

— On étouffe ici ! dit Berthe.

Octave ouvre sa fenêtre qui donne sur la cour. Les bonnes sont en train de causer par la croisée de leur cuisine et leurs voix arrivent claires et distinctes aux deux amants.

Les cuisinières jouent un grand rôle dans le roman. C'est Adèle, la cuisinière de M$^{me}$ Josserand, que Trublot courtise, et qui au dernier acte sera mise dans ses meubles par un grave et estimable magistrat.

Ce Zola ne respecte rien. C'est Rachel, la bonne de M$^{me}$ Vabre, qui, après lui avoir prêté de l'argent, la trahit et révèle au mari le secret de ses amours adultères. Toutes les autres bonnes, du premier au quatrième, s'entretiennent des querelles conjugales de M$^{me}$ Josserand, des escapades de M$^{me}$ Vabre, et c'est un échange de propos salés, d'où M. Zola a espéré un grand effet. L'effet est grand à la vérité dans le roman ; mais, au théâtre, il y a des difficultés de mise en scène, avec lesquelles il faut toujours compter.

La cour est censée être derrière la fenêtre qu'on ouvre au fond du théâtre, et par conséquent à dix mètres du spectateur. Le son, pour arriver, doit percer le décor. Il faut donc que les comparses chargées de ce dialogue crient à tue-tête et parlent très lentement ; c'est le contraire de la vérité vraie, car dans la réalité, si les bonnes causent ainsi, c'est à demi-voix, et très vite, pour n'être pas entendues des maîtres, le son montant le long des tuyaux de descente.

L'entrevue des deux amants est interrompue par des coups violents frappés à la porte. C'est le mari qui, averti par Rachel, est venu les surprendre. Il enfonce la porte ; Mouret l'empêche de se jeter sur sa femme, qui s'échappe :

— Je suis à vos ordres, lui dit-il.

— Moi, me battre ! Vous plaisantez. Vous l'avez prise : gardez-la.

Et la toile tombe.

J'allais oublier le plus beau mot de cette scène, un de ces mots qui font faire un pas à l'art. Le mari, voyant sa femme partir, lui a crié furieusement : Garce !

L'admirable hardiesse ! s'écrient les jeunes naturalistes. Il a osé dire *garce !* Quel génie ! Il n'y a que lui ! il n'y a que lui ! Comme si c'était bien malin d'appeler une femme *garce !* Il aurait pu, tandis qu'il y était, pousser jusqu'au dernier mot, que Molière a mis dans *Amphitryon*, et que l'on retranche aujourd'hui. Cette suppression n'empêche pas la scène d'être charmante ; ce qui prouve qu'elle ne tirait pas son prix de ce gros mot.

Le dernier acte est fort touchant. Il nous ramène chez les Josserand.

Berthe, chassée par son mari, est venue demander asile à sa famille. Mais on n'a pas osé avouer au pauvre vieux père la vérité déshonorante et cruelle. On lui a dit seulement que M. Vabre est en voyage. Il l'a cru et il est enchanté d'avoir sa fille quelques jours avec lui pour la gâter. On est bien triste pourtant dans la maison. La cadette ne se marie pas ; le traitement du père ne suffit pas aux dépenses du ménage ; Adèle, qui veut se faire renvoyer, est de plus en plus insolente. Josserand, qui s'est usé au travail, est souffrant et devrait s'aliter. Mais ce brave homme sait que tous les siens ont besoin de lui. Il s'en va à son bureau.

Les deux filles restent seules, et nous apprenons alors que la cadette, s'ennuyant de ne pas se marier, a trouvé un amant et résolu de s'enfuir avec lui. Elle part, malgré les objurgations de sa sœur, laissant sur la table une lettre qui apprendra à ses parents sa détermination funeste.

M. Josserand revient ; il était décidément trop malade. Il

câline sa fille et tâche de la faire rire par mille enfantillages qui lui rappellent les premières années de son mariage. Tout à coup, Vabre fait irruption dans la maison. Il est toujours furieux, ce mari. Il ne ménage pas les termes. Le pauvre Josserand croit d'abord qu'il vient se plaindre de n'avoir pas reçu la dot promise. Mais c'est bien autre chose qu'il apprend.

— Quand on a une gueuse pour fille, lui dit Vabre, et qu'on l'a fourrée à un honnête homme, c'est bien le moins qu'on la reprenne.

Et il part là-dessus. C'est très gentil à lui d'avoir dit *gueuse* au lieu de *garce*.

Josserand demeure atterré. Il n'a plus désormais qu'une fille. Il la demande. On lui présente la lettre fatale.

Il la lit.

Tout s'effondre à la fois. La mère choisit ce moment pour récriminer et verser son ordinaire torrent de bêtises. Le mari l'arrête : c'est elle qui a tout fait. Il n'a été, lui, coupable que de trop de complaisantes faiblesses. Mais elle, avec ses manies de faux luxe, avec son goût de dépenses et de plaisir, avec ses absurdes manières de vivre, elle a détraqué le cerveau de ses filles. Tout ce morceau, dit avec autorité et chaleur, a soulagé la conscience du public et soulevé de longs applaudissements.

Tant d'émotions assaillant coup sur coup le pauvre homme l'ont épuisé : il tombe sur le parquet ; il meurt, laissant sa femme et sa fille aînée dans la misère. La cadette s'en ira quelque jour à la prostitution.

Voilà un dénouement bien triste. Mais il est pathétique, et si l'on n'a pas pleuré (on ne pleure guère aux œuvres de Zola, qui a la douleur sèche), au moins a-t-on été remué jusqu'au fond du cœur.

En somme, *Pot-Bouille,* si l'auteur consent à en retirer

quelques ordures inutiles, sera une pièce intéressante à voir. Les deux premiers actes sont gais, bien que le comique ait toujours chez Zola un arrière-goût d'amertume ; le troisième est plein de mouvement, et il s'y trouve deux scènes excellentes, faites de main de maître. Passons sur le quatrième, que je n'aime pas, mais enfin qui n'est pas ennuyeux à entendre. Le cinquième est d'un pathétique rare. En voilà plus qu'il ne faut pour attirer le public à un drame. Ah ! si Zola voulait se résoudre à ne point faire faire de pas à l'art !...

17 décembre 1883.

## II

M. Émile Zola a, selon son habitude, publié contre les critiques qui avaient malmené *Pot-Bouille* un manifeste où il leur dit vertement leur fait. Il commence par leur apprendre qu'ils parlent des choses sans y rien connaître, que ce sont des imbéciles. Il termine en ajoutant que, s'ils se sont offusqués de voir les mauvaises mœurs si naïvement peintes sur la scène de l'Ambigu-Comique, c'est qu'ils étaient furieux de se reconnaître dans les aimables types de Trublot et de Bachelard : ce sont de vilaines gens.

Ce dernier reproche est un de ces arguments que l'on appelle en langage de l'école un argument *ad hominem*. M. Zola m'accordera bien qu'il ne prouve pas grand'chose. C'est une remarque déjà depuis longtemps faite que les avares ne reconnaissent que leur voisin dans Harpagon et que personne au monde ne s'est jamais appliqué la leçon que Molière a mise dans *Georges Dandin*.

Nous ne valons pas mieux à cet égard, nous autres journalistes, que le commun des mortels ; si quelqu'un de nous est affligé des vices qui rendent Trublot et Bachelard si parfaitement hideux, il n'aura eu garde de se l'avouer à lui-même, et il est fort probable que ce n'est pas la colère qu'il aura ressentie de se voir ainsi portraituré à vif qui lui aura inspiré une diatribe contre l'œuvre de M. Zola.

Je crois sérieusement que M. Zola se trompe en pensant que les gens de lettres passent leur vie à faire la cour aux cuisinières et qu'ils choisissent de préférence celles dont les jupons sont le plus crottés. Je ne sais pas même si ce vice est bien fréquent dans la bourgeoisie et je déclare que, pour mon compte, je n'y ai jamais rencontré de Trublot. Mais je ne jurerais pas que M. Émile Zola n'ait pas eu la main plus heureuse. Admettons qu'il a connu Trublot, qu'il a eu le loisir d'étudier, en naturaliste exact, cet insecte immonde, qu'il en a pu déterminer la conformation et les mœurs et qu'il lui a assigné son rang dans la grande classe des Rougon-Macquart; ce n'est pas une raison pour qu'il nous comprenne dans cette catégorie, nous qui n'avons rien fait pour cela, rien absolument que d'adresser à son drame des observations qui, aujourd'hui encore, me semblent assez justes.

M. Zola veut-il que je lui explique pourquoi nous avons été choqués? Ce n'est pas précisément parce que Bachelard et Trublot ne nous ont pas paru vrais; il doit y avoir et il y a sans doute (bien que je ne les aie jamais connus, même dans le monde des lettres) des Trublot et des Bachelard : c'est que M. Zola, en les exposant sur le théâtre, a, dans un ouvrage où il se réclame sans cesse de la convention, violé des conventions qui tiennent au cœur du critique.

Prenons Trublot : il est à dîner chez les Josserand; tandis qu'on dîne, la bonne vient allumer les bougies au salon; Trublot, qui s'est échappé de table, arrive sur la pointe du pied, prend la taille de la bonne et entame avec elle le petit dialogue que vous savez, dialogue qui est d'ailleurs fort drôle.

Il est bien évident que c'est de la convention. Un convive ne quitte pas la table au milieu du dîner pour venir au salon, afin d'y rencontrer la bonne. S'il a les déplorables goûts que lui suppose M. Zola, il attend la fin du repas et, profitant de la liberté que donne l'usage du cigare, il se glisse à la cuisine. C'est ainsi que les choses se doivent passer.

Cela n'est pas possible à la scène, tout le monde le sent bien ; l'action ne peut pas se transporter de la salle à manger à la cuisine, de la cuisine au salon ; on est obligé de prendre pour terrain neutre l'endroit où doivent se passer les incidents qui offrent le plus d'intérêt. C'est le salon des Josserand, dans la pièce telle qu'elle est organisée. L'auteur amène donc de gré ou de force, par un artifice quelconque, la bonne dans ce salon, puis Trublot et tous deux y causent sans souci de la porte du fond qui peut s'ouvrir à tout moment, ils savent bien qu'elle ne s'ouvrira pas : c'est la convention.

La soirée continue ; il y a dix personnages sur la scène et chaque fois que cette souillon d'Adèle arrive, portant soit du thé, soit des gâteaux, Trublot a un aparté avec elle. Personne ne songe à s'étonner qu'il ait l'impudence de lutiner ainsi la bonne de la maison sous le feu de vingt paires d'yeux. Le public n'ignore pas que, si Trublot fait toutes ces sottises devant ce monde assemblé, c'est qu'il lui est impossible de prendre Adèle dans un petit coin sombre tandis qu'elle regagne sa cuisine par le corridor : c'est de la convention.

Mais si nous accordons à M. Émile Zola le libre usage de ces conventions, ne sommes-nous pas en droit d'exiger de lui à son tour qu'il respecte, par convention également, certaines délicatesses de sentiment et de langage que nous ne portons peut-être pas dans la vie ordinaire, mais qui nous deviennent très chères au théâtre?

Ainsi il est possible, après tout, qu'un homme qui en amour préfère le graillon, demande les faveurs d'une fille dont il ne mangerait pas les ragoûts parce qu'il la trouve trop malpropre. Mais cette préférence ignoble, exprimée avec un cynisme brutal, nous révolte. Elle excite chez nous comme un haut-le-cœur.

Là-dessus, M. Zola crie à la convention. Mais, mon ami, je vous passe les vôtres, ayez pitié des miennes; faites attention que l'horrible mot de Trublot, fût-il en soi aussi vrai que vous le croyez, n'aurait pas été dit dans un salon, à portée d'oreilles qui pouvaient le recueillir, à un jeune homme inconnu la veille. Ces confidences, peu ragoûtantes, ne se font qu'entre jeunes gens qui se connaissent, qui se sont éprouvés, dans les épanchements secrets d'une après-dînée fumeuse de vins et de cigares. Vous me les dégoisez après un maigre repas, dans un salon bourgeois, au milieu de figures correctes, tout cela par convention. Souffrez que par convention nous soyons pris de nausées.

Tout cela revient à dire qu'il est impossible de découper la réalité en tranches et de la servir telle quelle sur la scène. Il y a des impossibilités matérielles, mais il y en a aussi de morales; les unes se tournent comme les autres par des artifices nés de la convention. M. Zola se sert des premiers, force lui est bien de subir les seconds.

Il paraît croire que nous lui en voulons d'avoir porté de mauvaises mœurs sur la scène. Point du tout. Il a fait son métier d'auteur dramatique en peignant ces mauvaises mœurs; c'est la façon de les peindre qui nous a choqués. Il y a manière de tout dire. Supposez que M. Zola eût fait de son Trublot une étude particulière et profonde, qu'il nous eût montré comment le goût des amours ancillaires s'allie, dans certaines âmes, à des déviations morales, à des mœurs fâcheuses, à de tristes habitudes d'éducation, il nous eût intéressés peut-être à cette analyse psychologique, et nous eussions fini par accepter la fameuse phrase qui a soulevé d'un haut-le-corps le public tout entier; mais il nous lâche du premier coup, sans préparation, cette énormité au travers du visage et il nous dit, tout triomphant : « C'est la vérité! » Est-ce là une raison? Une grosse incongruité malencontreusement échappée dans un cercle, à un homme qui se baisse, c'est de la vérité aussi : la met-on sur le théâtre?

M. Zola remarque que toutes les critiques dont on a fusillé sa pièce sont les mêmes que celles qui furent adressées jadis au *Mariage de Figaro*, et auxquelles Beaumarchais dut répondre par une amusante préface. Il en conclut à une assimilation modeste entre le *Mariage de Figaro* et *Pot-Bouille*.

La conclusion n'est pas des plus logiques. On fait aux ouvrages de M. Bonnetain les mêmes reproches qui tombèrent jadis sur l'*Assommoir*, mais on ne trouve chez M. Bonnetain ni Coupeau, ni Gervaise, ni Mes-Bottes ; c'est Figaro qui manque à *Pot-Bouille*.

M. Émile Zola devrait bien se défaire de cette méchante habitude qu'il a de récriminer contre ses critiques ; il n'y a qu'une façon de nous répondre, c'est d'écrire un nouvel ouvrage qui plaise au public.

M. Émile Zola préfère en appeler à la postérité. Le diable, c'est que nous ne serons plus là pour savoir à qui elle donnera raison. Il est convaincu qu'il y arrivera, lui, c'est une belle chose que d'avoir plus de génie que d'esprit, cela donne de l'assurance.

7 janvier 1884.

# LE VENTRE DE PARIS (1)

## I

Il est probable que la pièce n'eût pas fait grand bruit dans le monde, car c'est à tout prendre un assez vulgaire mélodrame, si le nom de M. Émile Zola n'était de ceux qui mettent toutes les cervelles en l'air. On avait donc à l'avance organisé grand tapage autour de l'œuvre nouvelle. On avait dit et répété dans nombre de journaux que si M. Émile Zola, retenu par d'autres travaux en train, n'avait pu écrire lui-même le *Ventre de Paris* et y appliquer ses théories particulières sur la vérité dans l'art, il en ferait au moins dans quelques scènes, par les mains de son collaborateur, une application partielle, et que cet essai, bien qu'imparfait encore et insuffisant, aurait le mérite de familiariser le public avec les idées du nouvel évangile.

J'avoue que je n'y ai vu pour moi d'application d'aucune sorte, ni partielle ni complète, des théories de M. Émile Zola, et je ne puis m'empêcher de lui en vouloir un peu. S'il disait bonnement : J'ai écrit des romans qui ont eu beaucoup de succès; Busnach ou tout autre faiseur a cru y trouver la matière d'une pièce de théâtre; il m'a demandé la permission de l'écrire. Je la lui ai accordée, parce qu'après tout, c'est une seconde mouture à tirer d'un même

(1) Par W. Busnach, d'après É. Zola.

travail, et qu'il n'y a pas de raison pour qu'un écrivain ne gagne pas beaucoup d'argent avec sa plume, — j'entrerais volontiers dans ce raisonnement ; je trouverais tout naturel que l'on ne chicanât point M. Émile Zola sur un procédé dont nos plus grands romanciers se sont servis sans scrupule, et qui d'ailleurs a brillamment réussi à quelques-uns. J'aurais d'autant moins de difficulté à lui faire cette concession, qu'un drame, où son nom est attaché, à quelque titre que ce soit, est sûr de piquer la curiosité du public, d'attirer la foule, et les théâtres ont à cette heure grand besoin pour emplir leurs salles de frapper des coups extraordinaires.

Mais ce n'est pas ainsi que M. Émile Zola prend les choses ou que les reporters semblent les prendre en son nom. Ils affectent de croire que le drame nouveau porte une révolution en ses flancs... M. Zola le dit ou le laisse dire, mais à bon compte et en se gardant à carreau, car il est homme de précaution. S'il y a dans la pièce une scène qui a plu par une observation plus exacte et plus vive de la réalité prise sur le fait, M. Zola s'écrie : Vous voyez bien ! voilà ce que je vous disais ! l'application partielle ! Si on lui parle du reste, qui rappelle tous les vieux mélos du boulevard du crime :

— Moi, répond-il, je m'en lave les mains ; j'en gémis comme vous ; Busnach était libre ; il signe seul.

C'est Busnach, cette fois, qui a tout écrit dans le *Ventre de Paris*, et je ne vois pas qu'il se soit tant que cela mis en peine d'appliquer la fameuse théorie des milieux, qui est une des idées les plus chères à M. Zola et à son école.

Il s'agit de mettre un fait, et les personnages qui circulent autour de ce fait, non dans un milieu abstrait et quelconque, comme faisaient nos auteurs dramatiques d'autrefois, mais dans un milieu vrai, dans le milieu où ce fait devait logiquement se produire, où ces personnages devaient logiquement évoluer. On arrive à donner au théâtre l'illusion du milieu d'abord par la vérité du décor et du costume, puis par le soin minutieux de la mise en scène, que l'on charge d'une foule de petits détails de vie quotidienne, inutiles peut-être à l'action même, mais qui lui communiquent un air de réalité.

L'idée, prise en sa généralité, est juste. Il est clair que si l'on peut, à l'aide des moyens matériels dont nous disposons, présenter au public une image plus exacte du lieu où se passe un événement, l'impression que cet événement fera sur son esprit n'en sera que plus forte.

Mais il faut, n'est-ce pas? — et c'est là une règle absolue, — il faut qu'il y ait entre le milieu (puisque milieu il y a) et l'action qui s'y passe un lien d'attache logique qui soit visible. Quand vous faites abstraction ou que vous tenez un faible compte de cette question de milieu, il m'importe assez peu que l'action imaginée par vous se développe dans une province plutôt que dans une autre, ou que la scène se passe dans un salon meublé de telle façon plutôt que de telle autre. Les anciennes pièces portaient pour seule indication : *un salon*, et le même salon servait à toutes les pièces. C'était un système qui avait son prix.

Vous en inaugurez un autre, soit ; mais, du moment que vous me tenez les yeux fixés sur ce milieu, il faut que ce ne soit pas pour un vain plaisir de mise en scène pittoresque; il faut que ce milieu soit en quelque sorte le vêtement nécessaire du fait. Ainsi, voilà *Numa Roumestan*. Vous imaginez-vous que j'aille récriminer contre la minutie de la mise en scène du premier acte? Jamais de la vie! Daudet veut me peindre un homme du Midi, un Provençal. C'est là le fond de sa pièce. Tout ce qui contribuera à m'enfoncer dans le cerveau l'idée du Midi sera le bienvenu. Ici le milieu prend une importance énorme; je trouve fort bon que le théâtre s'ingénie à le caractériser par tous les moyens qu'il lui est permis de mettre en œuvre, car il faut que le Midi m'entre par tous les pores.

Je n'aurais d'inquiétude que si la mise en scène empêchait de suivre l'action, qu'elle doit uniquement servir. Ainsi, Daudet et Porel me permettront-ils une observation? Au quatrième acte de *Numa Roumestan*, nous sommes chez les Le Quesnoy, gens du Nord comme vous savez et, de plus, vieille famille de magistrats. Tout doit donc y être correct et sévère. Le décor est admirable; c'est, à mon sens, le plus beau que Porel nous ait présenté ce soir-là. Mais... il y a un mais... Mais le drame a été sacrifié au plaisir de l'œil. Le théâtre représente un premier salon qui est faiblement éclairé; puis, par une large baie, on aperçoit au fond un autre salon, très vaste encore, où quatre joueurs de whist jouent silencieusement autour d'une table sur laquelle sont placées des bougies. L'œil court invinciblement à cette lumière, puisque le premier salon est dans une demi-obscurité. L'effet de profondeur obtenu par cet artifice est inouï, et cet effet, le poète l'a voulu, puisque son intention était de présenter l'image d'une vie ample et digne. Il l'a augmenté encore en nous montrant de loin ces silhouettes de magistrats échangeant les cartes sans dire un mot, graves et solennels.

Mais Mᵐᵉ Numa Roumestan se tient dans le premier salon; c'est elle qui a des choses intéressantes à dire et qui les dit; c'est elle seule que nous devrions écouter et regarder, et il n'y a pas moyen; notre attention est retenue là-bas, autour de ces bougies et de ces joueurs, qui nous préoccupent malgré que nous en ayons. Peut-être le souci du décor empiète-t-il ici sur le drame; l'accessoire ne doit jamais l'emporter sur le fond.

C'est bien une autre affaire dans le *Ventre de Paris*. Là, le milieu, ce fameux milieu, n'a pas de lien logique avec l'action, qui pourrait se passer tout autre part qu'aux Halles. Je parle du drame de Busnach, bien entendu. Je suis censé ne pas connaître le roman.

Un pauvre diable, nommé Florent, s'est échappé de la *Nouvelle*, où il avait été déporté pour opinions politiques. Il arrive mourant de faim à Paris. Il est ramassé sur la route par un maraîcher qui portait ses choux à la Halle. Il retrouve là un frère, M. Quenu, qui est devenu gros charcutier et qui l'héberge sous un faux nom pour dépister la police. Il avait, dans le temps, avant sa condamnation, entretenu des relations avec une jolie fille, M<sup>lle</sup> Louise, la fille de la mère Méhudin ; elle avait, à l'insu de sa mère, mis au monde une petite fille, dont le père François, un ami de la mère Méhudin, s'était chargé ; car il avait bien fallu lui confier le secret.

Florent, une fois de retour à Paris et établi chez son frère, se rengage dans la politique et conspire ; il renoue avec Louise ; M<sup>me</sup> Méhudin s'aperçoit qu'il tourne autour de sa fille et le dénonce à la police comme un forçat en rupture de ban...

Toute cette histoire, avouez-le, pourrait se passer n'importe où. Elle n'est pas nécessairement née du carreau des Halles ; je puis, s'il me plaît, la transporter dans n'importe quel milieu populaire. Elle s'y développera de la même façon, et nous aboutirons au même dénouement, en passant par la même filière de faits.

Aussi qu'arrive-t-il? C'est que les décors et les mises en scène ne font pas corps avec l'événement ; on peut les en détacher par la pensée, ou, pour mieux dire, ils s'en détachent d'eux-mêmes.

Prenez, pour voir, le second tableau de l'*Assommoir* des

mêmes auteurs. C'est la scène du lavoir. La mise en scène, si vous vous le rappelez, était charmante ; mais elle avait de plus ce mérite que l'action qui s'y passait ne pouvait se passer dans un autre endroit. Toutes les laveuses y prenaient part ; décor, mise en scène et fait, tout cela ne faisait qu'un.

Et de même vous n'auriez pu transporter ailleurs la scène où Coupeau tombe du haut de la maison. Le décor en lui-même était pittoresque ; mais c'était le milieu où devait fatalement évoluer Coupeau, le zingueur ; il y avait corrélation intime entre la mise en scène et l'action ; aussi tous les détails familiers de vie domestique que MM. Busnach et Zola y avaient introduits avec infiniment de goût nous avaient-ils charmés.

En va-t-il de même dans le *Ventre de Paris?* Le rideau se lève sur une scène qui nous représente les Halles à quatre heures du matin. Le spectacle est curieux, moins curieux assurément que ne le serait la vue des Halles elles-mêmes, qui sont à deux pas du Théâtre de Paris ; mais ce n'est qu'un cadre, après tout ; et tandis que, par derrière, des centaines de comparses vont, passent et s'agitent dans l'ombre, chacun des personnages vient l'un après l'autre nous conter sur le devant de la scène les histoires que nous avons besoin de connaître pour la clarté du drame, et qui n'ont qu'un rapport lointain avec tout ce déploiement de mise en scène.

Mais je pourrais renouveler Molière par une mise en scène de ce genre. L'action de l'*École des femmes* se passe dans la rue, à toutes les heures du jour. Il y a grande apparence que cette rue n'était pas toujours déserte. Tandis qu'Arnolphe fait la leçon à ses domestiques ou querelle Agnès, je ferais passer dans le fond une chaise à porteurs, quelques gamins se donnant des coups de poing, deux ou trois femmes, un livre de messe à la main, qui seraient abordées par un cavalier, etc., etc.

C'est, à peu de chose près, ce que fait M. Busnach. A quoi servent ces amoncellements de choux et de carottes, ces porteurs de la Halle chargés de sacs, ces vagabonds qui se lèvent des bancs où ils étaient endormis, s'ils me reproduisent un milieu dont je n'ai que faire? Tout ce que j'apprends dans cet acte aurait pu tout aussi bien se dire à la Villette, un jour de marché aux chevaux. C'est de la mise en scène pour la mise en scène, et il n'y a rien dont on se lasse plus aisément.

On nous transporte ensuite dans la charcuterie de M. et M^me Quenu. C'est un décor très appétissant; la boutique regorge de victuailles; mais, une fois qu'on s'est bien égayé à voir ces chapelets de saucisses, et ces montagnes de jambons et de boudins, on revient au drame, et le drame, qui pourrait d'ailleurs tout aussi bien se poursuivre dans une boutique d'épicier, ou même chez un ébéniste, n'a rien qui intéresse.

Busnach remplace l'action absente par une recette de galantine; et il nous montre même la galantine, que le charcutier confectionne sous nos yeux. C'est le pendant de la salade japonaise dont M^lle Reichemberg dicte la recette dans *Francillon*. Mais, dans *Francillon*, cette salade n'est pas mise là pour rien. M^lle Reichemberg veut indiquer par ce détail de cuisine aristocratique que, pour séduire les hommes et conquérir un mari, il ne suffit pas d'être jolie et de toucher du piano, il faut encore se connaître aux soins du ménage. Mais, quand cet honnête Quenu a terminé sa galantine, que savons-nous de plus et sur lui et sur l'action où il est mêlé? On nous l'a tout d'abord présenté comme un charcutier. Quoi d'étonnant qu'il sache faire une galantine?

Les tableaux succédaient aux tableaux, et l'on ne s'amusait guère, en dépit des applaudissements qui partaient de tous les points de la salle quand le rideau se levait. La soirée tournait au four, et au four noir, quand tout à coup elle a été relevée et lancée aux nues par une scène que M. Émile Zola répudiera sans doute, car c'est une scène qui sent à plein nez son vieux mélodrame, une scène en quelque sorte classique et qui se passe dans une chambre quelconque, dans un décor de deux sous, sans aucun souci du milieu.

Je vous ai dit que la mère Méhudin avait remarqué les assiduités de Florent près de sa fille et s'en était inquiétée. Elle a sur ce point avec elle une explication. La fille, poussée à bout, finit par se révolter et lui dire en face que cela est vrai, qu'elle aime Florent et n'aura jamais d'autre époux que lui.

— Ah! c'est ainsi! s'écrie la mère Méhudin, eh! bien, ton Florent, il va bientôt avoir affaire avec la police. Car je l'ai dénoncé.

Sur ce terrible aveu, la dispute s'aigrit et s'envenime; les voix s'élèvent, si bien que l'enfant — vous vous rappelez que cet enfant passe pour un enfant trouvé recueilli par le père François — entre à l'improviste et, se jetant au-devant de la mère Méhudin, lui crie :

— Ne faites pas de mal à maman!

Ce cri révèle à la grand'mère le secret qui lui avait été si soigneusement caché. Elle ne se tient plus de colère : Quoi! Louise, sa Louise s'est déshonorée! elle a eu un amant, et quel amant! elle est mère! Le père François a beau intervenir dans la querelle, elle ne veut rien entendre. Elle chasse et la mère coupable, et l'enfant, et le père François par-dessus le marché.

La scène est menée avec un art extrême, mais tous les

.utiers du théâtre en prévoyaient le dénouement. Il n'y en avait pas un qui ne se dît : Nous allons avoir le coup de l'enfant ; c'est indiqué. Ils ne se trompaient pas. Le père François prend le petit garçon par la main et lui dit : — Va, mon bébé, va dire adieu à ta grand'mère et l'embrasser.

Le petit s'approche et demande à embrasser la vieille, qui demeure droite, farouche, inexorable :

— Qu'est-ce qu'il veut donc, le mioche ? demande-t-elle.

Il insiste gentiment ; elle l'écarte de la main sans le regarder ; mais, vaincue enfin par cette douce voix, elle se retourne, elle le regarde, son cœur se fond de tendresse : il est si mignon, le pauvre petit ! Elle se traite de brute, elle pleure, elle sanglote...

Et tout le monde pleurait avec elle dans la salle ! Il faut dire aussi que la scène a été jouée avec une extraordinaire puissance d'émotion par M<sup>me</sup> Marie Laurent, qui a déployé là une fois de plus sa supériorité de grande artiste ; que l'enfant est très bien stylé ; que Lacressonnière et M<sup>me</sup> Masset-Largillière, qui complétaient le tableau, ont apporté à cette scène l'un son ampleur de jeu, sa parole emphatique et vibrante, l'autre sa grâce touchante de femme en pleurs.

Le *Ventre de Paris*, dont la destinée avait été jusque-là fort incertaine, était sauvé du coup ; et, chose piquante ! il l'était par une scène à la d'Ennery, par une scène dont l'idée même ne se trouve pas dans le roman d'Émile Zola ! Jamais prétentions de théoricien ne reçurent un plus curieux démenti !

Nous avons été ravis de ce revirement inespéré, car il sauvait d'un désastre imminent les excellents artistes du Théâtre de Paris, qui avaient fait de leur mieux pour monter l'œuvre de MM. Busnach et Zola. Le dernier tableau n'a pas laissé d'amuser le public qui s'était mis en train.

Florent, depuis la dénonciation de la mère Méhudin, est filé par deux agents qui ne le quittent pas plus que son ombre. Il faut, pour lui donner le temps de s'échapper, s'emparer de ces deux mouchards et les coffrer. C'est l'heure de la vente aux Halles ; la mère Méhudin soulève à dessein une dispute avec le charcutier ; la scène commence par un engueulement à deux et se termine par une bousculade générale. On met la main sur les deux policiers, en sorte que Florent se trouve libre. Je n'ai pas bien compris, dans le brouhaha de cette fin de scène, ce qu'il devenait, s'il restait à Paris, oublié du gouvernement, ou s'il filait avec sa Louise à l'étranger. Peu importe ! l'essentiel est que ça finisse bien et que l'on se soit amusé le long de la route.

Les deux derniers actes ont racheté l'ennui des premiers ; et peut-être même, après tout, cet ennui aura-t-il été moins vif aux représentations suivantes qu'à la première. La pièce est montée avec beaucoup de soin et bien jouée en son ensemble.

J'ai déjà parlé de quelques-uns des principaux artistes. Il faut joindre à ceux que j'ai déjà nommés Alexandre, plein de naturel et de gaieté dans le rôle épisodique du rôtisseur Gavard, qui est l'ennemi né de tous les gouvernements et fait de l'opposition sous tous les régimes ; Chameroy, qui, sous les traits du charcutier Quenu, déploie une bonhomie large et épanouie qui est très réjouissante ; Barbe, qui, dans un petit rôle de rien, m'a semblé faire preuve d'un jeu sobre, discret et fin ; cet acteur a de la distinction et peut-être y a-t-il en lui l'étoffe d'un jeune premier. Je n'ai pas beaucoup aimé Taillade dans le rôle de Florent ; il y est toujours tendu et noir. On donnerait, quand on l'écoute, cent sous d'un mot dit simplement, du ton du bourgeois gentilhomme demandant ses pantoufles à Nicole.

En somme, vous pouvez aller entendre le *Ventre de Paris*. Vous n'y verrez point une régénération du drame ; mais quelques tableaux d'un grouillement amusant à l'œil, une scène très pathétique et admirablement jouée suffiront, je l'espère, pour ne pas vous faire regretter et votre soirée et votre argent.

23 février 1887.

## II. — Réponse a M. Émile Zola

Je n'ai guère pour habitude de répondre aux récriminations des auteurs qui se plaignent de ma critique. Ils ont fait de leur mieux en écrivant leur pièce ; j'ai fait de mon mieux en écrivant sur cette pièce mon feuilleton du lundi ; ils pensent de mon feuilleton ce qu'ils veulent, comme j'ai dit de leur pièce ce qui m'a paru juste. Nous sommes quittes les uns envers les autres, et je laisse le public, ce souverain juge, donner raison à qui de nous a raison.

Mais M. Émile Zola est un homme trop considérable pour que je ne me départe pas en sa faveur de cette loi du silence que je m'impose d'habitude. Il semble avoir fort mal pris les réflexions que m'avait inspirées, lundi dernier, le *Ventre de Paris*; il s'en est expliqué avec une rare vivacité de langage dans le *Figaro* et, passant de la défense à l'attaque (c'est l'ordinaire procédé de la polémique), il m'a pris à partie et secoué comme un simple prunier.

Ah ! M. Émile Zola n'y va pas de main morte quand il s'agit de son ami Busnach. De ses romans à lui, qu'il a écrits de sa main et qu'il signe, on peut dire tout ce qu'on veut, il n'y prend pas garde, il ne bouge pas. Mais pour peu que l'on touche à Busnach, le voilà aux champs ; son vieux sang de polémiste s'échauffe, il part en guerre et frappe à tour de bras, comme un sourd. Busnach peut se vanter d'avoir là un fier ami.

L'amitié d'un grand homme est un bienfait des dieux!

Quelle singulière contradiction! Avant que la pièce soit jouée, comme on en parle beaucoup, Zola ne cesse de dire et de faire dire : — Vous savez? Elle n'est pas de moi; Busnach s'est inspiré de mon roman; mais il a fait ce qu'il a voulu. Je n'y suis pour rien. Ce n'est qu'une application partielle de nos théories! Vous verrez quand j'entrerai moi-même dans la lice! Ce sera une autre affaire, je vous le jure. Mais, pour cette fois, je m'en lave les mains!

Moi, qui suis bonhomme et naïf, je prends ces déclarations au pied de la lettre et crois n'avoir affaire qu'à Busnach, avec qui l'on peut causer sans se fâcher, car c'est un Parisien de Paris. Et, crac! voilà que Zola, qui est un Parisien de Médan, surgit derrière, tout rouge de dépit, et il crie comme si c'était lui-même que l'on eût écorché. Mais puisqu'il ne s'agit que de Busnach!... Voyons, est-ce Busnach? est-ce Zola? est-ce tous les deux en même temps? Je sens remonter à ma mémoire le fameux couplet que chantait, dans *Mam'selle Nitouche,* Baron, organiste au couvent sous le nom de Célestin, et qui avait pris celui de Floridor pour composer des opérettes au théâtre :

Quand on embête Célestin<br>
Ça fait d'la peine à Floridor!

M. Zola reconnaît lui-même que cette situation est délicate et que son cas est difficile. Mais, ajoute-t-il aussitôt, j'en serai quitte pour élargir la question.

Et, afin d'élargir la question, il me reproche aigrement d'avoir dit que Florent revient de *la Nouvelle* — de la *Nouvelle* en 58! Vous n'y songez pas! s'écrie-t-il — et d'avoir pris pour une petite fille le petit garçon de sept ans qui réconcilie sa mère avec sa grand'mère. C'est là, me dit-il, un beau mépris du vrai et du faux! Vous bafouillez!

M. Zola a raison : la *Nouvelle* n'existait pas en 58; je le savais et il ne me l'apprend pas. Mais la *Nouvelle* n'apporte à l'imagination que l'idée d'un bagne lointain, et j'avais cru, moi qui ne me pique point d'exactitude en ces vétilles, pouvoir me servir de cette expression. C'est un tort, je le veux bien; mais est-ce à M. Zola de me le reprocher, lui qui nous a décrit un soldat rentrant en 1815 coiffé du képi d'ordonnance, ne se souvenant plus que le képi est contemporain de l'expédition d'Afrique; lui qui nous montre une jeune fille se promettant, en 1810, de ne jamais épouser « quelque maigre bachelier qui l'écraserait de sa supériorité de collégien et la traînerait toute sa vie à la recherche de vanités creuses ». Des bacheliers en 1810, vous n'y songez pas, mon cher confrère. A cette même date (1810), vous faites tuer l'amant d'Adélaïde par un douanier, « juste au moment où il entrait en France toute une cargaison de montres de Genève », et Genève en ce temps-là faisait partie du territoire française : c'était le chef-lieu du Léman. N'est-ce pas vous encore qui avez fait, en 1853, apercevoir à Hélène, du haut du Trocadéro, la masse énorme de l'Opéra de Garnier, qui n'était pas encore sorti de terre! N'est-ce pas vous qui avez entendu chanter le rossignol en septembre?

Mais, dans ce *Ventre de Paris* même, votre décorateur nous a montré en perspective les barrières de Paris à la porte Maillot; elles étaient encore, à l'époque de votre drame, à l'Arc de Triomphe; car elles n'ont été démolies qu'en 1860. Est-ce que nous avons pris garde à cette vétille ? Vous en parlerais-je même, si vous n'aviez paru si fort scandalisé de lire dans mon feuilleton que Florent revenait de la Nouvelle ?

C'est comme pour ce petit garçon dont j'ai fait une petite fille, à moins que ce ne soit la petite fille dont j'ai fait un petit garçon. Qu'est-ce que cela fait que ce soit un garçon ou une fille ? C'est un enfant, voilà tout ; il dira les mêmes choses et fera le même office dans le drame, quel que puisse être son sexe. Qu'importe, alors ?

Ne vous est-il pas arrivé à vous-même d'écrire cette phrase, qui m'est restée dans la mémoire parce qu'on s'en est dans le temps quelque peu égayé : « Ils se mirent tous les trois à pêcher. Estelle y apportait une passion de femme. Ce fut elle qui prit les premières crevettes, trois petites crevettes roses. » Vous n'êtes pourtant pas sans savoir que les crevettes ne sont roses que dans les mers où le homard revêt la pourpre du cardinal. Mais vous aviez mis *roses* sans s'y attacher d'autre importance, peut-être parce que le rose est une couleur gaie, parce qu'elle vous plaît davantage, comme vous avez autre part attribué aux prunes une « délicate odeur de musc », parce que le musc vous rappelle des sensations agréables et que ce sont là détails qui n'ont point de conséquence. Ce qui est essentiel à la peinture du caractère d'Estelle, c'est qu'elle cherche des crevettes avec une passion de femme ou qu'elle mange des prunes avec concupiscence. Maintenant, que ces crevettes soient grises ou roses, que ces prunes sentent le musc ou tout bonnement la prune, voilà qui est indifférent. Je m'embrouille sur les sexes ; vous vous trompez sur les couleurs et les odeurs. Nous sommes à deux de jeu. Mais pourquoi ce qui est chez vous noble indépendance de l'homme le génie vis-à-vis de la vérité serait-il chez moi simple bafouillement ?

Et remarquez, mon cher confrère, que, si ces petites inadvertances étaient aussi condamnables que vous le dites, elles le seraient bien plus dans un roman naturaliste que dans une critique de théâtre qui n'affiche point de prétention à une minutieuse exactitude dans le détail. Je ne vous en veux point de celles qui vous ont échappé ; elles n'enlèvent rien à l'éclat de vos descriptions, à cette vie intense dont vous emplissez vos personnages, à ce mouvement puissant et rapide qui emporte vos récits ; ce sont des fautes légères, faciles à corriger, et dont vous avez peut-être déjà corrigé quelques-unes, depuis que M. Colani a pris un malin plaisir à vous les signaler dans une série d'articles parus à la *Nouvelle Revue*.

Vous me reprochez encore (et c'est évidemment une accusation plus grave) de n'avoir rien compris au sens symbolique du *Ventre de Paris*. J'avais dit que le troisième tableau, celui de la charcuterie, n'était qu'un décor amusant pour les yeux, qu'il ne faisait point corps avec l'acte, et j'avais parlé sans respect de la galantine qui se confectionne sous les yeux du public. Vous me rabrouez vertement là-dessus, et le passage vaut la peine d'être cité :

« Ce tableau de la charcuterie, dites-vous, le plus original, celui que je préfère, n'est-il pas une évidente tentative du théâtre nouveau, avec son allure symphonique, l'opposition de ce maigre jetant sa plainte au milieu du débordement du gras ? Supprimez la charcuterie, vous supprimez le fond de prospérité ventrue sur lequel doit se détacher la noire figure de Florent. Ah ! bien, oui, vous accusez Busnach de remplacer l'action absente par la fabrication d'une galantine... et vous n'avez pas vu que cette galantine sert d'accompagnement nécessaire au récit des abominables souffrances et de la longue faim de notre pauvre diable de rêveur, et vous n'avez pas saisi qu'elle faisait partie du drame, qu'elle y prenait l'importance d'une idée ! Voyons, voyons, mon cher confrère, vous vous faites moins intelligent que vous n'êtes. N'ayez donc pas cet air déplorable de ne pas comprendre. »

Je vous assure, je vous jure mes grands dieux, mon cher Zola, que ce n'est pas un air que je me donne. Jamais il ne me fût entré dans la cervelle qu'il pouvait y avoir une idée dans votre galantine, et que votre galantine avait l'importance d'une idée. Je l'avais prise pour ce qu'elle est, pour une galantine, et je vous avoue que, même après votre explication, j'ai bien de la peine encore à saisir l'idée qui est le fond de votre galantine. Ainsi, un proscrit arrive du bagne ; il raconte qu'il a beaucoup souffert là-bas ; on fait à côté de lui une galantine, et cette galantine est une idée ! Je ne suis pas curieux, mais je voudrais bien savoir ce que pense de cette galantine et de cette idée l'ami Busnach qui, n'étant point homme de génie et n'aspirant point à l'être, a le sens du ridicule. Je crains qu'ici Célestin et Floridor n'aient fait ménage à part. Où Célestin a loyalement confectionné une galantine, c'est Floridor qui de sa grâce y a fourré une idée. Nous étions douze cents, l'autre soir, au Théâtre de Paris ; je mets en fait qu'il n'y en a pas un — je dis pas un seul — qui ait aperçu l'idée de Floridor dans la galantine de Célestin. Nous savons maintenant qu'elle y est ; mais encore fallait-il qu'on nous en prévînt.

Passons à un autre ordre de galantines... pardon ! voilà encore que je bafouille ; je voulais dire : à un autre ordre d'idées. J'avais beaucoup loué la grande scène du sixième tableau, celle où l'enfant réconcilie sa mère avec sa grand'-mère, et j'avais ajouté, après en avoir parlé avec de grands éloges : « M. Émile Zola répudiera sans doute cette scène, qui sent à plein nez son vieux mélodrame, une scène en quelque sorte classique. » J'avouerai à M. Zola, avec ma bonhomie habituelle, que c'était là une grosse malice. Je savais les liens étroits qui unissent Floridor à Célestin, et j'étais par avance convaincu que, du moment qu'il y avait des éloges à embourser, Floridor n'en laisserait à Célestin qu'une petite part, la portion congrue.

Je ne me trompais point. M. Émile Zola, qui a laissé imprimer cette longue scène sous son nom dans le supplément du *Figaro*, reconnaît modestement qu'elle est très belle et très grande. « Jamais, s'écrie-t-il dans son enthousiasme, jamais moyens plus simples, forme plus simple ne sont arrivés à une pareille intensité d'émotion. Cela est très grand, et je le dis. »

Et vous le dites ! Célestin doit être un peu embarrassé de cette exubérance d'enthousiasme que lui témoigne Floridor ; il y va comme pour lui. Et vous triomphez de ma bêtise bien connue, en me criant ! Eh bien ! faites-en donc du vieux mélodrame comme ça ! dites donc aux faiseurs qu'ils ne se gênent pas !...

Mais, mon cher confrère, je n'ai jamais prétendu que le vieux mélodrame fût aisé à bien faire. Vous n'avez pas l'air de vous en douter ; c'est un art très difficile que celui du théâtre, et il faut être passé maître pour arranger d'une façon originale une scène déjà connue, pour en tirer une émotion nouvelle.

La scène que nous avions admirée comme étant de Busnach, parce qu'elle ne se trouve pas dans votre roman, est, au point de vue dramatique, merveilleusement conduite ; elle va de coup de théâtre en coup de théâtre. L'entrée subite de l'enfant, au milieu de la querelle des deux mères, est un coup de théâtre, car il lui a suffi d'un mot, qui lui échappe : Ne touchez pas à maman ! pour retourner la situation. L'arrivée du père François en est un autre; et à chaque fois la scène, interrompue un instant, reprend de plus belle pour arriver à son maximum d'intensité quand le père François, la mère et l'enfant ont remonté la scène, et, massés à la porte, indiquent par cette pantomime que tout espoir est perdu. Et c'est alors que l'enfant, redescendant de quelques pas pour dire adieu à la grand'mère qui le chasse, fait revirer la scène, qui, relancée d'un autre côté, va jusqu'aux dernières limites d'une émotion toute différente.

L'acte est tout entier d'un maître faiseur; je ne dirai pas comme vous qu'il n'y a rien de plus grand; mais cela est très habile, et le pathétique en est aménagé avec une adresse prodigieuse qui a fait l'admiration de tous les gens du métier.

Peu leur importait que la scène fût nouvelle en soi, puisqu'elle était renouvelée par l'exécution. Je m'étais servi de ce mot : La scène de l'enfant, c'est une scène classique. Il paraît que ce mot vous a choqué. Vous m'engagez à fouiller dans ma bibliothèque, et vous me mettez au défi d'en trouver la pareille nulle part.

C'est Célestin qui doit rire tout bas quand Floridor s'avance de façon si imprudente! Busnach n'est pas gentil; il devrait, en ces occasions-là, vous arrêter et vous crier casse-cou. Mais je le connais, Busnach. Il roule dans sa cervelle matoise des galantines dont vous n'avez aucun soupçon, vous qui n'aimez point la réclame et n'en usez jamais. Il se dit tout bas : Zola va écrire au *Figaro* une lettre où il y aura quelques naïvetés retentissantes. C'est dix bonnes salles de plus. Je connais Sarcey; il prend tout en riant; il ne sera donc pas chagriné, mais il ne pourra faire autrement que de répondre à Zola. C'est encore dix salles à ajouter aux dix autres. Sans compter qu'il se trouvera quelque aimable confrère pour éreinter parallèlement et Zola et Sarcey. Ci : dix autres salles. Ça va bien ! ça va bien !

Si Busnach n'était pas un gros réjoui de Machiavel, il vous eût dit, lui qui sait son théâtre, qu'il n'y a rien de plus connu que « *le coup de l'enfant* ». Ce mot même qui est courant dans notre métier suffirait à vous indiquer que l'idée n'est pas si nouvelle. Mais ces assertions générales ne vous suffisent pas ; il vous faut à vous un document précis. Je suis bon enfant, je vais vous le donner. Ouvrez un volume qui a paru en 1870 et qui est intitulé : les *Pauvres*, de M. Alexis Bouvier ; vous y trouverez votre scène, sauf que c'est le père Coutaud au lieu de la mère Mehudin qu'il s'agit de fléchir. Je sais que vous tenez à la différence des sexes ; mais c'est la même situation qui se dénoue de la même façon :

« — Ma fille ! s'écrie le père Coutaud, allons donc ! est-ce que j'ai une fille ? Hors d'ici, mendiante, oh ! et plus vite que ça !

« — Père, grâce, grâce !

« Et l'homme prit Jeanne par le bras pour la jeter à la porte ; mais la fille se cramponna aux meubles.

« — Pitié, père, pitié !

« — Veux-tu t'en aller ?

« Et la lutte continuait.

« Tout rouge, moite de sueur, les cheveux sur les yeux, le petit entra dans la chambre aux cris de sa mère... De ses petites mains il écarta sa chevelure blonde et dit crânement au vieillard :

« — Pourquoi que tu fais pleurer maman, puisqu'on dit que c'est toi qui es mon grand-père ?

« Le père Coutaud lâcha Jeanne et, les yeux écarquillés, il regarda l'enfant, muet, immobile, ne se rendant pas compte des sentiments nouveaux qui l'envahissaient...

Puis, il voulut parler, mais il balbutia... Des larmes emplirent ses yeux, et, pour les cacher, il embrassa la mère et l'enfant. »

La reconnaissez-vous, votre scène, mon cher Zola! Est-ce à dire que j'en estime moins celle qui a emporté le succès dans le *Ventre de Paris?* Pas le moins du monde. L'enfant servant d'intermédiaire entre une mère coupable et des parents irrités, c'est une idée générale, une idée *classique*, pour reprendre le mot que j'avais employé; encore faut-il avoir la manière de s'en servir; peu de gens en sont capables; les recettes pour faire couler les larmes n'excitent que le rire quand on en use ou maladroitement ou mal à propos. Je n'ai donc cité le passage du roman d'Alexis Bouvier que pour répondre à votre défi, et non pour rabaisser le mérite d'un acte que je louerais davantage si vous ne l'aviez déjà tant loué vous-même.

J'étais bien aise de vous montrer que moi aussi j'étais, comme vous dites, assez bien documenté. Vous vouliez des documents, en voilà un, et que vous ne récuserez pas; car j'ai cité la page tout entière.

Vous devriez en faire autant quand vous me faites l'honneur de rappeler les jugements que j'ai portés sur vos pièces. Vous prétendez que j'ai accueilli avec rudesse et mauvaise humeur l'*Assommoir* à son origine, et que plus tard, averti par le succès du drame, après les 300 représentations qu'il avait obtenues, je l'ai tenu pour un chef-d'œuvre. Ni l'une ni l'autre de ces deux assertions ne sont conformes à la vérité. J'ai, dès le premier soir (et j'écris mon feuilleton de ce temps-là sous les yeux), déclaré que les premiers actes étaient fort amusants, et que les derniers me paraissaient très vilains et même répugnants. C'est toujours mon opinion, et l'*Assommoir* aurait mille représentations que je ne le tiendrais pas pour un chef-d'œuvre. Mais il est facile de me mettre en contradiction avec moi-même en prenant tantôt dans la première partie de mon article, qui est fort élogieuse, et tantôt dans la seconde, qui est de vive critique.

Vous le faites, sans y prendre garde, car vous avez ce privilège singulier, quand vous croyez regarder les choses de la réalité, de ne voir que les images qui s'en impriment dans votre cerveau. Ce sont les visions qui se forment en vous-même que vous observez, et d'un œil qui les grossit démesurément.

Vous parlez toujours de la vérité vraie, et vous êtes un homme d'imagination qui prend pour vérité les hallucinations écloses d'une cervelle toujours en mouvement.

C'est ainsi que, dans *Nana*, vous nous avez peint des mœurs de théâtre qui nous ont si fort étonnés, nous qui vivons dans ce milieu spécial. C'est ainsi que l'autre soir, au Théâtre de Paris, vous avez vu, à la scène de l'enfant, toute une salle debout et battant des mains, quand nous autres, qui ne sommes point naturalistes, nous l'avons vue battre des mains fort tranquillement assise, comme c'est l'habitude.

Il y a quelques années, vous donniez à Cluny une comédie qui avait pour titre : les *Héritiers Rabourdin*. La pièce n'avait pas trop bien marché le premier soir, et mes confrères, non plus que moi, nous n'avions pu dissimuler l'insuccès. Vous m'écrivîtes pour me prier d'y retourner, m'affirmant que le grand public, le vrai, avait cassé notre arrêt, qu'il emplissait la salle tous les soirs et qu'il riait de tout son cœur. Je me rendis à votre invitation, et, pour vous faire la partie belle, je choisis un dimanche. La salle, hélas ! était aux trois quarts vide. et du diable si j'ai entendu personne rire. Mais je ne doute pas que vous, de ces yeux qui sont toujours tournés en dedans sur votre désir, vous n'eussiez vu la salle comble, et que vous n'eussiez entendu, de vos oreilles ouvertes à l'écho de votre pensée, ses universels éclats de rire.

Vous avez un talent si merveilleux que vous réussissez parfois à imposer comme vraies ces chimériques visions de votre esprit ; vous nous faites illusion au point que, sur votre foi, nous croyons voir toutes roses les crevettes à qui la nature a oublié de donner cette jolie couleur. Ce n'est pas une raison pour railler les malheureux qui les voient grises.

Et maintenant, mon cher Zola, parlons un peu plus sérieusement si vous voulez. Cette polémique, attardée sur des vétilles, n'est digne ni de votre grand talent ni, j'ose le dire, de la situation que le public a bien voulu me faire dans ce petit coin de la littérature où j'exerce la critique. Nous valons mieux que cela l'un et l'autre, et permettez-moi de m'étonner que vous ne l'ayez pas senti. J'ai eu, depuis près de trente années que j'écris dans les journaux, affaire à tous les maîtres du théâtre contemporain. Mes feuilletons ne leur ont pas toujours plu, cela va sans dire. Quelques-uns m'ont fait l'honneur de s'en expliquer avec moi ; aucun n'a eu le mauvais goût d'afficher pour mes critiques, justes ou fausses, un impertinent mépris. Aucun ne m'a parlé du peu d'aplomb de ma caboche, aucun ne m'a dit que je torchais mes articles sur un coin de table. Ils m'ont pris au sérieux parce qu'ils étaient convaincus que je parlais sérieusement de choses que je tenais pour sérieuses.

Comment ! Vous, qui savez le prix du travail, vous qui avez conquis lentement, par un labeur acharné, une des plus grandes renommées de ce temps, comment se fait-il que vous affectiez de traiter ainsi par-dessous jambe un homme qui, lui aussi, n'a dû qu'à trente années d'études sévèrement, patiemment poursuivies, une influence laborieusement obtenue et laborieusement gardée? Vous êtes surpris de cette influence, vous n'en pénétrez pas les causes; je m'en vais vous les dire, ne fût-ce que pour justifier les lecteurs du *Temps* qui me l'accordent.

Eh! bien, mon cher Zola, c'est que sur la question du théâtre je suis, pour me servir de votre langage, très *documenté*. Oui, sans doute, il m'arrive d'appeler du nom d'Emmeline un personnage que l'auteur a nommé Emma, et de faire, en l'appelant Berthe, l'éloge d'une chanteuse de café-concert qui se nomme Gilberte. Prével en tressaille d'horreur et relève gravement sur ses tablettes cette grosse méprise. C'est affaire à Prével; que lui resterait-il s'il n'avait cette exactitude dans le détail? Mais si je suis coutumier de ces inadvertances, encore qu'elles soient moins fréquentes qu'on ne l'a dit, il n'y a pas de pièce un peu importante que je n'aie vue trois et quatre fois, même les vôtres, que je n'aie lue ensuite. J'examine à chaque représentation les manifestations du public, tantôt me confirmant dans mon idée première, tantôt revenant sur mon impression première. Il n'y a pas d'artiste que je n'aie étudié dans tous ses rôles; je les suis partout, et lorsque le moindre d'entre eux me demande d'aller le revoir, dans n'importe quel bouibouis, je m'y rends, toute affaire cessante. J'ai subordonné ma vie tout entière au théâtre, et l'on m'y voit tous les soirs devant que les chandelles soient allumées ou, pour ne pas effaroucher vos scrupules de naturaliste, avant que le gaz de la rampe soit levé, et je ne m'en vais que lorsqu'il est éteint.

Le public le sait, et voilà pourquoi il a confiance. Il sait encore, ce public, que je suis toujours de bonne foi; et je n'y ai même aucun mérite. J'aime le théâtre d'un amour si absolu que je sacrifie tout, même mes amitiés particu-

4.

lières, même, ce qui est plus difficile, mes répugnances, au plaisir de pousser la foule à une pièce qui me paraît bonne, de l'écarter d'une autre qui me semble mauvaise. Il m'est arrivé dix fois de dire en prenant la plume : Il faudra que je m'observe aujourd'hui, que je passe légèrement sur tel ou tel détail, que je dérobe de mon mieux le secret de telle ou telle défaillance. Une fois la plume à la main, il y a en moi comme un démon qui la précipite sur le papier, et je suis stupéfait en me relisant le lendemain dans le journal de voir que la vérité m'a échappé, à mon insu, de toutes parts.

Cette vérité, je ne me contente pas de la dire, je tâche de la prouver. J'expose loyalement les raisons de mes adversaires ; je donne aussi les miennes, et je les donne avec une abondance, avec une insistance qui paraissent souvent fatigantes aux beaux esprits. Ma passion serait de démontrer l'évidence ; je reprends dix fois s'il le faut un développement et ne m'arrête que lorsque je sens qu'il me sera impossible d'être plus clair et plus convaincant.

Je le fais dans une langue de conversation courante dont vous souriez. Souriez, mon cher confrère, cela m'est égal. Je n'ai point de prétention au style ; ou, pour mieux dire, je n'en ai qu'une. Boileau disait en parlant de lui :

> Et mon vers, bien ou mal, dit toujours quelque chose.

Eh ! bien, moi,

> Ma phrase, bien ou mal, dit toujours quelque chose.

Vous m'avez invité à faire mon examen de conscience ; vous voyez que je vous obéis. Oui, j'ai dans le cours de ces trente années commis quelques sottises et laissé échapper beaucoup d'erreurs. Je me suis souvent trompé ; ceuxà seuls ne se trompent jamais qui n'ont pas le courage d'avoir un avis, et je suis toujours du mien, ce qui n'est peut-être pas un mérite si commun. Mais il ne m'en a jamais coûté de reconnaître une méprise, et j'ai toujours réparé de mon mieux les torts que j'avais pu avoir. Il y a tel artiste qui n'a dû l'ardeur avec laquelle je l'ai poussé qu'à un mot malheureux qui m'était échappé dans un feuilleton et dont j'avais trop tard mesuré l'injustice.

Et voilà pourquoi le peuple de Paris, ce peuple que vous revendiquez pour vous, que vous appelez, comme nos anciens rois, mon bon peuple de Paris, voilà pourquoi il témoigne d'une certaine confiance dans l'honnêteté et la justesse de mes appréciations, voilà pourquoi il veut bien m'accorder dans la critique de théâtre une certaine autorité.

Rassurez-vous, mon cher confrère. Cette autorité, je n'en userai pas pour vous barrer le passage, pour obstruer, comme vous dites. Aussi bien serait-ce peine inutile. Le public n'est pas si idiot que vous dites, et il sait bien aller sans moi et malgré moi où il s'amuse. Si jamais vous écrivez au théâtre une œuvre qui le prenne par les entrailles, j'aurais beau me mettre en travers, le public me passerait sur le corps pour aller l'entendre.

Mais, croyez-le bien, je me rangerais d'abord et sonnerais la fanfare sur son passage. Votre ami Alphonse Daudet vient de donner à l'Odéon une pièce qui soulève sans doute beaucoup d'objections, mais où se trouvent quelques scènes extrêmement bien faites et d'autres qui ont un ragoût de nouveauté piquante ; c'est lui qui l'a écrite tout seul, répudiant ces collaborations derrière lesquelles on peut se replier, en cas d'insuccès, et battre en retraite. Est-ce que je ne lui ai pas le premier battu des mains? Je ne me suis pas occupé de savoir si son drame était en opposition avec mes théories. Mes théories! mais je n'en ai qu'une, c'est qu'au théâtre il faut intéresser le public. Peu m'importe à l'aide de quels moyens on y arrive. Ces moyens, je les examine, je les analyse; c'est mon métier de critique. Mais pourquoi, diantre! en repousserais-je un de parti pris?

Non, mon cher Zola, je ne suis pas si exclusif que vous feignez de le croire. Je suis convaincu, pour ma part, qu'un jour vous vous emparerez du théâtre; ce ne sera pas de prime saut, comme Dumas, par exemple, qui a fait la *Dame aux Camélias,* un chef-d'œuvre, sans y songer, en se jouant, conduit par ce mystérieux instinct qu'on appelle le don. Vous y aurez plus de peine, mais à des qualités d'artiste de premier ordre vous joignez une ténacité invincible; vous savez vouloir.

Laissez donc pour le moment Busnach vous gagner, au petit bonheur, tantôt la forte somme, tantôt un simple lapin, avec vos livres adroitement découpés en pièces. Ne vous mêlez de cette besogne subalterne que pour apprendre les procédés du théâtre; prenez en patience et des succès qui n'ajoutent rien à votre renommée, et des échecs qui n'entament point votre gloire. Arrivez-nous un jour avec un drame écrit par vous, et soyez assuré que, s'il est vraiment ce que j'espère, ce n'est pas moi qui ferai obstruction.

7 mars 1887.

# RENÉE

## I

Je n'aime pas beaucoup, quand l'œuvre est considérable et signée d'un nom aussi célèbre qu'est celui de M. Émile Zola, écrire au pied levé, le lendemain de la première représentation, ce que je pense d'une pièce. Mais j'y suis contraint aujourd'hui par la nécessité des choses. Peu importe après tout que je donne à la volée cette première impression, toute chaude, à mes lecteurs, puisqu'ils savent, par une longue pratique de ce feuilleton, que je n'hésite jamais à revenir sur mon opinion et à la modifier si la réflexion ou le public m'avertissent que je me suis trompé.

Le rideau se lève : nous sommes chez un vieux magistrat, M. Béraud du Châtel, qui est en train d'adresser une magistrale semonce à sa fille. Sa fille, c'est l'héroïne de la pièce ; c'est Renée. La malheureuse a fauté, comme disent les bonnes gens ; ou plutôt il le croit, car, dans la réalité, elle a été prise, entre deux portes, sans penser à mal, presque violée par un homme marié. Sa gouvernante, M<sup>lle</sup> Chuin, était dans la confidence. Elle s'est mise en quête d'un homme qui consentirait à réparer l'accroc en épousant Renée. On ne voit pas trop bien pourquoi elle était si pressée, puisque ce moment d'erreur n'avait pas eu de suites visibles et pouvait rester éternellement caché dans l'ombre. Mais je dis les choses comme on me les donne. Elle a déterré Aristide Saccard, qui mourait de faim et se consumait d'ambition dans sa mansarde. Il a accepté le marché, et l'on a conté au père qu'il avait été l'amant de sa fille et que le mariage était devenu une nécessité d'honneur. C'était pourtant si simple de dire la vérité à son père! Pourquoi diantre veut-elle à ses yeux passer pour une fille perdue?

M. Béraud du Chatel est outré contre sa fille, qui l'écoute humiliée, navrée. Il profite de l'occasion pour lui crier : « Ah! vous êtes bien la fille de votre mère! Vous avez ses yeux, sa voix, et son sang brûle dans vos veines. Elle m'a trahi; elle s'est enfuie de la maison conjugale; elle est allée tombant de chute en chute jusqu'au dernier degré du mépris. C'était une détraquée, vous en êtes une autre. »

Et c'est ainsi que nous sommes avertis de la fatalité d'hérédité qui pèse sur Renée. Elle aura des rébellions de vertu, parce qu'elle est née d'un père rigide observateur du devoir; mais ce sera une détraquée comme sa mère, et elle courra à sa perte. Ici l'hérédité scientifique remplace la Vénus tout entière à sa proie attachée de Racine. Je ne demande pas mieux, bien qu'au théâtre ces considérations ne me touchent guère. L'essentiel n'est pas pour nous que Renée soit, de par les lois de l'hérédité, vouée à la honte, c'est de savoir comment elle y arrivera et par quel chemin. Après cela, que l'entité qui l'y traîne s'appelle Vénus ou l'hérédité, la chose m'est bien indifférente.

Après la fille, l'amant. M. Béraud du Chatel fait venir Aristide, l'accable d'un pardon méprisant. « Ma fille, lui dit-il, a du chef de sa mère trois cent mille francs et des terrains rue Popincourt; voici les comptes. Vous, je vous reconnais cinq cent mille francs par contrat. » Et comme le jeune homme esquisse un mouvement de refus : « Je ne veux pas que ma fille épouse un homme moins riche qu'elle. »

Il sort, grave et irrité, et les laisse ensemble.

Renée, très nettement, d'une voix sèche et coupante, rappelle à son mari d'occasion les conditions qui lui ont été posées. Elle s'appartiendra absolument; elle restera libre de tous les devoirs qu'impose le mariage. Aristide est un ambitieux; il a, durant toute sa jeunesse, rêvé d'une fortune colossale; il a roulé dans sa tête des plans grandioses. Que lui a-t-il manqué pour les réaliser? Le premier capital. Elle le lui apporte; il fera d'elle, si elle le veut, une divinité parisienne. Il se sent de taille à dompter le monde et à le dominer. Il montre, par les fenêtres, la masse de Paris qui se déploie dans le lointain. « Je veux le conquérir, le mettre à vos pieds et vous rendre plus que je n'ai reçu. Soyons associés. » Elle l'écoute d'un air dédaigneux, lui remet de nouveau sous les yeux les conditions jurées de part et d'autre et disparaît.

— A moi Paris! s'écrie le jeune homme resté seul, et la toile tombe.

Il est très bien fait ce premier acte, et il a grande tournure. Les personnages y sont franchement posés; nous ne voyons pas encore trop clairement où l'on nous mène. Car la pièce qui va suivre peut être le roman de l'ambitieux tout aussi bien que celui de la détraquée. Mais ce n'est qu'un prologue; attendons.

Le second acte se passe dix ans plus tard.

Oh! mon Dieu! oui, dix ans plus tard, comme dans tous les mélodrames. M. Émile Zola a pris son parti de cette convention. Je ne puis que lui en faire mon compliment, car sans convention il n'y a pas de théâtre. Disons tout de suite, au reste, que M. Émile Zola semble avoir pris également son parti de toutes les autres conventions. Je ne lui en veux pas, moi qui, par principe, les accepte toutes, à cette seule condition qu'on n'usera des conventions admises par le public que pour mieux lui donner l'illusion de la vérité.

Aristide Saccard s'est tenu parole ; il a fait une fortune énorme ; il brasse les grandes affaires, et son antichambre est pleine de solliciteurs qu'il fait attendre sans façon. Un détail nous a beaucoup amusés hier soir : le domestique est venu dire que le ministre des finances croquait le marmot depuis un quart d'heure dans l'antichambre. Ce détail, d'un naturalisme étonnant, a provoqué dans la salle un accès d'hilarité énorme, auquel a pris part M. Dauphin, qui assistait à la représentation. Les rires ont redoublé.

Renée a été, de son côté, fidèle à son serment. Elle a toujours traité son mari en simple camarade. Elle n'en a pas moins bénéficié de la situation qu'il lui a faite. Elle préside ses dîners, court les bals et surtout ceux du ministère de la marine, où elle étale des toilettes magnifiques. Elle a déjà pour cent cinquante mille francs de dettes, dont soixante-dix mille francs à la couturière; sage pourtant, si la sagesse pour une femme consiste uniquement à ne pas tromper son mari. Mais il ne faudra qu'une occasion.

L'occasion se présente sous les traits d'un joli garçon qui ressemble, à ce qu'il paraît, à une statuette de saxe. C'est le propre fils d'Aristide Saccard, Maxime Saccard, un fils qu'il a eu d'un premier lit et qu'il avait d'ailleurs loyalement avoué à M. Béraud du Chatel le jour de la signature du contrat. Ce fils a vingt ans, s'habille comme un parfait gommeux, a beaucoup de maîtresses, et, dans le nombre, quelques-unes qu'il partage avec son père, qui vit avec lui sur un pied de bonne camaraderie.

Il est le cavalier servant de Renée, qu'il mène au bois, au cabaret, au bal, à qui il donne des conseils sur sa toilette. Renée raffole de ce gentil éphèbe, chez qui elle sent une pointe de vice.

C'est bien à cet acte que j'ai vu combien peu M. Émile Zola avait le sens du théâtre. Un Alexandre Dumas aurait choisi une demi-douzaine de petits faits probants, à l'aide desquels il nous aurait fait entrer dans le secret de cette intimité, innocente encore et déjà perverse. M. Zola a beau multiplier les prétendus traits d'observation dans cette longue conversation qu'il suppose entre les deux jeunes gens, il n'y en a pas un qui porte. Quand le rideau baisse, nous nous posons toutes sortes de points d'interrogation auxquels nous ne trouvons pas de réponse. Le dialogue flotte incertain, les caractères eux-mêmes ne se dessinent pas clairement, bien que les personnages ne finissent pas de s'analyser, et dans quelle langue ! Une langue d'un romantisme échevelé, mêlé à des vulgarités extraordinaires.

Ce second acte nous déconcerte un peu, mais il passe néanmoins ; il est encore d'exposition, et, je l'ai fait remarquer bien souvent, le public écoute toujours avec bienveillance les expositions, si longues qu'elles soient. Il ne se fâche que si l'on n'en tire rien.

Au troisième acte, nous sommes dans une serre et nous voyons à demi pâmée sur un divan Renée, que M<sup>me</sup> Chuin cherche à faire revenir. Pourquoi est-elle dans cet état ? C'est que son mari a eu l'idée de marier Maxime avec une jeune Suédoise dont le père possède des mines d'argent qu'on pourrait exploiter et lancer. A dîner il a placé Maxime près de M<sup>lle</sup> Ellen ; Maxime a fait le galant près d'elle. Renée en a conçu un violent dépit, dont elle ne s'est pas rendu compte. Elle a eu une crise de nerfs; elle est venue cacher son chagrin dans la serre.

Qu'a-t-elle donc? Elle n'en sait rien; non, elle n'en sait rien. Cette innocence a paru fort extraordinaire. Quoi? cette Parisienne, mêlée à la plus mauvaise compagnie des femmes de l'empire (et Dieu sait comment elle les arrange!) qui n'entend parler autour d'elle que d'amour et de vice, est amoureuse sans le savoir; elle rage de voir Maxime faire la cour à une autre, et elle ignore d'où cela vient! elle n'a pas vu plus clair dans son cœur que si elle était la Sylvia de Marivaux. Étrange, étrange!

Heureusement voici, pour l'éclairer, son père qui arrive. Elle lui a écrit, il y a quelques jours, une lettre de quatre pages où elle lui disait : « Je ne sais pas ce que j'ai! Je m'ennuie! Tout me répugne! Viens me consoler! » Le magistrat se rend à cette invitation, et, pour marquer sans doute son mépris des fêtes de Saccard, il paraît en redingote. Mais on peut donner de bons conseils en redingote aussi bien qu'en habit noir.

— Voyons, qu'y a-t-il? demande le père redevenu indulgent. Cherchons ensemble. Confesse-toi.

Et il la force à repasser l'histoire de ses dernières heures, et à mesure qu'elle plonge ainsi dans sa conscience, elle découvre avec horreur l'amour criminel qu'elle nourrissait au fond du cœur, sans même en avoir un soupçon. Elle recule d'épouvante; c'est une scène d'hypnotisme. Sa mère, qui était une détraquée comme elle, avait aussi des accès de névrose. Détraquée, il faut qu'elle le soit diantrement, car il lui échappe des aveux bien extraordinaires. « Si j'étais une coquine, dit-elle à son père, ça ne me serait pas difficile de m'amuser comme les autres. « Mais elle est vertueuse, elle veut l'être. Le vieillard la rassérène, lui prodigue les consolations et les bons conseils, et se retire emportant sa parole qu'elle commandera à ses nerfs et sera sage.

Et, pour commencer, elle fait venir Maxime, elle lui conseille de se marier, elle lui met la main dans la main de miss Ellen; Maxime a commencé par bouder, en enfant gâté qu'il est; mais il s'est laissé faire. Il se laisse toujours faire, Maxime. C'est un jeune sot qui n'a rien pour lui, que cet Hippolyte de carton, et du diable si nous pouvons deviner pourquoi Renée l'aime de cet amour éperdu.

Elle a accompli le sacrifice; mais elle a dépensé à cet effort tout ce qu'elle avait d'énergie, et ils ne sont pas plutôt partis que cette femme, prompte à la syncope, tombe de nouveau sur un canapé; et c'est là que Maxime la trouve; il cherche à la ranimer, elle s'éveille lentement, lui jette les bras autour du cou, et le rideau tombe.

Au quatrième acte, nous la voyons dans sa chambre, qui renoue ses cheveux défaits et rajuste sa robe de chambre fripée. Son mari entre. Ce mari, à force de vivre à côté de sa femme, a fini par l'aimer comme un fou. Il la veut; il l'aura. Il s'humilie, il se traîne à ses pieds; il lui rappelle tout ce qu'il a fait pour elle, tout ce qu'il est disposé à faire encore.

Et elle, elle est touchée de cette passion! Ah! si elle pouvait revenir à son mari. Mais un obstacle éternel les sépare. L'irrévocable, l'irréparable, comme dit Bourget, se dresse entre eux.

Peut-être s'intéresserait-on à ce mari, car sa situation est digne de pitié. Mais, tandis qu'il accable sa femme de protestations, il la fait espionner par M$^{lle}$ Chuin, qui joue tout le long de la pièce le rôle d'une vilaine entremetteuse. Et voici qui est bien pis et plus impardonnable. Ils sont mariés sous le régime dotal. Il fait acheter par un tiers, qui n'est que son prête-nom, les terrains du quartier Popincourt qui appartiennent à sa femme, afin de payer cent cinquante mille francs ce qui en vaut le triple. En d'autres termes, il la vole.

Renée l'apprend et cette infamie la transporte de colère. Elle avait, depuis la faute commise, senti le remords la prendre à la gorge ; elle hésitait si elle ne reviendrait pas au devoir, si elle ne repousserait point Maxime. Elle avait fait les premiers pas dans cette voie ; mais son mari est par trop canaille, et, dans un couplet vibrant d'indignation, elle crie leur fait à toutes les drôlesses qu'elle a rencontrées dans le monde et demande insolemment qui est celle d'entre elles qui la pourrait blâmer.

Cette sortie est couverte d'applaudissements par une grande partie du public. L'autre moitié reste froide ; et l'on sent à de certains symptômes que le mécontentement qui gronde va sûrement éclater. On trouve ce mari ignoble, M<sup>lle</sup> Chuin abominable, le petit jeune homme ridicule, le père un dadais solennel ; et quant à elle, c'est une pure hystérique. Son cas relève de la clinique de Charcot et non du théâtre. On ne s'intéresse à personne. La pièce fourmille de maladresses ; des maladresses encore ce ne serait rien. Nous ne demandons pas à M. Émile Zola d'être adroit. Mais, sur cette névrosée, il ne nous apprend rien, sinon qu'elle veut et ne veut pas. C'est le seul renseignement qu'il nous donne sur elle, et il en abuse.

Au cinquième acte, Maxime, qui s'aperçoit dans quelle horrible glu il s'est empêtré, se hâte de conclure avec miss Ellen, qui lui a fait un charmant tableau des plaisirs qu'ils trouveront à voyager ensemble. Et ils s'en vont, la main dans la main, car le père de cette Suédoise n'est jamais là.

— Mon père, dit-elle en riant, il m'oublie tous les soirs dans les bals où nous sommes invités.

Il s'est engagé ainsi sans l'aveu et à l'insu de Renée, qui, elle, a rêvé de fuir avec lui dans des pays lointains. Elle a signé la vente des fameux terrains ; elle a les 150.000 francs en poche. Elle laissera ses dettes à payer à son mari et s'en ira avec son amant. C'est ce qu'elle lui explique, à Maxime, et il ne sait comment se tirer de là. Elle a passé à l'état de crampon.

On entend du bruit, c'est Aristide qui entre. Renée n'a que le temps de faire cacher Maxime dans sa chambre. Elle a commis une imprudence, une inexplicable imprudence. Au moment où elle venait de toucher ses 150.000 francs, Mlle Chuin, pour prix de ses bons et loyaux services, lui a demandé de quoi payer une maison de campagne achetée par elle. Renée a refusé durement, disant qu'elle avait besoin de son argent pour vivre. Mlle Chuin est furieuse, si bien que, lorsque Aristide entre, elle lui dit :

— Vous cherchez l'amant de votre femme. Il est là.

— M. de Saffré, n'est-ce pas ? dit Aristide écumant de colère.

— Oui.

— Ah ! je le tuerai.

Et, de fait, il a un pistolet à la main. Renée se jette au devant de la porte. Il faudra qu'il la tue s'il veut passer. Une scène très vive s'engage, au cours de laquelle, je ne sais comment, Aristide en vient à annoncer le mariage conclu de Maxime avec Ellen.

— Il se marie ! s'écrie-t-elle blessée au cœur.

— Mais oui.

— Ah ! c'est ainsi, eh ! bien, le voilà, mon amant !

Et courant à la porte, qu'elle ouvre, elle crie à cet être piteux de sortir ; le père et le fils sont en présence. Le revolver tombe des mains d'Aristide.

Et alors... ça, c'est un comble, comme on disait jadis, et

alors la voilà qui, se plaçant entre les deux hommes, les accable de reproches l'un et l'autre, leur demande compte de leur conduite, s'absout elle-même sur leur ruine. Elle se pose en déesse, ou plutôt en furie de la justice! Nous écoutons, stupéfaits, cette tirade bizarre. Elle se termine par un coup de pistolet que Renée se tire en plein cœur.

On a beaucoup applaudi, un peu sifflé. Je crois résumer l'opinion des couloirs (la seule qui compte dans une première) en disant que c'est une lourde chute. Ce qui m'ennuie le plus en cette affaire, c'est que M. Zola tombe, non pour avoir écrit une pièce conforme à l'esthétique nouvelle qu'il prétend apporter, car *Renée* est un drame quelconque, mais parce que la pièce, maladroitement faite par un homme peu expert aux choses du théâtre, n'est point intéressante.

C'est une partie à recommencer. Celle d'hier soir ne compte pas.

18 avril 1887.

## II

Je ne sais trop si je dois répondre à M. Émile Zola; j'hésite. Le docteur Blanche assure que, lorsqu'ils sont dans cet état-là, il est très dangereux de les exciter. Ce n'est pas cependant que je ne fusse certain de garder jusqu'au bout les ménagements que l'on doit à un malade. Je ne me sens, pour ce cas de médanite aiguë, qu'une compassion attristée et douce. Mais, vraiment, est-ce bien la peine, cette fois, d'entrer en discussion?

L'autre jour, lorsque, à l'occasion du *Ventre de Paris*, M. Émile Zola eut son premier accès, il ne m'injuria pas tout le temps; il eut des moments lucides où il aborda quelques questions d'esthétique. Le débat pouvait avoir encore quelque intérêt pour nos lecteurs. Il n'y a rien, plus rien de pareil ici.

M. Émile Zola me crie d'un ton furieux que j'ai ricané à certains endroits de sa pièce. Le public en sera-t-il beaucoup plus avancé quand j'aurai répondu qu'il se trompe et que je n'ai pas ricané ? Hélas ! non, mon pauvre confrère, je ne riais point et n'avais point envie de rire, je vous le jure. Et ils ne songeaient pas plus à rire que moi, tous ceux qui m'entouraient à l'orchestre. Ce n'était pas seulement qu'on s'ennuyât. Pour cela, oui, nous nous ennuyions ferme. Mais nous sentions, de plus, je ne sais quel noir chagrin à voir s'effondrer, au milieu de tous les bons vouloirs, une pièce sur laquelle nous avions mis de grandes espérances.

Vous avez donné à votre manière une physionomie de la salle du Vaudeville, le soir de la première. Permettez-moi de vous en crayonner une autre qui sera peut-être plus vraie. Vous l'avez, comme c'est votre habitude, peinte de chic, ne l'ayant pas vue de vos yeux. Je suis mieux documenté que vous : j'y étais.

Eh ! bien, il y avait dans cette salle, comme c'est l'usage beaucoup de vos amis et des amis de la direction, très décidés à soutenir l'œuvre ; puis les gens du monde, habitués des premières représentations, qui étaient animés pour vous d'une curiosité sympathique, et enfin le bataillon sacré des journalistes. Vous nous dites qu'ils avaient apporté de fort mauvaises dispositions, prêts à se venger sur votre ouvrage du tort que vous aviez fait à la corporation en m'écrivant la lettre que vous savez. Il faut être bien de Médan pour avancer gravement de pareilles sornettes.

Non, nous ne sommes pas si sensibles que cela, dans la critique, aux déplaisirs les uns des autres. Il va sans dire que si l'honneur de la confrérie était en jeu, nous prendrions fait et cause pour celui des nôtres sur qui tomberait le coup. Mais il n'y avait rien de pareil en cette affaire. Vous m'aviez insulté sans grâce ; j'avais répondu gaiement ; c'est le pain quotidien de la vie des journalistes. Vous avez beau vous appeler Zola, je vous assure qu'on n'avait accordé à ce mince incident que l'importance qu'il méritait, et il n'en avait aucune. Vous pensiez m'avoir étranglé ; c'est le mot dont vous vous êtes servi. Mais les gens que vous tuez se portent assez bien, et mes confrères qui me voyaient gras, fleuri, allègre, avaient pu constater qu'après tout, dans cette querelle, tant de tués que de blessés il n'y avait eu personne de mort.

Vous ne vous rendez pas compte de l'état d'esprit que les critiques apportent au théâtre. Vous avez été des leurs pourtant ; mais je dois vous rendre cette justice que vous faisiez bande à part. Vous êtes durant deux années tombé sur toutes les pièces qu'on nous a servies, et vous les avez démolies l'une après l'autre, avec une impartialité bien rare dans ce siècle de fer. Vous aviez votre idée, qui était naturellement qu'il n'y avait de bons ouvrages de théâtre que ceux que vous écririez un jour. Vous teniez donc à faire place nette et à préparer les voies. Nous, mon cher confrère, c'est autre chose. Nous allons au théâtre sans arrière-pensée, parce que c'est notre besogne à tous, et cette besogne est pour quelques-uns, pour moi en particulier, un plaisir.

Et si vous saviez quelle reconnaissance nous avons pour un auteur qui nous donne, à nous, trop souvent ennuyés et blasés, dix minutes d'amusement vrai, la joie d'une sensation nouvelle ! Vous vous imaginez que nous nous tenons là, guettant la pièce comme une proie à dévorer, ravis de trouver le joint par où nous la dépècerons, afin d'en traîner les morceaux dans la boue. Rien n'est plus faux. Les critiques, forcés de passer au théâtre la plupart de leurs soirées, ne demandent qu'à les passer le plus agréablement qu'il sera possible. Ils se réjouissent franchement d'un succès qui se dessine ; ce seront deux bonnes heures d'abord, et puis un feuilleton à faire qui ne donnera que de l'agrément. C'est un si douloureux supplice que de rencontrer, au lendemain d'une chute, l'écrivain tombé qui retire sa main ! M. Émile Zola ne la retire pas, il la ferme, et le coup de poing que vous recevez... oh ! là là !

C'étaient là, quoi que vous en puissiez dire, les sentiments de la critique pour *Renée*, avant que le rideau se levât. Et la preuve, c'est que le premier acte a été fort applaudi par tout le monde, et vous avez pu retrouver dans tous nos feuilletons, sans en excepter un seul, l'écho de ces applaudissements. Les actes suivants ont fait moins de plaisir ; puis l'ennui s'est accentué, puis... puis, ma foi, la pièce est tombée d'une chute lourde ou légère, je ne tiens pas à l'épithète, et je ne sais pourquoi elle vous a offusqué : Zola, s'il tombe, ne peut tomber que de très haut ; la chute en est plus lourde, et c'est tout ce que j'avais voulu dire. Mais, lourde ou non, cette chute est certaine. Si M. Émile Zola, au lieu d'avoir l'oreille penchée vers les applaudissements de ses amis, avait écouté ce qui se disait dans les couloirs, pendant les entr'actes et à la sortie, peut-être se fût-il épargné le léger ridicule de nier l'évidence. Comment ignore-t-il que ces applaudissements de la fin n'ont aucune signification, parce qu'on sait d'où ils partent ? Il a été critique de théâtre, il a écrit un roman où il a prétendu peindre les mœurs du théâtre, et il a l'air de ne rien savoir des habitudes du théâtre. On dirait toujours qu'il revient de Médan !

L'unanimité même des critiques ne suffit point à lui dessiller les yeux. Elle s'expliquerait pourtant de la façon la plus simple. Si nous avons tous dit la même chose, c'est apparemment parce qu'il n'y avait qu'une chose à dire. Et presque toujours c'est ainsi : nous sommes une cinquantaine à Paris qui parlons des pièces, les uns le lendemain, les autres le lundi suivant. Nous n'avons ni le même tour d'esprit, ni le même tempérament, ni les mêmes goûts littéraires ; et cependant, sauf de rares exceptions, nous exprimons tous le même avis, sans nous être entendus au préalable ; chacun, bien entendu, avec la langue qui lui est propre. Quelques-uns ont pour habitude de l'envelopper de formules courtoises et aimables. Mais le Parisien ne s'y trompe pas. Il a le secret de ces hiéroglyphes, et il sait lire entre les lignes.

M. Zola préfère croire à une coalition de la presse contre son œuvre. Son raisonnement est d'une logique irréfutable : *Renée* est une belle œuvre, puisqu'elle est de moi seul ; les critiques disent tous que c'est une méchante pièce. Il faut donc qu'ils soient de mauvaise foi et s'entendent pour mentir. Ils mentent! Le mot y est, et plusieurs fois répété. M. Zola n'a pas inventé cette argumentation. Voilà près de trente ans que je vois les vaudevillistes tombés en faire usage. Elle me laissait déjà froid en ce temps-là. Vous pensez à cette heure !

Les publics qui ont succédé au nôtre ont confirmé notre jugement. M. Zola ne se démonte point pour si peu. Il avoue que l'on se révolte et que l'on siffle, mais c'est pour obéir au mot d'ordre donné par la presse. Ainsi, on a vu à la troisième un monsieur qui tenait tout grand ouvert sur ses genoux le feuilleton d'un critique influent, pour ne pas manquer de s'indigner aux bons endroits. Et M. Zola conte ces niaiseries avec un imperturbable sérieux. Quel dommage qu'un homme qui a assez de talent pour se poser en émule de Balzac, reste pour l'esprit quelque peu au-dessous de Voltaire ! Il y a des hauteurs où l'on perd le sens du ridicule !

Plût à Dieu que j'eusse sur le public l'influence que M. Émile Zola me suppose. J'aurais décidé ce public à venir voir cette charmante *Gotte*, de Meilhac, dont la destinée a été si malheureuse. Nous avons eu beau nous y mettre, mes amis et moi, nous avons eu beau multiplier les articles en l'honneur de *Gotte*, le public s'est obstiné. C'est que le public est moins docile que M. Émile Zola ne le suppose.

C'est en vain que nous lui eussions crié : Ne pas voir *Renée* ; c'est de vilain mélodrame. Si *Renée* lui avait plu, il y serait allé tout de même et l'aurait applaudie malgré nous.

M. Émile Zola a lui-même marqué les limites de mon pouvoir. Il a fait observer que je ne m'étais pas extasié sur le *Ventre de Paris* et que le *Ventre de Paris* avait pourtant fourni une honorable carrière. Eh ! bien, je vois ce que c'est : quand je dis du mal d'une pièce signée Busnach, le public y court néanmoins comme au feu ; il se dit : c'est du Busnach, Sarcey a tort, on n'attaque pas Busnach ! Mais quand la pièce que je critique est signée de Zola, oh ! alors, le public s'arrête frappé d'une terreur superstitieuse. Sarcey ne veut pas qu'on aille la voir, et il se retire. Contre Busnach, je ne puis rien ; je puis tout contre Zola.

Heureusement pour M. Émile Zola qu'il lui est loisible, comme à Lesurques, d'en appeler à la postérité. Il n'y manque point. Je crains qu'elle n'ait d'autres affaires plus importantes à régler. Elle s'occupera sans doute du *Gendre de M. Poirier*, du *Demi-Monde*, de *Célimare le bien-aimé* et de quelques autres belles œuvres de ce temps, écrites par des hommes qui n'ont point songé à dire d'eux-mêmes qu'ils étaient de grands dramaturges. Il pourrait bien se faire que *Renée* ne rapportât pas plus de gloire à son auteur dans les âges futurs qu'elle ne lui rapportera d'argent dans celui-ci. Mais je me ferais scrupule de lui ôter cette illusion. Il paraît déjà avoir été fort sensible à cette ignoble question de gros sous, qui s'agite autour de toute pièce jouée. Il me reproche aigrement de lui avoir fait perdre la grosse somme. Il me menace d'un procès. J'aurais été quelque peu humilié pour lui et pour moi, si je n'avais tenu compte de son état mental. Je prie le public de l'excuser; il n'avait pas la pleine possession de lui-même quand il a écrit toutes ces choses étranges. L'accès, j'espère, n'aura pas de suite.

25 avril 1887.

# JULES CLARETIE

## MONSIEUR LE MINISTRE

### I

Claretie est un écrivain de beaucoup de talent, qui a, vous le savez bien, assez d'esprit pour qu'on puisse lui dire très précisément ce qu'on pense de son œuvre, qualités et défauts.

Il m'est arrivé de prendre un de ses romans comme sujet d'une de mes conférences du jeudi. Il était venu bravement écouter. Je le savais là ; j'avais beaucoup de réserves à faire, et je les avais faites avec la courtoisie de paroles que l'on doit à un aimable confrère, mais aussi avec la netteté de jugement qu'exige la critique.

Et comme après la conférence nous nous en allions bras dessus bras dessous, causant de son livre :

— C'est, me dit-il, une sensation étrange de se voir, une heure durant, sans pouvoir répondre, tenu sur le gril par un homme qui blâme dans votre ouvrage ce que vous aimez le mieux, et qui vous loue des qualités où vous ne prétendez pas. Mais je suis tout de même bien aise d'avoir passé par là.

— Eh! bien, lui dis-je, vous êtes un des rares hommes de lettres qui en prennent ainsi leur parti! Et ce que j'admire encore le plus dans votre livre, c'est la façon dont vous en avez écouté la critique.

Ne croyez pas que ce soit là un exorde pour m'excuser des coups que je vais porter à la pièce de Claretie. Non, j'ai beaucoup de bien, vraiment, à en dire; mais un peu de mal aussi : et je demande grâce pour l'un comme pour l'autre.

Il y a dans l'œuvre nouvelle deux courants bien distincts : l'un de pur drame, l'autre d'observations, de conversations, d'étude sociale.

Le drame est simple et connu; il peut se raconter en dix lignes.

Marianne Kaiser est la nièce d'un peintre sans talent, mais convaincu : c'est une belle jeune fille, hardie et provocante, qui a déjà eu des aventures, mais ne s'est point affichée. Elle est venue à Grenoble avec son oncle, chargé de la décoration de je ne sais quel monument. Elle s'y trouve en même temps que Vaudrey, le célèbre député que la ville a mandé pour prononcer un discours à l'inauguration d'une statue.

Vaudrey apprend là qu'il a été choisi pour faire partie du nouveau cabinet, et parmi tous les complimenteurs qui s'empressent autour de la nouvelle excellence, il remarque cette grande belle personne, qui lui a présenté ses félicitations avec tant de bonne grâce. Il l'invite à revenir le voir à Paris.

Elle n'y manque pas. Vaudrey a pourtant une femme très gentille, une bonne petite provinciale, toute pleine de sens et d'esprit, et qui est à genoux devant son grand homme de mari; mais la vue de Marianne l'éblouit. Il est pris à ses filets. Il y a là, au second acte, dans le cabinet ministériel, une bien jolie scène de séduction qui rappelle la scène du *Fils de Giboyer,* où la baronne de Pfeiffer se faisait rattacher son bracelet par ce petit coquebin de comte d'Outreville.

Hélas! le pauvre Vaudrey est, lui aussi, un coquebin : j'entends un provincial, ignorant de la vie parisienne, sans défense contre les roueries d'une femme si experte. Marianne lui tient la dragée haute, et il n'est pas plus avancé au troisième acte qu'au second. Elle le reçoit dans le plus coquet des appartements, dont il a payé l'installation, mais où il n'entre encore que par la grande porte, officiellement. Tout Paris lui donne déjà la belle Kaiser pour maîtresse, et il n'a encore obtenu que sa main à baiser. Il a tous les inconvénients de la chose sans en avoir les menus profits.

Marianne hésite, en effet. Elle s'est gardé à tout hasard un en-cas, et elle se demande si l'en-cas ne vaudrait pas mieux pour elle qu'une liaison affichée avec un personnage aussi bruyant. L'en-cas est un duc espagnol, M. de Rosas, qui est éperdument épris d'elle, qui l'eût déjà épousée, si elle n'avait commis l'imprudence, comme il lui demandait sa main, de lui avouer une faute. Elle n'en avait pourtant avoué qu'une. Mais le duc est susceptible. Il a fort mal pris la chose; il s'est enfui désespéré. Mais il reviendra.

Il revient, en effet. Le bruit des commérages parisiens est arrivé jusqu'à ses oreilles. Il est jaloux. Il offre de nouveau sa main, mais il exige un serment : elle lui jurera qu'elle n'a jamais appartenu au ministre. Ça ne lui a pourtant pas réussi une première fois à ce pauvre duc! Rien ne serait si simple que de faire ce serment, puisqu'après tout il est conforme à la vérité, puisque le duc est fabuleusement riche, puisqu'il lui donne avec sa fortune son nom et un rang dans le monde, puisqu'elle n'aime pas Vaudrey ; mais elle se pique d'amour-propre, on ne sait pourquoi ; je ne l'ai pu deviner, au moins ; elle lui dit :

— Prenez-moi comme je suis, les yeux fermés.

C'est une prétention un peu exorbitante chez une femme qui a déjà laissé échapper le premier aveu. Le malheureux duc fait la grimace à cette proposition et s'en va, remportant son désespoir d'autrefois.

Vaudrey arrive au bon moment :

— Prenez-moi, mon maître, lui dit-elle ; je suis à vous.

Au quatrième acte, il n'y a peut-être plus qu'une personne à Paris qui ne sache pas la liaison du ministre avec Marianne, c'est M<sup>me</sup> Vaudrey. Tout le monde en parle, et les journaux à scandale y font allusion en termes plus ou moins clairs.

Il y a bal au ministère. M<sup>lle</sup> Kaiser y est venue triomphante, au bras de son oncle. On chuchote sur son passage. Le numéro d'un journal où son histoire est contée brutalement tombe aux mains de M<sup>me</sup> Vaudrey, qui surprend son mari causant d'un peu trop près avec la belle. Un ministre ! Dans un bal officiel, chez lui ! En vain essaye-t-il de calmer sa femme ! Elle fait un éclat ; elle jette au nez de M<sup>lle</sup> Kaiser le mot de maîtresse et lui enjoint de sortir. C'est la scène de la *Princesse Georges*.

Le pauvre mari fait une figure assez piteuse.

— Vous me laissez insulter chez vous ! lui dit M<sup>lle</sup> Kaiser.

Le duc de Rosas s'avance alors. C'est un brave garçon, ce duc, un peu bête tout de même, mais plein de cœur. Il traite le ministre de lâche, et prenant le bras de M<sup>lle</sup> Kaiser :

— Je vous présente la future duchesse de Rosas, dit-il.
Et il l'emmène.

Dans l'intervalle d'un acte à l'autre, Vaudrey reçoit un bon coup d'épée que l'on fait passer, dans le public, pour une fluxion de poitrine. Le mal qui le retient au lit n'est pas son souci le plus grave. Il a signé beaucoup de lettres de change, au temps de sa liaison avec M^lle Kaiser. Si elles étaient protestées! Un ministre! D'autre part, sa femme, qui est restée pour le soigner, a déclaré qu'aussitôt qu'il serait sur pied, elle se séparerait de lui. Scandale sur scandale.

Vaudrey a par bonheur pour ami un Parisien fin et avisé, et qui de plus est fort riche, M. de Lissac. Ce Lissac connaît fort bien M^me Kaiser, qu'il a cueillie un jour, en passant, d'une main discrète. Il s'arrange tout bas avec elle pour payer les lettres de change et pour couper court aux calomnies qui commencent à bruire dans l'ombre. Ce n'est pas tout. On a profité de la maladie de Vaudrey pour le miner à la Chambre. Une interpellation va se produire, à laquelle on espère qu'il ne pourra répondre. Mais il s'est guéri; et tandis que les médecins publient de faux bulletins, qui le présentent encore comme couché et incapable de recevoir, il se rend sournoisement à la Chambre, monte à la tribune, confond ses ennemis, enlève un vote de confiance, et revient plus ministre que jamais.

On l'entoure, on le félicite. Mais il en a assez de tous ces tracas, de tous ces ennuis; il est dégoûté, écœuré des bassesses humaines, des misères de la politique, et il envoie sa démission. Il ne songe plus qu'à la retraite.

Ah! si sa femme voulait l'y suivre! Mais elle est inexorable. C'est encore Lissac qui lui enlève cette épine du pied. Lissac montre à M^me Vaudrey les lettres de change qu'il a retirées de la circulation.

— Quoi ! s'écrie Mme Vaudrey ingénument, il payait cette femme ?

— Assurément, répond Lissac.

— Il ne l'aimait donc pas, puisqu'il la payait ? Je puis pardonner alors.

Et elle pardonne.

La conséquence ne m'a pas paru des plus logiques. Car enfin il serait assez sot de payer les femmes qu'on n'aime pas. La seule excuse de Mme Vaudrey pour raisonner ainsi, c'est qu'elle est provinciale. Et puis le mot termine la pièce à la satisfaction générale. Tout le monde sera heureux, même Vaudrey, qui évidemment n'avait pas en lui l'étoffe ni les ambitions d'un homme d'État, et qui n'était bon qu'à planter ses choux.

Telle est la fable imaginée par M. Jules Claretie. Elle en vaut une autre, et elle en rappelle beaucoup d'autres. Mais cela importe peu. Car ce n'est pas évidemment dans l'agencement de cette action dramatique que M. Jules Claretie a mis ses plus grands soins et cherché son meilleur succès. Il a eu des visées plus hautes. Il a cherché à peindre le monde politique, et ce drame n'a été pour lui qu'un fil destiné à relier les conversations où se marquent l'esprit, les idées et les tendances de ce monde particulier.

C'est sur ce point que Jules Claretie a porté l'effort de son travail. Nous ne saurions lui en vouloir, nous qui aimons par-dessus tout la comédie de mœurs. C'est aussi sur ce terrain que nous allons le suivre.

5 février 1883.

## II

Le premier mérite, de *Monsieur le Ministre*, c'est qu'il n'est pas un vaudeville soufflé en comédie. L'auteur a essayé de peindre les mœurs de son temps, il a voulu nous donner un tableau de la vie politique en 1883. Il a relégué au second plan, comme faisaient les maîtres, la fable de son drame. Elle n'est pour lui qu'un fil à l'aide duquel il relie les divers épisodes qui caractérisent son véritable sujet. Cette fable, nous l'avons racontée. Elle est après tout assez intéressante. Les scènes au travers desquelles elle se déroule sont habilement coupées ou distribuées : au premier acte, Marianne Kaiser se présente au nouveau ministre ; au second, elle l'empaume ; au troisième, elle se donne à lui ; au quatrième, elle triomphe insolemment et se fait jeter à la porte par la femme légitime ; au cinquième, elle revient, sous les espèces de la duchesse de Rosas, liquider la situation. Tout cela est très correctement, très proprement aménagé. La grande scène, la scène à effet, se trouve comme il convient dans les pièces bien faites, au quatrième acte. Au second acte, il y a une scène de flirtation qui est tout à fait charmante, celle où cette coquine de Marianne feint d'éprouver pour son compte le trouble où elle jette M. le ministre. C'est, à mon avis, la meilleure de l'ouvrage, et elle a été jouée à ravir par Marais et M$^{me}$ Magnier.

Mais, encore un coup, ces qualités d'agencement dramatique sont, dans une comédie de mœurs, des qualités de second ordre, bien qu'elles contribuent grandement au succès et qu'il soit presque impossible à une œuvre de théâtre de s'en passer. Jules Claretie a visé plus haut.

Il a voulu peindre le politicien des nouvelles couches. L'aigle d'un barreau quelconque d'une petite ville de provinco s'est jeté dans la politique; il a apporté du fond de sa province à la Chambre des convictions fortes, une grande honnêteté native, quelque talent de parole, et, par-dessus tout, une parfaite inexpérience de la vie parisienne. Les hasards du parlementarisme le mettent en vue; on lui offre d'entrer dans une combinaison ministérielle. Il accepte. Le voilà du jour au lendemain bombardé ministre, tiré de son obscurité, ébloui tout ensemble et ravi de cette élévation soudaine.

Que va-t-il se passer dans cette âme? Aura-t-il la tête assez forte pour résister à cet enivrement soudain du pouvoir? Saura-t-il, lui, le naïf de province, se démêler des intrigues qui vont s'ourdir autour de lui? Son honnêteté native ne se laissera-t-elle pas entamer ou par le scepticisme blagueur de Paris ou, ce qui serait pis encore, par de basses et honteuses propositions? Comment, en un mot, soutiendra-t-il cette nouvelle fortune qui lui tombe inopinément sur les épaules?

Le sujet est original, car il est puisé dans les mœurs contemporaines. Jadis, un homme n'arrivait au ministère qu'après s'être rompu longtemps, soit dans les bureaux, soit dans les commissions, soit dans les ambassades, à la pratique des affaires. La politique n'avait pas alors de coquebins. Ce n'est guère que depuis l'avènement des fameuses nouvelles couches de Gambetta que les ministres ont pu sortir, en une nuit, de dessous terre, après une pluie d'orage, comme des champignons sans racines.

L'étude des altérations que doit subir un provincial transplanté tout à coup dans ce milieu était donc curieuse à faire. Eh! bien, mon grand, et peut-être mon seul reproche à Jules Claretie, c'est qu'elle n'est qu'indiquée. La critique est ici extrêmement difficile à préciser, parce qu'elle ne porte pas sur un point particulier, que je puisse saisir et vous mettre sous les yeux : elle s'attaque à ce qui n'existe pas, à ce qu'on sent qui manque. Et comment rendre le néant visible, comment le formuler ?

L'observation de Claretie est juste en général ; mais elle est superficielle. Elle n'a pas les *dessous* dont m'a quelquefois parlé son collaborateur Alexandre Dumas, quand il me contait la genèse de ses propres pièces. Claretie, lui, se contente de la vérité courante, de l'à-peu-près ; il regarde à fleur de peau ; les personnages qu'il jette sur la scène sont plus agités et plus vibrants que vivants. Leur conversation est un papotage très animé, très brillant, d'où partent quelquefois des mots très drôles ; mais de ce dialogue on n'emporte pas un sujet de réflexions profondes ; ses mots ont l'allure du petit journal, et quelques-uns même en viennent.

Prenez au second acte la peinture du cabinet d'un ministre. C'est cela et ce n'est pas cela. Voilà bien le va-et-vient des amis, des solliciteurs, des chefs de service, des garçons de bureau. Mais ni les physionomies ne sont marquées d'un trait assez vif, ni les paroles qu'on leur prête ne sont assez caractéristiques. Chez le ministre même, je ne sens pas assez l'honnête ardeur du néophyte enflammé du désir des réformes et l'infatuation naissante du parvenu qui la cache sous une affectation de bonhomie.

Tout le tableau amuse les yeux et les oreilles, sans occuper ou, si vous aimez mieux, sans préoccuper l'esprit. Quelques détails même choquent par trop la vraisemblance et sentent la caricature : ainsi les petites Madurel, les filles du sous-secrétaire d'État, qui improvisent, en guise de sonate au piano, une conférence alternée sur l'instruction laïque obligatoire. Ici le trait n'est pas seulement trop gros, il est peu juste.

J'ai peine aussi à me figurer un sous-secrétaire d'État

aussi nigaud que Madurel, et la femme d'un haut fonctionnaire aussi ouvertement méchante langue que Mᵐᵉ Madurel.

Un homme qui a passé par l'administration me disait : Tout ministre qui arrive au pouvoir ne manque jamais de faire venir le directeur de la presse, chargé de lire les journaux pour les hommes d'État qui n'ont pas le temps de le faire eux-mêmes, et lui recommande de ne lui rien cacher de tout ce qu'on écrira contre lui. Il veut la vérité, toute la vérité.

Le directeur de la presse s'incline.

Que fera-t-il ensuite de ces ordres?

Celui de Claretie dérobera à son ministre les attaques qui lui seraient déplaisantes. Ça, c'est de l'observation vraie, si vous voulez, mais une observation générale et de surface.

Le véritable employé collige soigneusement les articles les plus virulents, les plus infâmes, et, à l'heure du travail, avec une correction parfaite qu'il assaisonne d'un faux air de regret, il se donne le délicieux plaisir de voir la grimace de son chef, et de recevoir des remerciements pour le zèle avec lequel il s'est empressé de lui servir cette amère pilule.

Voilà la vérité vraie, profonde; voilà la comédie.

Il y a au troisième acte une scène dont le succès est immense tous les soirs. Le ministre est chez sa maîtresse, quand un ébéniste se présente pour raccommoder un petit meuble. L'homme d'État s'amuse à faire causer ce brave homme et le met sur la politique. Eh! bien, je ne sais, mais il me semble que les vrais, les profonds sentiments de l'ouvrier parisien ne sont pas résumés dans ce dialogue. Celui de Claretie parle un langage de convention; c'est un ouvrier de livre de distribution de prix.

Cela amuse parce qu'il fait la leçon aux ministres; mais cela sonne faux. Non, ce n'est pas ainsi que pense et parle, chez nos ouvriers de Paris, si éveillés sur les questions sociales, si ardents — même les meilleurs et surtout peut-être les meilleurs — la passion politique. Là encore, c'est de la vérité si l'on veut, mais une vérité de surface. La scène n'en est pas moins fort jolie, et Saint-Germain la joue avec une finesse merveilleuse.

Au dernier acte, Vaudrey, revenu de ses égarements et dégoûté du pouvoir, exhale son chagrin dans une longue tirade, où il dit qu'il n'a vu partout qu'intrigues, ambitions personnelles, que tout le monde lui a parlé de ses intérêts particuliers, mais qu'on ne lui a pas dit un mot de la France.

C'est un morceau de bravoure très brillamment exécuté, et l'effet en est grand sur le public. Ce qui me le gâte, c'est que, durant ces quatre actes, je n'ai pas vu ce ministre plus occupé de la France que les autres. Il a passé son temps à écouter des commérages et à faire la cour à une drôlesse. Il est mal venu à se plaindre que ces autres, qui ont moins de responsabilité que lui, l'imitent sur ce point.

Ces plaintes ne sortent pas d'un cœur vraiment affecté. La tirade est voulue. C'est une tirade pleine de verve et de mots sonores, mais c'est une tirade.

Ce qui me semble faire défaut dans toute la pièce, c'est précisément ce qu'a cherché Claretie, c'est la vérité; non une vérité banale et de surface, celle-là y est le plus souvent; mais la vérité profonde, définitive, éternelle.

Je m'en voudrais de rester sur cette impression fâcheuse.

Cette pièce si touffue le premier jour, et qui reste encore telle, même après les élagages du second, est toute semée d'épisodes charmants, et pour n'en citer qu'un : je sais peu de discours plus drôles que celui qu'adresse le général au ministre, qui vient d'apprendre sa nomination : « Monsieur le ministre, j'aime le bronze, le bronze qui tue les ennemis de la patrie et qui immortalise ses grands citoyens », et après quelques phrases où il commente cette antithèse, il en cherche une plus brillante que les autres, qui soit le mot de la fin, et, ne la trouvant pas, il répète : « J'aime le bronze, j'aime le bronze. »

Il y a bien un peu de charge. Mais cela est si gai, si spirituel ! Et puis — c'est affaire de goût — il me semble qu'ici la caricature ne passe pas les limites du grossissement qu'autorise et qu'exige le théâtre. Le dialogue étincelle de ces mots qui portent la marque de fabrique : Dumas et compagnie. Sont-ils de Dumas? Sont-ils de Claretie? On n'en sait rien ; Claretie possède à un si prodigieux degré le génie de l'assimilation, qu'il est capable, après s'être approprié le procédé, de faire des mots à la Dumas, mieux que Dumas lui-même. Il y en a beaucoup dans *Monsieur le Ministre*, et qui ne contribuent pas pour une part médiocre au grand succès de l'ouvrage.

12 février 1883.

# CATULLE MENDÈS

## LA REINE FIAMMETTE

M. Antoine nous avait conviés, mardi dernier, à écouter la *Reine Fiammette*, grand drame en six actes et en vers, par M. Catulle Mendès. Il avait pris soin de nous avertir qu'il lui serait impossible de donner à cette pièce, avec les maigres ressources dont il dispose, la mise en scène qu'elle eût comportée sur un théâtre plus vaste. Il n'avait même pas besoin d'alléguer cette excuse : au Théâtre-Libre, nous arrivons tout pleins d'indulgence.

Je ne suis pas fâché, pour ma part, de voir une œuvre de théâtre ne demander son succès qu'à ses qualités dramatiques. Je suis convaincu qu'un drame excellent doit se pouvoir jouer dans une grange et y réussir, tout aussi bien que sur une grande scène, où s'ajoute pourtant au mérite de l'œuvre la séduction du décor et du costume.

C'est que le théâtre est le pays de l'illusion. L'imagination, une fois mise en branle, se représente avec une facilité singulière les lieux où l'auteur a transporté son action, et elle les fait plus beaux, plus magnifiques qu'aucun artiste n'aurait pu les reproduire. Il est vrai qu'il faut qu'elle soit mise en branle; mais cela, c'est affaire à l'auteur, et s'il n'y a pas réussi, quand sa pièce se donne dans une grange, il est bien probable que le luxe dont il l'aura entourée sur une grande scène ne la rendra pas plus émouvante.

Ce qui fait qu'à cette heure un drame trop pauvrement monté vous désoblige et vous rebute, c'est que vous arrivez au théâtre avec cette idée préconcue que l'on doit, s'il est question de robes de soie et de velours, vous exhiber du velours et de la soie; que si l'on parle d'un somptueux ameublement, on est tenu de vous montrer des meubles superbes.

Il vous manque quelque chose, si on ne vous donne pas ce que vous attendez. Vous l'imagineriez, comme faisaient nos pères, si vous n'apportiez pas au théâtre cette préoccupation d'esprit. Et vous l'imaginez encore, si les circonstances sont telles que vous vous attendez, en prenant votre place au bureau, à l'absence de toute mise en scène.

C'est notre histoire au Théâtre-Libre. Nous avons pris notre parti et de la scène qui est petite, et des décors qui sont primitifs, et des costumes qui ne sauraient être luxueux. Que nous importe l'indigence de la mise en scène, si le poète évoque, grâce à la magie du vers, l'illusion des costumes magnifiques et des superbes décors! Plût à Dieu que l'on pût nous ramener sur ce point aux habitudes de l'antique simplicité! Les pièces coûteraient moins à monter, le public payerait ses places moins cher, les théâtres rechigneraient moins à hasarder des œuvres nouvelles et les auteurs compteraient moins sur les séductions de la mise en scène pour couvrir la pauvreté du fond. Tout le monde y gagnerait.

Voilà *Fiammette!* Est-ce que Fiammette, présentée par M. Catulle Mendès, qui possède une autorité incontestable, n'aurait pas été acceptée et jouée tout de suite sur un grand théâtre si le directeur ne s'était dit en la lisant : Diantre ! il va falloir dépenser de soixante à cent mille francs pour monter ça ! et cent mille francs, c'est un chiffre !

On conte que plusieurs directeurs parisiens ont eu l'œuvre entre les mains, notamment Mᵐᵉ Sarah Bernhardt, à l'époque où elle gouvernait la Porte-Saint-Martin, MM. Porel et Perrin. Il est bien probable que tous avaient des objections à faire à l'œuvre en elle-même et qu'ils sentaient je ne sais quelle obscure méfiance ; l'un d'eux aurait sans doute passé outre, n'eût été la question d'argent. Les frais de mise en scène ont démesurément grossi. Un des artistes qui jouent à cette heure *Henri III* à la Comédie-Française, me disait : « Quand on a monté la pièce autrefois, on a dépensé 12.000 francs, et le comité en avait pâli. C'est ce que coûtent aujourd'hui mes seuls costumes. »

Il a fallu, pour que *Fiammette* fût enfin présentée au public, qu'il se fondât à Paris un théâtre où la convention permît que les œuvres fussent jouées sans grand éclat de décors ni de costumes. Je souhaiterais que cet exemple ouvrît les yeux des auteurs, des critiques et du public avant tout sur la vanité de la mise en scène. Les avantages en sont compensés par de bien fâcheux inconvénients.

*Fiammette* est un tissu d'imaginations très singulières. Les initiés m'assurent que ce sont des fantaisies shakespeariennes. Toutes les fois qu'il y a dans une œuvre de ce genre des choses que je ne peux goûter, ne les comprenant pas, on me répond que c'est shakespearien. Le mot me clôt la bouche. Que voulez-vous répondre à cela ? Personne ne veut avoir l'air de ne pas entendre Shakespeare et de ne pas se plaire à une de ses œuvres. Ce serait le cas de s'écrier, en parodiant un mot célèbre : O Shakespeare, que de sottises on admire en ton nom !

Au premier acte, nous voyons de sombres conspirateurs qui se sont réunis dans un endroit écarté, pour causer de leur projet. Ils ont résolu de détrôner Fiammette qui est reine à Bologne.

Cette Fiammette, nous ne la connaissons pas encore. Nous savons seulement qu'elle a élevé jusqu'à elle, en l'épousant, une espèce d'aventurier, qui n'était pas même gentilhomme, mais qui, en revanche, a toute la mine d'un sot ténébreux. Pourquoi a-t-elle fait ce mariage, nous l'ignorons et nous l'ignorerons toujours. Mais elle méprise parfaitement ce mari ; elle le trompe, quand et comme il lui plaît. Elle est d'un siècle où la galanterie est en honneur, où l'on aime les beaux vers, les danses voluptueuses et les plaisirs de toutes sortes. César Sforza, le cardinal neveu, trouve que la reine Fiammette en prend trop à son aise, que sa cour est trop gaie; c'est lui qui a par-dessous main ourdi la conjuration, c'est lui qui en est le chef. On assassinera Fiammette et l'on mettra sur son trône le pauvre sire qu'elle a épousé. Pourquoi? quel but poursuit Sforza? d'où vient qu'il en veut tant à la reine? qu'espère-t-il du roi qu'il va faire? On ne nous dit rien ; c'est ainsi, parce que c'est ainsi.

Pour tuer Fiammette, Sforza a un homme sous la main. C'est un jeune moine franciscain, nommé Danielo, qu'a fanatisé l'éducation du couvent. Il est tout prêt, comme un des mangeurs de haschisch du Vieux de la Montagne, à frapper qui on lui montrera du doigt.

— C'est Fiammette qu'il faut tuer.

Tuer une femme! Danielo recule effrayé! C'est que lui-même il a rencontré, il y a quelques jours, une femme, un ange, qu'il en est éperdument amoureux; jamais il ne lèvera le bras sur une femme! Sforza serait fort embarrassé, s'il ne s'avisait d'un stratégème.

Ce Danielo avait un frère qu'il adorait ; ce frère lui a été ravi, comme il avait quinze ans, par des sbires et jamais on n'a retrouvé sa trace.

— Eh ! bien, ce frère, lui dit Sforza, c'est la reine Fiammette qui l'a fait enlever et qui l'a supprimé, comme Marguerite de Bourgogne, après en avoir usé à son plaisir.

— Ah ! c'est ainsi ! s'écrie Danielo. Donnez-moi un poignard.

Notez que ce frère, nous ne le verrons jamais ; son ombre planera sur tout le drame, sans que jamais on nous explique ce qu'il est devenu, ni même pourquoi il a existé.

Ce premier acte, que n'égaye aucun sourire de femme, a paru bien noir. S'il n'avait été que noir, hélas ! Je vous disais tout à l'heure que je me souciais assez peu du costume et du décor ; mais il y a un point qui garde toujours toute son importance : c'est l'interprétation. Il faut qu'une pièce soit jouée au moins suffisamment. Comme les vers du poète ne m'arrivent qu'après avoir passé sur les lèvres de l'acteur, il faut qu'ils ne s'y soient pas déformés ; je ne puis deviner la pensée de l'œuvre si elle m'est cachée par ceux-là mêmes qui sont chargés de me la traduire.

M. Catulle Mendès avait eu l'idée de confier le rôle de Danielo à M. Capoul. Idée funeste ! On s'imagine parfois qu'un chanteur d'opéra-comique, parce qu'il dit agréablement les parties du dialogue de son rôle, ferait, s'il était transporté sur une autre scène, un bon comédien. C'est une erreur. Le dialogue de l'opéra-comique doit se dire et se dit toujours avec une voix et des gestes appropriés à la convention du genre. Un artiste qui vient de chanter : « Viens, gentille dame ! » ne peut pas, quand la gentille dame arrive, passer du chant à la voix naturelle pour lui dire : « Vous êtes très jolie. » Il ne peut pas faire autrement que de garder dans son débit des intonations qui rappellent le chant. Et de même pour le geste : le chant exige un certain nombre de gestes qui en facilitent l'émission, par exemple les bras levés en l'air, la poitrine élargie, la tête renversée en arrière, le corps se soulevant sur la pointe des pieds, etc. Comment voulez-vous, tout à coup, sans dire gare, passer d'une convention à une autre ? Le ténor est obligé (mais absolument obligé) de dire le dialogue en ténor, et le public, qui n'est jamais frappé que des dissonances au théâtre, goûte au contraire l'harmonie secrète qui s'établit dans l'opéra-comique entre la façon dont les couplets sont chantés et dont le dialogue est dit.

Il n'est averti de l'impertinence de cette diction que si elle est transportée par un ténor dans un genre d'où la musique soit exclue. Nous en avons fait l'épreuve, et une douloureuse épreuve, en 1868. C'était à la Porte-Saint-Martin, et l'on jouait une pièce nouvelle de George Sand et Paul Meurice qui avait pour titre *Cadio*. Le rôle du jeune premier avait été confié à Roger, qu'un douloureux accident avait éloigné de la scène de l'Opéra-Comique.

Que de fois, voyant Roger dans le sous-lieutenant de la *Dame Blanche* ou dans le mousquetaire des *Mousquetaires de la reine*, et plus tard dans le *Prophète*, ne nous étions-nous pas écriés : Quel admirable comédien que ce Roger ! Comme il est gai ! Comme il est pathétique ! Aucun de nous n'avait pris garde qu'il était en effet pathétique et gai, mais en se conformant aux règles du genre qu'il pratiquait, en s'harmonisant, en se fondant avec ce genre.

J'ai encore présent à la mémoire le souvenir de cette déplorable et inoubliable soirée. Ce fut un effondrement. Nous aimions tous Roger ; nous l'admirions, et cette admiration s'avivait encore de la sympathie récente que lui conciliait un malheur imprévu. Il n'y eut pas dans la salle un seul rire d'irrespectueuse moquerie; nous étions tous consternés, navrés. On avait cette sensation horrible de quelqu'un qui est tombé à l'eau, qui s'y enfonce, qui se noie sans qu'on puisse lui tendre la perche ni la main. Nous étions tous oppressés; c'était une vraie souffrance.

Eh! bien, nous avons éprouvé quelque chose de pareil à écouter ce malheureux Capoul, fourvoyé, empêtré, se débattant à grands bras ronds dans la poésie de Catulle Mendès. Si nous avions eu le cœur de railler, il y aurait eu certes de quoi s'égayer à ses finales, poussées à l'instar des dernières notes d'une cavatine, à ces enguirlandements d'une voix factice qui semblait avoir été tout à coup abandonnée de l'orchestre qui devait la soutenir. L'acteur avait à s'écrier : Horreur! et ce mot s'en allait avec des sonorités d'opéra-comique, se prolongeant sur une note amenuisée de flûte.

Le roi, c'était M. Antoine lui-même. Il est clair que M. Antoine préfère aux imaginations poétiques de M. Catulle Mendès les études naturalistes de ses copains ordinaires. Il a donné au roi de cette féerie shakespearienne (vous voyez que, moi aussi, je joue du Shakespeare) les allures, le ton, les gestes et la voix des héros qu'il se plaît à représenter dans les pièces de M. Métenier et de ses amis. Il parle presque toujours de dos, parce que c'est, soi-disant, plus naturaliste. Il me semble pourtant qu'à tout prendre il soit tout aussi naturel de montrer le devant de sa personne que l'autre côté. Comme il a la voix faible, ou plutôt comme il n'a pas de voix du tout, on ne l'entend guère, qu'il parle face ou pile, et, quand on l'entend, ce sont des intonations d'un faubourien, qui étonnent dans le gosier d'un grand monarque.

Il y a un moment où, sachant qu'enfin sa femme va être

dévissée... pardon! ce sont les effets du naturalisme ambiant... disons qu'elle va être escoffiée... Ah! décidément, j'ai marché un soir dans l'ombre de M. Antoine, je ne trouve plus que des expressions d'argot; tant il y a que la reine va être assassinée, et qu'il s'écrie : « Enfin, je suis roi! » Non, vous n'imaginez pas le ton dont il nous a dit : *Je suis roi!* Le gentilhomme Salis, au Chat-Noir, ne le dirait pas autrement.

Oh! lui, dame! ce n'était pas comme cet infortuné Capoul! on a ri ouvertement : l'irrespectueuse blague a monté jusqu'à son trône. Peut-être est-ce aussi qu'on lui en voulait un peu. Il avait laissé échapper, lors de la première représentation de *Germinie Lacerteux,* un mot brutal, qui avait paru peu convenable. Ceux qu'il avait traités de *gueux imbéciles* avaient apporté une disposition secrète à ne lui rien pardonner.

Je ne parle pas évidemment pour nous, qui appartenons à la presse. Nous en avons tant vu de toutes les couleurs que rien ne nous touche plus, et que nous avons une magnanime et sereine indifférence pour tout ce qui sent le cabotin. Vous n'imaginez pas à quel point nous sommes insensibles à l'opinion que M. Antoine peut avoir de notre jugement. Nous le tenons pour un homme d'initiative, et cela nous suffit pour l'estimer et le soutenir. Mais, à l'avenir, il fera bien de ne plus jouer les rois du XVI$^e$ siècle; il excelle dans les ramollots du XIX$^e$, qu'il s'y tienne!

Il faut bien le dire : ce premier acte n'avait pas trop prévenu le public en faveur du nouveau drame. On s'est extasié dans la presse sur l'exquise poésie de M. Catulle Mendès. La vérité est que les vers ont été en général si mal dits que je n'en ai guère entendu que la moitié et que cette moitié même, il m'a fallu une peine infinie et toute l'habitude que j'ai du théâtre pour lui restituer son véritable sens. Il me semblait que je lisais en anglais des vers français traduits en cette langue, et que, pour me les expliquer à moi-même, je me les retraduisais en français.

Le second acte nous transporte dans un couvent où la reine fait, sous un nom supposé, une retraite de pénitence. Pourquoi n'y est-elle pas venue comme reine? On n'en sait rien. On ne sait jamais rien des mobiles qui poussent chaque personnage à faire ce qu'il fait.

Fiammette, c'est une Froufrou du XVI<sup>e</sup> siècle. Elle ne connaît que son caprice et s'y abandonne en toute franchise, j'allais dire en toute inconscience. Pour elle, le bien et le mal n'existent pas; il n'y a d'autre règle que sa fantaisie : elle est heureuse de vivre, d'aimer, de lire de beaux vers, de jouer du luth, de danser; c'est une enfant, et une femme, et une flamme. Elle est dévote à ses heures, car elle peut aussi bien avoir un caprice pour Dieu.

Et dans ce couvent, où la supérieure seule connaît le secret de son vrai nom, elle s'amuse comme une évaporée, quelque peu perverse, à lire aux nonnes, ses compagnes, des sonnets amoureux de Pétrarque, à leur apprendre des pas de danse voluptueuse, à leur conter des histoires égrillardes. Peut-être M<sup>lle</sup> Defresnes qui était chargée du rôle, n'a-t-elle pas ici donné à ce côté du rôle assez de gaminerie inconsciente; elle a eu trop l'air d'une matrone expérimentée qui donne à de petites filles des leçons de mœurs douteuses. Fiammette, c'est Froufrou ou Paulette à votre choix, mais plutôt Froufrou que Paulette.

Je n'ai pas besoin de vous dire que cette jeune fille qu'a rencontrée Danielo et dont il est devenu éperdument amoureux, c'est Fiammette, aujourd'hui nonne au couvent. La folle est ravie de l'aventure, et elle ouvre la fenêtre pour que le jeune homme, enjambant le balcon, pénètre dans la chambre et la trouve seule.

Et ce sont des extases! et ce sont des ivresses! tant et si bien que la reine n'y peut tenir; elle s'échappe du couvent et se sauve avec son amant dans une petite maison qu'elle possède en pleine forêt. Drôle de reine!

Et là, c'est un long duo d'amour! M. Catulle Mendès, qui est le dernier en date des poètes érotiques, a dans la peinture des expansions d'amour la touche brûlante et libertine de Properce; je ne dis pas de son homonyme Catulle, qui est un grand poète. Un seul détail inquiète et gêne Fiammette. Son Danielo s'éveille parfois de son ivresse amoureuse pour prononcer des paroles de mort où il entremêle le nom de la reine. Elle soupçonne un secret qu'elle ne peut lui arracher. L'autre, en effet, a juré à Sforza une éternelle discrétion.

Le mot de l'énigme lui est révélé. Une bohémienne qui a pour amant un des conjurés, lui révèle la conspiration ourdie par Sforza, les noms des conjurés; elle les nomme tous, sauf un, l'assassin, dont elle ne sait pas le nom, mais dont elle a vu le visage. Fiammette tire un rideau derrière lequel dort son amant épuisé de volupté; la bohémienne pousse un cri : « C'est lui! »

Ah! c'est lui! Et si Fiammette profitait du sommeil de ce misérable pour le frapper du poignard avec lequel il devait l'assassiner? Mais quoi! il est si joli garçon! Et à la lueur du poignard brandi sur sa tête, il s'éveille : « Que je t'aime! » soupire-t-il.

Elle s'émeut; après tout, il ne savait pas que c'était elle, la reine. Elle le soumet à une épreuve. Dans leurs longues causeries, son amant lui avait souvent répété qu'il avait, le 6 avril, un acte terrible à accomplir. Cet acte, dont il ne parlait qu'à mots couverts, c'était le meurtre de la reine.

— Sais-tu, lui dit-elle, que je t'ai trompé en te laissant croire que c'était aujourd'hui le 5. Nous sommes le 6.

— Le 6! il faut que je parte.

Et il part, à moitié fou!

La reine sonne sa femme de chambre.

— Nous partons, lui dit-elle, nous rentrons à Bologne.

Et comme la camériste s'étonne :

— Je vais, lui dit-elle gaiement, me faire assassiner.

Il ne faut pas trop presser les choses ; elles paraîtraient d'une invraisemblance monstrueuse. Comment ce moine est-il tout ensemble et si amoureux et si fanatique? Son fanatisme est un fanatisme à heure fixe. Comment la reine peut-elle ainsi se soustraire aux devoirs de son État, et pourquoi les conjurés ont-ils besoin de la supprimer, elle qui s'occupe si peu de son royaume? Pourquoi...

> Tes pourquoi, dit le dieu, n'en finiraient jamais.

C'est de la fantaisie shakespearienne, et voilà tout.

Au troisième acte, Fiammette est revenue dans son palais. Comme elle a en main tous les fils de la conspiration, elle a destitué, sans leur en rien dire, tous les hauts fonctionnaires qui avaient prêté la main au complot et elle a confié leurs postes de confiance à ses trois filles d'honneur, Viola, Violina, Violetta. N'était ce sacré Shakespeare, dont la grande ombre m'incommode, je dirais que nous nageons ici en pleine opérette. Fiammette fait arrêter les conspirateurs et leur donne pour juges, précisément les trois jeunes folles qui l'ont aidé à déjouer le complot. Elles condamnent les coupables à les épouser, ce qui paraît ennuyer beaucoup ces messieurs. A leur place, nous... car Catulle Mendès a toujours le talent de rassembler de jolies femmes autour de ses pièces. Ils font grise mine à leur bonheur, et cependant Fiammette a ordonné une belle fête; et l'on joue des instruments, et l'on danse, et l'on rit; et voilà qu'au fond de la scène surgit un homme, qui cache un poignard dans sa manche. Il se coule vers la reine, qui le guigne de l'œil tout en lui tournant le dos. Il s'approche, il lève l'arme, il va frapper; elle se retourne en souriant; c'est Fiammette. Il recule effaré, et le couteau tombe de sa main.

On s'empare de l'assassin; la reine lui ménage un châtiment exemplaire, un châtiment du genre de la peine que ses filles d'honneur ont infligée aux complices de Sforza.

Ah! çà, mais ce terrible Sforza, il y a longtemps que nous ne l'avons revu. Il a disparu comme un diable qu'à Guignol Polichinelle enfonce d'un coup de poing dans le quatorzième dessous, et qui attend son moment pour reparaître.

Le voilà, ce moment, Sforza va surgir.

Danielo avait fait des vœux au couvent des franciscains. Il relève donc de la justice ecclésiastique. Le cardinal-légat le réclame pour lui faire son procès.

Diantre! voici une comédie badine qui tourne au mélodrame. Je vous avouerai tout bas que nous avons une peine infinie à être sérieusement effrayés. Toute cette histoire, à partir du premier acte, a été trop imprégnée d'amour et de gaieté pour que nous ne nous sentions pas l'envie de rire au nez de ce croquemitaine expédié par l'Inquisition. Il serait si simple de dire à la reine :

— Ma fille, voilà cent mille écus de rente et votre Danielo; nous avons besoin de votre trône; allez faire vos farces un peu plus loin.

Mais non; nous faisons, comme on dit chez les Anglais, un saut dans le noir. Au cinquième acte, le roi... ah! il y a longtemps que nous ne l'avions vu, lui aussi, ce roi grotesque, ce roi de carreau, qui s'est tenu à l'écart tandis que sa femme roucoulait avec son amant, et tandis que les conjurés projetaient d'assassiner la belle en le mettant sur le trône. Poésie à part, c'est un pas grand'chose que ce roi c'est un rien du tout, et j'ai quelque peine à excuser Shakespeare, qui fournit à d'aussi horribles magots un prétexte de vivre.

Le roi vient donc et dit à sa femme d'un air cauteleux :

— Voici deux papiers : l'un est la grâce de Danielo, signée du cardinal-légat ; l'autre est un acte d'abdication qui n'attend que votre signature. Signez le dernier de ces papiers, je vous remets l'autre. Donnant, donnant.

Ce n'est pas pour dire, mais jamais roi trompé n'en a entendu d'aussi dures que celles qui tombent sur la tête de ce Sganarelle couronné. Il souffre tout en silence. Il a son plan. Fiammette, après avoir longuement exhalé son indignation, son mépris et sa colère, signe son abdication. Mais c'était un piège, un abominable piège. Tant qu'elle était reine, l'Inquisition ne pouvait rien sur elle. Une fois qu'elle est tombée du trône, on peut l'accuser d'hérésie; et de fait, Sforza — ah ! la canaille ! la canaille ! — la fait arrêter comme atteinte et convaincue de professer la doctrine de Luther.

Oui, canaille ; car c'est d'une infamie parfaitement inutile. Cette pauvre petite linotte de Froufrou, je veux dire de Fiammette, on n'a nul besoin de la poursuivre ainsi à outrance. Nous ne voyons pas ombre de nécessité à ce qu'elle meure. On ne nous intéresse point aux causes qui vont la supprimer. Ce dénouement nous paraît ressembler à celui du Guignol, quand le diable, à la fin du spectacle, rafle tous les acteurs et les emporte en enfer. Le chat qui rêve sur le bord du théâtre semble se demander : à quoi bon?

A quoi bon traîner Fiammette devant le Saint-Office? La voilà condamnée à mort. Allons donc! A mort! Est-ce que c'est possible? Elle, s'être éprise de la doctrine de

Luther ! Passe encore si Luther était un beau cavalier, qui eût écrit d'aimables sonnets ! Décidément, tout cela se passe, non plus dans le bleu, mais dans le noir ! Je n'en crois pas un mot ; je ne suis pas touché.

Hélas ! oui, elle est condamnée ; et ses caméristes lui enlèvent de la tête cette couronne qu'elle n'a plus le droit de porter. Elle la regarde, elle en détache les diamants et les distribue aux pauvres ; et il y a là une quinzaine de vers exquis, que M<sup>lle</sup> Defresnes a dits à ravir et qui ont enlevé la salle.

C'est fini de rire. Fiammette demande un prêtre. Vous pensez bien que c'est Jocelyn qui va recevoir la confession de Laurence. Danielo arrive sous le capuchon du moine. Fiammette, qui ne le reconnaît point, n'avoue qu'un péché, et un péché dont elle ne saurait se repentir : c'est d'avoir trop aimé un homme, le seul qu'elle ait aimé, et dont l'image la suivra jusque par delà la mort.

Tout cela est bel et bien ! Mais Danielo veut qu'elle s'accuse d'un crime qu'elle a commis...

Quel crime ? Elle est stupéfaite, effarée.

Il faut dire que nous aussi, nous avons parfaitement oublié ce crime. Il s'agit du frère de Danielo, que Fiammette aurait fait enlever et assassiner après. Le frère, nous nous y sommes si peu intéressés ! Toute cette histoire de jeune homme emporté dans la tanière d'une reine débauchée nous a paru si saugrenue au premier acte et il en a été si peu question aux actes suivants ! Nous tressaillons de surprise quand Danielo y revient à l'issue de cette confession ! Quoi ! ce n'est que cela qui le chagrinait, qui l'arrêtait de lui dire : Je t'aime encore !

Fiammette jure ses grands dieux qu'elle n'a jamais rien fait de pareil, qu'elle ne connaît pas plus le frère de Danielo que nous ne le connaissons nous-mêmes :

— C'est différent! s'écrie alors le moine relevant son capuchon. Je t'adore toujours... ange pur, ange radieux! Et ils s'embrassent, et ils s'enlacent. Ah! s'il y avait de la musique!

Sforza et les juges arrivent; on lit la sentence et, pour le dire en passant, l'acteur qui la lit est peut-être le seul dans cette soirée dont on ait entendu toutes les paroles, sans en perdre une syllabe. Danielo se rapproche insensiblement de la hache du bourreau, la saisit, la fait tournoyer et en frappe Sforza, qui ne s'y attendait guère. Mais c'est bien fait, il a été trop bêtement scélérat. Danielo, et c'est ce qu'il voulait, mourra avec Fiammette, et la fort gentille reine, dans un couplet délicieux, fait de main d'ouvrier, prie le bourreau de trancher d'un même coup leurs deux têtes, unies dans un dernier baiser.

Tel est ce drame, qui a laissé très indécis le public de cette première et unique représentation. Je ne me rends pas très bien compte de ce qu'il eût donné avec une interprétation moins imparfaite. Les vers que j'ai saisis à la volée m'ont paru dignes du poète qui les a écrits. Mais il est trop malaisé de goûter la poésie à travers les défauts d'une diction qui n'est pas nette.

21 janvier 1889.

# FRANÇOIS COPPÉE

## LE PASSANT

Le *Passant*, de M. François Coppée, a enchanté le public.

Ce n'est pas, à proprement parler, une pièce de théâtre. C'est un duo d'amour, une fantaisie lyrique, comme dit l'affiche, quelque chose comme la *Nuit d'octobre*, de Musset, qu'on a portée à la scène en ces derniers temps. Il ne serait peut-être pas bon d'encourager ces tentatives, si elles devenaient trop nombreuses. Car enfin, le théâtre a ses lois particulières, et si l'on vient dans une salle de spectacle, ce n'est pas uniquement pour entendre de beaux vers bien dits.

Une élégie d'André Chénier se lit au coin du feu, ou l'été, à l'ombre d'un arbre ; je me la figure mal éclairée de la lumière crue de la rampe. Mais enfin, le succès justifie tout. Le public de la Comédie-Française a écouté avec transport la *Nuit d'octobre* ; celui de l'Odéon n'a pas fait au *Passant* un accueil moins vif. C'était comme un mélange d'étonnement et d'admiration.

Cette saynète à deux personnages me paraît être, autant qu'on en peut juger à une première audition et dans une chaude atmosphère d'enthousiasme, un petit chef-d'œuvre de grâce poétique et tendre. Un peu trop d'oiseaux jaseurs peut-être, de prés verts et de ciel bleu ; c'est le péché mignon des néo-parnassiens. Mais la langue de M. Coppée est généralement nette et ferme ; son vers est d'une élégance exquise. Le tout rappelle les bijoux de la Renaissance, dont le travail est si précieux et si fini, et où l'on sent le faire puissant et large d'un véritable artiste.

L'idée première est, au fond, assez banale. Sylvia, la courtisane vénitienne, s'ennuie ; elle voudrait aimer : elle aspire à l'amour jeune et pur, et rêve aux étoiles, un soir où la brise est chaude et parfumée. Arrive un jeune homme, beau, bien fait, joueur de guitare, qui passe en chantant, et jette sur un banc du jardin son manteau, pour y dormir la nuit.

Sylvia le voit, l'interroge, se sent mordue au cœur d'une passion nouvelle ; puis elle s'attendrit, en contemplant ce front pur et ce visage candide. Elle l'invite à fuir, et lui montrant son chemin : « Repartez, lui dit-elle, allez du côté de l'aurore. » Le chanteur reprend sa guitare, son manteau et sa chanson, et s'en va, tandis que la belle courtisane le regarde s'éloigner lentement, et la pièce s'évapore au lieu de se terminer.

Ce n'est qu'un rêve, mais un rêve charmant : des ombres idéales qui glissent dans les poétiques régions du bleu. Les deux personnages de cette fantaisie étaient représentés par M<sup>lle</sup> Sarah Bernhardt et M<sup>lle</sup> Agar. M<sup>lle</sup> Sarah Bernhardt rappelait, par son costume, le chanteur florentin du sculpteur Dubois. Il y a, malheureusement, dans sa personne, des détails qui ne lui rendent pas le vêtement masculin trop favorable. Mais avec quel charme délicat et tendre n'a-t-elle pas dit ces vers délicieux ! Un peu précieuse peut-être par endroit, et cette préciosité même était en harmonie avec la couleur du rôle. Elle a été fêtée, rappelée, acclamée par un public ravi.

M<sup>lle</sup> Agar porte un peu de la solennité tragique dans cette œuvre, toute moderne de souffle et d'allures. Elle est plutôt l'antique Phèdre que la belle Impéria. C'est un tort, et, pourtant, quel relief elle a donné à certains vers ! avec quelle nonchalante mélancolie elle a laissé tomber ses regrets ! avec quel âpre désespoir elle a jeté ses imprécations ! Cette première représentation n'a été, d'un bout à l'autre, qu'un triomphe. Elle marquera dans l'histoire de l'Odéon, qui vient de révéler un poète à la foule.

18 janvier 1869.

# SEVERO TORELLI

Je ne connais guère au théâtre d'exposition plus claire, plus pittoresque, plus saisissante que celle qui ouvre le *Severo Torelli* de M. Coppée.

Le rideau se lève sur un décor qui représente une place publique de Pise. Quelques jeunes gens formant un groupe animé et causant à voix basse nous apprennent par leur conversation que Pise gémit sous le joug ; Florence lui a imposé pour maître un dur condottiere, Barnabo Spinola, qui est à la fois le plus cruel et le plus débauché des tyrans. Voilà vingt ans qu'il gouverne, et jamais son insolence ni sa cruauté ne se sont relâchées. Pise frémit dans l'attente d'un vengeur.

Ce vengeur, tout le peuple l'a déjà désigné d'un doigt mystérieux : c'est le jeune Severo Torelli, le fils du vieux patriote Gian-Batista Torelli. D'où vient que Pise a mis tant d'espérance sur une si jeune tête ?

Il y a vingt ans de cela, Barnabo Spinola venait de prendre en main le gouvernement de Pise ; une révolte avait éclaté. Batista Torelli et deux autres de ses amis étaient les chefs de la conjuration. Ils avaient été pris et condamnés à mort. Tous trois avaient été amenés sur l'échafaud ; l'exécuteur fit tomber deux têtes ; mais, quand vint le tour de Batista Torelli et qu'il eut posé la sienne

sur le billot, le tyran leva la main pour arrêter la hache :
— Je fais grâce, dit-il.

Sous le coup inattendu de cette grâce compromettante, Batista Torelli avait rougi ; il s'était relevé fièrement ; et se tournant vers le podestat :

> Barnabo Spinola, j'accepte ta clémence...
> Mais on ne dira pas qu'un Torelli t'ait dû
> Ce bienfait infamant sans te l'avoir rendu.
> Je te fais grâce aussi ; contre toi, je désarme.
> De mon côté sois donc, désormais, sans alarme ;
> Mais, seul, par ce serment, je me lie aujourd'hui,
> Et, s'il me naît un fils, tyran, prends garde à lui !

Ce fils est né quelque temps après. Le peuple de Pise, qui avait entendu la menace du père, a regardé avec une piété superstitieuse grandir ce jeune homme, que Dieu semble avoir marqué pour être son libérateur.

Voilà qu'il a vingt ans aujourd'hui ; il est beau, il est généreux, il est brave. Tous les yeux sont fixés sur lui. Ses compagnons, plus âgés, et qui ne sont ni moins vaillants ni moins riches, s'inclinent devant cette jeune popularité. Ils sentent que cet adolescent, au front de qui la légende a mis une auréole, est seul capable d'enlever le peuple à un moment donné : ils le reconnaissent pour chef ; c'est à lui qu'ils réservent l'honneur de frapper le tyran et d'appeler les Pisans aux armes.

En même temps que le poète nous met au courant de ces détails, au moyen d'un récit qui est fait de main de maître et digne de l'antique tragédie, il étale sous nos yeux le tableau curieux d'une ville italienne à la fin du XV$^e$ siècle. Nous voyons arriver Barnabo Spinola, suivi de ses estafiers, qui font ranger la canaille. Il vient acheter une épée ou une dague chez un jeune ciseleur, Sandrino, qui s'est révélé grand artiste. Car il affecte les goûts artistiques et fastueux des Médicis. Le jeune ouvrier refuse de rien lui vendre, et le tyran se mord la lèvre. Il est accompagné de la belle Portia, sa maîtresse, qui, avec beaucoup de bonne grâce, sauve Sandrino de la colère du podestat, tandis que les jeunes gens amis de Severo rient tout bas de la déconvenue de Barnabo. Toute cette scène est d'une animation charmante; on se sent transporté en plein moyen âge.

Ce tableau a son pendant; nous voyons arriver, tout vêtu de noir, le visage morne, un fantôme de vieillard, que tout le monde regarde avec un respect mêlé de compassion : c'est le vieux Batista. Depuis le jour où il a fait le serment de ne plus rien tenter contre la tyrannie, il s'est enfermé avec sa femme, la noble Pia Torelli, dans son palais désert. Il y vit seul, tout entier à son chagrin, attendant le jour où son fils lui dira : « Père, l'heure est venue. » Ses discours sont graves, sa parole triste, et les jeunes gens qui l'écoutent croient entendre une voix d'outre-tombe.

Mais ils sont prêts : un incident, qu'ils n'avaient pas prévu, précipite leurs résolutions : le roi de France, Charles VIII, vient d'entrer en Italie. Il va mettre la main sur Florence. Le moment est donc opportun pour secouer le joug des Florentins et se débarrasser du podestat nommé par eux.

Tous quatre se laissent emporter à ce beau rêve de la liberté reconquise et de la patrie délivrée. C'est Severo qui frappera le premier; la chose est entendue. Mais il est convenu aussi que chacun des trois autres, si Severo succombe dans l'entreprise, la reprendra à son compte. Ils se lient par un serment solennel, prononcé sur leurs épées. Mais ce serment ne suffit pas. Ils en imaginent un autre plus redoutable. Un moine passe, qui porte le Saint-Sacrement. Ils l'abordent, et lui demandent de découvrir l'hostie sacrée, afin qu'ils puissent prêter sur Dieu même le serment d'accomplir leur projet.

Ce projet, ils ne l'ont pas dévoilé au moine. Mais ce moine est, lui aussi, un patriote; il les a devinés; il leur présente l'hostie, et tous les quatre, l'épée étendue, jurent en silence.

La scène est d'une tournure superbe; elle achève de la façon la plus grandiose et la plus pathétique un acte qui est plein de mouvement.

L'exposition n'est pas terminée cependant; car nous ne savons jusqu'à présent qu'une chose, c'est que Severo doit tuer le tyran et délivrer Pise. Mais il n'y a pas encore là de sujet de drame bien défini. Il nous faut donc attendre le second acte.

Ce second acte nous transporte chez le vieux Batista.

Il s'ouvre par une scène entre Batista et sa femme, où tous deux s'entretiennent des misères de la patrie, de l'affection tendre qu'ils portent à leur fils Severo. Elle est admirable, cette scène, d'une gravité et d'une onction incomparables. Je regrette de n'avoir pas encore reçu la brochure; car j'en aurais voulu détacher quelques extraits. Il m'a semblé que jamais M. Coppée n'avait encore parlé une langue plus vigoureuse et plus sonore. Ce n'est plus ce ton de mélancolie mièvre que l'on retrouve trop souvent dans sa poésie : c'est une tristesse grave et forte, avec des éclats d'indignation superbe.

Severo arrive; il est tout frémissant du projet conçu; et, quand il se trouve seul avec son père, il lui dit simplement :

— Mon père, l'heure est venue : je vais remplir votre serment.

La nouvelle n'étonne point le vieillard; il s'y attendait. Il l'accueille avec un attendrissement stoïque. Mais il ne saurait admettre que sa femme, la noble et grande Pia, soit tenue en dehors de ce secret. N'a-t-elle pas été la compagne de sa vie? Ne s'est-elle pas associée à toutes ses douleurs et à toutes ses espérances?

Il la fait revenir :

— Voici ta mère, dit-il à son fils.

> Tu lui dois ton secret ; elle serait jalouse,
> Et pour le grand péril où tu vas t'exposer,
> Ma bénédiction ne vaut pas son baiser.

Ce dernier vers a soulevé dans toute la salle une longue acclamation. C'est qu'il est vraiment beau et digne de Corneille même. Je ne cesse de le répéter, et vous voyez comme j'ai raison : de toutes les formes de l'art, il n'y en a pas de plus belle, de plus héroïque, de plus émouvante que celle du drame historique ou de la tragédie : c'est tout un. Et quelle force le vers prête aux grands sentiments :

> Ma bénédiction ne vaut pas son baiser.

Dites cela en prose ; le public restera froid. Mais la pensée se ramasse dans un alexandrin et fait balle. Le vers! le vers! il n'y a que cela au théâtre, au moins pour le drame. Il est trop évident qu'il faut que le vers étincelle et flamboie. Nous ne voudrions plus du vers de Campistron : mais le vers de Hugo, mais le vers de Coppée, mais le vers des maîtres ouvriers de ce temps, il n'y a pas à dire, c'est un charme pour l'imagination et un régal pour l'oreille.

Severo, au moment que son père l'y autorise, ne voit nul inconvénient à faire part de son dessein à sa mère. Nous autres, spectateurs, nous éprouvons quelque inquiétude. A la scène précédente, comme le vieux Torelli, parlant à sa femme de Severo, lui a dit d'une voix affectueuse : *notre fils!* donna Pia a repris à part *notre fils!* avec une intonation amère et désolée qui nous a avertis qu'il y avait là quelque secret ténébreux et terrible.

Ce secret, il va nous être découvert.

Quand Severo, sur l'ordre de son père, a dit à sa mère que son projet était de tuer Barnabo Spinola, elle recule d'horreur et se couvre la figure de ses mains :

— Ah ! jamais ! s'écrie-t-elle épouvantée, non, pas cela, c'est trop...

Elle demande à rester seule avec son fils, et là elle lui révèle l'affreuse vérité. Il ne doit pas tuer le podestat :

> Parce que tu n'es pas le fils de Torelli...
> Et que... sans en mourir, faut-il que je le dise,
> Ton père est Spinola, le gouverneur de Pise !

Voilà l'horrible aveu ! Comment cela a-t-il pu se faire ? Et donna Pia, dans un récit qui est une merveille d'exécution, raconte qu'elle a, par le sacrifice de son honneur, racheté la vie de son mari condamné à mort. Depuis lors, elle s'est tue : elle n'avait jamais pensé que cette abominable tyrannie durerait vingt ans encore, et que son fils, quand il aurait atteint l'âge d'homme, trouverait encore au palais ducal le bandit dont il était né, Barnabo Spinola.

Vous comprenez l'étonnement, l'effroi, le désespoir du malheureux jeune homme. Il est en proie aux agitations d'esprit les plus violentes et les plus tumultueuses. Il ne peut se tenir d'exprimer son dégoût pour le père qu'on vient de lui révéler ; il s'aperçoit de tout ce que ces indignations ont de cruel pour sa mère, et il s'en excuse, et il lui demande pardon, et il revient bientôt à sa colère, à ses imprécations, qui se fondent de nouveau en effusions de tendresse.

C'est une scène éblouissante : Severo, dans un mouvement de fureur lyrique, s'adresse à tous les portraits d'ancêtres qui ornent le salon du palais. Il leur demande pardon, pardon d'avoir usurpé leur nom et leur confiance. Il voudrait, devant eux, rejeter tout ce sang qui coule dans ses veines et qui n'est pas le leur.

Et sa mère l'écoute, haletante, hagarde : elle s'humilie, elle l'entoure de ses bras, elle le supplie ; et lui, que fera-t-il ? Tuer le tyran, c'est un parricide. Mais, renoncer à son projet, c'est trahir ses compagnons d'armes, la patrie, la liberté ; c'est faillir à son serment, et quel serment ! prêté sur l'hostie même.

On ne respirait pas dans la salle : c'était une émotion puissante, qui tordait le cœur, et s'échappait par intervalles en furieux applaudissements. Je ne crois pas de ma vie avoir vu un succès pareil à celui qu'ont emporté ces deux premiers actes, et, j'ose le dire, un succès mieux mérité. Le pathétique y est du premier coup porté à son comble, et ce que la situation a d'émouvant est rendu plus terrible encore par la grandeur de la poésie, par la merveilleuse sonorité du vers.

Ce fut après ce second acte un triomphe pour l'œuvre. On se répandait en exclamations et en louanges dans les couloirs ; tous les amis de Coppée, et il en compte beaucoup, exprimaient leur ravissement avec une sincérité et une chaleur qui faisaient plaisir à voir. Nous étions sous le charme.

Et cependant, moi, qui aime le théâtre pour lui-même, je ne pouvais m'empêcher de me demander tout bas comment le poète, en partant de cette donnée, trouverait moyen d'emplir les trois actes qui allaient suivre.

Où étaient les scènes à faire ?

J'en voyais une très clairement : c'était celle de Severo avec le podestat, son vrai père ; mais, comme celle-là ne pouvait se terminer que par un coup de poignard ou par une renonciation définitive au projet d'assassinat, c'était une scène de dénouement, celle du cinquième acte. Il n'y fallait pas songer pour combler ce vide béant du troisième acte et surtout du quatrième. On sait que, dans les pièces en cinq actes, le quatrième est celui sur lequel porte généralement tout l'effort du drame.

Il ne pouvait plus y avoir de scène entre le fils et la mère : tous deux s'étaient expliqués; ils n'avaient plus rien à se dire. Impossible d'en imaginer une entre Severo et le vieux Batista Torelli : il était trop clair qu'on ne pouvait le mettre au courant de la situation. Les deux interlocuteurs auraient été, dès le premier mot, condamnés au silence.

Eh! bien, alors?

Je songeais vaguement, à part moi, que la mère irait peut-être trouver le tyran, mais je ne pouvais m'arrêter à cette idée : les deux personnages se seraient trouvés l'un et l'autre dans une situation si fausse! Ils auraient eu si peu de choses à se dire! Coppée ne devait pas avoir tourné de ce côté-là.

Qu'avait-il pu imaginer?

La donnée, telle qu'elle était présentée, ne comportait qu'un monologue : vaut-il mieux être parricide ou traître à son serment?

Une fois les raisons bien déduites, il ne restait plus que la scène du dénouement à faire, celle de Severo avec son vrai père selon la nature.

Mais un monologue n'emplit pas deux actes.

Je n'étais donc pas, au milieu de l'enthousiasme général, sans inquiétude.

Le troisième acte encore ne m'inquiétait pas. Il est de règle (et la règle ici ressort de la nature même des choses) que l'on peut, dans une pièce en cinq actes, occuper un troisième acte avec des épisodes, qui se rattachent à l'action d'une façon plus ou moins directe. Si ces épisodes sont ingénieux, s'ils parlent à l'imagination, s'ils font mieux connaître les héros, il n'en faut pas davantage au spectateur.

Disons-le tout de suite : le troisième acte de *Severo Torelli* est charmant. L'action n'y fait point de pas décisif ; mais peu importe ; le héros s'y fait voir sous un jour qui nous le rend plus intéressant encore.

Il se compose de deux épisodes.

Une main inconnue a, pendant la nuit, écrit des injures et des menaces de mort contre le podestat sous les lions de marbre, qui symbolisent aux yeux des Pisans la domination florentine. Spinola veut connaître le nom de l'insolent ; comme il y a dix lions, il a fait saisir dix otages, qui seront tous exécutés le soir même, si le coupable ne se découvre pas lui-même.

Severo voit là un moyen de sortir de l'impasse où il se trouve acculé. Depuis douze heures, il n'a cessé de s'interroger, sans trouver à son cas une solution qui le satisfasse. Celle que lui offre le hasard le délivre de tout embarras. Il se déclarera ; il sera exécuté et ne trahira ni ses amis ni son serment.

Il s'avance vers le tyran :

— C'est moi, dit-il, qui ai sur le marbre des lions de Florence écrit les insultes que vous y avez lues. Conduisez-moi à la mort.

Ses amis admirent ce trait de générosité, dont ils ne pénètrent pas le secret motif, et la foule pousse un long murmure de douleur.

Mais le podestat donne ordre à ses estafiers de s'écarter, et prenant le jeune homme à part :

— Ce n'est pas vous, lui dit-il, non, ce n'est pas vous qui êtes le vrai coupable.

Nous attendions la suite avec une extrême émotion : est-ce que le podestat savait le secret redoutable ?

Oui, il en était instruit.

Et son discours, d'une hauteur et d'une brutalité inexprimables, se termine par ces mots :

— Taisez-vous ; car je puis d'un seul mot déshonorer trois personnes.

Et il quitte le jeune homme, qui tombe sur un banc accablé de douleur et de honte.

C'est là que vient le chercher le second épisode qui doit achever d'emplir le troisième acte.

Nous avions vu au premier acte la belle Portia, la maîtresse du podestat, regarder avec intérêt ce jeune homme, tâcher d'attirer son attention, sans y parvenir, se plaindre de son indifférence ; nous en avions conclu qu'elle était amoureuse de lui, et que c'était là un ressort d'action dont le poète se réservait d'user plus tard.

Le moment est arrivé.

Severo est resté seul, sur son banc, ruminant, comme Hamlet, son éternel monologue :

> Voilà la question ; voilà l'alternative,

sans en pouvoir sortir. Il est dix heures du soir ; les étoiles brillent aux cieux et des airs de lointaines sérénades se mêlent aux parfums de la nuit. Une femme voilée se glisse en tremblant près du jeune homme. C'est Portia.

La scène est osée ; car cette femme qui vient le soir provoquer d'amour un jeune homme assis sur un banc de place publique pourrait prêter à des rapprochements fâcheux et même ridicules. Si je puis dire franchement mon avis au poète, j'estime que la scène, telle qu'il l'a écrite, est brusque et qu'elle eût gagné à être amenée de plus loin et conduite avec plus de discrétion. Mais, une fois ces réserves faites, elle est d'une galanterie passionnée, qui rappelle les beaux vers du *Passant* ; elle a plu extrêmement au public, encore que Mlle Barety l'ait dite avec une sécheresse et une froideur tout à fait malencontreuses.

Severo se laisse gagner à ces protestations de tendresse; il se dit qu'au moins il ne mourra pas sans un baiser d'amour. Il prie la femme d'écarter le voile qui la dérobe à ses yeux. Il le relève, et recule effrayé. C'est Portia.

> Injuste Dieu! sais-tu quelle est ma destinée?
> Pise met dans ma main le fer du justicier.
> C'est un père qu'il faut frapper de cet acier...
> Je rencontre une femme en ma route funeste.
> Elle m'aime et me tend son baiser : c'est l'inceste.

Vous voyez que ce troisième acte laisse les choses en l'état où elles se trouvaient au second, ce qui est un défaut; mais il est encore animé, varié, brillant. On n'a pas eu le loisir de s'apercevoir que l'on avait piétiné sur place.

Mais diantre! nous voici au quatrième.

Qu'est-ce que le poète a bien pu fourrer dans ce quatrième acte? Pour moi, je ne puis le soupçonner. Il n'y a rien, mais rien du tout, à y mettre.

Aussi n'y a-t-il rien mis.

Nous revoilà au palais Torelli. Severo s'y répand encore en lamentations sur son incertitude. Mais, ce monologue, il l'a déjà fait et refait; il ne peut plus trouver une raison nouvelle ni pour ni contre. Il ressemble à l'âne de Buridan, placé entre deux bottes de foin.

Sa mère arrive; mais, je l'ai déjà fait remarquer, il n'a plus rien à dire à sa mère; aussi recommencent-ils tous deux la scène du second acte, elle lui disant : Ne tue pas ton père; lui répondant : J'ai juré sur l'hostie. Ce débat ne peut plus nous passionner, puisque de part et d'autre on a épuisé les raisons qui poussent dans l'un ou dans l'autre sens. Severo se trouve également en présence de son père. Mais il est obligé au silence envers lui. Ce ne sont donc, durant ce quatrième acte, que répétitions et recommencements.

Une scène seule est nouvelle, parce qu'elle apporte au héros une nouvelle raison d'agir.

Vous vous rappelez ce jeune Sandrino, qui fabrique des poignards, des épées et des dagues pour les riches seigneurs de Pise. Au premier acte, Severo, pour le récompenser d'avoir bravement tenu tête au tyran, lui a fait don d'une belle chaîne d'or. Sandrino veut, en forme de remerciement, lui offrir un ouvrage de sa main. C'est un poignard. Severo en regarde curieusement la poignée :

> Mais, Sandrino, quelle est cette tête énergique,
> Cet homme à l'œil austère, au front bas et tragique,
> Dont le col est drapé du vêtement romain,
> Et que, sur la poignée, a ciselé ta main?

Et Sandrino répond :

> Excellence, j'ai cru vous plaire... Car c'est l'homme
> Que Pise jusqu'ici put envier à Rome;
> Mais nous voyons en vous revivre ces vertus.
> C'est le grand meurtrier de César, c'est Brutus.

Brutus! A ce nom, Severo tressaille. Est-ce un avertissement d'en haut? Ses hésitations cessent : As-tu donc, dit-il à l'un des conjurés,

> — As-tu donc encor des soupçons,
> Renzo? Je n'attendais que ce poignard; marchons!

On jugera peut-être que cet incident n'est pas un mobile d'action assez puissant pour lancer à l'accomplissement d'un tel projet une âme aussi irrésolue. Mais cet incident s'ajoute à quelques autres, qui ont déjà incliné l'âme de cet Hamlet italien vers le meurtre. Il est comme la goutte d'eau qui fait déborder le vase.

Le grand reproche que je lui fais, c'est qu'il compose à

lui tout seul tout l'intérêt du quatrième acte. Autant vaudrait dire que le quatrième acte n'existe pas. Et, de fait, on pourrait le supprimer sans rien retrancher à l'œuvre. Pour moi, si j'étais Coppée, je n'hésiterais pas : je souderais, d'une façon quelconque, la scène de l'armurier Sandrino à celle qui termine à présent le troisième acte, et je passerais tout de suite au cinquième. Le drame y gagnerait sans nul doute en intérêt et en rapidité.

Pour que la scène qui doit conclure l'œuvre, celle de Severo avec le podestat, fût possible, il fallait trouver un moyen de les mettre en présence l'un de l'autre, le fils étant armé, et le père sans estafiers autour de lui, sans armes même et sans défense. Autrement, la scène se résumait en un coup de poignard, et le poète avait besoin que tous deux s'expliquassent avant que le dernier coup fût porté.

Ce moyen n'était pas commode à trouver.

Celui qu'a imaginé Coppée choque quelque peu la vraisemblance; mais je ne m'attarde jamais à ces critiques de détail, qui me paraissent des plus vaines dans une œuvre dramatique de grande portée.

L'action exige que les deux héros de la pièce se disent devant le public les choses qu'ils ont à se dire. Il m'importe assez peu comment l'auteur les amènera en face l'un de l'autre. Il vaut mieux sans doute qu'il le fasse adroitement; mais les critiques qui portent sur ces points de détail sont puériles.

Le podestat est donc venu faire ses dévotions dans une chapelle de la crypte d'une église. Il y est venu sans garde du corps; il a remis au prêtre son épée et sa dague, comme c'est l'usage lorsqu'on entre au saint lieu. Le prêtre a fait cacher Severo dans un coin sombre et s'est retiré. Tout cela, je l'avoue, n'est pas trop vraisemblable. Mais qu'importe! Voilà le père et le fils en présence, l'un armé, l'autre sans armes, et forcé de l'entendre jusqu'au bout.

Ils vont s'expliquer. C'est la scène à faire.

Eh! bien, elle est encore très belle, cette scène, et le poète a ressaisi d'une main puissante son public, dont l'attention avait flotté incertaine et déçue durant tout le quatrième acte.

Severo a imaginé de dire au tyran :

— Je ne puis vous tuer, puisque vous êtes mon père. Je vous laisse donc la vie, mais à une condition, c'est que vous me livrerez les clefs de la citadelle, que vous me permettrez de rendre ainsi la liberté à Pise et de sauver mon honneur engagé en cette affaire. Vous fuirez, vous irez où il vous plaira. Je serai quitte envers mes amis et mon serment, et je n'aurai pas sur la conscience le remords d'un parricide.

Spinola peut être un tyran cruel et voluptueux : c'est un soldat. Il rejette bien loin ces propositions infamantes. Il montre une hauteur d'attitude et une fermeté de langage qui nous le rendent presque sympathique. Au fond, c'est lui qui a raison contre son fils. Il le brave, il le provoque, il l'insulte; il a le beau rôle; car il est sans armes en face d'un assassin, qui tourmente son poignard, mais qui n'ose s'en servir.

Il se réfugie enfin vers l'autel et debout, flamboyant, l'œil attaché sur Severo :

> Sur cet autel où Dieu sacrifia son fils,
> Si tu l'oses, toi, fils, viens égorger ton père!
> Frappe au cœur, et mon spectre, enfant de l'adultère,
> Te poursuivra partout dans son sanglant linceul.

Severo, ainsi poussé à bout, s'élance sur lui le poignard levé :

> Eh! bien, soyons damnés tous deux!

Mais alors — et c'est un coup de théâtre dont l'effet a

été d'autant plus grand le premier soir qu'il était plus inattendu — on voit sortir de derrière la châsse de la sainte, donna Pia elle-même, que personne ne savait là ; elle bondit jusqu'à Barnabo, et lui enfonce elle-même dans le cœur une arme qu'elle tenait à la main.

C'est elle qui avait été la victime ; c'est elle qui a infligé le châtiment. Il ne lui reste plus qu'à mourir. Elle tourne contre sa poitrine le poignard dont elle vient de tuer Barnabo, et tombe mourante aux pieds de Severo. Et comme les conjurés viennent d'entrer, demandant si le meurtre est accompli : Oui, dit-elle, par moi.

> Pise est libre aujourd'hui.
> Mon fils allait frapper : je l'ai fait avant lui.
> Le despote a péri de la main d'une femme,
> Car je ne voulais pas que l'enfant de mon âme,
> Qui sortit de mon être et qu'allaita mon sein,
> Se souillât de ce meurtre et fût un assassin.

Et elle meurt, le doigt sur la bouche, recommandant à son fils le silence sur toute cette horrible aventure.

Ce dernier acte, qui est encore d'une fière allure et qui termine le drame par un coup de théâtre inattendu et pathétique, ranima l'enthousiasme qui s'était affaissé pendant les deux actes précédents et le nom de l'heureux auteur fut salué de longues acclamations.

Je suis retourné voir la pièce samedi, à la cinquième représentation, afin de m'assurer si les publics suivants sentiraient et jugeraient comme nous. Il m'a paru que les impressions n'avaient pas sensiblement changé d'un soir à l'autre. Le quatrième acte m'a cependant paru moins long ; mais peut-être le poète a-t-il fait quelques coupures. A cette seconde audition plus encore qu'à la première, j'ai été séduit par la solidité, la magnificence et l'harmonie du vers. Coppée manie en maître l'alexandrin tragique ; quelques négligences ont çà et là trahi la main de l'ouvrier, mais elles sont si faciles à corriger, et puis cette critique du détail est si inutile, dans une œuvre où les beautés abondent ! Non, ma critique serait, si je voulais chicaner le triomphateur, plus haute et porterait plus loin.

Coppée a merveilleusement exposé un sujet dramatique ; il l'a dénoué avec une grandeur rare. Il n'a pas écrit un drame. Non, le drame n'y est pas. Il me répondra qu'il a voulu, comme Shakespeare dans *Hamlet*, peindre les incertitudes d'une âme faible, qui a accepté un devoir trop lourd pour elle, et qui se laisse peu à peu traîner à l'action devant laquelle il a longtemps hésité. Mais il ne nous a pas intéressés à ces hésitations. Nous ne comprenons qu'à demi les angoisses venues d'un pareil motif. Ce podestat est-il si vraiment son père que cela ? L'accident auquel Severo doit sa naissance peut-il l'empêcher de haïr et de tuer le tyran ?

Je vous avoue que si donna Pia prenait un poignard, le mettait aux mains du jeune homme, et lui disait tout bas : « J'ai été déshonorée, tu es son fils, venge-moi », ma foi, je serais presque tenté de lui donner raison.

C'est peut-être cette arrière-pensée, demeurée obscure dans tous les esprits, qui nous a gâté les monologues de Severo. Nous compatissons à Hamlet, à qui le cœur et la main défaillent au moment de faire justice. Il lui faut tuer sa mère. Mais Barnabo Spinola ! Nous dirions volontiers : Poignardez-le tout de suite, et n'en parlons plus.

La pièce a été admirablement jouée le premier soir, et mieux encore, à mon avis, le cinquième. Tout était plus harmonieux, plus fondu.

Severo Torelli est joué par un jeune homme de dix-huit ans ! C'est le fils d'Albert Lambert, et il se nomme Albert Lambert comme son père. Il vient à peine de quitter le Conservatoire ; sa voix n'est pas encore bien assurée ; elle ne sort pas son plein, comme on dit. Mais qu'elle a l'accent pénétrant et tendre dans les passages voilés! Qu'il a mis d'ardeur et de rage juvénile dans tout ce rôle! C'est Maubant, sans doute, que l'on eût choisi pour le jouer à la Comédie-Française! Quand, après l'aveu de sa mère, il a dit que son être tout entier lui inspirait du dégoût, et que son corps lui faisait honte (le vers est beau, mais je ne me rappelle pas le texte exact) un frisson a couru toute la salle.

Et Raphaël Duflos a-t-il été assez fier, assez violent dans le rôle de Spinola. Il y a chez un si jeune homme une science de composition tout à fait rare. Et quelle diction nette, accentuée, vibrante! Remarquez au troisième acte un : *En route!* Cela est d'un grand artiste.

Paul Mounet était chargé du personnage du vieux Torelli. Il avait fort bien joué le premier soir; mais c'est lui qui a le plus gagné dans ces cinq jours. Hier, il a été au-dessus de tout éloge. Quelle voix étoffée et profonde! Elle remue jusqu'au fond du cœur. Et voilà maintenant que Paul Mounet commence à connaître l'art des nuances. Le débit est plus varié, plus savant. Écoutez-le au second acte, dans sa conversation avec donna Pia : c'est un charme de l'entendre. Jamais on n'eut plus de gravité et de douceur en même temps.

M$^{me}$ Tessandier lui donne la réplique. Je ne lui répéterai pas la phrase que nous lui servons toujours et qui est devenue comme un cliché : qu'elle est très belle, qu'elle est superbe! J'ai bien un autre éloge à lui faire : la voilà qui, enfin, a appris à dire le vers. A ses grandes qualités tragiques, qu'elle tient de la nature, elle en joint une autre que nous désespérions de lui voir acquérir : la diction tragique.

26 novembre 1883.

## POUR LA COURONNE

Vous connaissez la structure, j'allais dire : l'ossature de la pièce. C'est une très solide et très ingénieuse composition.

Un vieux général a, pendant vingt ans, défendu son pays contre les attaques d'un ennemi acharné; il croit que ses services lui ont mérité le trône qui est devenu vacant. On le donne à un autre; le voilà déçu; il songe par ambition et par vengeance à trahir. Il s'entend avec un émissaire de l'ennemi pour livrer un soir le passage par où l'armée, qu'il avait arrêtée et combattue jusque-là, pénétrera sur le sol de la patrie.

La trahison va être consommée.

Son fils se dresse devant lui; il a surpris le secret de l'entretien; il barre le passage à son père.

Voilà le point culminant du drame; il s'y est acheminé durant deux actes : c'est la grande scène, la scène à faire.

— Tu ne passeras pas! dit le fils.
— Je passerai, dit le père.
— Dégaînons et qu'un duel en décide.

Ils se battent; le père tombe, la patrie est sauvée, mais le fils est parricide, et le père en mourant l'a maudit.

Le drame pouvait s'arrêter là, car la tragédie est terminée, comme l'est celle d'*Agamemnon,* quand Oreste a tué Clytemnestre. Mais une autre commence aussitôt ; Oreste sera poursuivi par les Furies ; il faudra qu'il expie son crime ou qu'il en soit relevé par l'aréopage.

De même pour le fils de Coppée.

Il a tué son père ; il a sacrifié son père à la patrie. Peut-être avait-il raison ? Mais il faut que tout se paye en ce monde. C'est dans les deux derniers actes que le jeune homme acquittera sa dette.

On avait trouvé le corps de son père, traversé d'un coup d'épée. On avait cru qu'il était mort en combattant l'ennemi ; on lui avait dressé une statue pour honorer sa mémoire, et le fils n'avait rien dit pour ne pas révéler l'opprobre de sa maison. Il avait pris le commandement des troupes ; mais il est inquiet, nerveux, et se fait battre. La révolte gronde sourdement contre lui.

Une personne intéressée l'accuse faussement du crime commis par son père. Il lui faudrait, pour se justifier, dévoiler la honte paternelle. Il accepte héroïquement l'expiation ; on le condamne, on l'attache au piédestal où se dresse la glorieuse statue et là chacun vient lui cracher son mépris à la face. Un coup de poignard donné par une femme qui l'aime le délivre de cette ignominie.

Vous voyez l'ordonnance de la pièce ; comme elle monte d'un pas régulier jusqu'à la grande scène du troisième acte, qui est en quelque sorte le point de partage de l'action, et comme elle redescend ensuite du même pas ferme et assuré jusqu'au dénouement.

J'ai fait exprès de n'écrire aucun nom et de vous donner pour ainsi dire une charpente abstraite. Ce n'est pas seulement parce qu'ainsi vous apercevrez mieux la netteté des lignes dont se compose l'ensemble, c'est aussi, c'est surtout parce que je marque ainsi l'une des qualités du nouveau drame; il pourrait bien se faire que cette qualité fût, pour beaucoup de connaisseurs, un défaut.

Les personnages de Coppée ne sont pas des réalités vivantes; ce sont des types. Le prince Michel Brancomir n'est pas un traître; c'est le traître, c'est la trahison. Il a épousé en secondes noces une Grecque admirablement belle, Bazilide, qui, comme lady Macbeth, a rêvé d'être reine. Il y a, dans le royaume des Balkans, un souverain; au lieu d'acclamer Michel, le grand général, la Diète a choisi l'évêque Étienne. Bazilide, qui est travaillée depuis longtemps par un émissaire secret des Turcs, jette les bras autour du cou de son mari; ces bras sont beaux; la langue de la femme perfide est dorée, il n'en faut pas plus pour vaincre les scrupules de ce vieux brave. Peut-être souhaiterions-nous une étude plus approfondie du progrès que peut faire, dans une âme honnête, l'idée de trahison.

Son fils, Constantin Brancomir, est, de la tête aux pieds, un héros, un saint; c'est le patriote en soi, le saint du patriotisme. Il a toutes les vertus, toutes les grandeurs. Au premier acte, une bohémienne, qui a été prise dans le camp des Turcs battus, lui échoit comme part de butin. C'est une femme de mauvaise vie; il admire sa beauté, il la respecte, il la relève. En effet, la voilà, régénérée, qui voue à ce merveilleux jeune homme, à cet ange descendu du ciel, un culte de latrie, en même temps qu'une silencieuse adoration d'amoureuse.

M. François Coppée ne s'attarde pas à étudier les personnages, à démêler pour nous les mobiles multiples de leurs actions; il les dresse du premier coup dans une attitude simple et frappante, qu'ils garderont d'un bout à l'autre du drame et les pousse d'un grand élan à la situation.

Cette situation même, il la présente, si j'ose ainsi parler, toute nue. J'entends par là qu'il ne prend pas la peine d'amasser et de justifier les circonstances dont elle a dû s'accompagner dans la réalité. Il lui suffit de mettre, devant nous, au troisième acte, le père et le fils en présence, et de nous dire : Il y a là un bûcher et une torche ; si avec la torche on allume le bûcher, la patrie sera sauve ; elle sera perdue, si près du bûcher la torche reste inactive. C'est en quelque sorte une torche et un bûcher symboliques. N'épiloguez pas sur le peu de vraisemblance des moyens ; ne querellez pas non plus l'auteur sur la façon dont le fils a surpris le secret de la trahison projetée. Il écoutait derrière une tapisserie la conversation de Michel Brancomir et de la princesse Bazilide, sa femme. Ne vous récriez point : Eh ! quoi, en entendant ainsi comploter la ruine de la patrie, il ne s'est pas jeté, tout bouillonnant d'indignation, au travers de l'entretien ?

N'insistez pas sur ce détail plus que l'auteur ne s'y attarde. Qu'importe la façon dont le fils a appris les noirs desseins du père ! Il les sait, voilà tout, et courons à la situation ; parce que, dans un drame conçu de cette façon, la situation est sa raison d'être et son but ; c'est le point central, le point unique sur lequel l'auteur a ramassé tout l'effort de son drame.

Effort qui, par cela même, est visible, qui se trahit. Mais il n'y a pas à dire : une fois là, on est emporté dans un torrent d'éloquence. Est-on sincèrement, profondément ému ? Je ne sais. L'impression est d'horreur et d'une horreur superbe. Un grand frisson a passé sur la salle haletante, quand nous avons entendu ces vers, qui sont parmi les plus beaux que Coppée ait écrits, dignes d'être signés par Victor Hugo. C'est Constantin qui parle :

> Vieux souvenirs de gloire et d'héroïsme, à l'aide !
> Promesses de jadis, exploits des temps passés,

> Devant ce malheureux, accourez, surgissez
> Et faites-le rougir de sa trahison vile !
> Dites-lui que demain, à son entrée en ville,
> Les étendards pendus aux portes du palais,
> Au passage voudront lui donner des soufflets.
> Dites, oh ! dites donc au héros qui défaille
> Que ses soldats tombés sur les champs de bataille
> Savent qu'il a rêvé ce crime exorbitant ;
> Qu'ils en parlent entre eux sous terre et qu'on entend,
> Quand on passe, le soir, vers leurs tombes guerrières,
> Un murmure indigné courir dans les bruyères.

C'est de la rhétorique, si l'on veut, mais une rhétorique que la passion enflamme ! Et nous nous sommes tous laissés prendre à la beauté de cette apostrophe aux étoiles, qui revient de temps à autre dans la pièce comme un *leitmotiv*. Après le meurtre et en face du bûcher allumé par lui, Constantin s'écrie :

> Vous êtes les témoins, astres, regards de Dieu !
> Mais devant ce cadavre et devant cette flamme,
> J'ose vous regarder et vous montrer mon âme.
> Mon père allait trahir sa patrie et sa foi.
> Étoiles, j'ai tué mon père... jugez-moi !...

La conception de la scène est admirable ; l'exécution en est merveilleuse. Le poète a été soulevé d'un souffle puissant ; toute trace de tension a disparu ; il est arrivé au naturel dans la grandeur héroïque.

Et cependant, l'oserai-je dire ? il y a au quatrième acte une scène d'un fracas moindre, mais où Coppée est plus lui-même, et qui est délicieuse.

Constantin erre dans le palais, sombre et rêveur, interrogeant sa conscience, comme Hamlet. Il s'est couché sur un lit de repos, pour fuir dans le sommeil la pensée qui le ronge. La jeune bohémienne, Militza, qui lui est reconnaissante de son accueil du premier acte, entre, les mains pleines de fleurs :

> Je t'apporte des roses ;
> L'humble esclave n'a pas à deviner les causes
> Pour lesquelles le maître a les yeux pleins de pleurs.
> Elle en souffre et se tait ; je t'apporte des fleurs.

Et elle poursuit versant sur son front qui brûle des câlineries exquises de paroles, à travers lesquelles revient, comme un doux refrain, l'hémistiche embaumé : « Je t'apporte des fleurs ». M<sup>lle</sup> Wanda de Boncza, dont la beauté brune et le costume pittoresque avaient déjà séduit le public par je ne sais quel goût d'exotisme, a soupiré cette cantilène avec un charme inexprimable. Cette jeune artiste, qui est remarquablement douée, ne paraît pas avoir l'ampleur de poitrine et la vibration de voix qui conviennent à la tragédie, mais cette voix est charmante dans les sentiments de demi-teinte.

Bazilide ignore, comme tout le monde, que son mari est tombé victime d'un meurtre et que le meurtrier est son fils. Entre nous, cette ignorance est étonnante, mais ne chicanons point sur ces détails. Elle tente sur le fils la séduction qui lui a réussi avec le père. Elle lui propose la trahison et au bout la couronne offerte par les Turcs. Constantin, ivre de fureur et de dégoût, lui crache son secret à la face : Oui, je suis parricide, lui crie-t-il, c'est toi qui en es cause.

> Oui, c'est moi qui brisai ton espérance affreuse,
> Et je veux t'enfoncer dans le cœur, malheureuse,
> Cet infernal regret, comme avec un poignard,
> Et te montrer ce meurtre et t'en donner ta part,
> Et venger la nature et les lois irritées
> En secouant sur toi mes mains ensanglantées.

Bazilide se révolte contre l'outrage, et, pour se venger, elle accuse publiquement Constantin du crime de trahison qu'a commis son père. Elle en a la preuve en main (faible preuve et bien maladroite; mais j'ai promis de ne pas insister sur les détails qui n'ont rien d'essentiel), elle la fournit, et se retire dans le palais : elle est vengée. C'est M<sup>me</sup> Tessandier qui jouait ce rôle : comme elle était magnifiquement belle sous ses voiles de deuil! Comme son visage farouche s'harmonisait avec le personnage! Il a couru dans tout le public un frémissement d'admiration, quand d'un geste lent et d'un pas superbe, elle est rentrée, le coup fait, dans son appartement. Quel bonheur que la pièce ait été représentée à l'Odéon! Quand on pense que si la Comédie-Française l'avait gardée et montée, c'était M<sup>me</sup> Lerou qui eût joué au premier acte la scène où elle séduit le père, au quatrième la scène où elle accuse le fils !

Au cinquième acte, Constantin, à qui le respect de son père qu'il ne veut pas assassiner une seconde fois ferme la bouche, est condamné à vivre enchaîné aux pieds de la statue de Michel Brancomir passé, par une cruelle ironie du sort, grand patriote.

Oh! s'il pouvait mourir! C'est alors que Militza s'élance hors de la foule, l'embrasse et le délivre, par un coup de poignard, du supplice de vivre déshonoré. Ce dénouement nous a paru à tous bien cruel. Nous eussions souhaité que Militza eût attesté l'innocence du héros et eût au moins vengé sa mémoire.

M. Adolphe Brisson a proposé une scène ingénieuse. Le roi qui a prononcé la sentence est en même temps l'évêque du pays. Constantin, qui après tout est coupable d'un parricide, aurait versé en confession dans l'oreille du prêtre le secret de son crime. Il n'eût pas moins été condamné par le roi; mais quand Militza, forte de sa conviction, aurait proclamé l'innocence de l'homme qu'elle aime, l'évêque-roi aurait pu laisser tomber un mot de pitié et d'espérance.

Coppée ne l'a pas voulu. Il a mieux aimé que son drame s'achevât dans une grandiose horreur. Peut-être a-t-il eu raison. Son dénouement est plus eschylien. Je suis de ceux qui préfèrent ne pas sortir du théâtre douloureusement oppressés.

Vous pouvez à présent vous faire une idée de la nouvelle œuvre de Coppée. J'en ai indiqué les points faibles; j'en ai dit les grandes qualités. Il y en a une sur laquelle je ne saurais trop insister. La trame générale du style est d'un serré et d'un solide qui marquent un souci constant de la forme. On trouverait certes dans les autres drames de Coppée d'aussi beaux morceaux de bravoure; ici, l'on sent partout, jusque dans les moindres scènes, la main du maître qui pousse l'exécution jusqu'au dernier fini. C'est une très belle œuvre et très digne du succès qu'elle obtient.

23 janvier 1895.

# ALEXANDRE PARODI

## ROME VAINCUE

M. Parodi n'était encore connu du public parisien que par les deux ou trois représentations qui avaient été données d'*Ulm le parricide* aux Matinées littéraires. C'est M. Ballande qui, le premier, a eu l'honneur d'accueillir M. Parodi, alors parfaitement ignoré, et de le mettre en lumière. Oserai-je rappeler que c'est moi qui fis, ce jour-là, la conférence, et fus chargé de présenter le jeune auteur au public?

C'était en son ensemble une pièce bien mal agencée, bien peu claire, qu'*Ulm le parricide*; la langue surtout en était sauvage et le vers barbare. Mais il s'y trouvait un quatrième acte d'une grandeur superbe et d'une originalité bien hardie. J'en fus transporté. J'allai partout répétant que l'homme qui avait imaginé cette situation, et qui l'avait traitée avec tant de force et de majesté, était marqué du sceau qui fait les écrivains dramatiques. Je ne cessai de le vanter dans mes feuilletons hebdomadaires, d'en parler à tout le monde et à M. Perrin.

*Rome vaincue* fut reçue par le Comité de lecture de la Comédie-Française. Il avait été très frappé de la façon magnifique dont s'ouvrait la pièce; il avait été ébloui du rôle de Posthumia. Quatre ou cinq ans se passèrent cependant avant que la pièce fût mise en répétitions. M. Perrin hésitait, ou plutôt il attendait une heure favorable. Il savait bien les défauts de l'œuvre, et il ne voulait pas la hasarder devant le public, sans mettre dans sa main quelques atouts de plus.

Je le pressais de temps à autre, quand je le rencontrais. Il m'exprimait ses inquiétudes : le style est si rude, me disait-il. Pensez-vous qu'un public parisien s'en accommode jamais?

J'étais bien de son avis sur ce point : M. Parodi pense fortement; mais il n'est pas Français d'origine; il n'est pas maître encore de notre langue; il n'est pas maître surtout de l'alexandrin, qui lui résiste sans cesse, et qu'il ne parvient pas toujours à dompter. Il a la phrase rocailleuse et le vers pénible. Et cependant!..... tenez! je voudrais soumettre cette remarque aux jeunes parnassiens qui ont le culte de la forme pure, et que j'entendais, l'autre jour, dans les couloirs, railler la prodigieuse inhabileté de M. Parodi.

Oui, il a, dans la trame ordinaire du style, toutes sortes de défauts : le mot propre lui est souvent rebelle; le tour est incorrect ou obscur; l'alexandrin roule avec un bruit de cailloux qui se heurtent. D'où vient pourtant l'effet puissant de ce vers sur la foule? D'où lui vient son éclat et son énergie? C'est que M. Parodi est un homme de théâtre; c'est que ce style, qui est déplorable à ne le considérer qu'au point de vue de la langue, a cette grande qualité du mouvement dramatique. Nos parnassiens font d'admirables vers, qui plaisent au coin du feu; ceux de M. Parodi ont la sonorité métallique qui convient à la scène. Ils frappent l'imagination ; ils s'imposent : la période peut être embarrassée et obscure ; elle se résume, au bon moment, dans un vers superbe, qui saisit l'oreille et dont le public tressaille.

Comme notre vieux Corneille, aussitôt que la situation le pousse, M. Parodi, cet étranger si peu habile à manier et la langue et le vers, trouve une admirable fermeté de style ; la pensée se verse d'un jet dans le moule de l'alexandrin le plus correct. Allez au Théâtre-Français ; écoutez la discussion entre Posthumia redemandant aux juges sa fille coupable et Fabius réclamant son supplice au nom de la patrie en danger ; vous verrez si le style n'est pas à la hauteur des sentiments, si le vers ne sonne pas avec un bruit plein et magnifique.

Nos jeunes poètes ne veulent pas en convenir ; ils disent que de beaux vers sont partout de beaux vers. Ils se trompent. Il n'y a de beaux vers au théâtre que ceux qui ont le relief, l'éclat, le mouvement et la sonorité dramatiques. Mieux vaut sans doute qu'à ces qualités ils joignent la correction, l'harmonie soutenue, l'exactitude et la richesse des rimes, l'ampleur des périodes, que sais-je ? Mais ce sont là des mérites secondaires au théâtre. M. Parodi, qui a été doué d'une volonté de fer, finira par s'emparer de notre langue et de notre alexandrin ; les progrès accomplis en ce sens depuis *Ulm le parricide* sont déjà considérables ; il en fera d'autres encore.

L'important est qu'il soit né poète dramatique ; et il l'est.

*Rome vaincue*, c'est le sujet de la *Vestale*, mais rajeuni par l'originalité du point de vue où s'est mis hardiment l'auteur.

Quand on vous propose ce titre la *Vestale*, où voyez-vous tout de suite la pièce à faire ? Ce qui se présente de prime abord à votre imagination, c'est l'amour coupable du jeune homme pour une Vestale, et la résistance qu'elle lui oppose au nom de la pudeur; c'est la lutte de cet amour contre les lois sévères de l'asile où elle est enfermée; c'est le danger des rencontres nocturnes; les évasions, et tous les événements que peut traîner à sa suite une aventure de cette sorte.

M. Parodi a négligé de parti pris tout ce côté, que j'appellerais volontiers le côté anecdotique.

Quand le drame s'ouvre, la faute est consommée par les deux coupables, mais cette faute, ignorée de tous, a eu des résultats bien terribles. Les dieux se sont retirés de Rome, ils ont livré la Ville Éternelle en proie au cruel Annibal, vainqueur à Trébie, vainqueur à Thrasymène, vainqueur une dernière fois à Cannes.

Voilà, par le fait, les deux personnages qui semblaient devoir être les principaux du drame relégués au second plan. Un autre personnage surgit, qui va occuper toute la scène, accaparer toute l'attention : et qui est-il ? Qui serait-ce si ce n'est Rome elle-même, Rome la cité reine, que la folie de deux amoureux a traînée, sans qu'elle en sût rien, aux bords de l'abîme ?

Il ne s'agira plus dès lors dans la pièce, telle que l'a construite M. Parodi, des périls que peuvent courir et la vestale et son amant, mais des destinées interrompues de Rome. Le souvenir de la Ville Éternelle plane sur toute cette histoire. Du premier vers au dernier, tous les personnages n'ont que la préoccupation de ce grand intérêt, les uns pour le maudire, les autres pour s'y sacrifier. Il domine toute l'action : ou plutôt, il est à lui seul le nœud de l'action.

Je ne sais si je me trompe; mais il me semble que c'est là une conception toute cornélienne.

C'est elle qui fait l'incomparable grandeur de ce premier acte, que M. Perrin a mis en scène avec un goût exquis. La bataille de Cannes vient d'être perdue, et les bruits les plus sinistres circulent dans la foule répandue sur le Forum. On l'en chasse, et le Sénat s'assemble. Un jeune guerrier, Lentulus, couvert de poussière, haletant, se présente et conte la défaite à laquelle il vient d'assister. Ah! le beau récit, et bien fait pour la scène! Oui, sans doute, il est facile d'en noter à la lecture les incorrections et les faiblesses. Mais que de vers superbes en saillie! Et croit-on que Laroche l'eût si bien lancée, croit-on qu'il eût soulevé à plusieurs reprises de longs et unanimes applaudissements, si la narration n'eût été emportée d'un mouvement héroïque, et coupée d'hémistiches à effets?

Il n'y a que la colère des dieux qui puisse expliquer tant de désastres; on les consulte. Ils répondent que le temple de Vesta a été souillé. Lentulus tressaille, et le geste n'échappe point au souverain pontife. Tous les sénateurs déclarent qu'il faut découvrir la coupable.

> Il faut la découvrir, suspendons nos débats;
> Nous ne pourrons siéger dans la ville flétrie.
> Allez et relevez l'autel de la patrie,
> Pontife; je remets dans vos sévères mains
> La vengeance des dieux et celle des Romains.

Est-ce que la conception de ce premier acte ne vous paraît pas superbe? Qu'importe quelques défaillances de détail, quand l'idée première est si grande et si largement traitée.

Le second acte nous introduit dans l'atrium de Vesta; un décor charmant, plein de mystérieuse poésie. On presse de questions un esclave du temple; il garde le silence; on fait comparaître les vestales, dont l'entrée forme un tableau des plus pittoresques. On les interroge; on n'obtient pas de réponse. C'est alors que le souverain pontife, par un artifice adroit, en annonçant la mort de Lentulus, force la coupable à se découvrir. Opimia tombe pâmée aux bras de ses compagnes.

— C'est elle ! dit le pontife.

Opimia est la fille adoptive, la nièce du grand Fabius, qui assiste à la scène. — Que faut-il faire ? lui demande le juge. — Votre devoir, répond-il.

Au troisième acte, les amants sont réunis par les soins de l'esclave interrogé tout à l'heure. Cet esclave est un Gaulois enragé contre Rome. Il a entendu dire que son ennemie périrait si le crime n'était pas expié. — Tout est possible, après tout, se dit-il. Et il a résolu, pour empêcher que satisfaction soit donnée aux dieux, de favoriser l'évasion des deux criminels. Il leur tient une sortie prête, par un souterrain dont il a la clef.

Croyez-vous que les deux amants se livrent, étant ensemble, à un duo d'amour ? Non pas, ils débattent entre eux, avec tout l'emportement et toute la douleur que leur situation comporte, la question de savoir s'ils ont le droit de se soustraire à la vengeance des dieux et de laisser peser leur sacrilège sur les destinées de Rome. S'ils se tuaient ensemble ! et dans un mouvement de passion d'une énergie admirable, ils embrassent cette résolution extrême. Puis le cœur manque à chacun d'eux pour voir mourir l'autre. L'esclave les presse, et ils s'enfuient éperdus, au moment où le pontife arrive pour saisir sa victime.

Jusqu'à ce moment, le succès avait été très vif, sans avoir pris les allures d'un triomphe. On avait écouté avec intérêt et respect cette œuvre si hautaine et un peu sombre. Mais on n'avait pas été transporté. Le quatrième acte a ravi la salle d'enthousiasme, et j'ai rarement vu au théâtre spectacle semblable à celui auquel il nous a été donné d'assister l'autre soir.

Opimia, une fois son amant en sûreté, est revenue se

constituer prisonnière et payer sa dette aux dieux. Le tribunal est rassemblé, et l'on va prononcer sa sentence. C'est la mort; et quelle mort! Enterrée vive, elle se débattra, contre la faim, dans le caveau funeste, et mourra dans d'horribles tortures. Déjà le voile noir est jeté sur sa tête et l'enveloppe tout entière.

Tout à coup un grand mouvement se fait dans la foule qui s'entr'ouvre ; on entend des cris. C'est Posthumia qui arrive.

Qu'est-ce que Posthumia ?

Au premier acte nous avons vu passer, à travers les Romains qui emplissent le Forum, une vieille aveugle, qui, de quelques bonnes paroles, a ranimé le courage de ses concitoyens. On n'y a pas prêté grande attention. C'est la grand'mère d'Opimia et la sœur de Fabius. Opimia est la seule fleur qui reste de cette illustre maison. Opimia est son seul bien, son seul trésor. L'aïeule a vaguement appris que sa petite-fille est exposée à un danger; elle accourt.

— Ma fille! s'écrie-t-elle ; rendez-moi ma fille.

A cette voix, Opimia se dresse en pied, couverte de son long voile de deuil, et se jette dans les bras de son aïeule. L'aveugle sent quelque chose entre ses baisers et le front de sa fille : elle tâte l'objet de ses mains.

— Quel est ce voile ?

Le pontife, en deux mots, lui apprend l'affreuse vérité.

— Elle! s'écrie Posthumia, horrible calomnie!

Mais Opimia cache sa tête dans le sein de l'aïeule.

— Ma mère, j'ai failli, dit-elle à mi-voix.

Et Posthumia l'étreignant avec force et l'embrassant d'un baiser éperdu :

Malheureuse! plus bas! Lucius peut entendre!

Voyez-vous! l'homme qui trouve ces choses-là peut écrire comme un fils de l'Auvergne, il est né pour le théâtre.

Toute la salle a tressailli, comme au choc d'une commotion électrique. Il faut dire aussi que le geste a été fait par une artiste incomparable, par M<sup>lle</sup> Sarah Bernhardt, qui a déployé dans ce rôle des qualités d'énergie et de pathétique que ne lui soupçonnaient pas même ses plus chauds admirateurs.

Elle était admirablement costumée et grimée. Un visage amaigri, ridé et d'une majesté extraordinaire ; des yeux vagues et ternes, un manteau qui, tombant des deux côtés quand ses bras se soulevaient, semblait figurer les ailes immenses de quelque gigantesque et sinistre chauve-souris. Rien de plus terrible et de plus poétique ensemble. Et quelle force, et quelle majesté quand elle s'est jetée à genoux, quand, cherchant à tâtons les mains du préteur qu'elle croyait assis sur son fauteuil, elle a battu de ses bras étendus l'air vide, s'est retournée anxieuse, adressant à l'espace ses imprécations et ses prières !

Ce n'était plus là une comédienne ; c'était la nature même, servie par une intelligence merveilleuse, par une âme de feu, par la voix la plus juste, la plus mélodieuse qui jamais ait enchanté les oreilles humaines. Cette femme joue avec son cœur et ses entrailles. Elle hasarde des gestes qui seraient ridicules chez toute autre et qui emportent une salle. Quand elle a dit :

      Ce cœur où je m'appuie a battu dans mon flanc,

de ses deux mains à plat, elle a indiqué en frappant avec transport l'endroit dont elle parlait, et le public a crié d'admiration. Et ce qu'il y a de remarquable, c'est que dans ces violences elle garde la mesure qu'imposent la noblesse du genre tragique et la grâce de la poésie.

Ses supplications sont restées inutiles. La vestale sera enterrée vive, et le cinquième acte nous transporte au champ funèbre, en face du caveau dont la porte se doit sceller sur la coupable.

Opimia a accepté son sort ; en vain Lentulus, revenu comme un furieux, apostrophe-t-il les prêtres et leur jette-t-il ces vers, dont l'allusion a été saisie au vol et vigoureusement applaudie du public :

> Le soldat aux Romains sait donner son sang, lui !
> Et vous ne leur donnez, vous, que le sang d'autrui.

Opimia se lève résignée, et s'achemine vers le caveau :

> J'accepte comme un don cette heure expiatoire.
> L'amour n'est plus pour moi qu'un songe et qu'un remord ;
> Je suis toute à Vesta ; je suis toute à la mort.

Ce serait le dénoûment de *Norma*, si la pièce s'arrêtait là. Mais M. Parodi, l'homme des coups de théâtre, a trouvé, pour mieux finir, une des plus belles inspirations qui aient jamais jailli du cerveau d'un auteur dramatique.

A l'acte précédent, Fabius, épouvanté de l'horrible supplice qui va être infligé à sa fille, songe à lui passer un poignard, pour qu'elle se délivre elle-même du tourment de la vie. Mais il ne peut l'approcher. Il a donc confié l'arme à l'aïeule, qui, au dernier moment, aura la permission d'embrasser sa petite-fille.

Posthumia arrive quand sa fille va entrer dans le caveau. Elle demande à la serrer dans ses bras. Elle la tire à part :

— Prends ce couteau, lui dit-elle.

Opimia montre ses mains liées.

Ah ! je vous assure qu'on n'entendait pas un souffle dans ce vaste auditoire. La même émotion nous serrait tous à la gorge. Chacun pressentait, sans l'oser prévoir, le coup qui allait dénouer cette situation. La vieille aveugle reste un instant désespérée, hésitante ; puis, tâtant de ses mains tremblantes le corsage de la jeune fille :

— C'est bien là qu'est ton cœur? lui demande-t-elle à voix basse.

— Oui, là !

Elle se penche sur elle, l'embrasse avec fureur :

— Mon enfant ! mon enfant !

Et lui plonge le poignard dans la poitrine.

Un cri s'est échappé de toutes les bouches. Il y a cinq ans que j'avais lu pour la première fois cette pièce en manuscrit ; je me rappelle encore le soubresaut d'admiration que j'éprouvai à ce dénoûment superbe et terrible. Ce coup de poignard, j'en rêvais. Je n'aurais jamais osé répondre du succès, du reste ; et j'en étais fort anxieux. Mais cette péripétie soudaine, éclatante, je n'en ai jamais été en peine, ni M. Perrin non plus. L'effet a dépassé encore notre attente.

— Ah ! monsieur, me disait Parodi quand il venait causer avec moi des répétitions qui s'avançaient, je ne me suis douté moi-même, qu'en écoutant Mlle Sarah Bernhardt, de tout ce qu'il y a dans ce rôle. C'est elle qui l'y met. Je ne reconnais plus mes vers quand ils passent par sa bouche.

Le fait est que j'ai rarement vu quelque chose d'aussi parfaitement beau. Le dernier jeu de scène est admirable. On a emporté le corps de la vestale dans le caveau funèbre. Tout le monde s'est retiré ; Posthumia est restée seule, abîmée dans sa douleur. Elle se lève enfin, cherche lentement la direction du caveau, s'oriente à tâtons, monte le praticable qui y conduit, les mains toujours étendues, le manteau s'ouvrant en plis larges et sombres ; elle reconnaît la porte :

Opimia, ma fille ! ouvre, c'est ton aïeule !

Il faut savoir gré à la Comédie-Française d'avoir monté

cette œuvre saine et vigoureuse. Une tragédie tirée de l'histoire romaine, c'était de quoi l'effrayer justement. M. Perrin a bravé le préjugé. Il a réussi, et par delà ses espérances. Il faut lui rendre justice : il a monté la pièce d'un inconnu avec le même soin et le même luxe qu'il aurait déployés pour un Augier ou pour un Dumas. J'ai déjà parlé en passant de ses décors et de sa mise en scène. Mais c'est un côté de l'art auquel je n'attache systématiquement qu'une importance médiocre. Il est de second ordre.

Ce dont je le loue, c'est qu'il n'y a pas un rôle dans cette tragédie si complexe qui ne soit dignement tenu. Quelques-uns l'ont été d'une façon supérieure.

La vestale était représentée par une jeune fille qui nous arrive du Conservatoire de Belgique, où elle a fait ses études sous la direction d'une de nos vieilles connaissances du Théâtre-Français, M⁽ˡˡᵉ⁾ Tordeus. C'est M⁽ˡˡᵉ⁾ Adeline Dudlay qu'elle se nomme. Elle est grande, bien faite, jolie, quoique un peu fade encore de visage.

Mais ses yeux s'animeront un jour. La voix est grave et d'un beau timbre. Elle l'a prise trop haut, durant tout le second acte ; c'était l'effet de l'émotion. Au troisième, elle a, dans sa scène avec Lentulus, obtenu un succès très vif. Il y a un certain « *crois-tu ?* » qu'elle a dit avec une expression si profonde et si farouche, que toute la salle a battu des mains.

Elle a trouvé au cinquième acte des accents très nobles et très douloureux ; bref, c'est une excellente recrue pour la Comédie-Française, et nous espérons voir bientôt la jeune débutante dans le répertoire.

Mounet-Sully joue le rôle de l'esclave gaulois. Les avis sont très partagés sur son compte. Je l'ai entendu louer et critiquer avec une vivacité égale. Je suis de ceux qui l'ont trouvé excellent. Il a prêté au rôle une couleur rêveuse et romanesque qui lui donne beaucoup de poésie. Songez que l'auteur le dit lui-même : cet esclave est un insensé, ou tout au moins il feint de l'être. C'est ce côté du personnage que Mounet-Sully a mis en dehors et avec une supériorité rare, à mon avis.

2 octobre 1876.

# ÉMILE BERGERAT

## ÉDUDE GÉNÉRALE SUR SON THÉATRE

La première représentation d'*Une Amie* a été donnée en 1865. C'est M. Émile Bergerat lui-même qui m'a rappelé cette date; car il avait écrit, il y a quelques jours, dans un de ces articles où je lui sers de tête de turc, que je lui avais en 1865 décerné son premier éreintement. J'ai eu la curiosité de relire ce que j'avais écrit de sa piécette. A cette époque-là, je n'avais pas encore passé au *Temps*; j'exerçais la critique à l'*Opinion nationale,* un journal aujourd'hui disparu, mais qui, grâce au talent de M. Guéroult, avait alors un succès prodigieux. En retrouvant ce feuilleton dans les catacombes de ma collection, tous mes souvenirs d'autrefois me sont remontés à la mémoire.

Quelques mois auparavant, j'avais vu un jour entrer chez moi, au petit cinquième où je logeais en ce temps-là, un petit jeune homme portant sous son bras de gros manuscrits. Il avait dix-neuf ans et n'en paraissait guère que dix-sept, très délibéré d'allures, les yeux vifs, la physionomie éveillée. Il se recommanda à moi des souvenirs d'une liaison qui avait jadis existé entre sa famille et la mienne;

il me rappela que dix ans auparavant, lui écolier, moi professeur en vacances, je lui avais corrigé des vers latins.

C'étaient des vers français qu'il m'apportait cette fois. Je me mis en devoir de les écouter avec cette bienveillance résignée dont les porteurs de manuscrits nous ont fait l'habitude. Je fus un peu surpris, non qu'il y eût dans tout cela une pièce supérieure ou même vraiment bonne d'un bout à l'autre; mais c'était parfois un tour d'idées particulier, une expression inattendue et brillante, un éclair à travers du fatras. Je donnai à ce néophyte beaucoup d'éloges et quelques conseils, dont le premier était de jeter ces essais au panier, d'étudier beaucoup et d'attendre deux ou trois ans encore avant d'écrire pour le public.

Mon jeune homme me remercia avec effusion, et six semaines après il m'apportait une comédie en cinq actes, tout simplement. Je la lus; je me méfiais pourtant déjà des manuscrits et les regardais avec une frayeur qui s'est accrue avec l'âge. Je la lus néanmoins par curiosité, par intérêt. Une si naïve et si superbe confiance m'étonnait, m'attirait. Nous n'étions pas si précoces dans ma génération. Jamais il ne nous fût entré dans la tête d'écrire sur les bancs du collège une grande comédie de mœurs en cinq actes.

Celle que m'avait apportée le jeune Émile Bergerat était précisément ce qu'elle pouvait être : un prodigieux fouillis de scènes extravagantes ou naïves. Et cependant, à travers le désordre d'une action folle, se rencontraient épars quelques traits d'observation juste. Un des caractères de la pièce avait été copié sur une personne que je me trouvais avoir connue autrefois, et le portrait, d'une touche assez nette, était ressemblant.

L'auteur me demanda sérieusement à quel théâtre je lui conseillais de porter son œuvre.

— Je vous conseille, mon jeune ami, lui dis-je, de la fourrer dans un grand tiroir et de mettre beaucoup de livres par-dessus. Vous la retrouverez un beau matin, dans une dizaine d'années, toute poudreuse, et vous aurez, j'imagine, quelque agrément à la relire.

— C'est bien, monsieur, je vous remercie.

Et il remporta gaillardement son manuscrit.

Deux ou trois mois s'écoulèrent; je le vis un jour revenir à la maison tout radieux.

— Eh! bien, c'est encore moi. J'ai lu ma pièce à la Comédie-Française; elle a été reçue, on va la jouer.

— Comment! votre pièce! celle que vous m'avez apportée et lue?

— Oh! non! Celle-là, elle est dans mon tiroir; vous savez bien, le tiroir que vous avez dit; mais une autre, un petit acte en vers qui a pour titre : *Une Amie*.

Et là-dessus il me conta ses espérances et ses joies; son cœur débordait. Cela faisait vraiment plaisir de voir un enfant si heureux. Il mordait dans son succès comme un bébé dans une tartine de confitures. Songez donc! à dix-neuf ans être joué au Théâtre-Français, donner sa première comédie avant d'avoir fait sa première barbe! que d'illusions ouvertes à un esprit jeune et dont la défiance de soi n'est pas le défaut! Ces illusions ne furent pas renversées au jour de la première.

J'avais eu, mon cher Bergerat, l'idée de vous tendre un piège. Je voulais, sans vous en rien dire, copier, sans en changer un mot, le feuilleton dont vous avez dit (ne vous le rappelant plus) que c'était le premier éreintement que je vous eusse décerné. Le lendemain, vous vous seriez, avec votre bonne grâce ordinaire, égayé sur un changement d'opinion dont vous auriez cherché le motif; je vous aurais laissé donner dans le panneau, et puis doucement, de mon ton de bonhomie accoutumée, je vous aurais dit : « Vous savez, ami Bergerat, ce n'est pas moi qui ai changé, c'est vous qui ne vous êtes plus souvenu; c'est vous qui êtes la victime de l'idée fixe. » Mais ces petites malices ne sont plus de mon âge. Je vais donc vous resservir ce que j'ai pensé jadis de votre début, et je vous préviens que je n'ajoute ni ne retranche une syllabe :

« La petite pièce que nous a donnée la Comédie-Française est joliment faite et elle a joliment réussi. C'est un ingénieux marivaudage entre un duc et une marquise du XVIII$^e$ siècle. Le duc a trompé la marquise; la marquise lui propose de n'être plus qu'amis, bons amis. Va pour l'amitié; on cause, on s'abandonne, et l'on en revient peu à peu à l'amour.

« La donnée n'est pas bien neuve, tous les détails n'en sont pas également scéniques. Quelques jolis vers semés par-ci par-là ont été saisis au passage et applaudis :

> Et si dans ce bas monde existe le bonheur,
> Il est dans l'habitude et l'amitié...

dit la marquise, et le duc répond :

> D'honneur,
> Voilà le paradis, mais, foi de galant homme,
> Je ne prise que peu ce paradis sans pomme.

La conclusion est spirituelle :

> Aimons-nous donc encore, mais l'amour s'en ira,

soupire la marquise, et le duc s'écrie :

> Raison pour en jouir tant qu'il nous restera.
> Après nous, c'est la fin, comme dit la Sagesse;
> Abusons du bonheur, tant que Dieu nous le laisse!

Aimons ou n'aimons pas ; mais jamais à demi :
Quand on n'est plus amant, à quoi sert d'être ami ?

« Voilà des vers très galamment tournés ; ils ont été dits à merveille par Leroux, qui a conservé les traditions d'impertinence légère des marquis de l'ancien régime, et par la toute belle M$^{me}$ Leroux, qui est venue annoncer au public le nom de l'auteur : il s'appelle M. Émile Bergerat. »

Voilà mon prétendu éreintement. Avouez, mon cher Bergerat, que, pour en avoir gardé la peau si longtemps froissée, il faut l'avoir diantrement sensible. Quelques-uns de mes confrères m'ont paru avoir été moins doux cette semaine pour votre piécette. Mais moi, je m'en tiens à ce que j'en ai dit autrefois, n'aimant pas à changer sans un motif très déterminant. Vous n'avez pas vu cette reprise, puisque vous passez en ce moment — heureux homme ! — vos journées au soleil sur le bord de la mer. C'est Boucher et M$^{lle}$ Nancy-Martel qui vous l'ont jouée. Boucher est un excellent comédien, qui s'est lentement formé sur les grands modèles, qu'il a étudiés avec soin. Il n'a peut-être pas la grâce sémillante de Leroux, qui excellait à chasser de son jabot un grain de tabac et à pivoter sur un talon rouge. Il a ralenti le mouvement ; mais il a fait très agréablement sentir, avec sa diction mordante et spirituelle, ce qu'il y a de gentil et parfois de précieux dans cet aimable caquetage. M$^{lle}$ Nancy-Martel est une élégante et jolie marquise ; ces rôles du XVIII$^e$ siècle vont très bien à l'air de son visage et à sa taille. Elle a le badinage hautain et parfois, ce qui est moins dans la note, un jeu nerveux. Vous n'avez pas à vous plaindre de vos interprètes.

Aviez-vous si raison de vous plaindre de moi ? Une fois mis en goût de chercher dans mes vieux feuilletons ce que j'avais dit de vos pièces, je me suis amusé à les relire. Oh ! la besogne n'a pas été longue ; car si votre bagage d'*ours* et de *fours* est considérable, il s'y trouve beaucoup plus d'ours qui sont restés dans leur fosse, que de fours, qui ont eu l'honneur d'ouvrir devant le public leur bouche noire. Ces fours, il est très vrai que je les ai constatés; ce n'était pas ma faute. C'est le lapin, c'est vous, mon cher Bergerat, qui aviez commencé. J'ai eu pourtant une surprise, et vous partagerez sans doute mon étonnement, car vous ne me paraissez pas avoir beaucoup plus de mémoire que moi. Comme j'en étais arrivé à une grande comédie en cinq actes que vous avez donnée à l'Odéon, en 1883, sous ce titre : *le Nom,* je me suis aperçu que, loin de vous avoir été, comme vous l'allez répétant sans cesse, hostile de parti pris, c'est moi qui vous avais défendu contre la mauvaise humeur de la presse, qui avais réagi contre les froideurs du public ; c'est moi qui, à trois reprises, dans trois feuilletons, oui, dans trois feuilletons, avec cette ténacité qui est chez moi un trait de caractère, avais cherché à mettre en saillie ce qu'il y avait, à mon sens, de génial dans votre drame. Savez-vous bien qu'à ce propos j'ai parlé de Shakespeare et vous en ai rapproché, rien que cela!

Vous rappelez-vous la conclusion de mon premier article :

« Elle est pleine de talent, cette diable de pièce. Il s'y trouve un premier acte délicieux, une scène neuve et superbe au quatrième acte, un rôle admirablement composé, et çà et là des fragments de scène étincelants, de lumineuses poussées de style. Il y aurait là dedans de quoi faire trois succès, et le succès est incertain! »

Et sur ce mot, j'étais reparti! Et comme un de mes confrères m'avait reproché d'avoir signalé comme neuve et originale une scène qui, disait-il, était connue et vieille, j'avais pris la balle au bond, et me voilà bataillant pour vous, pour votre scène :

« Ce qui en fait le mérite, écrivais-je le lundi suivant, ce n'est pas la situation en elle-même qui est, en effet, assez commune, c'est la façon dont elle a été accommodée et présentée au public :

> La façon de donner vaut mieux que ce qu'on donne,

dit un vieil adage. Il en va de même au théâtre. Ce qui fait l'originalité d'une situation, ce n'est pas le plus souvent la situation même, c'est la forme particulière qu'a su lui donner l'auteur.

Ici, quelle est la situation en soi ?

Un prêtre a reçu en confession la révélation d'un secret qui intéresse fortement un tiers. Le tiers vient au prêtre et lui en demande communication.

— Je ne puis, répond le prêtre, je suis lié par le serment de discrétion professionnelle.

Le tiers insiste ; le prêtre a beau sentir toute la force des arguments dont son interlocuteur le presse, il persiste à garder un silence qui est pour lui le devoir strict.

Cette situation, en effet, si on ne la considère que dans sa généralité, est si fertile en effets dramatiques qu'elle a dû frapper les yeux de beaucoup de dramaturges, et il ne saurait y avoir aucune originalité à la porter une fois de plus au théâtre. »

Ici, je donnais quelques exemples, que je supprime pour ne pas allonger cette citation outre mesure, et je poursuivais en ces termes :

« Aussi n'est-ce point cette prétendue trouvaille que j'ai louée chez Bergerat, mais la façon dont il l'a mise en œuvre. Le fond est à tout le monde ; la forme lui est personnelle.

Le curé que M. Bergerat nous peint n'est pas un curé idéal, le curé traditionnel de tous les drames, le curé en soi. C'est un curé qui est en même temps un homme. Il est né d'une famille noble entre toutes ; il est marquis, son frère aîné étant duc ; il a conservé tous les instincts chevaleresques en même temps que tous les préjugés de sa race ; c'est un prêtre dont les aïeux ont combattu aux croisades et qui s'en souvient.

Lui aussi, il a l'orgueil du nom et il tient, comme son frère, à ce que ce nom se perpétue. Ce frère n'a pas de descendance directe, il ne peut plus en avoir ; après la mort de tous deux, le nom, illustré par tant de preux, le nom des d'Argeville, tombera dans l'oubli du néant.

Or, un fils est né au duc, sans qu'il le sache, de ses amours passagères avec une jeune roturière qui s'est mariée ensuite. Le prêtre a dès l'origine appris par la confession le mystère de cette naissance ; et depuis vingt ans, dans l'ombre et le silence, il s'est voué à la tâche d'élever ce dernier né des d'Argeville qui ne porte que le nom vulgaire de Blondel. Il s'est dit qu'un jour Dieu le récompensera de son abnégation et de son zèle en restituant son vrai nom et son vrai titre à celui qui passe pour le fils d'un paysan roturier, et qui est digne par son visage, par son esprit, par ses grandes manières, de la race à laquelle il appartient.

C'est alors que le duc, averti et mis sur la voie par un incident fortuit, arrive chez son frère et lui demande la vérité. La scène est exquise et vraiment nouvelle, quoi qu'on dise :

Le duc presse, supplie, conjure : tant qu'il ne lui présente que des arguments mondains, tant qu'il ne cause avec lui que comme un gentilhomme avec un gentilhomme, comme un frère avec son frère, le marquis répond sur le ton de plaisanterie aimable que gardaient volontiers les nobles de l'ancien régime. Mais le duc insiste et finit par mettre en cause le confesseur. Le prêtre se lève, et d'un geste superbe, prenant un crucifix qui est sur la table, le place entre son frère et lui :

— On ne passe pas ! lui dit-il.

Le jeu de scène est d'un grand effet, et le mot admirable. Pourquoi? Eh! mais, c'est que lui seul pouvait le dire. Ce n'est pas là le geste et la parole du prêtre en général ; c'est le mot d'un prêtre marquis, descendant des croisés, qui a des instincts belliqueux, qui serait soldat du roi, s'il n'était prêtre du Christ. *On ne passe pas!* c'est le cri que leur père a dû jeter à Fontenoy; c'est le cri qui doit frapper le duc au cœur. Le mot est shakespearien.

Vous voyez là que la situation a pris une forme particulière, et c'est précisément cette forme qui fait l'originalité de la scène... »

Si c'est cela que vous appelez un éreintement, mon cher Bergerat! Votre pièce, malgré ses grandes qualités et ses belles parties, n'a réussi qu'à moitié devant le public. Voulez-vous savoir pourquoi? Ce pourquoi-là, c'est ce qui vous a toujours empêché, ce qui vous empêchera toujours, je le crains, d'avoir au théâtre un succès très franc. Vous avez l'esprit fumeux. Je sais bien ce que vous m'avez dit un jour :

— Moi, pas clair! vous êtes-vous écrié ! Mais je n'ai qu'une prétention au monde, c'est d'être le plus clair des écrivains.

Vous vous trompez, mon ami. Vous avez d'autres prétentions, et qui, heureusement pour vous, sont plus justifiées. Votre esprit ressemble à ces torches de résine, d'où se dégage une fumée, épaisse et noire, à travers laquelle luit une flamme jaune qui éclaire à peine. Vienne un coup de vent, la fumée se rabat, la flamme de la torche jaillit en grosse gerbe et tout à coup jette pour un moment une clarté éblouissante.

Tenez! j'écoutais l'autre jour cette petite pièce qu'on vient de reprendre de vous à la Comédie-Française : *Une Amie*. Le sujet n'en est pas bien compliqué, n'est-ce pas? Eh! bien... Il n'est pas exposé ni conduit d'une façon nette. On n'arrive à la vue claire de la thèse qu'après des détours qui laissent quelque temps l'esprit incertain et, le thème une fois exposé et compris, vous n'allez pas par la ligne droite au dénouement.

Ce défaut de clarté, je le retrouve dans toutes vos pièces. Dans le *Nom*, qui est le meilleur de vos drames, sans contredit, c'est lui qui a gâté une des plus belles scènes que vous avez jamais trouvées et qu'il y ait au théâtre. Ce jeune Blondel, qui est né d'un duc et qui porte le nom d'un paysan, se trouve un jour revendiqué par ses deux pères, l'un qui lui a donné son sang, l'autre qui lui a donné son nom. Aucun des deux ne veut céder, dans ce débat où chacun discute passionnément sur le mérite respectif de ces deux noms, l'un comptant les exploits de ses aïeux et la gloire qu'ils ont versée sur la patrie, l'autre alléguant l'humanité affranchie et la liberté conquise par les roturiers. La scène est d'une allure superbe; l'effet en a été médiocre. Pourquoi? c'est que, comme toujours, vous aviez oublié d'éclairer votre lanterne.

Au lieu de nous montrer dès le premier acte, dans le vieux Blondel, un roturier grandiose et farouche, entêté de 1789 et portant dans ce préjugé d'espèce nouvelle la même obstination et la même raideur que le duc, vous ne nous l'aviez peint que comme un brave homme, tout entier au chagrin de n'être pas le vrai père de celui qu'il aime comme son vrai fils. Un auteur dramatique qui nous met un duc en scène n'a pas besoin d'insister sur le prix que le duc attache à son nom; tout le public le sent d'avance; c'est un sentiment conforme à la convention. Mais si vous attribuez un préjugé de cette sorte à un paysan, il faut me le dire, et dix fois plutôt qu'une. Et nous revenons ainsi à l'axiome de Dumas : le théâtre est l'art des préparations ; sans préparations, point de clarté ; sans clarté, point de théâtre.

Vous voyez que je cause sérieusement avec vous ; et, si je le fais, croyez bien que c'est parce que, en dépit de vos insuccès légendaires, je crois qu'il y a en vous une force ; que vous possédez quelques-unes des aptitudes qui font l'auteur dramatique. Ce qui vous a manqué, c'est la défiance de ce que vous faites, c'est le travail patient qui éclaircit lentement les idées et qui met les choses au point. Vous croyez que tout le monde vous comprendra parce que vous vous comprenez ; que tout le monde sera content, parce que vous êtes content vous-même. Vous vous dépitez ensuite qu'on ne le soit pas. Vous vous en prenez à l'ineptie des directeurs, à la malveillance des critiques, à la sottise et à l'imbécillité du public, à la cabale, à tout le monde en un mot, sauf à vous, qui êtes le seul coupable, qui avez gaspillé en improvisations hâtives des dons admirables.

Dans notre métier même de journaliste, où vous êtes de premier ordre, si vous saviez que de fois on hésite sur le thème qui fait le fond de votre article ! Quand par aventure, étant tombé sur une idée juste ou non, fausse ou vraie, cela importe assez peu, vous l'avez tout de suite empoignée et l'avez d'un seul jet lancée jusqu'à la signature, c'est un chef-d'œuvre étourdissant de drôleries imprévues : alliances de mots bizarres et suggestifs, épithètes pittoresques et amusantes, locutions détournées de leur sens ordinaire et secouant l'esprit par une signification nouvelle et inattendue, cascades d'images fantaisistes, que sais-je ? Je ne puis m'empêcher alors de dire, même quand je fais les frais, et cela m'arrive plus souvent qu'à mon tour, de cette improvisation verveuse : « Tiens, voilà un bon Caliban! Avez-vous lu le Caliban de ce matin? Il est très réussi! »

Mais ce sont des hasards! Vous vous targuez de n'avoir pas profité de l'enseignement universitaire. Cela se voit et de reste. L'Université enseigne avant tout l'art du développement, qui consiste à prendre une idée, à l'exposer clairement, et à la suivre ensuite, de conséquence en conséquence, jusqu'à la conclusion qui la termine. Vous pouvez en rire : de quoi ne blague-t-on pas? Mais il n'y a rien de plus stérile que la blague. La vérité — une vérité fâcheuse — c'est que l'absence de cet art, qui est au théâtre une condition essentielle du succès, a gâté chez vous les plus beaux dons et vous a réduit à gambader, un peu à contre-cœur, j'imagine, et peut-être même en rageant tout bas, sur vos volumes d'ours et de fours, dont vous vous êtes fait un piédestal ou, si vous aimez mieux, un tréteau.

Scribe, mon ami, et vous avez trop d'esprit pour ne pas vous en rendre compte dans votre conscience, Scribe, que vous me jetez toujours à la figure, n'a rien à voir en cette affaire. Si vous étiez moins jeune — un auteur dramatique qui n'a pas réussi est toujours jeune, demandez à Jean Jullien — si donc vous étiez moins jeune, vous sauriez que, lorsque j'entrai dans la critique en 1859, Scribe était déjà démodé et que sa vieillesse fut attristée par l'indifférence gouailleuse avec laquelle le public accueillit ses dernières pièces. Il y a eu depuis lui deux ou trois révolutions dans notre goût dramatique : Dumas et Augier ont apporté une manière nouvelle, des procédés que n'avait pas connus le vieux maître de la Restauration et de la monarchie de Juillet. Est-ce que le public leur a fait mauvais visage? Est-ce que je n'ai pas été l'un des hérauts les plus écoutés, les plus notoires, de ces rénovateurs? Partout où il y a espoir d'un renouvellement de l'art dramatique, j'y cours comme au feu. Mais encore faut-il que, sous prétexte de renouveler l'art dramatique, on ne commence par l'égorger, comme fit Médée pour Créon ; que, pour le rajeunir, disait-elle, on ne le mette pas à bouillir, pauvre oiseau plumé, dans une marmite scandinave.

Les conventions changent tous les cinquante ans à peu près au théâtre. Mais il en est d'immuables parce qu'elles sont les conditions mêmes de l'art dramatique. Ce sont précisément celles-là qu'on prétend renverser aujourd'hui. Je me mets en travers. Croyez bien, mon cher Bergerat, que je me moque — vous m'entendez bien — des ficelles de Scribe ; j'en admire l'ingéniosité chez Scribe, qui avait le mérite d'être un inventeur ; mais du diable si j'en ai jamais recommandé l'imitation ! Il faut connaître Scribe, il faut l'étudier et ne point l'imiter. Où voyez-vous que le public, que vous prétendez hypnotisé par moi, soit inféodé à l'école de Scribe ? Est-ce qu'il n'a pas, en ce dernier demi-siècle, accordé au théâtre de Musset un prodigieux applaudissement, dont j'ai pris ma grande part ? Est-ce qu'il n'a pas fait à Meilhac des succès énormes, et qui plus que moi a soutenu, aimé, loué, exalté Meilhac ?

Ah ! que j'eusse voulu rendre, en lançant vos pièces au succès, le même service à l'art et au public. Ce n'est pas ma faute ; c'est vous qui ne vous y êtes pas prêté. Vous, mon ami, vous avez beau vous plaindre et prendre l'univers à témoin, vous avez eu quatre ou cinq fois au moins l'occasion de vous produire sur la scène, et comme on dit dans la langue d'aujourd'hui, de vous y affirmer. On ne vous a point tant que cela étouffé sous le boisseau. Vous avez vu plusieurs fois votre rêve prendre corps et se réaliser de l'autre côté de la rampe. C'est le public qui l'a dissipé d'un souffle ; et comme, après tout, écrivant pour le théâtre, vous écriviez pour le public, puisque le théâtre ne se peut concevoir sans public, vous n'avez pas à récriminer contre un juge choisi par vous-même. C'est lui qui, à diverses reprises, vous a condamné ; c'est lui et non pas moi, qui, une fois au moins, vous ai défendu contre ses répugnances.

Il est peu logique de s'adresser au public, de lui proposer une œuvre, et, quand il a marqué qu'il la trouvait mauvaise, de le traiter d'idiot, de crétin et de goitreux.

Mais, mon ami, vous deviez bien le connaître avant de la hasarder devant lui. Si vous aviez un tel mépris pour son jugement, d'où vient que vous l'avez sollicité ? C'est vous qui êtes illogique de vouloir qu'un crétin ait l'esprit d'apprécier votre chef-d'œuvre à sa valeur !

C'est ce qui m'étonne toujours chez les jeunes gens des nouvelles écoles. Ils m'invitent à voir leurs pièces, ils me supplient d'y venir, ils me conjurent de donner mon avis ; moi, je le donne bonnement, comme on me l'a demandé, et tout aussitôt ils m'appellent vieille bête ou pachyderme ramolli.

Moi, je veux bien, Dieu me garde de contester ! mais je ne puis me défendre de penser à part moi : Ces jeunes gens sont vraiment de drôles de corps ! Pourquoi diantre ! tenaient-ils tant que cela à savoir sur leur pièce l'opinion d'un pachyderme ramolli ? Ils ne vont pas demander la sienne à l'otarie malade du Jardin des plantes ; ils me considèrent comme étant fort au-dessous ; quelle singulière idée de m'interroger ! Pourquoi se fâchent-ils qu'un idiot ne laisse échapper que des sottises ?

Vous-même, mon ami, vous m'étonnez avec vos inconséquences. Vous criez partout que je n'ai aucune influence sur le public ; et en cela vous avez raison ; je l'ai bien vu, le jour où je me suis démené sans succès pour faire réussir le *Nom*. Mais vous ajoutez ensuite, quand vos pièces tombent, que c'est de ma faute si elles sont tombées. Comment pourrais-je, n'ayant point d'action sur la foule, l'empêcher de s'y rendre, si elle en avait envie?

Non, mon cher Bergerat, croyez-moi : vos pièces ne sont culbutées par le public que parce qu'elles ne sont pas bonnes; je n'y suis pour rien; et si elles ne sont pas bonnes, c'est qu'elles ne sont pas claires. Car vous avez dix fois plus de talent qu'il ne faut pour en faire de bonnes. Vous ne vous donnez jamais pour écrire le temps d'attendre que l'ébullition de votre cerveau se soit calmée et que la pensée, au lieu d'y tourbillonner, ait donné, en tombant au fond, un précipité net, solide et clair.

Je souhaite vivement qu'un jour vous trouviez votre belle, comme disaient nos pères; car, ce jour-là, nous nous réconcilierons. C'est une remarque que j'ai faite depuis trente-cinq ans : il n'y a pour m'en vouloir à mort que les auteurs qui ne réussissent point; celui dont la pièce va aux nues me trouve volontiers du talent et me serre la main. Ah! comme je voudrais que la vôtre tombât dans la mienne! Mais je le désire plus que je ne l'espère.

6 août 1891.

# PAUL DÉROULÈDE

## L'HETMAN

Il n'y a guère de nom qui excite plus de sympathie que celui de M. Paul Deroulède. Il est jeune, il est brave ; il s'est engagé comme volontaire en 1870 ; il a fait brillamment la campagne de France ; il s'est réengagé dans l'armée ; il a été blessé glorieusement devant Paris, et il s'est voué, par conviction de patriotisme plus encore que par vocation, à ce métier de soldat où les circonstances l'avaient jeté.

Il a publié deux volumes de poésie, les *Chants du soldat* dont le succès a été immense. C'était un soldat qui chantait ; mais c'était surtout un poète. Les premiers goûts, les premières aspirations de M. Paul Deroulède ont été pour les lettres et pour la poésie. Il ne faudrait pas voir en lui un officier se parant de son épaulette pour faire passer des vers d'amateur. C'est un écrivain de race, il est neveu d'Émile Augier ; à vingt ans, il s'essayait déjà au théâtre, et faisait jouer à la Comédie-Française un drame en un acte et en vers : *Juan Strenner*.

Depuis lors, il n'a cessé de composer ; il arrive aujourd'hui avec un grand drame en cinq actes et en vers, que M. Duquesnel a eu le bon esprit de recevoir d'emblée, comptant bien qu'on lui saurait gré de cette initiative, quel qu'en pût être le succès.

Le succès... Mon Dieu ! à n'en juger que par les résultats de la première représentation, a été considérable. Toutes ces sympathies qui voltigeaient autour d'un jeune homme héroïque se sont condensées ce jour-là en longs et frénétiques applaudissements. Le poète ajoutait, à ce goût que l'on sentait déjà pour sa personne, le mérite d'avoir choisi un sujet où les plus fiers et les plus nobles sentiments qu'inspire le patriotisme sont en jeu : quoi de plus naturel, si de nobles vers où palpite l'âme du grand Corneille ont trouvé le chemin de tous les cœurs, et arraché des cris d'enthousiasme à un public français. Nous ne pouvons que nous associer, comme patriote, à cette première ferveur d'admiration passionnée.

C'est ici malheureusement un feuilleton de théâtre que j'écris, et je suis obligé, malgré que j'en aie, à ne considérer les œuvres soumises à notre examen que par les rapports qu'elles soutiennent avec l'art dramatique.

Il nous faut bien dire, malgré tout notre chagrin, qu'à ce point de vue l'*Helman* laisse beaucoup à désirer. La pièce est visiblement composée par un homme qui non seulement ne sait pas le théâtre, mais qui même ne marque pas en avoir l'instinct. Il me serait assez indifférent que l'*Helman*, partant de la main d'un jeune homme, fût plein d'inexpériences et de trous ; ce qui me désole, c'est que l'auteur ne mette jamais la main sur la scène à faire, et que, lorsque par hasard le sujet l'y conduit invinciblement, jamais la scène n'ait ce que j'appelle dans notre argot de convention : le mouvement dramatique.

Ce n'est pas une grosse affaire, à vingt-cinq ans, que de ne point posséder d'un art ce qui s'en peut apprendre ; le diable est de ne pas témoigner que l'on sache d'intuition ce qui ne s'en apprend point. Il y a là une lacune qui semble peu réparable ; car elle tient à un défaut de nature. Je ne voudrais pas affirmer que M. Paul Deroulède n'est pas né pour le théâtre ; ce serait là une condamnation trop radicale. Ce qu'il m'est permis de dire, c'est que rien dans la pièce qu'il nous a offerte ne marque qu'il ait reçu le don. Les bonnes choses (et il y en a de bonnes, cela n'est pas contestable) n'ont aucune relation avec l'art dramatique.

Le premier défaut, le grand, l'irrémédiable, c'est qu'il n'y a pas dans l'*Helman* de donnée générale, d'idée qui commande tout le reste, et, pour tout dire d'un mot, de sujet. Oui, je défie qui que ce soit de me dire le sujet de l'*Helman*. Et cela est si vrai que je me charge, dans cette pièce en cinq actes, de retrancher le quatrième acte tout entier, celui qui devrait être le plus important de tous, en le remplaçant par dix vers de récit, sans que personne s'aperçoive du retranchement ni de la substitution.

Dans l'œuvre d'un homme de théâtre, je puis, en faisant l'analyse, sabrer les détails accessoires, et courir à la situation ; ici, il n'y a point de situation principale, parce qu'il n'y a pas de sujet. Comme il arrive dans les tableaux mal composés, tout est sur le même plan et prend la même importance. La vue erre sur tous les objets, sans pouvoir se fixer sur aucun.

Il s'agit, dans l'*Helman*, d'une révolte des patriotes de l'Ukraine asservie aux Polonais.

Au moment où la pièce s'ouvre, le vieil hetman Frol Gherasz et son fils d'adoption Stenko, le fiancé de sa fille la belle Mikla, sont à la cour du roi Ladislas, en qualité d'otages. Et cependant l'Ukraine, là-bas, s'agite et revendique sa liberté. Il lui faut, pour secouer le joug, un chef. Frol Gherasz serait ce chef ; mais il ne croit pas le moment venu, et il craint que son pays n'épuise ses forces dans cette nouvelle levée de boucliers qui sera nécessairement stérile.

Stenko est plus jeune, plus ardent. Il est d'ailleurs excité sous main par un Ukranien, traître à son pays, Rogoviane, qui compte, à la suite de cette révolte qu'il étouffera dans le sang, être nommé gouverneur de l'Ukraine. Il s'enfuit donc pour se mettre à la tête des rebelles, laissant là sa fiancée et le vieux Frol Gherasz.

Le roi l'apprend ; il va mettre son armée en mouvement ; mais Frol Gherasz offre d'aller parlementer avec ses compatriotes et de les décider à déposer les armes. Le roi accepte, mais déclare qu'il gardera comme otage Mikla, la fille du plénipotentiaire et la fiancée du rebelle. Sa tête répondra de la conduite de l'un et de l'autre.

Ce premier acte d'exposition, que je résume ainsi, n'est pas des plus clairs, tant il est hérissé de noms barbares et de détails inconnus. Mais on fait toujours grâce du premier acte à un auteur dramatique.

Le second nous transporte au camp des Kosaks de l'Ukraine. Stenko vient d'être nommé leur chef; la Marucha, une espèce de sorcière, attise leur ardeur en leur promettant la victoire. Tous crient aux armes, quand le vieil hetman paraît. Vous savez de quelle mission il est chargé. Il s'en acquitte en conscience. Il a, dans le camp des Kosaks, tout le monde contre lui, surtout Stenko, qui est tout bouillant de patriotisme. Il le tire à part et lui apprend que Mikla est restée en otage.

Et voilà tout à coup Stenko qui, sans dire gare, se sauve du camp, comme il s'était sauvé de chez le roi, avec l'intention d'arracher Mikla aux périls qu'elle court. Son absence laisse les Kosaks très embarrassés et sans chef. Qu'arrive-t-il ?

C'est que Frol Gherasz, qui était venu pour détourner les Kosaks de la révolte, qui leur avait donné les meilleures raisons du monde pour les persuader, s'écrie à l'improviste :

— Eh ! bien, c'est moi qui serai votre chef ! c'est moi qui vous conduirai au combat !

Il n'y a guère de scène plus mal composée. Stenko et Frol Gherasz font juste le contraire de ce que l'on attendait d'eux, sans que rien ait préparé ce revirement singulier, sans que le mouvement de la scène y porte. Ce sont deux tuiles qui tombent, l'une suivant l'autre, sur la tête du public ahuri.

Le troisième acte nous ramène au palais du roi. Là, il est évident que la scène à faire est celle de Stenko avec Mikla, scène très simple, car Stenko n'a qu'une chose à dire : On veut te garder comme otage, fuyons ensemble. Que voulez-vous que Mikla réponde à cette proposition, sinon : C'est cela, et dépêchons-nous. C'est du reste ainsi qu'après toutes sortes de pourparlers inutiles et incohérents se termine la scène de Deroulède, quand surgit la Marucha.

Pour bien comprendre l'opposition qu'elle va faire, il faut avoir présent à l'esprit un détail qui n'a été qu'indiqué par le poète et qui est des plus invraisemblables. On veut endormir le roi Ladislas sur la révolte des Kosaks. Si Mikla reste, le roi, rassuré, ne fera aucun préparatif de guerre ; si elle s'enfuit avec Stenko, ce même roi, averti par cet incident, se tiendra sur ses gardes. Marucha somme donc le jeune homme de partir, la fille de demeurer. C'est à mon avis la seule scène qui soit, je ne dis pas bien faite, car la raison qui fait agir Marucha est trop difficile à croire, mais où chacun, une fois la donnée admise, reste dans son rôle, et exprime de nobles sentiments qui soient à leur place. Quelques vers sont d'une grande allure, d'une sonorité superbe, et l'effet en a été immense.

Au quatrième acte, une nouvelle pièce commence, où il n'est plus question de Mikla, où Stenko joue un rôle très effacé et presque piteux. Toute la question est de savoir si les Polonais s'engageront dans un certain défilé où quinze cents hommes peuvent les arrêter, tandis que le reste de l'armée cosaque fera un mouvement tournant et les prendra par derrière. Le hasard veut qu'ils s'y engagent.

Stenko demande et obtient la faveur de commander les quinze cents hommes qui doivent mourir pour assurer la victoire du reste de l'armée.

Voilà le quatrième acte.

Je le demande : est-ce là du théâtre ? Quoi ! dans l'acte le plus important de la pièce, rien de Mikla, rien de ce qui nous a occupés et intéressés dans les trois premiers. Les vers patriotiques ont du bon ; mais faut-il les prodiguer à tout propos et hors de propos ?

Le cinquième acte nous conduit au camp de Rogoviane. Il se croit vainqueur ; car les quinze cents hommes, écrasés, anéantis, ont livré le passage des défilés ; il ne se doute pas que le gros de l'armée ennemie va le prendre tout à l'heure en flanc. Deux prisonniers ont été faits, Mosy, un vieux patriote, dont la figure épisodique composée d'héroïsme et de bonhomie, est peut-être la mieux venue du drame, et Stenko.

Il s'amuse à les accabler d'invectives, ce qui nous laisse fort indifférents. Stenko est couvert de blessures et n'a plus que quelques instants à vivre. A ce moment, le hasard amène Mikla pour recevoir le dernier soupir de son fiancé, et pour venger sa mort.

Les Kosaks ont achevé leur mouvement tournant. Mikla

les entend; elle les appelle; Rogoviane a le temps encore de la frapper d'un coup de poignard avant qu'ils entrent. Ils arrivent, le saisissent, et le mènent au dernier supplice.

C'est alors que survient le vieil hetman, qui pleure sur le corps des deux infortunés jeunes gens, et qui redit, pour se consoler, le dernier vers d'un chant que la Marucha a déclamé au troisième acte :

> Qu'importe la mort? La liberté vit!

Tel est ce drame; la composition n'en est pas bonne. Car il n'y a pas de sujet déterminé; on ne va nulle part et l'on ne s'intéresse à personne. Les scènes non plus ne sont pas bien faites, prises en soi, piétinant sur elles-mêmes ou tournoyant sur place. La trame du style est médiocre, et la langue souvent impropre.

Que reste-t-il donc? Eh! mon Dieu! il reste un certain accent de patriotisme, qui est très sincère, et qui parfois s'échappe en un superbe alexandrin! Il n'en a pas fallu davantage pour séduire le public du premier soir.

Ajoutons que la pièce est jouée à merveille par Geffroy, qui a donné au vieil hetman un admirable cachet de grandeur, et qui dit le vers comme personne; par M$^{me}$ Marie Laurent, qui lance avec une sauvage énergie les imprécations et les enthousiasmes de Marucha; par Gil-Nasa, qui a su être à la fois très ample et très gai dans le rôle du patriote Mosy.

Le rôle de Stenko, il faut bien l'avouer, est exécrable. Marais en a tiré quelques beaux effets. Mais il ne se doute pas encore de ce que c'est que de dire le vers français. Il serait à si bonne école en écoutant Geffroy.

Il faut rendre toute justice à M. Duquesnel. Il a eu le courage de jouer la pièce d'un jeune homme, et un grand drame historique en vers : ce n'est pas sa faute s'il n'a pas mis la main sur un chef-d'œuvre. Au moins l'a-t-il monté avec une remarquable magnificence et un goût exquis. Le décor du second et du quatrième acte sont d'admirables toiles de maître, signées Chéret. Les costumes sont d'une richesse et d'une variété rares ; point de clinquant ni d'oripeaux; tout est solide, brillant, harmonieux. M. Duquesnel est décidément un des premiers metteurs en scène de ce temps-ci.

5 février 1877.

# JEAN AICARD

## LE PÈRE LEBONNARD

### I

Le Théâtre-Libre nous a conviés cette semaine à entendre le *Père Lebonnard*, comédie en quatre actes et en vers de M. Jean Aicard. La pièce devait être et elle a été en effet précédée d'une manière de prologue où l'auteur, à l'exemple de Molière, sous couleur de critiquer sa pièce, raillait de la bonne manière ceux qui, après l'avoir reçue à la Comédie-Française, avaient, en fin de compte, forcé par leurs exigences l'auteur à la retirer.

Il faut bien que je parle de ce prologue, puisqu'on en a fait tant de bruit. Mais vraiment la chose est de bien peu d'importance !

M. Jean Aicard apporte à la Comédie-Française un drame en quatre actes, et comme il a déjà été joué dans la maison, il a droit de demander directement une lecture au Comité sans passer par la filière ordinaire et subir l'examen préventif des lecteurs attitrés du théâtre. Le comité s'assemble ; Jean Aicard lit sa pièce et la lit fort bien. Il y a dans son ouvrage une scène qui est de grand effet ; il s'y trouve aussi un rôle qui semble taillé sur le talent de Got ; on l'y voit avec ses brusqueries et ses attendrissements, avec ses tics même ; c'est lui ; il sera excellent. On reçoit la pièce.

On la reçoit. Cela veut-il dire qu'elle est admise en bloc, *ne varietur?* Pas le moins du monde. Quand la Comédie-Française refuse une pièce, comme on a dans cette maison des traditions de politesse qui datent du XVIIe siècle, on a adopté une formule plus courtoise, et, au lieu de signifier à l'auteur un non désobligeant, on lui dit, pour peu qu'on tienne à lui marquer quelque déférence, que sa pièce est reçue à correction. Reçue à correction ! Il sait ce qu'on entend par là ! Il remporte son manuscrit et le fourre dans un coin de tiroir. Toutes les corrections du monde n'y feraient rien ; sa pièce est bel et bien refusée.

Et cela est si vrai que lorsque le Comité, tout en ne voulant pas recevoir une pièce, y trouve cependant une idée originale, ou un rôle, quelque chose enfin, il charge le directeur de prendre l'auteur à part et de lui dire : La formule pour vous n'a pas le sens d'un refus ; voici, à notre avis, sur quoi les corrections devraient porter ; refaites votre pièce dans ce sens et revenez nous la lire. C'est ainsi qu'on en a usé pour Richepin.

Quand la somme des qualités paraît l'emporter sur les défauts, on reçoit purement et simplement, mais avec un sous-entendu, qu'il n'a jamais semblé nécessaire d'exprimer, parce qu'il résulte de la nécessité même des choses : c'est qu'au cours des répétitions, si le travail de la mise en scène décèle quelque correction à faire, l'auteur s'y prêtera complaisamment. J'ai naguère expliqué le plus clairement que j'ai pu comment il était à peu près impossible, même au connaisseur le plus fin, de prévoir sur manuscrit « ce que la pièce donnerait aux chandelles ». L'antiquité même de cette locution prouve que c'est là une vérité qui a toujours été admise. Il n'est pas de directeur, pas de comédien, pas de critique et même pas d'auteur dramatique qui n'ait dit vingt fois en sa vie : Il faudra voir cela aux chandelles ; à moins que, par goût de modernisme, il ne dise : Il faudra voir cela à la rampe. Il entend par là que les œuvres changent fort souvent d'aspect, quand elles passent du manuscrit sur les planches du théâtre, et qu'il faut les accommoder à cette nouvelle optique.

Il n'est donc pas nécessaire, entre gens du métier, de convenir par écrit que, s'il se découvre aux répétitions, ce qu'on appelle en style de théâtre un *loup* ou un *cheveu*, l'auteur devra y remédier ; cela va de soi, puisqu'il n'y a pas moyen de faire autrement.

Ces messieurs du Comité savaient fort bien, quand ils avaient reçu la pièce, qu'il y aurait beaucoup de corrections à faire. Je puis dire à M. Jean Aicard que quelques-uns d'entre eux m'avaient parlé de son *Père Lebonnard*, au moment où on allait le monter : il y a une bien belle scène, m'avaient-ils dit, mais ça n'ira pas tout seul ; il y aura du tirage !

Les comédiens sont si habitués à voir les pièces se transformer aux répétitions qu'ils ne prennent pas trop souci de ces difficultés qu'ils prévoient et que l'on aplanit ou que l'on tourne ensemble, auteur, directeur et artistes, de bonne amitié, après s'être fortement disputés. On s'arrange toujours, est encore un mot de théâtre. N'en déplaise à M. Jean Aicard, les auteurs les plus sûrs d'eux-mêmes cèdent quelquefois et s'en trouvent bien. Augier mettait beaucoup de bonhomie à consentir les corrections nécessaires ; Sardou n'a pas besoin qu'on les lui indique ; il les fait de lui-même.

Il va sans dire que, dans ces conflits qui s'élèvent sans

cesse entre un auteur et ses artistes, c'est à l'auteur que le dernier mot doit rester ; mais ce dernier mot, il faut que ce soit lui qui l'impose et qu'il ait assez d'autorité pour le faire. L'autorité, c'est la confiance des autres. Quand Dumas, après une discussion, dit nettement à ses interprètes : « Je prends tout sur moi, et marchons, » on n'a plus qu'à marcher, car on croit en lui. Dumas a écrit trente ouvrages, qui ont eu du succès et, dans le nombre, il y a une demi-douzaine de chefs-d'œuvre. Mais lorsqu'à une objection des comédiens, Jean Aicard répond par le mot de Dumas, avouez que l'effet n'est pas le même. Jean Aicard n'a derrière lui que son *Davenant*, qui a eu deux représentations, et *Smilis*, qui est un des fours les plus mémorables qu'ait connus la Comédie-Française. On se méfie, on hésite, on se débat.

Il a beau être l'auteur. Sans doute, il est de règle, théoriquement parlant, que l'auteur doit commander et les artistes obéir, qu'ils ne sont que des instruments dans sa main. Mais c'est là une maxime abstraite, qui, dans la pratique, ne prévaut point contre la vérité des choses. Entre Aicard et Got, l'un a beau être le poète et l'autre le comédien, c'est Got, qui, dans la réalité, se connaît mieux au théâtre que Jean Aicard, c'est Got qui a l'autorité. Personne ne peut rien à cela.

L'auteur des « Billets du Matin » causant l'autre jour de cette question avec sa cousine, lui disait : « Une pièce est reçue ou elle ne l'est pas ; du moment qu'elle l'est, il faut la jouer comme elle l'a été. » En logique pure, ce raisonnement est inattaquable. Mais l'ondoyant écrivain, qui touche à tant de questions d'une main si légère et sans jamais les résoudre, doit savoir mieux que personne que l'absolu n'est pas de ce monde. La logique abstraite est sans cesse déconcertée et culbutée par les faits.

C'est un fait que, quand on reçoit une pièce à la Comédie, c'est avec le sous-entendu que l'on s'occupera ensemble de la mise en scène et que l'auteur consentira des suppressions, corrections et accommodations dont ce travail révélera l'opportunité; c'est un fait que, quand cette pièce est d'un homme qui n'est célèbre encore au théâtre que par ses chutes, ce sous-entendu a moins besoin que jamais d'être exprimé, car il s'impose davantage. C'est un fait enfin que, lorsque Jean Aicard se trouve aux prises, sur une question de théâtre, avec Got ou avec Claretie, c'est lui qui donne à penser qu'il a tort. Remarquez-le bien : je ne dis pas qu'il ait tort; j'entends seulement que la troupe placée sous ses ordres n'a plus confiance, parce qu'il a moins d'autorité que ses contradicteurs.

Oh! non, ça n'alla pas tout seul, quand on commença de mettre le *Père Lebonnard* en scène : « Nous n'en sortons pas! » me disaient ces messieurs, quand je m'entretenais avec eux des affaires de la maison. Et comme j'ai compris, l'autre jour, en voyant la pièce chez Antoine, qu'ils n'en vinssent pas à bout! Les tiraillements aux répétitions étaient continuels; on s'aigrissait chaque jour davantage les uns contre les autres; on n'avançait pas. On se trouvait arrêté au troisième acte, où se rencontre la belle scène qui avait enlevé tous les suffrages. Il fallait, pour y arriver, passer par deux autres scènes, dont l'une au moins paraissait fort dangereuse, et inutilement dangereuse. On avait cent fois raison de la juger telle, et elle m'a semblé, mardi dernier, à la représentation, exécrable. Ah! si ce n'avait pas été chez Antoine!...

On était donc accroché; Jean Aicard, qui a un faible particulier pour tout ce qui est sorti de sa plume, répétait sous toutes les formes, le mot de l'homme au sonnet :

*Et je vous soutiens, moi, que mes vers sont fort bons!*

Il alléguait la dignité de l'art, blessée en sa personne; il lançait imprécations sur tirades et tirades sur imprécations; mais on n'avançait point. La situation du théâtre était à ce moment-là assez critique : on venait de reprendre, pour les débuts de M<sup>lle</sup> Brandès, la *Princesse Georges* qui n'avait réussi qu'à demi; on n'avait rien de prêt, et les recettes allaient faiblement. Les répétitions du *Père Lebonnard* menaçaient de s'éterniser. Cette situation avait tendu les nerfs de tout le monde.

On rompit. Jean Aicard nous a, dans son prologue, mis en scène la répétition où se fit la rupture. Il nous a présenté Claretie, Got, Worms, très reconnaissables à leurs visages, que les acteurs d'Antoine avaient fidèlement reproduits par ses indications. La comédie aristophanesque permet ces libertés. Mais quand on se mêle de faire de l'Aristophane, il faut l'imiter jusqu'au bout. Jean Aicard manque d'esprit à un point que l'on ne saurait dire. Il prête à Got, qui n'est pourtant pas un sot, deux ou trois énormes bêtises; il met dans la bouche de Claretie, qui est le plus courtois et le plus aimable des directeurs, quelques phrases irritées et tranchantes; après quoi, se donnant à lui-même le beau rôle, il se répand, par la bouche d'Antoine, en lieux communs, sur la sottise de ces animaux de comédiens, sur la majesté de la poésie, sur l'inviolabilité de l'art, et, reprenant son manuscrit, il secoue sur le seuil du théâtre la poudre de ses souliers.

Il est mortellement ennuyeux, ce prologue, et il a été écouté par un public morne, qui eût souhaité que l'inconvenance en fût tout au moins sauvée par le piquant de la satire. Il n'est pas plus vrai qu'amusant.

Il est certain qu'on fut très vif de part et d'autre; mais la vérité est que Claretie, sans s'offenser plus que de raison des boutades d'un poète en colère, lui dit, sinon en propres termes, au moins en gros : Nous n'y voyons plus clair ni les uns ni les autres; en cet état d'esprit, nous ne pouvons faire que de mauvaise besogne et nous n'aboutirons pas. Prenez six mois, partez pour le Midi, et revoyez la pièce à tête reposée. Il y a, en tout état de cause, un quatrième acte qu'il faut ou supprimer ou fondre dans une dernière scène du troisième. Sur ce point, tout le monde est d'accord ; faites ce travail et revenez nous voir.

On mit tout de suite en répétition le *Flibustier* de Richepin, et le *Flibustier* eut un très joli succès. Les jours passèrent; Claretie, quand vint le moment de songer à la saison d'hiver, écrivit à Jean Aicard : « Eh! bien, où en êtes-vous? Avez-vous remis *Lebonnard* au point? Si vous êtes prêt, je vous mets tout de suite en répétition. Si vous n'avez pas fini, je vous offre, car vous avez droit à un dédommagement, de jouer sur-le-champ votre *Davenant* avec Got et Mme Dudlay, et de recevoir votre *Othello,* que l'on montera avec M. Sully, Mlles Bartet et Dudlay. Enfin, ajoutait Claretie, si les six mois de réflexion que vous avez pris vous ont laissé dans les mêmes dispositions sur *Lebonnard,* si vous persistez à n'y rien modifier, eh! bien, que voulez-vous? nous le jouerons tel quel, à vos risques et périls, après la *Pepa* de Meilhac. »

C'étaient là des transactions très acceptables, à ce qu'il semble. Je ne devrais pas entrer dans tous ces détails, qui n'intéressent que fort indirectement l'art dramatique. Mais tant de potins ont couru dans la presse, que je tiens à rectifier les faits et à montrer que dans toute cette affaire la Comédie-Française n'a manqué à aucune bienséance.

Mais les amours-propres de poète sont intraitables. A ces propositions, M. Jean Aicard répondit aigrement dans un article du *Figaro,* que M. Jules Claretie lut, comme tout le monde, en déchirant la bande de son journal :

« Je n'accepte, disait-il, aucune de ces combinaisons ; je retire purement et simplement ma pièce. »

La Comédie-Française se pouvait croire dégagée par l'impertinence de cette lettre, qui avait été soumise au public avant d'avoir été adressée à son directeur. Mais Claretie était décidé à pousser la condescendance jusqu'au bout ; il inscrivit *Othello* au répertoire et décida qu'on le jouerait après *Mahomet*.

— J'ai fait, me disait Claretie, les calculs de la mise en scène et des décors. Ce sera une grosse dépense ; mais nous y gagnerons tout de même. *Lebonnard* nous aurait coûté plus cher encore.

— Mais, demandai-je, comment Aicard n'a-t-il pas accepté cette compensation d'*Othello*, qui est si avantageuse et pour sa gloire et pour sa bourse ?

— Oh ! voilà ! il voulait, il exigeait qu'*Othello* fût joué pendant l'Exposition ! Je pensais, moi, qu'il fallait réserver une part de cette aubaine à chacun de ceux qui avaient contribué à la prospérité de la maison : Augier, Dumas, Pailleron, Feuillet, Meilhac ; Aicard prétendait rafler la grosse somme. Pas bête, le poète provençal ! Et le croiriez-vous ? ajoutait Claretie, ce poète si à cheval sur la dignité de l'art m'a proposé, parlant à ma personne, de relire en prose son *Père Lebonnard*, qu'il avait écrit et que nous avions reçu en vers.

Et à tous ces bons procédés, Aicard répond en traduisant sur la scène dans un prologue qui a la prétention d'être aristophanesque, d'honnêtes gens qui ont dépensé autour de son drame beaucoup de temps et de peine, en cherchant à les couvrir de ridicule. Mais sa raillerie lui est retombée sur le nez. Un ami de l'auteur disait à M. Paul de Rémusat, le soir de la première représentation, après le prologue :

— C'est la *Critique de l'École des femmes*.

— Oui, répondit M. Paul de Rémusat, mais voilà l'auteur forcé de nous donner ensuite l'*École des femmes*.

Quand un auteur en appelle au public du jugement de ses pairs, il se met dans l'obligation de lui servir un chef-d'œuvre.

Le *Père Lebonnard* n'est pas un chef-d'œuvre, il s'en faut. Les deux premiers actes et toute la première moitié du troisième sont insupportables, au moins tels qu'ils nous ont été joués, car il m'a semblé, à lire la pièce, que le premier acte, s'il avait été illuminé par le jeu de Got, aurait fait quelque plaisir ; il s'y trouve des traits heureux, qui se sont évanouis dans la brume d'une diction sourde, comme est celle d'Antoine. Très intelligent et très habile metteur en scène, cet Antoine ; mais du diable si je sais pourquoi on lui fait une réputation de comédien ! Il dit le vers avec une monotonie fâcheuse ; point d'éclat, pas un mot qui sorte et qui brille ! Il ne se retrouve qu'à la grande scène ; et là encore il n'a d'action que par un pathétique rentré, le seul que lui permette sa voix. Je l'applaudis tout de même parce qu'après tout il est l'âme de ce petit monde et qu'avec toutes ses défectuosités, il est encore infiniment supérieur par l'intelligence et la force de volonté à des acteurs qui n'ont pour eux que les dons naturels et le métier. Mais Antoine, comédien, c'est une fumisterie !

M. Jean Aicard était bien inspiré, quand il proposait de remettre son *Père Lebonnard* en prose. Il aurait eu cet avantage de ne pas contraindre ce malheureux Antoine à dire des vers, et quels vers ! Ils sont tantôt d'une platitude qui est trop extraordinaire pour n'être pas voulue, et tantôt d'une mièvrerie cherchée et tortillée, qui sent son félibre. On les regardait passer avec une sorte de consternation. J'ai vu quelques personnes qui étaient venues avec la ferme intention de jouer un bon tour à la Comédie-Française, en applaudissant à tour de bras l'œuvre et le poète évincés par elle; elles n'avaient plus le courage de battre des mains; leur nez s'allongeait sensiblement à ce défilé d'alexandrins, qui rappelaient tout à la fois Colin d'Harleville et Roumanille; Colin sans sa bonne grâce aisée, Roumanille sans ses envolées de poésie. Il a fallu, pour dégeler le public, qu'on arrivât à la seconde moitié du troisième acte, à la grande scène. Venons-y donc.

Lebonnard est un vieil horloger qui a fait fortune grâce à quelques inventions heureuses. C'est un très brave homme; il est né bon; il est devenu meilleur avec les années. Il a deux enfants : un fils, nommé Robert, qui a vingt ans et qui est, quand la pièce commence, fiancé à M<sup>lle</sup> Blanche d'Estrées, une fille de grande noblesse. C'est une idée de M<sup>me</sup> Lebonnard, qui est une femme très glorieuse et ne rêve que de vicomtes, de marquis et de ducs. Il a aussi une fille, l'aimable Jeanne, qui relève d'une maladie grave; elle a été soignée avec beaucoup de zèle par un jeune médecin à qui l'on ne connaît qu'un nom, celui d'André, André tout court; elle s'est éprise de lui et elle en est aimée. Mais M<sup>me</sup> Lebonnard a rêvé pour sa fille un parti plus haut; c'est une femme ambitieuse et sèche, qui est très autoritaire et éminemment désagréable. Elle a depuis longtemps terrorisé son mari, qui se fait devant elle aussi petit que Chrysale devant Philaminte.

Elle refuse André sous ce prétexte qu'André ne porte pas le nom de son père. André a été, en effet, désavoué par lui, à la suite d'un procès en divorce qui a fait quelque bruit. Il a donc, ne voulant pas aggraver la honte de sa mère, pris tout simplement son nom de baptême pour nom de famille.

C'est là une tare qui révolte M<sup>me</sup> Lebonnard; son fils Robert est bien de son avis. Il ne peut, lui non plus, comprendre qu'une jeune fille, comme sa sœur, épouse un homme sans nom. Il le comprend d'autant moins que son futur beau-père M. d'Estrées et que sa fiancée M<sup>lle</sup> d'Estrées déclarent que, si Jeanne épouse ce médecin de malheur, ils sont décidés à retirer leur parole et à rompre le mariage.

Tout le monde est donc conjuré contre l'amour de Jeanne, qui n'a d'autre appui que son père; un pauvre appui; car le bonhomme Lebonnard n'est pas, on le sait, d'un caractère très ferme.

Mais il adore sa fille et, pour la première fois de sa vie, il se montre. Il y a là une scène qui, depuis Molière, et bien avant lui sans doute, a eu toujours le privilège d'amuser le public : c'est la scène où le coq, qui a toujours fui devant la poule, se redresse sur ses ergots et lui dit nettement en face :

La poule ne doit point chanter devant le coq!

Lebonnard a dans son jeu un gros atout; c'est un secret, que l'auteur ne nous laisse deviner que morceau par morceau, mais j'aime mieux vous le dire tout de suite. Cette M<sup>me</sup> Lebonnard, qui était jadis aussi coquette qu'elle est aujourd'hui hérissée et désagréable, a eu un amant, et c'est de ces amours adultères qu'est né celui qui se croit fils de M. Lebonnard et qui l'est de par la loi, Robert. L'amant était un gentilhomme, grand ami de M<sup>me</sup> d'Estrées, à qui il a fait promettre, à son lit de mort, de veiller sur son fils et de lui transmettre sa fortune. C'est ce qui explique comment M. d'Estrées, gentillâtre entêté, a bien voulu accorder la main de sa fille à un jeune homme qui porte le nom roturier de Robert Lebonnard.

Ainsi Robert est un bâtard au même titre qu'André, et le soir de la première, chez Antoine, cette plaisanterie a couru tout l'orchestre : la pièce devrait s'intituler *Monsieur Lebonnard* ou les *Bâtards parallèles*.

Le père Lebonnard est, depuis quinze ans, instruit de cette particularité, que lui a révélée une lettre perdue par sa femme, trouvée par lui. Il s'est tu ; il aimait ce Robert, né d'un autre sang que le sien ; et, quand il l'a vu lui tendre les bras en l'appelant mon père, son cœur s'est fondu de tendresse, il a préféré garder pour lui le terrible secret.

Voilà qui va bien ; mais il semble que, quand un homme a cet avantage sur sa femme, quand il a bâtard sur elle, il devrait le prendre de plus haut avec elle et ne pas se laisser ennuyer tout le long du jour. Il a de quoi lui clore irrémissiblement le bec. Le père Lebonnard laisse dire et faire.

Non, vous n'imaginez pas comme on scie en long et en large cette malheureuse Jeanne. Ce n'est pas seulement sa mère qui la tarabuste, c'est son frère qui lui dit : « Voyons ! tu ne vas pas faire manquer mon mariage ; moi, j'aime M<sup>lle</sup> d'Estrées, et elle me refusera si tu épouses André ; sacrifie-toi, que diable ! » C'est M<sup>lle</sup> Blanche qui à son tour prend Jeanne à partie :

— Ah ! vous n'avez pas de cœur ! lui dit-elle ; vous ne voulez pas que je me marie avec votre frère.

— Mais mariez-vous, sapristi ! ça ne me regarde pas ; je me marie de mon côté et vous du vôtre.

— Vous sortez de la question ! Nous partons de là que, si vous épousez André, je ne peux pas épouser Robert.

— Qui vous en empêche ?

— Ça ne serait pas convenable. Vous ne voudriez pas que je fusse la belle-sœur d'André !...

La Comédie-Française avait une peur horrible de cette scène ; je te crois !... Mais ce n'est pas tout ; voici que Robert et André ont une explication ensemble. « Renoncez à ma sœur, lui dit Robert; vous ne pouvez pas l'épouser; je ne veux pas que vous l'épousiez! »

Et tout cela parce qu'André, qui était d'ailleurs un homme de mérite, un médecin bien posé dans le monde, est le fils d'une mère qui a failli! C'est une succession de scènes pénibles et inexpliquées, qui n'ont d'autre mérite que de retarder la grande explosion du troisième acte. M. Lebonnard a malgré tout mis la main de sa fille dans celle d'André, quand Robert, enragé de colère, s'avance sur son père, le maudit et le menace, si bien qu'enfin le vieillard, poussé à bout, s'écrie d'une voix tonnante (qui devrait être tonnante) : « Tais-toi, bâtard! »

La scène est superbe; et, pour vous en donner une idée juste, il faut vous dire que, cinq minutes auparavant, M. Lebonnard a eu avec sa femme une explication très vive, où il lui a dit : « Pas de bruit, j'ai votre secret. » M°° Lebonnard est là quand son fils entre et commence son algarade. A mesure qu'il va, se grisant du bruit de ses paroles, elle cherche à l'arrêter : « De grâce, lui crie-t-elle, tais-toi... » et l'autre continue et, se retournant vers sa mère qui cherche à le retenir : Tout cela, lui dit-il,

> Tout cela, c'est faiblesse encor de votre part,
> Faiblesse... et lâcheté...

Et c'est alors qu'éclate le mot terrible : « Tais-toi, bâtard! »

Et le couplet qui suit est merveilleusement animé et pathétique, et Antoine l'a dit avec une émotion sourde, dont l'effet a été prodigieux. Tout le monde a battu des mains avec transport. C'est évidemment une maîtresse scène. On a objecté qu'elle n'est pas neuve; elle ne l'est pas sans doute; mais qu'importe? ne suffit-il pas qu'elle enlève et fasse couler des larmes?

Ne parlons plus de ce qui suit : c'est un effondrement. Le quatrième acte n'est pas à refaire; il est à supprimer. L'autre soir même, où c'était dans une bonne moitié du public un évident parti pris d'admiration quand même, on n'a pu réprimer quelques murmures d'étonnement. A la Comédie-Française on ne serait pas allé jusqu'au bout.

J'ai regretté que la pièce n'eût pas un épilogue, qui aurait pu être, comme le prologue, du genre aristophanesque. On l'aurait fait avec les mots de M. Jean Aicard. Ainsi le père Lebonnard, parlant des prétentions nobiliaires de sa femme, disait :

> Moi j'enrage
> Quand je vois tous ces ducs tomber dans mon potage.

Got ou Claretie, je ne sais lequel, demandait que le poète voulût bien adoucir l'éclat de cette métaphore étonnante.

— Changer ce vers! s'écria-t-il avec de grands gestes inspirés. Jamais de la vie! La note est utile. Vous me dérangez mon microcosme.

Les comédiens se regardèrent atterrés. Ils croyaient avoir reçu une pièce de théâtre; pas du tout, c'était un microcosme. Et comme ils émettaient la prétention d'écheniller le microcosme, le créateur de ce petit monde, qui était aussi content de son œuvre que celui qui autrefois a créé le grand en sept jours, fulminait l'excommunication contre ces sacrilèges! Il criait à Claretie : Vous m'assassinez!

Pauvre Claretie! Qui lui eût dit que jamais on l'appellerait, comme dans les mélodrames : Assassin! assassin! On en voit de drôles au théâtre!

Le *Père Lebonnard* a été fort convenablement joué. Il y a là un M. Grand qui a joué avec beaucoup de feu le rôle du jeune Robert; M^me France est une excellente actrice, qui sait son métier sur le bout du doigt. Elle fait une vieille nourrice, qui est, comme Lebonnard, au courant du terrible secret, et qui verse toutes les larmes de son corps. Les larmes vont moins bien que le rire au talent de M^me France. Mais elle est comédienne et s'en tire.

28 octobre 1889.

## II

Je reçois la lettre suivante :

Monsieur Sarcey,

Dans votre dernier feuilleton, vous avez dirigé contre ma personne des imputations diffamatoires, auxquelles j'oppose le plus formel démenti, me réservant de donner à qui de droit mes explications et mes preuves.

Je vous prie d'insérer ce démenti dans votre feuilleton prochain; il est juste, vous en conviendrez, qu'il passe sous les yeux de vos lecteurs habituels.

J'ai l'honneur de vous saluer,

JEAN AICARD.

Je ne fais aucune difficulté d'insérer ce démenti, puisque démenti il y a. On doit toujours dans la profession que j'exerce garder présent à l'esprit le mot célèbre du docteur Blanche : « Quand ils sont dans cet état-là, il ne faut pas les contrarier. » Je me suis contenté de trouver que la pièce de M. Jean Aicard ne valait rien et que la Comédie-Française avait eu toute raison de ne pas la jouer. J'ai diffamé les vers de M. Jean Aicard; c'est la seule diffamation que je me sois permise. Mais il est singulier de voir un homme, qui a traduit en ridicule sur la scène le directeur de la Comédie-Française, Got et Worms, se plaindre d'une diffamation. N'est-ce pas le cas de s'écrier avec le poète :

*Quis tulerit Gracchos de seditione querentes?*

Et maintenant, parlons de choses sérieuses.

4 novembre 1889.

# OTHELLO

La Comédie-Française nous a rendu, cette semaine, l'*Othello* de Shakespeare traduit ou adapté, comme on voudra, par M. Jean Aicard. La pièce n'avait paru sur aucun théâtre français depuis 1828, où la version d'Alfred de Vigny n'eut que quelques représentations. *Othello* était donc pour nous tous une nouveauté. Car ce n'est pas connaître une œuvre de théâtre que de l'avoir cent fois lue et relue ; il faut la voir aux chandelles, comme disaient nos pères. Je l'avais bien vu, pour ma part, en italien et en anglais ; mais c'est une telle souffrance et un si vif dépit d'entendre une pièce dans une langue que l'on ne comprend pas, que tout le plaisir de la représentation en est gâté. Je rends donc grâce à Aicard de nous avoir apporté en français la pièce de Shakespeare. On l'a beaucoup chicané dans les journaux sur les libertés qu'il avait prises avec l'original ; on lui a prouvé, et même de façon assez aigre, qu'il était resté au-dessous du poète qu'il traduisait. Il s'en doutait bien un peu, j'imagine.

Je me montrerai moins exigeant. Je suis ravi que M. Aicard nous ait donné un *Othello*, qui fût jouable. Il a dépensé à ce travail ardu de la traduction d'un chef-d'œuvre, beaucoup de temps, de peine et de talent. Il a joint, à une parfaite intelligence du texte, un grand respect pour le maître. Il n'a retranché ou modifié que ce qui n'était point compatible avec l'état de nos mœurs et les habitudes de notre théâtre. Il faut dire à sa décharge qu'il n'a fait en cela qu'imiter les Anglais qui sont, malgré leur dévotion pour Shakespeare, forcés de l'émonder et de l'adoucir, pour le transporter à la scène.

Toute la question qui s'est si vivement débattue ces jours-ci parmi les critiques, se réduit à ces deux termes : Vaut-il mieux que, par respect pour le génie de Shakespeare, on laisse son œuvre dans le livre sans la jouer jamais ? N'est-il pas préférable, et pour lui et pour le public, qu'on la réduise aux nécessités du théâtre et qu'on la livre à l'admiration de la foule ?

Jean Aicard a fait de son mieux pour *Othello* ce qu'on avait fait avant lui pour *Hamlet*, pour *Macbeth*, pour le *Roi Lear*, pour la *Mégère apprivoisée*. Je tiens qu'il a rendu service au poète et à nous, et je l'en remercie de tout mon cœur; sans lui, je n'aurais jamais vu *Othello*, et ce m'eût été un profond chagrin.

Vous n'attendez pas que je vous analyse *Othello* et que je vous en fasse une critique. Tout a été dit sur ce chef-d'œuvre, et vous avez sûrement votre opinion faite. Je ne veux que vous conter les impressions par lesquelles nous avons passé dans cette soirée mémorable.

Le premier acte est une merveille d'exposition. Nous n'avons rien de pareil dans notre tragédie classique. Brabantio, le père de Desdémone, appelé à sa fenêtre par les cris d'Iago et de Rodrigo ; la conversation où il apprend la fuite de sa fille avec le More; puis ses plaintes au Sénat assemblé; la défense d'Othello, la comparution de Desdémone, tout est en action ; une action claire et rapide. Les récits eux-mêmes prennent une forme dramatique. Nous faisons connaissance tout de suite avec cet abominable Iago, avec ce niais héroïque d'Othello, avec cette douce et aimable Desdémone et l'acte se termine sur un mot qui nous ouvre un jour terrible sur ce qui va suivre.

> Othello, prends bien garde ! une fille si chère
> Peut tromper son époux ayant trompé son père.

Tout cet acte est mis en scène de façon très pittoresque à la Comédie-Française, et vivement enlevé, comme il doit l'être. Nous voyons d'abord comment Mounet-Sully a compris le personnage du More : un grand enfant, tendre et bon, qu'on mènera par le bout du nez, mais capable de sursauts terribles, d'effroyables violences. Pourquoi l'a-t-il fait si noir de visage ? Othello n'est pas un nègre ; c'est un More. Une teinte de bistre aurait suffi. Il y a vingt ans, Mounet-Sully joua dans une représentation à bénéfice le cinquième acte d'*Othello*. Il descendit costumé comme il est aujourd'hui, et le visage passé au cirage. Got le regarda longuement et lui dit :

— Très bien ! mon ami, mais où est votre horloge ?

Le second acte… Ah ! dame, le second acte est bien vide. Je me souviens qu'il y a vingt-cinq ans, comme je pressais M. Perrin, qui avait alors sous la main et Mounet-Sully plus jeune et M$^{me}$ Sarah Bernhardt en pleine possession de sa voix d'or en ce temps-là, de profiter de l'occasion pour monter *Othello*.

— Oui, me disait-il, mais il me faudra dépenser 50.000 francs pour boucher l'énorme trou du second acte. Êtes-vous sûr que nous rentrerons dans nos frais ?

Je ne crois pas qu'il en ait coûté une si forte somme à Claretie. Mais il est certain que tout ce second acte n'est que du spectacle. Il ne s'y passe rien ou presque rien ; les épisodes qu'y a semés Shakespeare, outre qu'ils sont un peu confus, même dans le livre, n'ont pas grand intérêt. On en a retranché ; on pourrait en supprimer encore. L'acte est long et paraît interminable.

Heureusement le troisième est une des plus belles choses qu'il y ait dans aucun théâtre, et des plus poignantes, et des plus achevées.

Il se compose de l'entretien plusieurs fois coupé et repris où le traître Iago distille goutte à goutte dans l'oreille d'Othello le poison de la défiance ; où il fait naître, excite, avive ses soupçons avec une joie maligne. Oh ! que la scène a été supérieurement jouée par Paul Mounet, par Mounet-Sully.

Paul Mounet a eu le bon sens de ne point faire d'Iago un ténébreux et sombre coquin ; c'eût été le réduire aux proportions d'un troisième rôle. Non, c'est Iago qui conduit le drame. Il est, cet Iago, un dilettante de la perversité ; il fait le mal pour la joie de le faire et de le faire artistement. Il y applique ses merveilleuses facultés de psychologue. Bon compagnon d'ailleurs, très spirituel, toujours l'air ouvert et riant, se délectant à s'entendre appeler l'honnête Iago, parce qu'il se prouve ainsi sa supériorité.

Vous rappelez-vous, dans la *Denise* de Dumas fils, le portrait que faisait Thouvenin d'un délateur de ses amis :

« Il éprouvait dans ce métier des voluptés d'une finesse inexprimable. Il me disait que, quand il serrait la main d'un camarade, d'un ami, qu'il le faisait parler, qu'il entrait dans sa confiance, qu'il surprenait ses secrets, qu'il allait le dénoncer, qu'il le voyait surveillé, arrêté, emprisonné, déporté, sans que l'autre le soupçonnât une minute ; quand il allait ensuite le visiter dans sa prison, qu'il assistait à ses dernières entrevues avec sa femme et ses enfants; qu'il faisait semblant de pleurer avec lui; qu'il recevait les dernières confidences et les dernières recommandations de ce malheureux qui ne se doutait de rien, mon ami me disait qu'il avait là des sensations qui ne se peuvent comparer à nulle autre. »

Ce sont précisément là les jouissances que cherche Iago; il regarde avec complaisance sa victime, il met le pied dessus, il en triomphe avec insolence. Il s'élève à la hauteur de Satan. Je ne vois guère dans notre théâtre que le Narcisse de *Britannicus* à qui Racine ait ainsi donné le goût du mal pour le mal; mais Narcisse n'a pas cette envergure.

Il me semble que Paul Mounet a fait revivre cette physionomie tout entière. Tout ce qu'il y a de tortueux en lui se couvre d'un masque de franchise et d'enjouement. Il joue de ce pauvre Othello comme un chat d'une souris, ou plutôt comme un tigre d'un mouton. Cet Othello, c'est la loyauté et l'ingénuité mêmes. Ah! il n'en faut pas beaucoup pour éveiller sa jalousie. Car il n'a raisonné de sa vie. Il a le sang chaud de sa race; comme tous les hommes formés par la religion musulmane, il croit que la femme est le plus faible de tous les êtres et qu'il n'y a d'autre garant de sa vertu que les hautes grilles d'un sérail. Aussi mord-il tout de suite aux grossiers hameçons qu'Iago lui présente et n'oserait offrir à personne autre.

Et tout d'un coup, cet instinctif tressaille des pieds à la tête; le sauvage qui dormait en lui se déchaîne et hurle. Mounet-Sully a merveilleusement saisi ce trait. On suit avec anxiété, haletant, le cœur serré, la gorge sèche, cette terrible conversation où se joue l'honneur et la vie de Desdémone. C'est une émotion sans larmes; avec je ne sais quoi qui vous tord le cœur et vous le tenaille. Je ne vous dirai pas que c'est là une sensation agréable. Elle est extraordinairement puissante, et n'est-ce donc rien au théâtre d'être secoué jusqu'au plus profond de son être?

Après cet acte on a fait aux deux frères une longue ovation; on les a rappelés à plusieurs reprises; je ne crois pas que cette scène ait jamais pu être mieux rendue sur une scène anglaise.

Le quatrième acte a paru long. Et d'abord il s'y trouve des scènes épisodiques qui compliquent l'action et ne nous intéressent point. Ah! que j'étranglerais volontiers un insupportable bouffon qui ne dit que des niaiseries à travers la pratique de polichinelle que Barral a dans la bouche! Mais ce n'est pas encore tant cela qui a fatigué le public. C'est le sujet même qui est trop uniforme et trop douloureux.

On finit par en vouloir à Othello d'être trop crédule! L'incident du mouchoir révolte et exaspère surtout les femmes, qui ne comprennent point qu'Émilia ne justifie pas Desdémone, comme il lui serait si facile de le faire. Hélas! elle mettrait la vérité sous les yeux d'Othello, qu'il se refuserait à l'admettre. C'est un halluciné, c'est un visionnaire: ce qu'il voit, il le crie lui-même dans les affres de la souffrance: « Oh! leurs mains qui s'enlacent! Leurs bouches qui se rapprochent! »

Cris de passion admirables, mais qui se répètent! Toute la somme d'émotions que cette situation comporte est épuisée pour nous. C'est un recommencement magnifique et fatigant de la même passion, qui est presque du premier coup arrivée à son maximum d'intensité. Je cherche à démêler les causes de l'énervement que je remarque dans le public et dont je sens quelque chose. Quelles que soient ces causes, l'effet n'est pas contestable: c'est sur toutes les âmes comme une pénible oppression. Il semble qu'on soit en proie à un affreux cauchemar et qu'on sente un démon qui pèse sur la poitrine. L'air manque, on ne respire plus. Il faudrait une détente.

Le cinquième acte va l'apporter. Rien de plus doux et de plus charmant que la tristesse de cette jeune épousée, qui s'exhale dans un chant délicieux. C'est M<sup>lle</sup> Lara, la nouvelle sociétaire, qui jouait Desdémone. Je lui fais mon compliment de sa nomination ; on aurait pu, à mon avis, la lui faire un peu attendre. Mais du moment que son talent lui promettait le sociétariat, je ne vois pas grand inconvénient à ce qu'on ait hâté l'échéance de son succès définitif. Elle a déployé dans le rôle de Desdémone des qualités de tenue et de grâce qu'on ne saurait trop louer. Ce n'est pas, à mon avis, la Desdémone rêvée. J'aurais souhaité qu'à l'acte précédent, quand elle demande à son mari le pardon de Cassio, elle mît dans son insistance un peu plus de cette câlinerie et de cette gentillesse, qui siéent aux jeunes épousées. Elle n'a pas eu cette fraîche, innocente et mutine coquetterie d'une petite fille qui se croit sûre de son mari. Elle a été réservée et digne. Et de même à l'acte suivant, elle n'a pas été l'idéale figure de keepsake anglais que Shakespeare a si joliment dessinée. C'était une Française sortie du couvent des Oiseaux.

L'effet de ce cinquième acte a été prodigieux. Mounet-Sully a bien été le grand fauve du désert, qui se jette en rugissant sur sa victime. Nous en avons eu froid jusque dans les moelles. C'est à ce dernier acte que se rencontre une des plus belles scènes, que jamais ait imaginée auteur dramatique ; une trouvaille de génie !

Il s'agit de rendre à la victime son innocence, d'en inventer une preuve convaincante, si définitive qu'Othello lui-même ne puisse plus douter. Un dramaturge ordinaire aurait aisément aménagé une circonstance de fait qui aurait dessillé les yeux du More.

C'eût été un coup de théâtre, à la façon classique :

> D'un secret tout à coup la vérité connue
> Change tout, donne à tout une face imprévue.

Comme Shakespeare a été plus malin et plus profond à la fois ! C'est Émilia, c'est la femme de chambre, qui, dans un élan d'indignation, proclame la vertu de sa maîtresse et contresigne son attestation d'un coup de poignard. Je parlais tout à l'heure d'une détente des âmes ; la voilà venue. L'orage qui pesait si lourdement sur nos cœurs s'est résolu en pluie ; nous avons senti à ces paroles, jaillies du cœur d'une suivante, un soulagement inouï, un inespéré rafraîchissement.

C'est M<sup>lle</sup> Wanda de Boncza qui était chargée de ce rôle. On pouvait craindre que sa voix manquât de force à ce moment suprême. Eh ! bien, nos appréhensions ont été heureusement déçues. Elle a dit tout cet admirable couplet avec beaucoup de force, avec un merveilleux emportement. Sa sortie a soulevé d'unanimes applaudissements.

Tel est le bilan de cette soirée. J'ai parlé, chemin faisant, des acteurs chargés des principaux rôles. Il me reste à louer Baillet, qui a rendu avec une spirituelle désinvolture de fatuité inconsciente celui de Cassio, ce bellâtre de régiment, qui fait la cour aux femmes et les compromet sans y prendre garde. Pierre Laugier est un Brabantio digne et comique ; Villain un doge superbe. Citons encore Jacques Fenoux et Louis Delaunay dans les personnages d'arrière-plan : Rodrigo et Ludovic.

Cette représentation fait honneur à la Comédie-Française.

6 mars 1899.

# GEORGES OHNET

## LE MAITRE DE FORGES

Il y a dans ce succès un enseignement. Tandis qu'une école de révolutionnaires bruyants prétend bouleverser de fond en comble les vieilles règles et nous apporter un art nouveau, voici un homme qui réussit, disons mieux, qui va aux nues, tout simplement parce qu'il sait son métier, parce qu'il nous donne ce qu'on appelait autrefois une pièce bien faite. Le drame de M. Ohnet est fondé sur des sentiments que tout le monde comprend et qui intéressent tout le monde parce qu'ils sont les sentiments communs de la nature humaine; il est clairement exposé, déduit avec logique; un dénouement heureux le conclut. Il n'en faut pas davantage, je ne dis pas pour écrire un chef-d'œuvre, mais pour plaire deux ou trois cents fois de suite au public.

Et moi aussi, certes, j'aurais bien des regrets à exprimer en parlant de l'œuvre de M. Ohnet : l'étude des passions y est superficielle; les caractères tiennent plus de la convention que de la réalité; le style, encore qu'il ait le mouvement dramatique, est de conversation courante, entre gens qui parlent une langue ordinaire. Non, à coup sûr, je ne regarde pas le *Maître de forges* comme un chef-d'œuvre. Voyez pourtant, ô jeunes gens, ce que peuvent au théâtre les qualités dont vous faites orgueilleusement fi : la science des combinaisons, la dextérité et la sûreté de main, l'art de conduire logiquement une seule et même idée, sous forme dramatique, de l'exposition au dénouement, puisque, avec ces seuls mérites, sans philosophie, sans poésie, et presque sans style, M. Ohnet a conquis le public tout entier. Regardez ce que deviennent à côté des ouvrages à prétentions plus hautes.

M. Ohnet a, dans son *Maître de forges*, mis en œuvre une idée qui n'est pas fort nouvelle. Mais qu'importe au théâtre ! Il ne s'agit pas là de faire ce que n'a fait personne encore, mais de bien faire ce qu'on fait.

Une femme d'un caractère altier a été poussée par les circonstances à épouser, avec un autre amour dans le cœur, un homme qu'il lui était permis de croire au-dessous d'elle et qui l'aimait passionnément.

Le mari, comme il arrive souvent, s'est trouvé être supérieur de tous points à l'amant. Il se produit dans son âme, et à la suite dans son cœur, un lent revirement ; mais elle met une certaine pudeur à exprimer les nouveaux sentiments qui l'agitent à l'homme qu'elle a affecté de mépriser ; ce serait lui donner le spectacle de sa défaite, et l'orgueil la retient sur le bord d'une déclaration qu'il attend, car il a lui aussi sa fierté, et ne peut ni ne veut faire les premiers pas.

Un événement, qui mettra en jeu la vie de son mari, domptera enfin ce cœur rebelle, et la jettera éperdue, repentante, aux bras de celui qu'elle aime à présent, qui seul méritait d'être aimé d'elle et qui lui pardonne en l'embrassant. Ce baiser, le baiser de la réconciliation, est aussi le baiser de dénouement.

L'intérêt du *Maître de forges* est dans la peinture de cette âme qui part de la haine et du mépris pour arriver, en passant par toutes sortes de sentiments intermédiaires, à l'amour le plus exalté. Il y a drame, puisqu'il y a mouvement. L'art de l'écrivain consistera à marquer d'un trait exact et pittoresque les divers moments que traverse cette passion, avant d'arriver au but qu'il lui avait désigné d'avance.

Je ne sais guère d'exposition plus claire, plus nette, plus vive que celle du *Maître de forges*. Ce premier acte est d'un homme qui a la pleine possession de son outil; qui le manie avec une parfaite sûreté de main.

Nous voyons tout d'abord M$^{lle}$ Claire de Beaulieu triste, préoccupée. Elle aime le jeune duc de Bligny, son cousin. Elle s'est, dès son enfance, habituée à le regarder comme son fiancé; le duc a laissé croire que son intention formelle était d'épouser Claire; les deux familles, qui voyaient ce mariage avec plaisir, ont permis aux deux jeunes gens de vivre ensemble, de se dire qu'ils s'aimaient.

Or, le duc est parti pour un voyage, et l'on n'a plus eu de ses nouvelles. Pourquoi n'écrit-il pas? Claire a l'âme noble; elle ne saurait le soupçonner d'une trahison. Mais, enfin, rester si longtemps sans donner de nouvelles!

Ce silence ne s'explique que trop.

Un vieil ami de la famille des Beaulieu tire la mère à part et lui apprend deux choses également cruelles: la première, c'est qu'elle vient de perdre en Angleterre un procès, où feu son mari s'était engagé et d'où dépendait sa fortune; la seconde, c'est que le duc de Bligny, que l'on croit encore en voyage, est revenu depuis quinze jours à Paris; il s'est laissé emporter aux amours faciles; il a eu des besoins d'argent; il a joué, il a perdu; la dernière culotte est de cent mille francs : une culotte définitive, car il n'a pas le premier sou.

Ce n'est pas en se mariant avec Claire, ruinée à présent, qu'il raccommodera ses affaires. Il tourne donc autour de Mlle Moulinet, la fille d'un homme qui s'est enrichi à vendre du chocolat exempt de cacao, une fille de dix millions, s'il vous plaît. On croit qu'il a demandé officiellement sa main.

Mme de Beaulieu est atterrée de ces deux nouvelles. Mais elle estime qu'il vaut mieux les cacher l'une et l'autre à sa fille. La pauvre enfant les apprendra toujours assez tôt.

Le vieil ami, qui est un homme sage et très au courant du pays où Mme de Beaulieu vient passer la belle saison, lui parle discrètement d'un certain M. Philippe Derblay, maître de forges, qui est en train de faire une immense fortune; c'est une jeune homme de grand avenir; il commande à deux mille ouvriers; il sera, le jour où il le voudra, député et peut-être ministre. Il aime silencieusement et passionnément Mlle Claire. Si on lui donnait un mot d'encouragement...

Ce Philippe Derblay, nous l'avons vu en effet dans une visite qu'il a faite avec sa sœur au château. Il est distingué et aimable; on sent chez lui un homme supérieur. Mais quoi ! c'est un roturier et un forgeron.

Mme de Beaulieu ne repousse que faiblement l'idée d'une mésalliance. Mais comment persuader à Claire, qui est de caractère si hautain, de renoncer au duc qu'elle aime, pour donner sa main à un homme qui n'est que riche et qu'elle n'aime pas?

Ce mariage semble impossible, et il faut qu'il se fasse, car c'est de ce mariage que partira le drame.

M. Georges Ohnet a trouvé un moyen très simple, très ingénieux et j'ajouterai très dramatique, car il est pris dans le caractère même de Mlle Claire de Beaulieu. C'est précisément parce qu'elle est de cœur altier qu'elle va, sans réfléchir, par coup de tête, se jeter dans une mésalliance.

Je vous ai parlé de Mlle Moulinet, cette fille de dix millions, à qui le duc de Bligny fait la cour. Eh! bien, cette jeune personne a été élevée autrefois au même couvent où se trouvaient Mlle Claire de Beaulieu et l'une de ses cousines. C'était un couvent où l'on n'admettait guère que des filles de noblesse. Aussi M. Moulinet l'avait-il choisi pour sa fille. Elle y avait été horriblement malheureuse; elle avait eu à subir les plaisanteries de ses compagnes; elle avait été tourmentée de tous les serpents de l'envie.

Vous jugez de son plaisir quand elle voit le duc de Bligny, qui passait partout pour le fiancé de Mlle de Beaulieu, lui faire la cour et demander sa main. Quelle revanche pour elle! Elle allait donc traiter sur un pied d'égalité avec ces filles de l'aristocratie, et les écraser de ses millions. Mais il y a une vengeance plus délicate, plus féminine, qu'elle a médité de se payer, sans qu'il lui en coûte rien.

Elle vient avec son père au château de Beaulieu s'autorisant des vieilles relations qu'a créées entre les deux jeunes filles une camaraderie de couvent. Elle a, dit-elle, un conseil à demander à sa bonne amie Claire.

Ce conseil, vous le devinez bien : peut-elle et doit-elle épouser le duc de Bligny? Elle a su, par hasard, que le duc s'était engagé avec Claire. Si Claire y tient, elle est trop honnête personne pour aller sur les brisées d'une amie, elle le lui cède.

Elle parle longtemps sur ce ton, enfonçant le poignard

et le retournant dans le cœur de la malheureuse Claire, qui cache de son mieux sa douleur et son désespoir.

Comment faire pour répondre tout de suite à cette insolente provocation, pour montrer à ce duc infidèle et déloyal, à cette péronnelle impertinente, qu'on ne se soucie pas d'eux, qu'on a de quoi les dédaigner ?

Il faut trouver un mari.

— M. Philippe Derblay est-il toujours dans les mêmes dispositions ? demande-t-elle.

Et comme il répond qu'obtenir sa main serait le comble de ses vœux :

— La voici ! dit-elle.

Et, se tournant vers toute la compagnie qui entre :

— Ma chère amie, dit-elle à M<sup>lle</sup> Moulinet, vous venez de m'annoncer votre mariage avec M. le duc ; permettez-moi de vous faire part du mien : j'épouse M. Philippe Derblay.

Est-ce que cette fin d'acte n'est pas tout à fait crâne ?

Voilà un mariage fait par dépit ; nous sentons bien qu'il en sortira des tempêtes. Nous le sentons d'autant mieux que la fière jeune fille, en épousant Philippe Derblay, croit ne faire qu'une mésalliance. Elle ne se doute pas qu'on peut l'accuser de s'être vendue, car elle est pauvre à cette heure et il est riche. Qu'adviendra-t-il quand elle apprendra ce secret ? Et il faudra bien qu'elle l'apprenne un jour ou l'autre.

L'avenir est donc gros de complications et de mystères.

Et si vous saviez comme tout cela nous est présenté avec grâce et animation ! En quelques mots justes et expressifs, l'auteur nous met au courant de tous ces personnages. Nous faisons connaissance, non seulement avec les deux héros du drame, Philippe Derblay et Claire de

Beaulieu, mais avec nombre de personnages épisodiques. C'est M. Moulinet père, le parvenu du chocolat, qui fait d'un air bon enfant la roue avec ses millions, débite avec l'aplomb du millionnaire d'énormes sottises dont souffre tout bas sa fille, et répète à tout propos : Monsieur le duc, mon gendre. C'est sa fille, la belle Athénaïs avec ses allures vipérines, son parler doucereux, son art tout féminin de distiller le poison de la médisance ; c'est le duc de Bligny, un viveur sans cœur ni esprit, qui n'a pour lui que les manières du grand monde et le courage du gentilhomme ; c'est M$^{me}$ de Préfont, une cousine de Claire, entichée comme elle de préjugés nobiliaires, mais qui a eu la chance de rencontrer un bon mari qui l'adore et qu'elle fait marcher à la baguette, rieuse, spirituelle et de bon conseil ; c'est la mère, M$^{me}$ de Beaulieu, une digne et aimable douairière, dont la sagesse plaît par un tour d'attendrissement maternel ; c'est le jeune frère de Claire, un garçon de cœur généreux et de parole vive, qui couperait volontiers les deux oreilles au duc pour lui apprendre à ne plus aimer sa sœur ; c'est Bachelin, le vieil ami de la famille de Beaulieu, le raisonneur de la comédie ; tout ce monde va, vient, s'agite, se croise, sans confusion, révélant son caractère par un mot, le mot juste et qui frappe, jusqu'à la scène à effet qui clôt par un coup de théâtre ce merveilleux premier acte.

Il était si lestement mené et si amusant, que nous en avions conçu quelques inquiétudes sur ceux qui allaient suivre. Jamais l'auteur ne pourrait durant cinq actes soutenir cette verve du début.

Nous fûmes vite détrompés.

Le second acte est bien supérieur au premier. J'ose même dire que c'est le meilleur de tous, et qu'à le prendre en soi c'est de l'ouvrage excellent et fait de main de maître.

Sardou lui-même n'aurait pas écrit l'unique scène dont il se compose avec plus d'adresse et d'énergie.

Le mariage vient d'être célébré, à minuit, sans apparat, dans la chapelle du château. Les invités, qui étaient peu nombreux, se sont retirés ; on a laissé la jeune femme seule au salon en costume de mariée. Elle est agitée, nerveuse. Voilà le terrible moment venu ; elle s'est engagée ; il faut payer. Les suites de son coup de tête lui inspirent une sorte d'horreur. Elle ne s'est pas encore expliquée de son cœur avec celui qui est aujourd'hui son mari et son maître. Le mariage a été si vite décidé ! Elle l'a si peu vu durant les délais réglementaires ! Et puis, elle reculait devant cette déclaration ! Bref ! la voilà acculée.

Le mari entre : ne craignez rien, ô mères de famille, M. Ohnet sait les bienséances dramatiques. Il n'y aura pas entre les jeunes époux, dans une circonstance aussi scabreuse, un seul mot échangé qu'une jeune fille ne puisse entendre. Il remarque chez sa femme certaines hésitations, qui lui paraissent toutes naturelles. C'est un honnête homme, et un homme délicat : il comprend ces scrupules de pudeur chez une jeune épousée. Il les excuse, bien qu'il en soit un peu chagrin. Il lui offre de se retirer, de la laisser seule à ses réflexions ou à son sommeil. Il s'approche pour lui dire adieu ; il semble que la scène soit terminée là.

Il faut cependant qu'elle revire, si l'on veut que le sujet soit pleinement exposé. Comment et sur quoi se fera le revirement ?

Le mari, au moment de déposer sur les cheveux de sa femme un baiser d'adieu, se laisse aller à un moment de passion, et, la serrant du bras, presse sa taille :

— Si vous saviez pourtant, lui murmure-t-il tout bas, comme je vous aime !

A cet enlacement subit, l'orgueil de la jeune femme s'est révolté. Elle a eu un mouvement de répulsion; elle s'est, d'un geste inconscient et subit, débarrassée du bras qui l'étreignait.

Ce geste est pour Philippe comme un trait de lumière.

Ce n'est plus là le mouvement de pudeur d'une jeune fille qui hésite au seuil de l'inconnu, c'est de la répugnance, c'est de l'aversion, une aversion qu'explique seul un autre amour.

— Vous aimez encore le duc, s'écrie-t-il désespéré et furieux.

Et elle, dans un transport de révolte :

— Et quand cela serait ?

Voyez avec quelle facilité la scène tourne sur un simple geste. Dans la première partie, les deux époux ont épuisé toutes les raisons, tirées de l'ordre commun, qui poussent l'un à désirer et à prier, l'autre à se dérober. Dans la seconde, après une volte-face subite, tous deux vont aller jusqu'au bout de la situation nouvelle que ce geste leur crée.

Le mari, ce mari si humble et si suppliant tout à l'heure, s'est redressé sous l'outrage.

Sa femme lui dit : Gardez ma dot; c'est la rançon de ma liberté.

Un mot de réponse lui brûle les lèvres : cette dot, il ne l'a pas touchée, puisqu'elle n'existe pas.

Mais il se tait par pudeur. Au surplus, ce n'est plus la question de la dot qui le touche. Ce qui lui fait monter le rouge au front et les larmes aux yeux, c'est l'horreur qu'elle lui témoigne, et cela quand c'est elle-même qui l'a choisi, qui lui a en quelque sorte demandé sa main ! Il ne peut se tenir d'indignation et lui crie que désormais leur vie sera irrémédiablement séparée.

12.

— Voici votre appartement; voici le mien.

Et il ajoute que, dût-elle un jour se jeter à ses pieds pour lui demander l'oubli de cette nuit cruelle, jamais il ne l'admettra à rentrer en grâce.

C'est un autre homme que celui qu'elle avait connu : un homme énergique qui lui impose; et elle sentirait presque une envie de s'humilier, de revenir sur ce qu'elle a dit, mais son orgueil l'arrête; elle traverse la scène d'un pas lent, s'arrête un instant devant la porte de la chambre à coucher, et la pousse d'un geste où il y a comme du regret mêlé à son dépit.

Son mari la suit des yeux et voyant retomber la porte sur elle :

— Je t'adore, s'écrie-t-il, mais je te briserai.

Ainsi s'annonce la lutte qui va emplir le drame.

Ce second acte achève et complète le premier. J'ai rarement vu une salle plus sympathique et plus excitée. Toute cette exposition était si nette, si vive et si pathétique, que le public tout entier se sentait intéressé et pris.

Le troisième acte est moins bon, quoique agréable encore et plein de mouvement. C'est la fête de M<sup>me</sup> Derblay. Il y a réception à l'usine, et nous y revoyons tous les personnages qui ont défilé sous nos yeux au premier acte, même le duc de Bligny et la duchesse, la belle Athénaïs, que l'on a dû inviter, parce qu'ils sont de la famille et qu'on n'a pas voulu faire d'esclandre. Les ouvriers ont délégué un des leurs pour offrir un bouquet à M<sup>me</sup> Derblay, qui fait le bonheur de leur patron; le préfet est là, qui lui fait compliment de la joie qu'elle répand autour d'elle. Au milieu de toutes ces félicitations, elle est horriblement triste.

Ce mari qu'elle croyait détester à jamais, elle s'est mise à l'aimer. Il est si bon, si grand, si généreux! Tout le monde l'estime et l'honore, tout le monde a l'air de croire qu'il est en passe d'arriver à tout. Et ce mari, elle l'a dédaigné ! Elle n'est plus rien pour lui ! Il l'accable en public de prévenances et de cadeaux, mais il est glacé avec elle, et si par hasard une phrase de regret est près d'éclore sur ses lèvres, il l'arrête d'un mot froid ou d'un geste sceptique.

Mais voici qui est bien pire.

Elle commence à connaître les tourments de la jalousie. Tandis que le duc tourne autour d'elle et lui débite des fadeurs, — ah ! il prend bien son temps, le duc ! — Athénaïs fait mine d'accaparer Philippe, elle lui demande son bras, elle s'extasie sur ses moindres mots ; elle joue la femme amoureuse, enchantée que ces coquetteries fassent enrager sa bonne amie, M$^{lle}$ Claire de Beaulieu, devenue M$^{me}$ Philippe Derblay.

Le sang monte aux joues de Claire. Elle n'est pas de celles qui peuvent s'attarder aux situations équivoques. Il lui faut une explication avec Athénaïs, une explication complète.

Athénaïs n'a pas besoin de se cacher ; elle tient le bon bout ; elle est duchesse de Bligny. Elle joue donc franc jeu avec son ancienne camarade de couvent.

— Eh ! bien, oui, lui dit-elle, c'est une revanche. Tu m'as humiliée à la pension avec ton titre et ta fortune, c'est mon tour aujourd'hui...

Ah ! c'est ainsi ! Vous avez déjà vu de quels coups de tête Claire est capable dans un mouvement de passion. Elle se laisse cette fois emporter à une incartade tout aussi funeste en conséquences que l'a été la première.

— Monsieur le duc, dit-elle, s'adressant à son cousin, donnez votre bras à M$^{me}$ de Bligny et remmenez-la ; je la chasse.

Athénaïs reste suffoquée.

— Ne me défendez-vous pas, monsieur le duc? s'écrie-t-elle; me laisserez-vous insulter ainsi?

Le duc est mis au pied du mur. Il se tourne vers Philippe :

— Prenez-vous la responsabilité de ce qu'a dit M<sup>me</sup> Derblay?

— Je tiens pour bien dit et pour bien fait tout ce que dit et fait M<sup>me</sup> Derblay, répond Philippe.

Et le rideau baisse sur ce mot, qui, lui aussi, fait coup de théâtre.

Un duel est inévitable, et, quand la toile se relève, nous sommes chez Philippe, qui prend ses dernières dispositions.

M<sup>me</sup> Derblay est folle de douleur : c'est elle qui est cause de tout le mal, c'est elle qui a jeté son mari dans ce danger terrible. Elle ne peut rien pour le sauver et elle l'adore. Elle se traîne à ses pieds et il reste impassible. Il ne la trouve pas encore assez punie, assez domptée.

On le trouverait peut-être un peu cruel de ne pas céder; mais quoi! lui aussi, il est jaloux.

— Eh! bien, oui, je le hais, ce duc qui m'a pris votre amour. Si je l'ai reçu chez moi, c'est que je guettais l'occasion d'une querelle; vous me l'avez fournie, je la saisis aux cheveux et je vais le tuer, si je puis.

Rien de plus vrai et de plus émouvant.

Philippe arrange encore quelques autres affaires incidentes, dont je n'ai pas à parler au cours d'une analyse rapide : ainsi le mariage de sa sœur avec le frère de sa femme; si je n'en ai rien dit, c'est que le projet de ce mariage n'est mis en avant que pour fournir, au troisième acte, prétexte à une péripétie qui ne m'a guère plu. Je préfère, dans une pièce excellente, ne m'arrêter qu'aux bons endroits.

Cet acte, comme tous les actes du *Maître de forges*, se termine sur un de ces mots à effet qui s'enfoncent, ainsi qu'un trait de lumière, dans l'imagination du public :

— Priez Dieu, madame, que je revienne vivant !

Ces *mots de la fin* laissent l'auditeur en suspens et lui font attendre avec impatience l'acte qui suit.

Le dénouement est court.

La scène représente le coin du parc où les deux adversaires doivent se battre. Nous assistons aux préparatifs du duel. Le duc et Philippe sont placés à vingt pas, le dos tourné l'un à l'autre. Au commandement, ils doivent se retourner et tirer à volonté.

La parole sacramentelle est dite : tous deux font volteface et le duc tire ; mais M<sup>me</sup> Derblay épiait le moment ; elle s'est jetée au-devant du pistolet, reçoit la balle dans l'épaule et tombe.

Cet incident met naturellement fin au combat.

Philippe se jette sur le corps de sa femme. Elle se relève péniblement.

— Un seul mot : m'aimes-tu ?
— Je t'adore.
— Ah ! comme nous allons être heureux !

Vous pensez bien qu'elle guérira, qu'ils vivront en effet très heureux, comme dans les contes de fées et qu'ils auront, toujours comme dans les contes de fées, beaucoup d'enfants.

Cette pièce charmante est jouée à ravir.

M<sup>lle</sup> Jane Hading jouait Claire de Beaulieu. Quelle étrange chose que le théâtre ! Voici une jeune femme qui, depuis quelques années, est à Paris, où elle arrivait précédée d'une grande réputation qu'elle avait conquise à Marseille. Chez nous, elle n'avait jamais réussi que près des gommeux, pour qui la beauté tient lieu de talent. Elle s'était essayée dans l'opérette, et, malgré les louanges des intéressés, elle n'avait pu se faire accepter du public; nous l'avions vue ensuite dans la comédie de genre, elle n'y avait pas été plus heureuse, en dépit des thuriféraires qui s'extasiaient à grand bruit. J'avoue que, pour ma part, je la croyais incapable de jouer autre chose que les jolies femmes au théâtre. Je me trompais. Elle avait, ce dont il nous était impossible de nous rendre compte dans les rôles bouffons dont on l'affublait, le visage sérieux et même triste, et la voix pathétique, encore qu'un peu faible. On assure, d'autre part, qu'elle est possédée du démon de la scène, qu'elle adore son métier, et qu'elle porte dans le travail une ardeur et un persévérance inouïes.

Nous ne pouvons, nous autres critiques, que juger le résultat. Le résultat ici a été stupéfiant, invraisemblable. Ce ne serait pas assez dire que M⁻ᵉ Jane Hading a été bonne : elle s'est montrée remarquable comédienne. Elle, que nous avions vue si gauche, si empêchée dans les excentricités de l'opérette, elle a dans le drame une harmonie de mouvements qui est pleine de grâce. Elle dit juste et sa voix se mouille de larmes. Bref, nous avons été ravis d'elle. Ce diable de Koning a la main heureuse! Car qui eût jamais soupçonné cette métamorphose?

24 décembre 1883.

# ALEXANDRE BISSON

### LE DÉPUTÉ DE BOMBIGNAC

Le Théâtre-Français a donné cette semaine la première représentation d'une comédie en trois actes de M. Bisson, le *Député de Bombignac*.

Cette comédie avait été primitivement destinée à l'Odéon. Peut-être eût-il mieux valu pour elle et pour l'auteur qu'elle y restât ; car elle a paru un peu maigre à la Comédie-Française, et elle aurait, je crois, obtenu un succès plus vif sur une scène où les pièces de Picard se voient encore avec plaisir et où l'on donnait tout dernièrement, aux applaudissements du public, les *Petites Mains*, de Labiche.

M. Bisson en a jugé autrement, c'est son affaire ; nous n'avons pas à entrer dans la querelle qui s'est élevée entre lui et M. Porel, qui avait longtemps caressé l'espoir de la jouer à l'Odéon et qui, donnant des conseils, indiquant des corrections, avait, c'est le cas de le dire, travaillé comme pour lui. La pièce est à cette heure à la Comédie-Française ; c'est là que nous devons l'examiner et la juger. Je vais dire tout de suite et d'un seul mot quel est, à mon sens, le grand, l'irrémédiable défaut du *Député de Bombi-*

gnac : c'est une pièce *bien faite*, qui n'est pas bien faite.

La pièce *bien faite*, c'est un genre ; un genre qui n'est pas des plus relevés, mais un genre amusant et qui a, en somme, fourni beaucoup de petits chefs-d'œuvre très agréables.

Dans la pièce *bien faite*, on ne cherche ni l'analyse profonde des passions, ni une peinture plus ou moins exacte des caractères, ni rien de ce qui constitue le grand art ; on prend pour point de départ ou un fait amusant, ou une situation curieuse : on groupe autour de ce fait ou de cette situation des événements qui en contrarient ou qui en secondent l'action. Ces événements s'en déduisent et s'y ramènent par une invincible logique, et c'est la logique encore qui doit donner la conclusion. C'est ainsi que sont faites la plupart des pièces qui, sous le nom de vaudevilles, ou sous le nom de comédies de genre, ont empli notre théâtre depuis 1820 jusqu'à 1850. Scribe, Bayart, Duvert et Lauzanne ont été les maîtres de ce genre, et ils ont eu une foule d'élèves dont quelques-uns sont très célèbres. Prenez pour exemple le *Mari à la campagne*, et, si je choisis cette pièce, c'est que précisément M. Bisson, dans le *Député de Bombignac*, est parti de la même situation que les auteurs du *Mari à la campagne*.

Dans le *Mari à la campagne*, un jeune mari est pris d'un ennui mortel entre sa belle-mère, qui est une dévote aigre, sa femme, qui est une dévote douceâtre, et M. Mathieu, qui est leur directeur spirituel. Il échappe comme il peut à ce joug, il a inventé de se faire envoyer à la campagne par la belle-mère qui craint l'empire que son gendre pourrait prendre sur sa fille.

Quand la parole sacramentelle est tombée de la bouche de M<sup>me</sup> d'Aigueperse :

— Mon gendre, vous irez à la campagne...

Il file à l'hôtel et fait ses frasques. Il connaît une jeune veuve chez qui il s'est fait passer pour célibataire; là, il commande, donne des dîners, des bals et s'amuse.

Un soir il y est rencontré par M°°° d'Aigueperse, sa belle-mère, qui est venue chez la jeune veuve pour quêter en faveur d'une œuvre de charité. On le ramène confus à la maison; mais il se révolte à la fin, grâce aux conseils d'un ami, jette sa femme dans ses intérêts et fonde son autorité par un coup d'éclat. Il donne un bal en carême et sa femme, qui est dans le complot, promet d'y assister. La belle-mère tombe à la renverse et déclare qu'elle quittera cette maison pervertie :

— A votre aise ! dit le gendre.

Voilà une pièce *bien faite* qui est très bien faite. On passe tout un premier acte à nous montrer l'ennui de ce mari, bon garçon et libre-penseur dans ce milieu confit en dévotion aigre. Cet ennui est marqué de toutes sortes de traits qui forment un petit tableau de genre. Au second acte, nous avons le pendant de ce tableau, c'est le mari s'amusant chez une jeune veuve; ce serait aujourd'hui chez une cocotte; mais, en ce temps-là, on ne mettait pas de courtisane sur la scène, la jeune veuve en tenait lieu.

Au troisième acte, nous avons la rébellion du mari. On nous met sous les yeux les moyens qu'il emploie pour reconquérir sa femme et se soustraire définitivement à l'empire de sa belle-mère, qu'il réussit à flanquer à la porte. Tous les incidents tournent autour d'une même idée; tous naissent logiquement de la situation; tous sont distribués de telle façon que chacun d'eux met mieux en lumière le fait principal.

Et enfin le dernier mot conclut logiquement à la satisfaction de tous; Ursule, se tournant vers M°°° d'Aigueperse, lui dit :

— Ce soir, je danse avec mon mari; demain, je quêterai avec vous, ma mère.

Tout cela est logiquement déduit, clairement distribué ; tout cela part d'un point certain pour aboutir à une conclusion inévitable.

Revenons à la pièce de M. Bisson.

M. de Chantelaur habite un château de province avec sa belle-mère et sa femme. La belle-mère est une légitimiste enragée, dévote à outrance; la jeune femme tremble sous la férule de sa mère, dont elle partage les idées, dont elle a tous les scrupules. Il y a aussi, comme dans le *Mari à la campagne*, une jeune fille, M<sup>lle</sup> Renée, qui, elle, aimerait bien qu'on s'amusât un peu, mais il n'y faut pas songer; la terrible M<sup>me</sup> de Cernoy ne pense qu'aux bonnes œuvres, qui ne sont pas toujours des œuvres amusantes. Chantelaur médite d'échapper à cette tyrannie; il lui faut un prétexte pour quitter le château; ce prétexte, il le cherche partout. Il a fini par le trouver.

Eh! bien, tout le premier acte, sauf une première scène où l'on nous a parlé un peu en l'air, et de la dévotion de la belle-mère, et de l'ennui qui pèse sur le château, tout le premier acte va être consacré à nous exposer l'artifice au moyen duquel M. de Chantelaur pourra feindre un voyage et s'en aller retrouver une certaine chanteuse d'opérette avec laquelle il a noué des relations extra-conjugales.

Cet artifice est des plus plaisants. Un des amis de M. de Chantelaur, M. de Morard, est venu au château; il arrive de Bombignac, où le petit clan des légitimistes de l'endroit lui a offert une candidature aux élections prochaines.

— Parbleu, lui dit Chantelaur, dis donc à ma belle-mère que tu m'as proposé au comité légitimiste de Bombignac; j'aurai une raison de m'absenter; ma belle-mère trouvera tout naturel que je veuille défendre à la Chambre le trône et l'autel.

— Tu iras donc à Bombignac ?
— Non, mon secrétaire ira à ma place.

Ce secrétaire est un certain Pinteau qui a fait ses études avec Chantelaur et qui, après avoir été pendant dix ans son camarade de collège, est resté son ami.

Chantelaur lui donne ses instructions. Pinteau ira sous son nom faire la campagne électorale ; il recueillera les deux ou trois cents voix dont dispose le parti légitimiste ; il se fera battre à plate couture ; Chantelaur reviendra au château vaincu, mais ravi ; car, pendant la période électorale, il aura pris du bon temps, avec son aimable chanteuse.

Pinteau promet de se prêter à cette combinaison et nous entrevoyons dans l'avenir une complication nouvelle ; car M. de Morard n'était allé à Bombignac que pour installer une ancienne maîtresse à lui, qu'il voulait quitter définitivement, M<sup>lle</sup> Anaïs de Valboise, qui vivra dans le pays en châtelaine avec les quarante mille livres de rentes qu'elle a gagnées à la sueur de son front. Il est probable que Pinteau s'en allant à Bombignac y retrouvera cette demoiselle, dont il ignore les antécédents et que naturellement il prendra pour une des dames influentes du pays.

Voilà l'exposé du prétexte que le hasard fournit à M. de Chantelaur. Cet exposé emplit tout le premier acte.

Voyez la différence : dans le *Mari à la campagne*, l'artifice à l'aide duquel Colombey file du domicile conjugal est expliqué en deux lignes et la peinture de l'ennui d'une vie réduite à la règle de la dévotion occupe l'acte tout entier. Ici, c'est le contraire ; en deux lignes, on nous dit : Ah ! que le château de Chantelaur est ennuyeux ! Et en dix scènes, on nous expose la façon dont le comte de Chantelaur en doit sortir.

Que résulte-t-il de là? C'est évidemment que cet ennui n'est qu'un élément très accessoire de la comédie à venir, et que l'objet principal, ce sont les élections de Bombignac.

Et moi, tout aussitôt, poussant dans la voie que m'a ouverte l'auteur, je me dis à moi-même : Bon! au second acte, nous allons être à Bombignac même. L'auteur a eu soin de nous représenter Pinteau comme un républicain; il a même insisté sur ce détail; il y est revenu à plusieurs reprises. J'imagine que ce Pinteau, envoyé à Bombignac pour se présenter aux légitimistes comme représentant des idées légitimistes, va se laisser entraîner par la situation, parler en républicain, ramasser les voix républicaines et faire nommer son commettant comme candidat de la République.

Nous aurons là une série de scènes électorales, moitié d'observation, moitié de fantaisie, où l'on nous montrera l'entraînement d'un homme qui se laisse, malgré la parole donnée, emporter à ses instincts secrets et qui, oubliant qu'il parle au nom d'un autre, se fait nommer pour ses opinions propres.

La pièce étant ainsi coupée, il est clair que le troisième acte se composera des tracas et des ennuis que peut subir un légitimiste nommé député républicain, surtout quand ce légitimiste a pour belle-mère une enragée servante du trône et de l'autel.

Cette façon de comprendre la pièce est d'autant plus naturelle que c'est à peine si au premier acte on nous a parlé de l'ennui qui règne au château de Chantelaur et que cet ennui ne nous a pas paru devoir entrer en ligne de compte dans les éléments dont se composera l'action.

Mais point du tout. C'était bien cet ennui qui, ouvrant le drame, devait le fermer. Il devait nécessairement devenir partie intégrante et même fondamentale du troisième acte;

c'était lui qui devait encadrer l'action, une action qui n'avait avec lui aucune sorte de rapport.

Et alors qu'arrive-t-il ?

C'est que, dès la première scène du second acte — et ce second acte se passe au château de Chantelaur — nous apprenons que M. de Chantelaur est nommé député, mais député républicain et même républicain de l'extrême gauche.

Il n'en sait rien ; car il a passé tout ce temps à Paris, s'inquiétant fort peu de ce qu'on faisait en son nom à Bombignac. Pourquoi s'en serait-il préoccupé ? Il était sûr de n'avoir qu'une centaine de voix. Le jour de l'élection, il est rentré au château sans avoir eu de nouvelles, et, quand sa femme et sa belle-mère l'interrogent sur le résultat de la campagne électorale, il en parle avec un grand détachement :

— Que voulez-vous, je suis battu ; j'ai eu deux cent vingt-cinq voix à peine.

Il faut bien le dire, tout ce commencement est d'une drôlerie étonnante au théâtre. Il eût été, à mon sens, bien plus amusant encore, s'il se fût produit au troisième acte dans la pièce telle que je viens de l'esquisser ; mais, même au second, il est d'un comique prodigieux, parce qu'après tout la donnée est charmante.

Nous savons, nous, par une indiscrétion de Pinteau, ce qui s'est passé à Bombignac, et, à mesure que ce pauvre Chantelaur s'empêtre dans ses assertions, c'est un fou rire dans toute la salle.

Je ne connais guère de situation plus franchement gaie au théâtre.

Pinteau entre. Il voit son ami qui patauge.

— Mais tu es nommé ! lui dit-il tout bas.

Chantelaur reste d'abord confondu ; mais il se remet bientôt et s'adressant à sa belle-mère :

— C'était une épreuve, lui dit-il; l'épreuve a assez duré; embrassez le député de Bombignac!

— Nous allons faire chanter un *Te Deum*, s'écrie la belle-mère au comble de l'enthousiasme.

Un *Te Deum* ! Le malheureux ne se doute pas qu'il a été nommé député républicain par les électeurs de l'extrême gauche. Pinteau lui souffle à l'oreille cette particularité désobligeante : vous voyez d'ici l'étonnement, l'émoi, la fureur de Chantelaur à cette nouvelle désastreuse; vous pouvez vous imaginer aussi la colère de la vieille dame quand elle apprend que son gendre a renié les principes légitimistes, et rompu avec les traditions de sa caste. Il y a là des scènes impayables.

Mais voilà le malheur. Si ces scènes s'étaient produites au troisième acte, elles eussent été bien vite enveloppées et roulées dans une conclusion telle quelle, et se seraient achevées dans un éclat de rire. Mais, songez-y bien, nous ne sommes qu'au milieu du deuxième acte; il faut que Chantelaur s'explique avec Pinteau ; cette explication est très orageuse, et elle ne tarde pas à sortir du ton de la comédie gaie et fantaisiste. Chantelaur dit à son ami que ce procédé est d'un malhonnête homme; et il a raison. Pinteau se fâche, et il a aussi raison. Voilà le rire disparu, évanoui.

A l'acte suivant, tous deux s'expliqueront encore et se pardonneront. Cette poignée de main viendra à la suite d'une scène qui n'a plus rien de plaisant, qui est du véritable drame.

Et je suis sûr qu'en lisant cette analyse vous vous demandez déjà :

— Eh ! bien, quoi? Comment va-t-il remplir son troisième acte ? Car c'est fini; du moment que l'on sait qu'il a été nommé par les républicains et qu'il ne veut pas de ce mandat, il n'a qu'à donner sa démission, et la comédie se termine sur cette conclusion inévitable.

Ah ! pardon, vous avez oublié le point de départ qui est l'ennui que l'on sent au château. Nous y revenons, et c'est cet ennui qui va dénouer maladroitement un drame qu'il avait ouvert on ne sait pourquoi, car toute l'économie de la pièce repose sur autre chose. Pinteau a noué là-bas des relations avec M$^{lle}$ Anaïs, qui vient le relancer jusqu'au château, car vous savez qu'Anaïs croit avoir affaire, non à Pinteau, mais au véritable comte de Chantelaur. Chantelaur, apprenant qu'une femme le demande, croit naturellement que c'est sa chanteuse d'opérette qui commet l'imprudence de venir le chercher dans sa famille. Il y a là des quiproquos dans le détail desquels je n'entre point parce qu'ils ne font que compliquer le troisième acte sans rien ajouter à l'idée de la pièce.

Chantelaur profite de tout cet imbroglio pour persuader à sa femme qu'une vie isolée dans un vieux château de province est insupportable aux maris et les pousse aux escapades ; tous deux prennent la résolution de secouer le joug de la belle-mère et de vivre à Paris, tandis qu'elle s'occupera en province des intérêts de la légitimité.

Pinteau n'épousera point Anaïs et M. de Morard se mariera avec la petite Renée de Cernoy qui le trouve très gentil.

Je ne sais si j'ai réussi à vous raconter par où pêche cette pièce ; elle aurait pu aisément devenir une des œuvres les plus gaies de ce répertoire, qui va de Picard à Labiche, en passant par Scribe. C'est grand dommage de voir des idées aussi comiques imprudemment gâchées, faute de ce genre de mérite que nos jeunes écrivains ont le tort de mépriser aujourd'hui et qui s'appelle : le métier.

Le métier ! Il en faut surtout dans la pièce *bien faite*.

Supposez que M. Bisson m'eût mené à Bombignac et m'eût d'une plume légère esquissé une spirituelle caricature de nos mœurs électorales; oh! alors, je ne lui aurais pas demandé cette rectitude de plan dont l'absence me chagrine chez lui. Il eût suffi de deux ou trois scènes, à la fois exactes et fantaisistes, pour m'enlever et me faire passer sur le reste.

Mais le *Député de Bombignac* est, par sa facture, par son dialogue, par le choix des incidents, par le style, une pièce *bien faite*; je veux alors qu'elle soit bien faite.

Ce n'est pas à dire que le *Député de Bombignac* ne soit, dans quelques-unes de ses parties, une comédie extrêmement amusante; toute la fin du premier acte et toute la première moitié du second sont d'un comique excellent; car c'est le comique de situation. Le dialogue en ces instants pétille de mots drôles, et le public, à diverses reprises, a été emporté par le fou rire.

Le succès a donc été très vif, malgré les longueurs du dernier acte, malgré cette disproportion choquante entre le cadre du tableau et l'action que ce tableau représente.

Le *Député de Bombignac* a été joué à merveille par les deux Coquelin: Coquelin aîné faisant Chantelaur et Coquelin cadet, Pinteau; tous deux sont étourdissants, l'un de gaieté vive, naturelle et jaillissante, l'autre d'un comique étudié et laborieusement fantaisiste. Féraudy joue très spirituellement un rôle accessoire et parfaitement inutile: celui d'un pique-assiette de province, M. Desvergette.

Et c'est encore là un reproche que je ferai à M. Bisson. Il y a certes dans le *Mari à la campagne* des rôles accessoires, mais tous ont leur part plus ou moins grande au développement de l'action. On ne peut dire d'aucun d'eux qu'il soit une superfétation, un prétexte à bons mots ou à plaisanteries. Vous pourriez retrancher M. Desvergette du *Député de Bombignac* sans enlever aucun des ressorts petits ou grands de l'action. Je comprends un M. Desvergette dans une pièce fantaisiste comme le sont celles de Meilhac par exemple.

Dans la pièce *bien faite*, dans la pièce de l'école de Scribe, un rouage qui tourne à vide est un rouage encombrant.

Le rôle de la belle-mère dévote, qui était si drôle dans le *Mari à la Campagne*, se trouve réduit presque à rien dans le *Député de Bombignac*.

Dans le *Mari à la campagne*, M^me d'Aigueperse avait tort et tout le monde lui donnait tort; on riait de ses ridicules, on plaignait ce pauvre Colombey. Dans le *Député de Bombignac*, M^me de Cernoy a presque toujours raison, ce qu'elle dit à son gendre est parfaitement juste, et moi, au théâtre, rien ne me gêne comme d'être de l'avis des gens que je déteste. M^me Jouassain a joué ce rôle avec son autorité accoutumée, mais sans pouvoir en tirer des effets plaisants, que d'ailleurs il ne comportait pas.

M^lle Muller a paru charmante dans le rôle de Renée et M. Prudhon a joué avec aisance le rôle du gentilhomme qui l'épouse. Il n'y a rien à dire ni de M^lle Durand, qui faisait la jeune femme, ni de M^lle Kalb, qui était la femme de chambre du château. Les rôles sont tellement insignifiants, qu'on n'en peut vouloir aux actrices de n'y avoir pas marqué elles-mêmes.

Et cependant, je ne reprocherai pas à la Comédie-Française d'avoir joué le *Député de Bombignac*. C'est, après tout, une pièce gaie, spirituelle; c'est, de plus, l'œuvre d'un homme à qui l'on a eu raison d'ouvrir la maison de Molière, ne fût-ce qu'à titre d'encouragement. Je ne voudrais pourtant pas que M. Perrin s'attardât trop à ce genre, qui est de second ordre.

Voilà coup sur coup bien des pièces qui ne sont, les unes que de grands vaudevilles, les autres que de petits vaudevilles. Il est à craindre que les artistes de la Comédie-Française ne perdent, à représenter trop exclusivement ces œuvres de genre, les habitudes d'un jeu plus large et d'une diction plus ample.

Ce serait vraiment dommage.

2 juin 1884.

## LES SURPRISES DU DIVORCE (1)

Je nage dans la joie. Voilà trois grands vaudevilles qui réussissent coup sur coup ; c'est trop peu dire qu'ils réussissent, ils vont aux nues. Après le *Décoré*, aux Variétés ; nous avons eu *Coquard et Bicoquet* à la Renaissance, et voilà qu'aujourd'hui l'on nous donne au Vaudeville les *Surprises du divorce*, et ce dernier obtient peut-être encore plus de succès que les deux autres.

Un succès de fou rire tel, que, pour trouver un juste point de comparaison, il me faut remonter aux plus vieux souvenirs de mon enfance, quand je vis jouer les *Trois Épiciers*. On riait tant qu'il était impossible d'entendre un mot du dialogue, et que la pièce se tournait en pantomime. C'est ce qui est arrivé au Vaudeville pour les *Surprises du divorce* ; il y a des scènes tout entières qui nous ont été traduites par le geste ; les paroles se perdaient dans le brouhaha d'un rire inextinguible.

Et savez-vous pourquoi ces trois vaudevilles ont fait tant de plaisir ? C'est que tous trois, avec des qualités d'exécution très diverses et très inégales, ont un mérite commun : ce sont des vaudevilles bien faits, très bien faits. Oh ! je sais bien qu'à ce mot toute la bande des novateurs du théâtre va bondir et ricaner. Le vaudeville

(1) En collaboration avec M. Antony Mars.

bien fait est leur bête noire; pourquoi pas tout de suite le vaudeville de Scribe?

Je répondrais volontiers : Eh! oui, pourquoi pas? Les procédés de Scribe sont parfaitement démodés, et il faudrait se garder de les lui prendre. Au reste, personne n'y songe, mais les règles auxquelles il s'est astreint sont les règles mêmes du théâtre, parce que ce sont les règles de la logique. Il voulait que l'on exposât clairement le sujet de la pièce, que l'on déduisît de la donnée première toutes les situations plaisantes ou dramatiques qu'elle enfermait, et que l'on conclût de façon ou d'autre quand elles étaient épuisées. C'était son système, dont les applications peuvent être variées à l'infini. Il en a presque tous cuit, sur notre théâtre, à ceux qui ont voulu s'en écarter; et voilà que, malgré les railleries des blagueurs, on y revient, et avec l'assentiment du public, qui a fait le même sort à trois pièces, très différentes de portée, d'allures et de style, mais toutes trois d'une construction irréprochable.

Je ne sais guère d'exposition plus nette et plus animée que celle des *Surprises du divorce*. Il ne s'y trouve pas un détail, pas un seul, entendez-vous bien, même le plus insignifiant, qui ne doive servir à quelque chose dans les actes suivants.

M. Henry Duval — ne croyez point que ce nom ait été choisi au hasard; il fallait, vous verrez tout à l'heure pourquoi, que le héros de l'aventure eût un de ces noms qui sont très répandus, qui appartiennent à tout le monde — Duval a épousé par amour la jolie Diane Bonivard, fille de M$^{me}$ Bonivard, qui fut, en son temps, première danseuse à Marseille, à Nice, à Lyon et sur la ligne. Il est riche de vingt-cinq mille livres de rente, et compose de la musique. Il en compose de fort médiocre, et encore n'en compose-t-il guère, car sa femme et sa belle-mère lui prennent, en soirées, en réceptions, en distractions de toute sorte, le meilleur de son temps. Ce qu'il a fait de mieux, c'est une romance pour l'anniversaire de sa femme; elle ne vaut pas cher, et il nous la chante en s'accompagnant au piano. Ne croyez pas que ce détail soit inutile. C'est avec cette chanson, qui n'a l'air de rien, que les auteurs feront leur dénouement. Ils ne l'eussent pas mise si elle n'avait dû avoir son contre-coup plus tard. Car ce sont gens qui savent leur métier; ils ne hasarderaient pas un détail qui fût purement de fantaisie.

Duval est à couteaux tirés avec sa belle-mère, qui lui a terriblement gâté sa lune de miel. C'est une folle, qui jette l'argent par les fenêtres, qui fait mille extravagances, jusqu'à poser en sylphide devant un appareil photographique, et esquisser les pas d'antan, lorsque sonne à son oreille un air de valse; elle a horreur de son gendre et monte contre lui la tête de sa fille. C'est un enfer que ce ménage.

A travers ces querelles se promène un jeune homme, l'intime ami de Duval, M. Champeaux, qui a accepté l'hospitalité chez lui, dans sa maison d'Asnières. Champeaux est une grande ressource pour Duval, qui s'épanche sur lui de ses fureurs contre sa belle-mère. Aussi, vous comprenez l'ennui de Duval quand Champeaux vient lui dire : « Il faut que je parte, » et que, pressé de questions, il donne la raison de cette fuite : « J'aime ta femme! »

— Allons! bon! s'écrie Duval, cet animal-là n'en a jamais fait d'autres! Toutes les fois que j'avais une maîtresse, c'était un compte réglé, il fallait qu'il en tombât amoureux.

— Dame! nous avons les mêmes goûts! observe doucement Champeaux.

— Toi! il faut que je te marie, riposte Duval.

Duval a lié connaissance, au concert Lamoureux, avec un voisin de stalle dont la fille lui a paru charmante : un certain Bourganeuf, bon bourgeois de Paris, riche et amateur de musique.

Et, justement, voilà que le domestique introduit dans le salon un inconnu suivi d'une jeune personne ; cet inconnu a vu un écriteau : *Propriété à vendre;* il est entré et demande le maître de la maison pour la visiter.

— Mais, papa, dit la jeune fille, tu n'as pas envie de l'acheter.

— Non, mais il pleut ; moi, quand il pleut, j'entre dans les maisons à vendre, pour me mettre à l'abri.

Duval, prévenu par le domestique, arrive et jette un cri :

— Eh ! mais, c'est mon voisin de stalle !

On se serre la main, et tout de suite Duval, pensant à son projet, demande à Bourganeuf s'il n'aurait pas l'intention de marier sa fille. Bourganeuf croit d'abord que Duval, qu'il ne sait pas marié, parle pour son compte, et accepte avec joie sa proposition ; mais, quand on le détrompe et qu'il apprend qu'il s'agit d'un autre, il se montre plus réservé, plus froid, et se retire, sans visiter la maison, la pluie ayant cessé.

— Eh ! bien, me disait-on dans l'entr'acte, à quoi bon cette scène ? elle ne mène à rien.

— Attendez donc ! répondais-je, je ne sais pas où elle mènera, mais elle mènera quelque part. Tout cela est disposé d'un main trop sûre pour que ce jeune homme qui part en voyage par amour, pour que ce père qui offre sa fille à Duval, qu'il croit veuf, aient été mis là pour des prunes. Nous allons les retrouver.

Le premier acte se termine par une scène violente. Duval a été poussé à bout par les sottises et les criailleries de sa belle-mère ; comme elle s'avançait sur lui furieuse et le bras levé, ça lui a échappé, il a lancé à toute volée une forte gifle qui est tombée sur la joue de la fille, de sa femme. Cris, larmes, scandale ; Mme Bonivard a pris à témoin les personnes présentes :

— Nous divorcerons ! s'écrie-t-elle.
— Je ne demande que ça ! répond-il.

Et le rideau tombe. Ce premier acte est fort gai ; mais, comme tous les actes d'exposition dans les pièces bien faites, il demande un peu d'attention aux spectateurs, il leur présente une foule de détails dont ils auront à se souvenir plus tard ; l'important est que ces détails soient clairement distribués et faciles à saisir. Mais aussi, une fois que le public se les est bien mis dans la tête, comme le rire va jaillir, abondant et aisé, dans les actes suivants ! Car nous verrons venir les situations, nous en rirons d'avance et le rire redoublera à mesure qu'elles se développeront. C'était le vieux jeu ; il faut croire que c'est le bon ; car il a réussi cette fois, comme il réussissait jadis aux Scribe, aux Bayard, aux Duvert et Lausane, et j'ajouterais même aux Labiche.

Le rideau se lève : nous sommes dans une villa des environs de Paris, et Duval, nonchalamment étendu sur un canapé, cause avec une jeune femme que nous reconnaissons pour être celle qui nous a été présentée, au premier acte, au bras de Bourganeuf, son père. Il l'appelle sa femme. Il est donc remarié ; et nous apprenons en effet que Duval, une fois son divorce prononcé avec Diane, a épousé Gabrielle Bourganeuf, qu'il aime, dont il est adoré et qui n'a pas de mère. Pas de belle-mère, quel rêve ! Comme la maison est tranquille ! elle ne l'est que trop peut-être. Duval qui ne faisait rien, jadis, parce qu'il était sans cesse dérangé de son travail, s'ennuie un peu de ne l'être plus du tout. Le tête-à-tête avec sa bonne petite femme est parfois gênant. Elle est curieuse et indiscrète : elle veut que son mari lui donne des détails sur cette Diane qui a été sa première femme : est-ce qu'il l'a aimée plus qu'elle? est-ce qu'elle l'aimait mieux? est-ce qu'elle était plus gentille? Il n'a pas grand'chose à répondre à ces questions ; car ce qui lui avait déplu surtout dans sa première femme, c'était sa belle-mère.

La nouvelle n'a pas de mère. C'est là son grand mérite. Mais où diantre est le père? Car Bourganeuf existe, lui ; nous l'avons vu au premier acte. Il est vrai qu'il a eu soin de nous dire que, s'il avait envie de marier sa fille, c'est qu'il n'avait jamais eu de jeunesse, et qu'il avait envie de mettre à profit les quelques années qui pouvaient lui rester de bon.

Il a donné un prétexte ; il est parti pour Luchon. Mais voilà des mois qu'il est absent, et il ne répond plus aux lettres qu'on lui adresse. Que peut-il être devenu ! Sa chambre l'attend toute prête dans cette villa qui lui appartient, où les deux amoureux se sont installés en son absence. Il faudra bien qu'il revienne.

Et voilà qu'en effet la porte du fond s'ouvre : nous voyons apparaître la tête de Bourganeuf, qui semble inspecter les lieux avec inquiétude. Il ne voit que la femme de chambre, et, d'un air mystérieux, il lui demande si ses maîtres ne sont pas là :

— Non, ils sont sortis.

Bourganeuf appelle alors par gestes télégraphiques des personnes qui attendent sans doute son signal pour entrer ; elles entrent. C'est M$^{me}$ Bonivard et sa fille. Il y a d'abord eu dans le public une seconde d'effarement, on hésitait à comprendre. Puis, tout à coup, M$^{me}$ Bonivard s'étant tournée vers Bourganeuf et lui ayant dit :

— Mais, mon gendre...

la vérité a éclaté tout à coup aux yeux, un fou rire a secoué toute la salle, de l'orchestre aux dernières loges.

Bourganeuf s'était remarié, sans oser en prévenir ni son gendre, ni sa fille. Il avait épousé une femme divorcée ; mais M^me Bonivard lui avait assuré que le premier mari était mort, et le nom de Duval, qui est des plus connus, n'avait pas attiré l'attention de Bourganeuf. Il ramenait donc M^me Bourganeuf, escorté de sa mère, M^me Bonivard, chez son gendre, qui allait retrouver, dans cette nouvelle belle-mère, sa première femme.

Il est clair que le divorce va fournir aux vaudevillistes, qui se sont déjà jetés sur cette mine et qui l'exploiteront dans tous les sens, une foule de situations compliquées et curieuses. On peut dire que, du premier coup, MM. Bisson et Mars ont mis la main sur une des plus singulières et des plus amusantes. C'est une trouvaille que cette idée ; mais au théâtre il ne suffit pas d'avoir rencontré une situation ; le difficile est de la préparer, de l'aménager, d'en tirer l'un après l'autre tous les effets de rire qu'elle comporte. Ces messieurs l'ont fait avec une merveilleuse adresse de main, avec une incomparable sûreté d'exécution.

Il fallait s'arranger pour que les reconnaissances se fissent une à une, la dernière enchérissant toujours d'effet comique sur les précédentes. Ils y ont réussi à miracle. La première scène, celle où ce pauvre Bourganeuf, honteux de son équipée, avoue à son gendre et à sa fille que, s'il est resté si longtemps sans donner de ses nouvelles, c'est qu'il se préparait à leur donner une belle-mère, est d'une impayable drôlerie.

— Nous vous avions écrit à Luchon, dit Duval, et vous n'avez pas répondu.

— C'est que j'étais à Nice... Ah ! Nice, quelle ville, mes enfants ! du soleil, des fleurs... C'est là que votre lettre est venue me retrouver.

— Eh ! bien ?

— Eh! bien, j'étais à Naples... Ah! Naples! quelle ville, mes enfants! un soleil, une mer, du macaroni!... C'est là que votre lettre m'est venue chercher... J'étais à Venise... Ah! Venise! quelle ville!...

Et le malheureux s'espace en ces souvenirs pour retarder l'aveu fatal. Il est remarié.

— Ah! vous savez, papa beau-père, dit Duval en riant (car il croit à une fumisterie), on ne me la fait pas à moi, celle-là. Elle est bien bonne, mais je n'y donne pas!

Et voilà le pauvre homme obligé de jurer ses grands dieux qu'il est marié et bien marié. Bien marié, ce n'est pas précisément le cas d'user de cette locution. Car il ne l'est encore que devant l'officier de l'état civil. Sa terrible belle-mère s'est toujours interposée entre sa femme et lui, et il revient à Villeneuve-Saint-Georges, précisément pour achever le mariage.

Et nous nous disions, nous autres vieux routiers de théâtre : Bon! voilà un mariage qui ne sera pas consommé! L'auteur trouvera moyen d'arracher Diane à son second mari ; il ne nous aurait pas révélé ce détail, si ce détail ne devait servir à rien.

Duval est enfin convaincu de l'horrible vérité ; il aurait beau s'en fâcher et en gémir, c'est chose faite. A quoi bon? il en prend son parti. Il avait bien juré qu'il ne verrait plus jamais le visage d'une belle-mère. Mais celle-là est, s'il en croit Bourganeuf, une belle-mère modèle, si aimable, si douce!... Enfin, on verra bien.

A partir de ce moment, il n'y a plus un personnage qui en rencontre un autre sans soulever dans la salle une tempête de rires. M$^{me}$ Bonivard sort de sa chambre et se croise sur la scène avec M$^{me}$ Gabrielle Duval.

— Pardonnez-moi, si je me présente moi-même, dit M$^{me}$ Bonivard, mais je suis de la maison.

— Ah ! c'est vous qui êtes ?... dit Gabrielle qui croit voir la nouvelle femme de son père.

— Moi-même, répond Mme Bonivard.

— Pauvre père ! s'écrie Gabrielle en regardant avec compassion la pomme de reinette qui tient lieu de figure à l'ex-danseuse.

Sur ces entrefaites, Champeaux arrive du long voyage qu'il a fait autour du monde pour oublier Diane, la femme de son ami. Il ne trouve, en entrant, qu'une bonne à qui il demande des nouvelles de la maison.

— Et Mme Duval ?
— Elle va bien.
— Et sa mère ?
— Sa mère ! elle est morte !
— Ah ! vraiment, tant mieux !

Et voilà Champeaux persuadé que Mme Bonivard est décédée ; et comme il aperçoit Gabrielle, il la prend pour la sœur de Diane, et s'en amourache. C'est une fatalité, comme vous voyez ! car le voilà encore amoureux, mais, cette fois sans le savoir, de la femme de son ami.

C'est une suite inénarrable de quiproquos, tous les plus naturellement amenés du monde, tous si clairs, je dirais presque si mathématiques qu'on les attendait, qu'on les épiait, et c'était le fou rire qui reprenait de plus belle, quand ils se produisaient enfin. Il faut bien qu'enfin la dernière reconnaissance ait lieu. Duval se trouve en face de son ex-femme et de son ex-belle-mère ; je ne peux pas vous dire comment la scène est faite, je n'en sais rien, et personne à l'heure qu'il est n'en sait plus que moi. On n'en a pas entendu un traître mot ; au milieu d'un rire universel, on apercevait les acteurs gesticuler et se démener ; et, par-ci par-là, quelques exclamations poussées par Mme Bonivard et par Duval :

— Et dire, s'écrie-t-il, que j'ai divorcé pour n'avoir plus de belle-mère, et m'en voilà deux sur les bras!

Nous étions malades de rire. Dans les couloirs, on riait encore! Je ne me souviens pas d'avoir vu un public dans un état pareil. Et l'on se demandait : Comment vont-ils trouver un troisième acte?

Mais voilà ce que c'est que l'art des préparations : ce Champeaux que nous avions entrevu au premier acte, puis au second, et qui n'avait joué jusqu'alors qu'un rôle épisodique, il était évident que ce serait lui sur les bras de qui l'on rejetterait Diane et sa danseuse de mère. Aucun de nous ne s'y est trompé. Nous attendions ce dénouement. Mais comment s'y prendrait-on pour l'amener? et, au théâtre, il n'y a que le *comment* qui amuse.

Mon Dieu, qu'il y a eu encore là de réjouissantes scènes de quiproquos! Champeaux croit (le plus sincèrement du monde) que M$^{me}$ Bonivard est morte et que son ami Duval est toujours le mari de la jolie Diane de Bonivard. Mais il a vu Gabrielle, qu'il a prise pour la sœur de Diane. Il vient donc demander à Duval la main de Gabrielle, c'est-à-dire de sa femme, tandis que Duval l'excite à faire la cour à Diane, dans l'espoir d'en débarrasser son beau-père et lui même.

Ce dialogue où ni l'un ni l'autre ne se comprennent, tandis que le public saisit à chaque réplique l'erreur où chacun d'eux tombe, est une merveille d'ingéniosité et de drôlerie. Champeaux reste persuadé que son ami a la tête un peu ébranlée. Le hasard le met en présence de Gabrielle (la seconde M$^{me}$ Duval) qui n'a pas encore été mise au courant de la situation et ne sait pas que la nouvelle femme de son père est l'ancienne de son mari. Il entame la conversation avec elle; il lui demande s'il y a longtemps que Duval est ainsi détraqué.

— Détraqué! s'écrie la jeune femme; mais il ne l'est point. Tenez! justement, je viens de trouver dans ses papiers une romance qu'il a composée en cachette pour moi.

Cette romance, vous l'avez deviné, c'est celle du premier acte. Champeaux se met au piano; Gabrielle la chante avec lui, et voilà que, de la chambre voisine, une autre voix s'élève, qui la chante également : c'est celle de la nouvelle M$^{me}$ Bourganeuf; puis, du jardin, une autre voix encore, c'est celle de M$^{me}$ Bonivard...

— Ah! ça, mais tout le monde connaît donc cette romance, paroles et musique?

Tout le monde la connaît, en effet! et au refrain tous se trouvent en scène, chantant la musique de Duval, qui est désespéré. Il n'y a plus moyen de se rien dissimuler les uns devant les autres. L'explication est d'une drôlerie inexprimable. Elle ne terminerait rien, car elle laisserait l'infortuné Duval en proie à ses deux belles-mères. Mais le vaudeville rebondit sur une autre invention d'autant plus charmante qu'elle était à la fois imprévue et préparée.

C'est par une gifle que s'est dénoué le mariage de Duval avec sa femme. Si l'on pouvait amener Bourganeuf à gifler, lui aussi, la belle Diane, un nouveau divorce livrerait ladite Diane à Champeaux.

— Et, dit tout bas Duval à l'oreille de son ex-belle-mère, Champeaux a soixante mille livres de rente, et il n'a que trente ans.

Et il la pousse contre Bourganeuf, et il excite Bourganeuf contre elle, et un orage est dans l'air; et M$^{me}$ Bonivard dit tout bas à sa fille : « Prépare-toi! il va me lancer une gifle, et c'est toi qui la recevras. »

Et elle s'avance, provocante, vers son gendre, et elle lui chante pouille, et elle le traite de lâche, et Bourganeuf lui répond avec la même verdeur, et il finit par lever le bras, et la jeune femme tend la joue, et tout le monde sur la scène, et nous-même dans la salle, nous attendions la claque, quand Bourganeuf se ravisant :

— Ah ! bien, non...

Je ne puis vous répéter la phrase, par l'excellente raison qu'elle s'est perdue dans un formidable accès d'hilarité. Et l'ahurissement de déception était si drôle et marqué de manières si diverses chez Duval, chez Diane et sa mère que c'était une gaieté folle dans la salle. Mais M$^{me}$ Bonivard est tenace ; elle revient à la charge, elle embourse sa gifle sur la joue de sa fille. Voilà un nouveau divorce sur la planche, et un divorce qui sera moins difficile à obtenir que l'autre, le mariage n'ayant pas été consommé. Champeaux emmènera sa nouvelle femme au Brésil, où M$^{me}$ Bonivard passera sa mauvaise humeur sur les nègres de son troisième gendre ; M. Bourganeuf va reprendre son innocente vie de propriétaire retiré, et Duval roucoulera le parfait amour avec sa jeune femme, loin de toute belle-mère et même loin de tout piano.

Telle est cette pièce dont le succès a été éclatant, inouï. Le rire n'y languit pas un instant, et c'est partout le vrai comique, celui qui jaillit des situations. Et ce rire est sain et honnête ; point d'équivoques égrillardes, point d'allusions obscènes, point de mots à double entente. On pourrait mener les jeunes filles à ce spectacle.

Ce vaudeville, comme la plupart des pièces véritablement bonnes, a été joué à merveille. On a fait à Jolly, quand il est venu nommer les auteurs, une extraordinaire ovation, qu'il méritait bien. On n'est pas plus naturel et plus fin. Il a eu des fureurs et des ahurissements d'un comique irrésistible. Boisselot est un Bourganeuf bien plaisant et Corbin joue très joliment le rôle de Champeaux. Courtès est excellent dans celui d'un oncle, qui traverse toute l'action, mais qui, n'exerçant sur elle aucune influence, a disparu dans l'analyse que j'en ai faite.

M·´ Daynes-Grassot a joué, avec beaucoup de verve et de mesure tout ensemble, le rôle charmant de M·´ Bonivard. Les deux jeunes femmes sont représentées par les deux sœurs, Cécile et Marguerite Caron, toutes les deux fort avenantes.

Voilà donc trois vaudevilles à voir : le *Décoré*, *Coquard et Bicoquet* et le dernier venu, qui n'est pas le moins gai, les *Surprises du divorce*. Et je vous ferai observer qu'aucun de ces vaudevilles n'a demandé un sou de décor ni de costumes, qu'aucun d'eux n'a exigé l'engagement d'une étoile, qu'aucun d'eux n'a affiché la prétention de frayer à l'art des voies nouvelles ; qu'aucun d'eux n'est naturaliste, ni idéaliste, ni rien autre chose qu'un vaudeville. Et je vous avouerai que je ne vois pas sans un vif plaisir les théories que je soutiens depuis trente années avec tant de persévérance recevoir une si imprévue et si éclatante confirmation.

5 mars 1888.

# JEAN RICHEPIN

## LA GLU

Lorsque je lus le roman de la *Glu*, de M. Richepin, je ne me doutais guère que l'auteur dût en tirer un drame. Je n'aurais même jamais cru que la chose fût possible. Il n'y avait pas, à mon sens, ombre de drame en ce récit.

La Glu est une femme née dans un milieu honnête avec des instincts de courtisane. Elle a été épousée toute jeune, encore chaste et inconsciente de sa perversité future, par un brave médecin de marine, qu'elle a trompé, qui a tué son amant et l'a chassée du foyer conjugal. Elle est tombée, de la vie provinciale, dans le monde interlope à Paris. Elle y a vite conquis ce surnom de la Glu, qui témoigne de la puissance et de la ténacité des séductions qu'elle exerce. Loin de repousser ce sobriquet injurieux, elle s'en est parée, elle en a même tiré ses armes et sa devise : Qui s'y frotte s'y colle.

Un jeune homme, fils de famille, s'est laissé prendre à cette Glu. Il est riche, et l'on peut prévoir que la fortune de ses parents y passera sans parler de son honneur. Son oncle le rappelle en Bretagne, et, pour le forcer à rentrer au giron de la famille, il lui coupe les vivres. Le jeune homme obéit. Mai la Glu ne veut point lâcher ainsi cette proie opulente. Elle quitte Paris, elle aussi, et va s'installer, en plein mois de mars, dans une petite villa coquette au bord de la mer, non loin de la maison de son amant.

Elle y est bientôt connue sous le nom de la Parisienne.

Elle rencontre dans ses promenades au bord de la mer un jeune pêcheur, qui est un beau et solide gars. Elle s'en éprend et le prend. Le charme de la Glu opère : voilà un garçon fou de désir et d'amour qui abandonne et ses filets, et le travail, et sa vieille mère pour s'oublier, et les jours et les nuits, au chalet de la belle, et pour rôder sous ses fenêtres, quand il n'est pas à ses pieds.

Elle a trouvé moyen en même temps de mettre la main sur cet oncle farouche et bête qui a si malencontreusement troublé ses amours à Paris. Encore un de collé à la Glu. Le hasard fait que le médecin de marine, qui l'a jadis chassée, demeure aussi à Guérande ; il la reconnaît, et lui intime l'ordre de filer au plus vite. Mais elle brave insolemment ses ordres ; et comme le jeune pêcheur qu'elle tient entre ses griffes est malade, elle va le voir en sa cabane. Heureusement la mère est là qui veille à la porte ; elle ne veut pas que la Parisienne lui reprenne son fils, et, comme l'autre fait mine de forcer la porte, elle l'assomme d'un coup de marteau. Le mari prend le meurtre à son compte ; c'est lui qui aura tué sa femme, surprise en conversation criminelle. Il est excusable devant la loi.

Ce qui m'avait frappé dans le roman, c'était moins le récit de ces aventures banales, où il est impossible de découvrir une situation neuve et intéressante, que le sens du pittoresque qui éclatait à chaque page du livre. Il était tout plein de paysages merveilleux ; les personnages n'agissaient pas; mais comme ils étaient peints d'une touche sobre, vigoureuse et âpre ! Il se dégageait du livre comme un parfum salé de mœurs bretonnes. C'était une suite de tableaux, d'un trait grossi mais juste, et d'une admirable intensité de couleurs. Richepin, qui est un poète (vous vous rappelez sa *Chanson des Gueux*), avait écrit tout le volume de ce style heurté, truculent, où les plus audacieuses familiarités de langage se mêlent aux images les plus éclatantes.

Mais ce sont là qualités de romancier, non d'écrivain dramatique. Que deviendrait la *Glu* au théâtre ? Je ne m'en faisais pas une idée.

Eh! bien, si vous croyez trouver dans l'œuvre nouvelle que vient de nous donner l'Ambigu un drame intéressant à suivre, que l'on écoute anxieux et haletant, et dont les situations, habilement amenées, vous étonnent et vous secouent, vous serez loin de compte. Mais l'auteur a eu l'art de porter sur la scène ce goût du pittoresque dont je parlais tout à l'heure. Il n'y a dans sa pièce rien de ce qui constitue un drame, ni action ni caractères, et avec cela, il n'est ni ennuyeux ni commun. Il occupe la curiosité de l'esprit, il saisit parfois l'imagination. C'est une tentative hardie et singulière.

Passons sur le premier acte, qui n'a rien de particulier. L'auteur nous y met au courant des faits : le vicomte de Kernant a rappelé son neveu, qui allait faire à Paris la sottise d'épouser la Glu. Une Parisienne est venue s'installer au chalet des Bonnes-Femmes. Un mot nous indique que l'oncle de Kernant l'a déjà rencontrée et lui a fait la cour. Enfin on n'a pas de nouvelles du jeune pêcheur Marie-Pierre, qui a disparu depuis trois jours et trois nuits et que sa vieille mère cherche partout sur la plage. Toute cette exposition est bien faite, mais sans grande saveur.

Au second acte, nous sommes à la baie des Bonnes-Femmes. A droite, la terrasse d'une villa, sur laquelle s'ouvre de plain-pied une porte-fenêtre. A gauche, de hautes falaises qui s'enchevêtrent et se perdent dans le lointain. La mer au fond. C'est le matin; il fait encore nuit. On entend, loin, bien loin, dans la falaise, une voix traînante, qui crie désespérément : Marie-Pierre! Marie-Pierre! La mère paraît; elle descend les rochers, jetant sa clameur lugubre. C'est M$^{me}$ Agar qui a donné à tout ce rôle une fière et superbe tournure. Je crois bien que les pêcheuses bretonnes n'ont pas cet aspect tragique. Mais aussi les pêcheuses bretonnes, quand leur fils est allé courir une bordée chez une jolie fille, n'en sont-elles pas aussi désolées que paraît l'être cette vieille. Il y a dans tout cela un peu de convention.

A ses cris, Gillioury arrive. Gillioury, c'est comme qui dirait le barde de ce coin de la Bretagne. Il a toujours une guitare au dos, sait toutes les chansons, toutes les danses et toutes les légendes du pays; il a servi sur mer, et il en a rapporté un langage bizarre, tout plein de proverbes et de métaphores, que l'on n'entend pas toujours, car il parle d'une voix précipitée et mange la moitié de ses mots. C'est un de ces personnages d'exception qui tiennent à la fois de la réalité et de la fantaisie, comme l'école moderne les aime et excelle à les peindre. Ce Gillioury est peut-être, de tous les personnages de ce drame, la création la plus originale et la seule qui soit irréprochable. Car, n'ayant rien à faire qu'à surveiller le drame et à l'égayer, on ne saurait lui en vouloir s'il ne le fait pas avancer en même temps.

Ce Gillioury, qui est philosophe, tâche de consoler la vieille Marie des Anges. Voilà trois nuits que son fils découche! Eh! bien, ce n'est pas une si grosse affaire. Il reviendra, le gars! Tous les jeunes gens en ont fait autant et n'en sont pas morts. Il raisonne comme un sage, ce joueur de guitare, et, si l'on avait le loisir de la réflexion, on trouverait que cette mère prend la chose trop au tragique, qu'elle est aussi crampon que l'autre est glu ; mais cette falaise, cette vieille femme dressée sur la montagne, ce joueur de guitare lui parlant d'en bas, tout cela forme un si beau tableau, que l'on est pris par les yeux et que l'on oublie de critiquer.

Aux appels désespérés de la mère, la fenêtre de la fille ne s'est point ouverte. Gillioury s'avise d'une ruse. Il chante, en s'accompagnant de la guitare, une des chansons du pays qu'aimait Marie-Pierre. Et, en effet, voilà que sur la terrasse se montre Marie-Pierre. Il regarde où est le chanteur. Il l'aperçoit couché à terre. Car Gillioury a feint d'être tombé des rochers et de s'être cassé la jambe. Il espère, grâce à ce mensonge, tirer Marie-Pierre de la maison et le ramener à sa mère.

— Viens à mon secours, lui crie-t-il.

Marie-Pierre va s'apitoyer lorsque apparaît une forme blanche. C'est la Glu qui arrive, en peignoir :

Dans le simple appareil<br>
D'une beauté qu'on vient d'arracher au sommeil.

C'est M<sup>lle</sup> Réjane ; on jurerait que c'est M<sup>lle</sup> Sarah Bernhardt elle-même. M<sup>lle</sup> Réjane, dans cette lueur indécise de l'aube, maigre, svelte, avec une longue ligne serpentine de corps et des allures onduleuses, rappelle l'actrice qu'elle imitait si bien dans la revue des Variétés. Elle parle même comme elle ; l'illusion est complète, trop complète.

— Que fais-tu là ? dit-elle durement à Marie-Pierre. Laisse donc là ce vieux pochard !

C'est alors que la vieille mère sort de l'ombre, et envoie de loin à la Glu une bordée d'invectives. La Glu n'est pas en reste, et toutes deux, l'une dans la langue des pêcheurs, l'autre dans l'argot des boulevardiers, se lancent, en guise de projectiles, des épithètes injurieuses. Puis, la colère croissant, la mère s'arme d'une pierre, et la jette sur la terrasse, où elle brise les vitres de la fenêtre.

— Me laisseras-tu insulter ainsi? crie la Glu furieuse.

Et Marie-Pierre, exaspéré, soulève un des pots de fleurs qui garnissent la terrasse; il va le lancer du côté de sa mère :

— Non, pas cela, s'écrie Marie des Anges épouvantée. Le bon Dieu te punirait. Je m'en vais pour t'épargner un crime.

Et le vase échappe des mains de Marie-Pierre consterné et se brise à terre.

— Rentrons et laissons cette vieille folle, dit la Glu à son amant.

Ils rentrent, la lumière qui brillait à la fenêtre de la maison s'éteint et le rideau tombe.

Au point de vue purement dramatique, tout cela prête à toutes sortes d'objections. Eh! quoi, au second acte, où en est déjà là! Un fils risquant d'assassiner sa mère sur l'ordre de sa maîtresse. Et qu'est-ce que c'est que la femme qui donne un pareil ordre? Quoi! si méchante! si perverse! Un pauvre diable est là, sous ses fenêtres, la jambe cassée; elle le traite de *vieux pochard*. Une mère vient réclamer son fils, elle lui fait lancer un pot de fleurs à la tête. Mais, pour que je croie ces énormités, il faudrait qu'on m'eût présenté la Glu, qu'on me l'eût expliquée. Il n'y a pas beaucoup de femmes de ce calibre.

Et puis, que pourra-t-on faire de plus ou de pis aux actes suivants? Le théâtre ne va pas sans mouvement, et, pour qu'il y ait mouvement, il faut que la pièce marche d'un point à un autre, il faut qu'il y ait progrès dans les passions qui la poussent. Du premier coup, nous voilà au bout.

C'est que M. Richepin, à vrai dire, et c'est ce que je lui reproche, n'étudie pas des passions; il met en scène des instincts. Ce Marie-Pierre n'aime pas, au sens où nous prenons le mot d'ordinaire. C'est un mâle déchaîné par le rut. Il court, en aveugle, à l'assouvissement de son désir, et, quand il a fini, il recommence. Et de même la Glu ne voit en lui qu'un beau et vigoureux gaillard, qu'elle appelle, comme la chatte miaulant la nuit au bord du toit.

Que ce miaulement soit dans la nature, je n'en disconviens pas. Mais, quand on l'a une fois entendu, c'est fini : il n'y a là ni variété de sentiments, ni analyse, ni progrès de passion. Il n'y a rien, rien que l'instinct égoïste et brutal de la bête.

L'acte suivant, nous menant au chalet qu'habite la Glu, ne fait que nous montrer les conséquences physiologiques de cette sorte d'amour. Marie-Pierre a une migraine horrible; il dort tout debout. C'est un homme hébété. Il a, pour nous servir d'une locution triviale dans un sujet qui n'est pas très relevé, il a mal aux cheveux. C'est la vérité ! Eh! oui, c'est la vérité ; mais une vérité basse et rebutante. Quel intérêt, quel plaisir ai-je à voir ce jeune pêcheur prendre sa chevelure à deux mains, répétant : J'ai la tête lourde... j'ai envie de dormir..., parlant avec regret des homards qu'il aurait pu prendre s'il avait travaillé? C'est toujours la même chose.

Un Parisien de beaucoup d'esprit me traduisait cette impression sous une forme bien boulevardière :

— Il m'ennuie, ce gars, me disait-il ; il parle toujours du homard, et jamais de la rémoulade.

Il y a du vrai dans cette boutade. Rien n'est plus monotone que la passion quand on la réduit au désir bestial. Il m'est impossible de m'intéresser à Marie-Pierre, et je ne prends guère plus souci de la Glu, qui n'a elle aussi que des sens, fricassés dans la perversité malicieuse de la Parisienne.

Oui, mais prenez les choses à un autre point de vue, au point de vue pittoresque ; comme tout cela est arrangé pour l'effet ! Je vous ai décrit le second acte : au troisième, il y a un tableau qui est d'une grâce merveilleuse. La Glu, qui est pressée par l'oncle, devenu jaloux de ce pêcheur, consent à passer huit jours avec lui à Nantes. Elle n'en dit rien naturellement à Marie-Pierre ; elle le laisse au chalet ; seulement elle a eu soin de donner ordre à sa camériste de laisser entrer la vieille et Gillioury.

Tous deux arrivent et trouvent Marie-Pierre affaissé, anéanti, abruti. Ils le consolent, ils le relèvent. Ils réussissent à lui persuader qu'il faut partir ; la vieille l'enveloppe dans sa cape et l'emporte comme un petit enfant serré dans les jupes de sa mère, et Gillioury suit en chantant et en dansant un air du pays. La mise en scène est délicieuse.

Le théâtre ne saurait être, cela est certain, une galerie de tableaux. Ce n'est point là son but. Mais il est certain que le goût du pittoresque jouera un rôle important dans l'art dramatique contemporain. C'est un élément nouveau de plaisir dont il faudra que les auteurs dramatiques tiennent compte à l'avenir dans leurs pièces. M. Richepin aura eu l'honneur d'accentuer le mouvement qui s'est déjà produit en ce sens depuis quelques années. Nous qui avons pour métier de suivre les révolutions du goût et d'en noter les progrès, nous n'hésitons pas à dire qu'avec les *Mères ennemies*, la *Glu*, quel qu'ait été le succès du premier drame, quel que puisse être celui du second, marque une rénovation dans l'art dramatique.

Le troisième acte n'est tout entier qu'un tableau de mœurs bretonnes. Marie-Pierre, reconquis par sa mère et par Gillioury, ne songe plus qu'à épouser Naïk, une brave fille qui l'aime de tout son cœur. C'est la fête des sardinières, et elle a été élue reine : on la porte en triomphe ; la vieille coutume est qu'elle peut choisir son roi, et que le roi sera laissé seul une heure pour réfléchir, mais que si, au bout de cette heure, il accepte, il devient, par cela même, fiancé de la reine. Je n'ai pas besoin de vous dire que tout ce tableau de la fête des sardinières est mis en scène avec beaucoup d'animation et de goût. Naïk a choisi Marie-Pierre. On le livre à ses réflexions.

Mais il vient d'entendre un mot qui lui a révélé que sa maîtresse s'était rendue à Nantes avec le comte. La jalousie l'a mordu au cœur et a réveillé chez lui la vieille passion endormie. Il se sauve pour retrouver la Glu, et, quand le cortège revient le prendre, il a disparu; c'est fini, il est retourné à son vomissement.

Le critique de peinture n'a rien à dire; mais le critique de théâtre? Au troisième acte, après la sortie de la vieille emmenant son fils, la pièce pouvait être finie. Elle recommence; sur quoi? Sur rien. Il reprend à Marie-Pierre une rage de passer à nouveau une nuit avec la Glu. Il n'y a pas de raison pour que, sa passion assouvie, il ne revienne au logis, et ne recommence ensuite. C'est l'histoire des matous au renouvellement des saisons; ils quittent le coin du feu et courent les gouttières. On n'a jamais là-dessus bâti une action dramatique.

Je passe rapidement sur le quatrième acte, parce qu'il est ou parce qu'il a la prétention d'être dramatique. L'auteur évidemment n'entend rien au théâtre. La Glu se trouve à la fois entre le vieil oncle, son amant de la veille, et le neveu, son amant du mois passé; et le jeune pêcheur, son amant d'aujourd'hui; et le médecin de marine, son mari d'autrefois : tout cela est péniblement amené, par un homme inhabile à manier ces coups de théâtre. Marie-Pierre se casse la tête contre les murs de désespoir; on l'emporte tout sanglant, et le mari reste seul avec sa femme.

Et alors — voyez combien M. Richepin est peu auteur dramatique — nous avons à la fin du quatrième acte une explication entre le mari et la femme, laquelle aurait dû se trouver au premier ou au second; il est vrai que le tableau qui forme le second acte aurait dû, par contre, être reporté au quatrième. Tout ce que se disent et ce vieux mari, qui est un estimable et solennel imbécile, et cette Glu, qui est une gredine monstrueuse, n'a pas l'ombre de vraisemblance ni d'intérêt.

Ajoutez que la scène est mal jouée — c'est la seule dans ce cas. Le rôle du mari est échu à Lacressonnière, un remarquable comédien, mais qui joue vieux; j'entends qu'il use des procédés de l'antique mélodrame. Mlle Réjane est moderne jusqu'au bout des ongles. Ils sont excellents tous les deux, chacun dans leur genre. Mais leurs genres sont incompatibles. La dissonance est trop forte.

Au dernier acte, la Glu vient dans la cabane de Marie-Pierre le réclamer. C'est là qu'elle reçoit son coup de hache. Car la hache a pris dans le drame la place du marteau. Ici l'action forme tableau, et la mise en scène est réglée avec infiniment d'adresse. Mlle Réjane se baisse pour recevoir le coup, dégringole l'escalier sur le dos et meurt, face au public. Cette face est toute couverte de sang. Vous savez que le public raffole de ces spectacles abominables. Grand bien lui fasse!

La *Glu* est donc une œuvre extrêmement curieuse, pleine de talent, mais qui vaut plus par le sens du pittoresque que par celui du théâtre, et nous sommes au théâtre. Je n'insisterai pas sur le goût de l'auteur pour certaines trivialités, qu'il croit extrêmement hardies, et que je me permets de trouver inutiles, quand elles ne sont pas dangereuses.

Le premier soir, en sortant du second acte, je marchais devant deux de ces admirateurs passionnés et chevelus dont les secondes galeries étaient peuplées, et le premier disait à l'autre, avec un ton de conviction farouche :

— Les mangeurs de bouillie font la grimace; ils en verront bien d'autres; et il faudra qu'ils les avalent.

Les mangeurs de bouillie, c'était moi sans doute et quelques autres misérables critiques dénués de cheveux et de naturalisme. Je n'ai qu'un mot à répondre : Je souhaiterais sans doute à Scribe (pour ne pas citer d'auteurs vivants) le style vibrant et le goût du détail pittoresque qui distinguent M. Richepin. Mais c'est égal, si M. Richepin veut m'en croire, il étudiera Scribe.

5 février 1883.

# LE FLIBUSTIER

La Comédie-Française nous a donné cette semaine la première représentation d'une comédie en trois actes et en vers, qui a pour titre : le *Flibustier*.

Trois ou quatre jours après, je recevais d'un de ces nombreux correspondants bénévoles qui apportent chaque matin à un journaliste connu l'opinion du public, d'une partie du public tout au moins, je recevais donc une lettre toute fulminante d'indignation.

« Ainsi que vous le savez mieux que moi, m'écrivait mon homme, M. Jean Richepin vient de mettre en vers pour le Théâtre-Français deux vaudevilles de Scribe : *Théobald ou le retour de Russie* et *Michel et Christine*. Que M. Jules Claretie, qui ne pouvait ignorer ce fait, ne l'ait pas indiqué sur l'affiche, je le comprends à la rigueur. Mais que pensez-vous de ces centaines de journalistes qui ont déjà rendu compte de l'ouvrage, sans en faire connaître l'origine, sans dire même que ce n'est qu'une adaptation? Est-ce mauvaise foi? est-ce ignorance? est-ce l'une et l'autre? On s'y perd, car parmi tous les vices qui distinguent ces messieurs, on ne sait lequel choisir... »

Je m'arrête, mais il continue et nous arrange de belle sorte. Ah! il n'est pas tendre pour la corporation! Il peut se faire qu'en thèse générale il ait raison et que nous ne valions pas grand'chose; je suis trop intéressé dans la question pour être un juge fort impartial. Mais je dirai à notre farouche ennemi que, sur le point spécial dont il parle, c'est lui qui a tort.

Il n'y a de notre part ni ignorance, ni mauvaise foi dans le silence que nous gardons d'ordinaire sur ces sortes d'affaires. Il se trouve toujours, les soirs de première représentation, dans ce public spécial d'amateurs, très au courant du théâtre, deux ou trois personnes qui rapprochent la pièce qu'on joue d'une pièce qu'ils ont vue autrefois, et qui le disent aux camarades. On se repasse la nouvelle, qui court de rang en rang. Le soir du *Flibustier* notamment, nous nous sommes bien trouvés cinquante dans la salle qui savons notre Scribe et nous sommes écriés : Tiens! c'est *Théobald!* et lorsque est arrivé le troisième acte, ce n'est plus cinquante ni cent personnes, c'est tout le public qui a reconnu le dénouement de *Michel et Christine*. Car si *Théobald* a disparu de la plupart des mémoires, le souvenir de *Michel et Christine* a été rafraîchi en ces dernières années par une reprise qu'en a faite le Gymnase.

Nous constatons les ressemblances; mais c'est pour notre plaisir personnel. C'est un détail qui n'a pour nous, dans la critique, aucune importance. Il est de règle que toute situation appartient à celui qui la traite; on ne lui demande que de la faire sienne, en la traitant d'une façon originale. C'est l'application de cette loi qu'a formulée jadis Horace : *proprie communia dicere*. Une fois qu'une situation a été imaginée par un écrivain dramatique et jetée par lui dans la circulation, elle tombe par cela même dans le domaine public. Chacun a le droit de la reprendre à son compte et de s'en servir comme il lui plaît : tout ce qu'on est en droit d'exiger de lui, c'est qu'il la renouvelle, en lui imposant sa marque de fabrique.

Le nombre des situations que l'on peut porter à la scène est fort limité : ce serait un travail assez curieux que d'en établir le compte exact. S'il était interdit de les emprunter aux devanciers, il y a longtemps que le théâtre serait mort d'inanition et d'épuisement. Mais Scribe, qui les a toutes exploitées, est aujourd'hui une mine où les dramaturges fouillent à leur tour. Je crois bien au reste que Richepin ne s'est pas donné cette peine. Il ne doit guère pratiquer Scribe, et il a trouvé son sujet dans l'air ambiant.

On sait qu'il a, durant une année ou deux, vécu de la rude vie de matelot, avec des matelots, traînant le filet en leur compagnie, partageant leur repas du soir et couchant pêle-mêle avec eux, dans le bateau goudronné, sur une natte ou un filet. Il a écouté leurs histoires. Que peuvent être ces histoires, contées à la veillée, avant que chacun se soit endormi ? Elles roulent toutes, ou à peu près, sur deux ou trois thèmes, qui sont toujours les mêmes. Un de ces thèmes, c'est naturellement le gars parti mousse pour une navigation lointaine, qui ne revient plus, que l'on s'obstine à attendre. On finit par désespérer ; on prend sans lui des arrangements de famille ; et le voilà tout à coup qui revient. Il revient riche ou pauvre ; et ce sont des combinaisons diverses, selon qu'il est l'un ou l'autre. Il retrouve sa fiancée mariée à un autre, ou tout près d'épouser cet autre.

Remarquez-le : ce thème, du retour du marin à son foyer après une longue absence, ne comporte guère qu'une demi-douzaine de combinaisons, qui ont dû nécessairement être passées en revue, soit par l'imagination populaire, dans les chansons de matelots, soit par les poètes, depuis Homère qui nous a montré Ulysse, revenant incognito dans Ithaque, jusqu'à André Theuriet, qui nous a présenté, il y a quelques années, Jean-Marie.

C'est à ce fond commun de récits populaires et de chansons bretonnes qu'a puisé Richepin bien plutôt qu'au répertoire de Scribe qu'il ignore. Il l'ignore, et peut-être aurait-il profit, s'il veut sérieusement réussir au théâtre, à étudier ce maître. Non pour l'imiter, grand Dieu! mais pour y apprendre l'art d'exciter et de soutenir l'intérêt, de mener une action jusqu'à son dénouement, de faire prévoir ce dénouement du public et de le lui justifier!

Il y a bien de la maladresse dans la façon dont est conduit le petit drame de Richepin.

Il s'agit d'un vieux maître caboteur, le père Legoez, qui attend depuis dix ans son petit-fils, Pierre Legoez, embarqué mousse à onze ans sur un bateau armé en corsaire. Ce petit-fils est le seul enfant mâle que la mer lui ait laissé. Le bonhomme vit avec sa bru, Marie-Anne, qu'un naufrage a faite veuve, et la fille de cette bru, l'aimable Janic, qui va sur ses dix-huit ans. C'est tout ce qu'il lui reste de sa nombreuse famille. La mer a pris tous les autres. Aussi le vieux Legoez a-t-il reporté toute son affection et tout son espoir sur le petit Pierre, dont il s'obstine à attendre le retour. Tous les jours, il s'en va sur la jetée guetter les vaisseaux qui entrent au port, et tous les jours il se dit que ce sera pour demain.

Ni sa bru, ni Janic ne partagent ses illusions. Janic avait huit ans quand son cousin est parti. On les avait, selon la coutume bretonne, fiancés l'un à l'autre. Elle n'a pas conservé grand souvenir de ce mousse; elle craint bien, si elle ne doit pas avoir d'autre époux que lui, de coiffer sainte Catherine. Depuis trois ans, pas de nouvelle! et l'on sait que le vaisseau corsaire a péri! Le malheureux doit avoir été englouti par l'Océan ou tué dans un combat.

Un jour, c'est celui où la pièce commence, le vieux Legoez était allé, selon son habitude, faire, avec la petite

Janic, un tour sur la jetée, quand un jeune gars se présente à la maison comme Marie-Anne y est seule : il a l'âge qu'aurait Pierre, il est hâlé comme lui ; ce n'est pas Pierre, mais un de ses camarades, Jacquemin, qui a fait avec lui *la flibuste*. Il s'est battu à ses côtés le jour où leur vaisseau a été coulé par des Espagnols. Il s'est sauvé sur une épave et n'a plus entendu parler du pauvre Pierre qui a dû périr. Mais il a recueilli sur le rivage un coffret qu'il a reconnu pour être celui de son ami. Il le rapporte. On l'ouvre : c'est bien le chapelet de la famille.

— Il faut, dit Marie-Anne, que j'aie le temps de préparer le vieux à cette douleur. Cachez-vous.

Il n'est pas derrière la porte que Legoez arrive, avec Janic. Il remarque l'air troublé de sa bru ; il aperçoit sur la table le chapelet qu'il reconnaît tout de suite.

— Pierre est revenu ! s'écrie-t-il, je le savais bien !

— Il est revenu, s'écrie Janic, et elle bat des mains.

Jacquemin s'élance et va dire la vérité ; mais Marie-Anne l'arrête :

— Ne le détrompez point, lui dit-elle. Vous devez repartir dans cinq jours ; laissez-lui croire qu'il a revu son petit-fils ; au moins, il mourra content.

Jacquemin, étourdi par la rapidité de la scène, consent et se jette dans les bras que le vieux lui ouvre.

— Bonjour, grand-père !

Et le rideau tombe sur ce mot, qui établit nettement la situation. Il faut bien le dire : tout cet acte est long et empêtré. Mais ce n'est pas encore cela que je lui reprocherais le plus. Que Richepin n'ait pas le maniement aisé des scènes, je le comprends et l'excuse. Ce qui me chagrine dans ce premier acte, c'est qu'il semble que le poète s'y soit, de parti pris, assagi. On dirait qu'il a coupé l'aile à son vers.

Tenez! un exemple : Marie-Anne a vu la mer, l'implacable mer, lui prendre l'un après l'autre son mari, deux de ses enfants, son père et ses trois beaux-frères ; elle a conçu contre elle une sorte de haine farouche. Vous avez lu sans doute la *Mer* de ce même Richepin. Il s'y trouve une pièce qui est de toute beauté, qui serait un véritable chef-d'œuvre, si l'auteur consentait à en retrancher une demi-douzaine de vers qui sont vilains et presque orduriers. Ce sont les imprécations d'une femme à qui l'océan a dévoré tous les siens, et qui ne veut pas lui donner son dernier-né.

C'est évidemment cette femme-là que M. Richepin a voulu transporter au théâtre et qu'il a peinte sous les traits de Marie-Anne. Eh! bien, la Marie-Anne du théâtre se contente de montrer le poing à la mer, que l'on aperçoit à travers la fenêtre du fond, en lui criant : La gueuse! la gueuse!... Mais de ce flot de lamentations, d'imprécations, de malédictions, qui déborde avec un magnifique lyrisme dans le volume, il ne reste plus rien, mais plus rien du tout. Marie-Anne rentre dans le silence et reste dans la pénombre.

M. Richepin me dira que c'est pour être plus naturel ; que les femmes des marins se taisent quand le vieux parle ; qu'il eût été malséant à Marie-Anne de maudire l'Océan et de contrister le père par des injures hors de saison... Tout cela est bel et bon ; mais la question est de savoir si Marie-Anne roulait ces pensées dans son âme. C'est, au théâtre, le droit et le devoir du poète d'ouvrir les âmes de ses héros et d'en faire jaillir en beaux vers les sentiments qui, dans la réalité, ne s'exhalent que par des interjections vulgaires.

Non, Richepin n'imagine pas comme nous lui aurions su gré de mettre en regard du vieux Legoez, amant de la grande mer, la femme qui lui en veut, à cette même mer, et qui décharge son cœur en strophes haineuses.

On a dit sans doute à Richepin qu'au théâtre il fallait se défier du lyrisme. Ce n'est pas nous, en tout cas, qui lui avons donné ce méchant conseil. Nous avions de tout notre cœur applaudi aux superbes tirades de *Nana-Sahib*. Il y avait dans cette féerie orientale une exubérance quelque peu folle de poésie ; mais je la préfère encore à la sécheresse où semble cette fois s'être astreint Richepin. Mon correspondant de tout à l'heure s'était servi de cette phrase irrévérencieuse : *Il a mis en vers le Théobald de Scribe.* Rien de plus faux, si vous voulez. Mais cette phrase n'en est pas moins un signe de l'impression produite par cette poésie : le vers est ferme et fait de main d'ouvrier ; il n'est pas éclatant ; il manque de panache. C'est du panache que nous demandons à Richepin.

Le second acte débute par deux scènes qui sont charmantes. Le père Legoez est à table avec toute sa famille. Il se fait raconter par celui qu'il croit son petit-fils ses courses et ses combats sur mer. Il se moque gaiement des Espagnols, qui se sont mis douze contre trois et se sont fait rosser ; il eût préféré pourtant que c'eût été les Anglais ! et tandis qu'il badine avec bonne humeur sur ce thème, humant le cidre de Bretagne, il aguiche doucement Janic, qui ouvre de grands yeux aux récits de son cousin. Qu'il est beau, ce cousin ! qu'il est vaillant ! et c'est son fiancé !

La mère est inquiète et bougonne. Elle a peur de cet amour né si vite. Mais le vieux a le cœur en fête. Il veut qu'on laisse les deux jeunes gens tout seuls, et emmène, malgré elle, Marie-Anne, qui n'est pas rassurée du tout.

Les voilà seuls, vis-à-vis l'un de l'autre. Jacquemin est fort embarrassé ; car il lui semble infâme de profiter d'une supercherie, pour s'emparer d'un cœur qui ne lui appartient pas, qui est réservé à un autre. Il se met à travailler à un filet, sans mot dire et l'air penaud.

Et Janic... Janic, c'est Mme Barretta. Vous ne pouvez vous figurer comme elle est chastement, idéalement jo... ; avec quelle grâce piquante elle dit, voyant son cousin qui n'ose rien dire : « Je les croyais plus hardis, les flibustiers ! » Est-ce qu'il va falloir qu'elle fasse les avances ? Elle tourne autour de lui, elle cherche à lui soutirer un aveu : pourquoi ne parle-t-il pas ? c'est son fiancé. Il en a le droit. Elle sent bien, à travers son silence, qu'il l'aime. Mais encore faudrait-il qu'il se décidât à le dire !

La scène est bien gentille et elle a été jouée délicieusement par Mme Barretta et par Worms, qui rend à merveille, comme on sait, ces passions contenues et ces sentiments rentrés.

Jacquemin n'y peut tenir. Il confesse à Janic la tromperie dont le grand-père a été victime. Il ne lui est pas permis de voler une tendresse à laquelle il n'a pas droit ; si Pierre revenait un jour ! Pour lui, il va partir ; il fait ses adieux et laisse Janic désolée.

Janic pleure dans les bras de sa mère, quand un grand garçon pousse la porte et crie joyeusement :

— C'est moi ! Bonjour, ma tante ; bonjour, ma petite cousine !

Il est un peu étonné de l'accueil. Les deux femmes restent pétrifiées et ne lui témoignent aucune joie de son retour. Qu'y a-t-il ? On ne s'est pas encore expliqué, quand le vieux Legoez reparaît, suivi de son faux petit-fils Jacquemin.

Vous voyez d'ici la scène. Le grand-père reconnaît qu'on l'a berné ; il montre du doigt la porte à l'intrus, et Janic, au moment où il va se retirer, lui presse la main et lui dit tout bas :

— C'est vous que j'aime.

Quand je dis : tout bas, j'ai tort, elle le crie très haut, et c'est une faute puisqu'à l'acte suivant Pierre l'ignore ; puisque, si Pierre entendait le mot à cette fin de second acte, ce serait le point de départ d'une nouvelle scène et que le rideau tombe.

Il est très animé, ce second acte ; nous l'avons écouté avec plaisir le premier soir, et les abonnés du jeudi ont paru le goûter vivement trois jours après.

Le troisième acte n'est pas d'un arrangement heureux.

Quel est le dénouement obligé ? C'est que Janic épouse l'intrus qu'elle aime, et qu'elle le tienne des mains mêmes de Pierre, afin que sa joie ni celle du public ne soient gâtées. C'est, en effet, le dénouement de *Michel et Christine*. Vous vous rappelez avec quelle extraordinaire adresse Scribe, qui est un malin, l'a amené. Les circonstances n'étant plus les mêmes, Richepin ne pouvait user des mêmes moyens : c'est d'ailleurs le *comment* qui, au théâtre, doit se renouveler sans cesse.

M. Richepin aurait pu faire une scène entre les deux camarades, chacun d'eux se rappelant les marques qu'ils se sont données de leur amitié, comment ils se sont sauvé la vie dans les combats, et Pierre finissant par dire à Jacquemin : « Tu es venu le premier, elle t'a aimé ; je ne veux pas briser la vieille affection qui nous a unis ; prends-la, je serai ton frère comme par le passé. »

Il pouvait encore rendre Pierre témoin de l'amour profond conçu par Janic, et arracher, grâce à ce spectacle, de cette âme restée noble, un acte de renoncement.

Il pouvait... mon Dieu ! il pouvait toute sorte de choses, que je ne saurais, moi, critique, analyser ni prévoir. Tout ce que je sais, c'est qu'il fallait absolument me justifier de façon ou d'autre le revirement de Pierre, renonçant à sa cousine et la donnant à son rival. M. Richepin a traité la difficulté comme les gens enrhumés et sceptiques traitent leur coryza, par le mépris. Son Pierre se laisse emporter d'un grand mouvement de fureur contre Jacquemin, qui lui a volé sa fiancée; il veut se battre avec lui au couteau : un des deux est de trop sur la terre. Et puis, sans que rien explique ce revirement, quand il faut que la pièce finisse, c'est lui qui met dans la main de son rival la main de sa fiancée.

C'est d'une gaucherie enfantine. Et cependant il y a dans ce troisième acte deux choses qui sont tout à fait trouvées, et qui feront que le public passera sur le reste :

La première, c'est que Pierre est devenu un terrien. Vous ne comprenez pas bien, n'est-ce pas ? Voici la chose.

Pierre, quand il s'est sauvé à la nage du bateau qu'avaient fait sauter les Espagnols, a renoncé pour toujours à la vie de marin, qui lui avait si mal réussi. Il s'est rendu au pays des mines d'or. Il a été favorisé par la chance; après cinq ans de travail acharné, il est tombé sur un riche filon. Il rapporte trente boîtes pleines d'or ; le voilà riche.

Riche, mais terrien. Il n'a plus envie de retourner à la mer et le vieux Legoez n'admire et n'aime que ceux qui sont, comme lui, passionnés pour l'océan. La tendresse qu'il a pour son petit-fils se trouve donc diminuée d'autant. Il n'en dit trop rien, mais il aimerait presque mieux ce Jacquemin, qui, après tout, n'était pas coupable de mensonge (car ce n'est pas lui qui a eu l'idée de la supercherie), et qui est resté fidèle à la mer. Ah ! dame ! celui-là est un fier matelot; rien qu'à sa démarche, à son air, à ses attitudes, on sent qu'il a l'habitude de vivre sur l'eau salée, d'être roulé par la vague. L'autre, c'est son petit-fils, à la bonne heure ! mais il veut les emmener dans son placer, à vingt jours de marche de l'océan. Ne plus voir la mer ! comment peut-on vivre sans voir la mer, sans aller tous les jours sur le port voir les bateaux qui entrent et qui sortent ! Janic est bien la petite-fille de son grand-père ;

elle aussi, elle n'admet pas que l'homme à qui elle accordera sa main, ne s'expose pas aux dangers qu'ont courus, et son père, et ses frères. Elle a du sang de marin dans les veines. Pierre voit bien que tout l'or qu'il rapporte en sacoche de mineur terrien ne peut entrer en balance avec ce préjugé ; que s'il n'était pas le petit-fils, c'est l'autre, c'est le marin, qu'on aimerait mieux que lui. Il s'aperçoit qu'il n'est plus chez lui dans la maison paternelle ; les amoureux de la mer ne le tiennent plus pour un des leurs. Mieux vaut qu'il s'écarte discrètement.

Quel dommage que Richepin n'ait pas avec franchise accusé ce dissentiment, et ne l'ait pas donné pour unique et vrai motif du revirement qui lui était imposé ! La chose n'est qu'indiquée et c'est dommage.

La seconde curiosité de cet acte, qui en soi n'est pas des meilleurs, c'est un de ces couplets poétiques dont je regrettais l'absence dans le premier. Il y a là un éloge de la mer, fait par le vieux Legoez, dans une tirade que je suis fâché de ne pouvoir citer, car elle est admirable ; mais la brochure n'a point encore paru. Les longs applaudissements dont elle a été saluée doivent être un avertissement pour M. Richepin. Il faut qu'il se mette bien dans la tête qu'aujourd'hui, quand on fait tant que d'écrire une comédie en vers, il faut mettre toutes voiles dehors ; il faut qu'elle soit, comme dirait Banville, éperdument lyrique.

Dans le rôle de Janic, qui est si joli, il n'y a que trois vers qui aient soulevé la salle : ce sont trois vers essentiellement lyriques, où Janik compare un nuage à un goéland qui passe et dont l'image se reflète dans les flots. Je ne puis donc que répéter à Richepin ce que je lui ai déjà dit : Osez beaucoup ; le public ne demande que cela, et vous avez, heureusement pour vous, assez d'autorité pour lui imposer même des fantaisies trop hasardeuses. Vous avez une des langues les plus souples et les plus brillantes que je connaisse; usez-en sans crainte; livrez-vous! Nous vous soutiendrons avec d'autant plus d'ardeur que vous tendrez plus haut.

Le *Flibustier* a été joué avec un merveilleux ensemble. J'ai déjà parlé, chemin faisant, de Worms et de M$^{me}$ Barretta. Il faut mettre avant eux leur doyen, Got, qui a été incomparable dans le rôle du vieux Legoez : il a trouvé moyen d'être à la fois très naturel et très lyrique. Vous vous rappelez Coquelin dans la fameuse tirade de Thouvenin, au troisième acte de *Denise*. C'était à la fois un raisonneur de l'ancienne comédie et un homme de notre temps qui causait comme on cause aujourd'hui. Eh bien! Got, grâce à un art singulier, donne aux vers de M. Richepin la saveur de la réalité sans rien leur ôter de leur envolée lyrique. J'ai entendu deux fois son morceau du troisième acte, et j'ai trouvé le comédien plus étonnant encore la seconde fois que la première. Je supplie les jeunes gens qui se destinent à la tragédie d'aller écouter Got; ils verront là comme on peut faire sentir, sans l'insupportable ronron tragique, la force et l'harmonie de l'alexandrin; comment on peut être à la fois d'un naturel exquis et d'un lyrisme débordant! Le premier soir, Got avait peut-être eu, et surtout dans le premier acte, le jeu trop turbulent. Les marins sont graves et font peu de gestes. Mais déjà il a corrigé ce qu'il y avait de trop en dehors dans sa manière. Il est parfait. M$^{me}$ Pauline Grangé n'a qu'un rôle très effacé; elle le tient avec beaucoup de dignité et de tendresse. Elle est excellente. M. Laroche est bien sec dans le rôle de Jacquemin.

Le *Flibustier* de Richepin aura, je crois, un succès fort honorable. Le second acte en est charmant; il y a, dans le troisième, un couplet admirable; partout on sent la main d'un maître ouvrier. L'ouvrage a encore pour lui cet avantage d'être irréprochablement moral et de fournir un spectacle que l'on peut voir en famille. Il est merveilleusement joué. En voilà plus qu'il ne faut pour lui assurer un certain nombre de représentations fructueuses. Mais ce n'est pas encore cela que j'attends, avec tout le public, de Jean Richepin.

21 mai 1888.

# PAR LE GLAIVE

Voilà bien longtemps que je demande à cor et à cri que l'on nous rende, à la Comédie-Française, cette forme de l'art, qui me paraît la plus noble de toutes, la tragédie ou le grand drame historique en vers (c'est tout un). Vous me permettrez, le jour où un poëte d'un grand talent nous la rapporte, où un directeur très hardi et très lettré nous la joue, de passer légèrement sur les critiques que je pourrais faire à l'œuvre et d'insister plus particulièrement sur les beaux passages.

Toutes les critiques se pourraient résumer dans un bout de conversation que j'eus avec un des esprits les plus fins de ce temps :

— *Par le Glaive*, me dit-il, c'est un pur mélodrame, écrit en beaux vers.

— Eh! mais, lui répondis-je, *Ruy Blas* n'est qu'un drame de d'Ennery, mis en musique par un grand poëte.

— A la bonne heure, me répondit-il, mais *Par le Glaive* n'est qu'un drame de Victor Séjour, mis en musique par un grand virtuose.

Il y a du vrai dans cette boutade. Victor Séjour composait des drames puissants, mais enchevêtrés, obscurs, d'où jaillissait tout à coup une scène superbe. Point de caractère, mais des aspirations vagues et suggestives! point d'études de mœurs, mais un grand sens du pittoresque! des tirades à propos de rien et des lambeaux de style à panache accrochés à des scènes inutiles.

Il y a du Victor Séjour dans Richepin. Mais voilà! Richepin, comme le disait mon ami, est un virtuose incomparable. Il saisit tout prétexte à développement oratoire et à lieu commun poétique. Quand, par hasard, il se rencontre que ce développement ou ce lieu commun jaillit de la situation même, il emporte le public; quand ce n'est qu'un hors-d'œuvre — et combien de fois, hélas! n'est-ce qu'un hors-d'œuvre! — il ravit encore par sa merveilleuse dextérité à ouvrer le vers, par la maëstria de sa forme, par sa *virtuosité de facture,* pour tout dire d'un seul mot; le malheur est que l'auditeur se ressaisisse aussitôt le morceau terminé et sente je ne sais quel besoin obscur de chicaner le plaisir qu'il a senti.

Le premier acte de *Par le Glaive* est admirable; on peut le rapprocher du premier acte de *Patrie,* qui est une des plus belles choses que Sardou ait jamais écrites. Nous sommes à Ravenne, en 1350. Un aventurier, Conrad le Loup, s'est emparé de Ravenne et la tient asservie. Le peuple a pris son parti de la domination étrangère; mais les bourgeois et les nobles grondent tout bas, prêts à se révolter. Il leur faudrait un chef. Guido, le duc héritier de Ravenne, a disparu; on le croit mort. Son frère Rizzo n'a que dix ans; il vit au palais de Conrad, élevé par Rinalda, une jeune fille de la noblesse, qui après avoir été autrefois la fiancée de Guido, a consenti à devenir l'épouse de Conrad et a trahi. Rien à attendre de ce côté.

Les condottieri dont Conrad est le chef se permettent toutes les violences dans Ravenne opprimée. L'un arrache d'une église la fille d'un honnête bourgeois, Bianca, fille de Galeas, et la veut prendre pour maîtresse; elle se sauve, le père intervient et tue le misérable bandit. Ses camarades se saisissent du meurtrier sous les yeux du peuple, qui boit et fait la fête. Conrad arrive, accompagné de Rinalda.

Bianca se jette à ses genoux, demande la grâce de son père; Conrad l'accorde. Tout ce spectacle est mis en scène de la façon la plus vivante et la plus pittoresque. Toutes les passions qui agitent les gens du XIV° siècle sont peintes avec une justesse et une vivacité de touche incomparables.

On voit que les bourgeois représentés par Galeas ont la tyrannie en horreur; que le peuple n'a pas d'idées, mais qu'il cédera à la première impulsion un peu énergique; que Conrad est un aventurier de la pire espèce, mais dompté pour le moment par cette Rinalda, une patricienne de Ravenne, dont le rôle pour le moment est encore assez énigmatique. Elle conseille le pardon à Conrad; mais est-ce chez elle pitié pour ses anciens amis ou désir d'affirmer par la clémence la domination de celui qui est son époux? Au-dessous de Conrad, les brigands qu'il commande et à qui il a laissé Ravenne en proie sont personnifiés par Ludwig, un type superbe de routier, que Leloir a rendu avec une puissance extraordinaire.

Durant tout ce premier acte, nous avons vu par intervalles passer et repasser à travers les groupes, ou se tenir, sombre et préoccupé, un guitariste qui n'avait pas dit un mot. Ce guitariste, c'était Mounet-Sully. Vous imaginez aisément, que, si l'on nous montre Mounet-Sully muet et triste, c'est qu'il y a pour cela de bonnes raisons.

Et en effet, quand Galeas est demeuré seul sur la scène avec Bianca sa fille et un de ses amis Petruccio, l'homme mystérieux se détache de la porte, où il était à demi caché, et sans dire son nom... (A quoi bon? N'est-il pas Mounet-Sully? Ne serait-il pas Mélingue ou Dumaine dans un mélodrame de Victor Séjour?) il les aborde :

> Car il est envoyé, sentinelle perdue,
> Par le vengeur qui va sonner l'heure attendue.

— Quel est ce vengeur? demande naturellement Petruccio.

Et Galeas, l'homme mystérieux, la bouche d'ombre, répond :

> — Qui c'est? mon maître exige, observez bien ce point,
> Qu'on m'obéisse et qu'on ne m'interroge point.
> Voulez-vous m'obéir?

Ah! si ce n'était pas Mounet-Sully, Galeas lui répondrait simplement :

— Mon ami, ce que vous me demandez n'a pas le sens commun. Dans une ville qui est pleine d'espions, comment voulez-vous que je me fie à un inconnu qui ne dit ni son nom ni celui du maître par qui il est envoyé?

Mais c'est Mounet-Sully. Galeas lui promet de lui obéir, et c'est alors que Strada (c'est le nom de l'homme du mystère) lui révèle que Guido, le fils du duc de Ravenne, n'est pas mort et qu'il attend l'heure de se mettre à la tête de la rébellion.

Qu'est-ce que ce Strada? et quel intérêt a-t-il dans toute cette affaire?

M. Richepin a écrit un second tableau pour nous le dire : Strada et Guido causent ensemble sur la lisière d'un bois, et leur conversation doit nous apprendre ce que nous ignorons encore et ce que nous sommes obligés de savoir pour comprendre le drame qui se prépare.

Jamais je ne trouverai une plus belle occasion de montrer le prodigieux ridicule des mises en scène modernes. Cette scène est purement une scène d'exposition ; il doit nous y être révélé des particularités dont il est nécessaire que nous soyons instruits. Il faut donc que nous entendions, sans en perdre un mot, tout ce qui va se dire entre ces deux personnages.

Eh ! bien, Mounet-Sully et Albert Lambert, au lieu de descendre à la rampe, restent tout le temps au fond du théâtre, et comme les choses dont ils s'entretiennent sont secrètes, ils parlent tout bas, tout bas, et vite, si bien que, je le jure et je le jure non pas pour moi seul, mais pour tous mes voisins, je n'ai pas entendu dix mots de cette scène.

C'est en la lisant dans la brochure que je me suis rendu compte de son importance : on y apprend que Strada est un frère naturel de Guido, qu'il l'aime passionnément et s'est voué à la tâche de lui rendre le trône de Ravenne. Mais nous apprenons en même temps que ce Strada est une manière d'apôtre socialiste :

>  Rappelle-toi, Guido, rappelle-toi, là-bas,
>  Quand nous allions, proscrits, errants, mendiants, las,
>  Rappelle-toi les jours sans pain, les nuits sans gîte,
>  Que tu compatissais aux rêves dont s'agite
>  Le ténébreux enfer des humbles et des gueux ;
>  Qu'ils furent bons pour toi, toi minable avec eux,
>  Et qu'il te sera doux, remontant sur le faîte,
>  De rendre aux pauvres la charité qu'ils t'ont faite.

Je ne saurais trop insister sur le danger des mises en scène soi-disant réalistes. Le premier soir, Mounet-Sully a failli compromettre le succès de la pièce avec ce parti pris, qui était évident chez lui, d'éteindre le rôle. Il paraît que quelqu'un lui en fit l'observation :

— Le public se plaint de ne pas entendre, lui dit-il.

— Est-ce que j'ai à m'occuper du public? répondit superbement le tragédien. Est-ce que je sais s'il existe?

Assurément ; mais le public a ses revanches. M. Mounet-Sully ne s'inquiète pas si le public existe ; mais nous pourrions bien nous dire un jour que, si M. Mounet-Sully traite le public comme s'il n'existait pas, le public aurait quelque raison d'en user avec M. Mounet-Sully comme s'il n'existait pas non plus. Parlons sérieusement : on a dû avertir M. Mounet-Sully ; car il paraît que, dès la seconde représentation (devant les abonnés du mardi), il s'est relâché quelque peu de sa farouche intransigeance. A nous, il nous a joué une merveilleuse pantomime, coupée par-ci par-là de quelques couplets, où il a été d'un illuminisme admirable. Le rôle en son intégrité avait disparu. Croirait-on qu'au troisième acte, en scène avec M$^{lle}$ Bartet, il a lancé une tirade, le dos tourné au public et à M$^{lle}$ Bartet elle-même, avec qui il s'entretenait, et qu'il a été impossible d'en saisir un seul mot?

Cela a-t-il le sens commun? Et si j'insiste, c'est que Mounet-Sully est le premier artiste de ce temps, c'est qu'il gâte à plaisir, par l'exagération d'un système faux, des qualités admirables, c'est que son exemple est contagieux ; c'est que M$^{lle}$ Dudlay, dont la diction était jadis si nette, si précise, cherche à présent, tout comme M$^{lle}$ Lerou, le naturel dans un débit rapide et quelquefois bafouillant. Le naturel dans le drame en vers, cela fait pitié. Strada s'est mis en tête deux desseins ; ils ne se détachent pas en pleine lumière dans l'œuvre et s'y trouvent mêlés, noyés dans une foule d'actions accessoires ; mais je résume et suis forcé de dégager de toutes ces broutilles encombrantes l'essentiel du drame.

Le premier de ces desseins, c'est de tuer Rinalda qui, en épousant Conrad, a failli à ses devoirs de patriote : le second, c'est de faire épouser à Guido, son frère, cette Bianca que nous avons vue sur le point d'être violée par un soudard de Conrad. Il espère ainsi rattacher à la cause du duc toute la bourgeoisie de Ravenne et inaugurer la fusion des races.

Mais ces deux projets se heurtent à des difficultés que Strada n'avait pas prévues.

Rinalda n'est pas si coupable qu'il l'avait pensé. Quand Conrad s'était emparé de Ravenne, il avait voulu égorger Rizzo, après Guido, afin d'en finir avec la famille des anciens ducs. Mais Rinalda, la fiancée de Guido (qu'elle croyait mort à ce moment-là) veillait sur ce dernier rejeton d'une noble race. Conrad s'était épris d'une passion furieuse pour elle, et il lui avait dit, tout comme Pyrrhus à Andromaque : Cédez ou l'enfant est mort. Rinalda avait accepté et subi le sacrifice.

C'est même là — à mon avis du moins — ce qu'il y a de plus original dans le drame de M. Richepin : imaginez-vous Andromaque ayant accepté les propositions de Pyrrhus et mariée avec lui : quelles seront les relations entre ces deux êtres ? Il se trouve dans *Par le Glaive* une scène où se résume cette situation, une scène tout à fait supérieure et qui est, si je ne me trompe, la plus belle de l'ouvrage. Conrad est enragé de ne pas se sentir aimé de la femme qui n'est à lui qu'en vertu d'un abominable marché, qu'elle lui reproche.

— Le pacte étant signé, lui dit-il, je veux qu'il soit tenu.

— Je l'ai tenu, répond-elle, je suis à vous.

— Non, je réclame.

> Ce n'est pas le corps seul que j'exige ; c'est l'âme.

— Le pacte ne dit pas que je vous dois cela.

L'entretien se continue sur ce ton; Conrad, dans un furieux mouvement de passion, rappelle à Rinalda toutes les sottises qu'il a faites pour elle. Il se jette à ses pieds :

> Répondez, Rinalda ; voyez, je m'humilie ;
> J'implore ce que j'ai le droit de réclamer.

Et Rinalda, sèche et hautaine :

> Le pacte ne dit pas que je dois vous aimer.

Conrad entre en fureur, la menace, puis se roule à ses genoux ; et comme l'autre lui dit d'un ton glacial : « Je vous hais », il la supplie d'attendre :

> En me chassant du ciel, n'en fermez pas la porte ;
> Laissez-moi cet espoir qu'un jour, de votre cœur,
> Je trouverai l'accès. Ce n'est pas un vainqueur
> Qui commande ; c'est un esclave qui supplie.

Et, furieux de sa propre faiblesse, il s'enfuit en criant : « Oh ! lâche ! lâche ! »

La scène est digne de l'antique tragédie. Elle a été jouée avec un farouche emportement par Paul Mounet, qui a rendu à merveille les soubresauts passionnés de cette âme de soudard agitée par de violents remous. Il était vraiment beau de fureur et de tendresse ! Et comme M<sup>lle</sup> Bartet lui a donné la réplique ! Je me plaignais tout à l'heure qu'on n'entendît plus les artistes de la Comédie-Française. En voilà une dont on ne perd pas un mot ! Quelle impeccable netteté, quelle merveilleuse énergie de diction chez cette frêle créature qui semble n'avoir que le souffle, et qui a porté, sans faiblir, avec un déploiement extraordinaire de force, un rôle aussi long, aussi varié, aussi tumultueux que celui d'Hermione ! Il y a chez elle une vibration intime d'une extraordinaire et communicative intensité.

Rinalda, aux bras d'un autre, n'a cessé d'aimer Guido, et

Guido aime toujours Rinalda. Il apprend la vérité du sacrifice qu'elle a fait de sa personne dans une scène, qui sent d'une lieue son Victor Séjour, mais il est convenu que je ne m'arrêterai pas aux côtés critiquables de l'œuvre.

Il faut donc que Strada, qui comptait supprimer Rinalda et marier Guido avec Bianca, change ses batteries. Le mariage, il y tient toujours ; mais Rinalda ne pouvant plus être retranchée, c'est à elle qu'il doit s'adresser, c'est sur son cœur qu'il doit frapper, pour la convaincre de la nécessité où elle est de renoncer à l'amour de Guido et de faire place à une rivale plus heureuse :

> Comprenez, Rinalda, que les bourgeois, la plèbe,
> Ceux du négoce, ceux des faubourgs, de la glèbe,
> Tous, tous, ils sont à nous, conquis, d'accord, heureux,
> Si Guido prend pour femme une fille d'entre eux :
> Vous ne comprenez pas que dans la république
> Ce mariage, c'est, réelle et symbolique
> Pour le peuple, enfin noble et réhabilité,
> L'entrée au paradis de la fraternité.

Rinalda ne comprend pas. Strada la presse. Ah! que la scène est pittoresque et pathétique ! Tous deux sont sur un banc, dans l'encadrement d'une fenêtre qui les éclaire. Strada, avec des attitudes et des gestes d'apôtre mystique... Ici Mounet-Sully a été vraiment sublime et il a enlevé la salle ; il dit à Rinalda accablée :

> Notre-Seigneur tomba trois fois sur le chemin,
> Trois fois ! je comprends donc que votre pas faiblisse,
> Pauvre femme tremblante et marchant au supplice.
> Mais songez bien que, si le monde fut sauvé,
> C'est que Notre-Seigneur, trois fois s'est relevé.
> Enfin (pardonnez-moi), je vais être sévère,
> Mais pour dire vraiment qu'on gravit son calvaire,
> Ce que vous avez fait ne suffit point, je crois :
> Il faut monter encor, monter jusqu'à la croix.

En parlant ainsi, Mounet-Sully a montré d'un geste si large, dans le ciel, une croix idéale, que toute la salle l'a vue et qu'elle a éclaté en bravos. Un seul trait de cette beauté contrepèse toutes les défaillances. Quel dommage qu'un si grand artiste manque à ce point de cette qualité vulgaire, mais indispensable, qu'on appelle le sens commun !

Peu à peu Rinalda se laisse allumer à cette flamme, et quand Strada, dans un accès de lyrisme, lui crie par la voix de Mounet-Sully, le doigt levé au ciel :

> Dites que vous sentez, dans votre âme agrandie,
> Resplendir de la foi le mystique incendie !
> Dites que vous voyez le but, qu'il est sacré !
> Qu'il faut l'atteindre. Oh ! oui, dites !

on ne s'étonne point que Rinalda tombe à genoux en extase et réponde :

— Je tâcherai !

La scène est d'un mouvement superbe et elle a été admirablement enlevée par les deux artistes. C'est elle qui termine le troisième acte. Laissez-moi ne dire qu'un mot des deux actes qui terminent le drame : C'est du Victor Séjour dans sa mélodramatique horreur. Rinalda a donné rendez-vous à Guido ; il y a là un duo d'amour qui ne prend point par les entrailles, bien que l'auteur y ait dépensé beaucoup de virtuosité, mise au service d'une passion factice et voulue. Conrad survient ; Rinalda cache Guido dans son oratoire, un oratoire étrange, sans fenêtres sur l'air libre et dont les portes massives résisteraient aux assauts des pioches.

— La clef, madame, la clef de cet oratoire, demande le mari furieux.

Rinalda la jette dans le torrent ; Conrad s'installe à la porte de l'oratoire :

— C'est bien, dit-il à Rinalda ; vous assurez qu'il n'y a personne dans cet oratoire ; je proclame, puisque vous le voulez,

> Que j'avais tort, que vous êtes pure, en effet,
> Et loyale, et que la preuve me satisfait.
> Oui, je vous crois ! Allez, dormez, le cœur en fête !
> Car votre volonté, madame, sera faite ;
> C'est un pacte nouveau qu'avec vous je conclus :
> De ce tombeau fermé rien ne sortira plus.

La sédition éclate au dernier acte ; Conrad est tué ; Rinalda, qui veut mourir (on ne sait pas trop pourquoi), se jette sur l'épée de Strada, le grand justicier ; on enfonce les portes de l'oratoire ; on en tire Guido, et Rinalda, mourante, joint les mains de son ami et de Bianca. Tout cela est plus mouvementé, plus tumultueux, plus horrible que clair et intéressant.

Mais il reste assez de choses vraiment belles, et, dans les hors-d'œuvre, assez de phrases mélodiques artistement ouvrées pour que le drame attire la foule à la Comédie-Française. Il a été mis en scène avec un art exquis et une somptuosité rare ; il a été, ce qui vaut mieux, joué avec un ensemble parfait. J'ai déjà, chemin faisant, parlé des principaux artistes : MM. Mounet-Sully, Paul Mounet, Leloir et M<sup>lle</sup> Bartet. Il y a dans la pièce un rôle d'enfant, celui de Risso, joué par une petite fille, Caroline Gaudy. Ce rôle est fort long et très important ; la petite Gaudy l'a joué moins en enfant prodige qu'en actrice intelligente et avisée. C'est le théâtre en personne que cette petite fille ; tout est juste dans sa diction et il ne semble pas que le serinage y soit pour rien.

— Si nous la faisions tout de suite sociétaire ! disait Claretie en badinant.

Au quatrième acte, sa gouvernante, M<sup>me</sup> Amel, pour la distraire, lui chante une chanson. Voyez pourtant quelle drôle de chose c'est que le théâtre. Cette scène et la chanson qui en fait partie ne tiennent en rien à la pièce; elles font longueur. Mais la chanson est jolie; M<sup>me</sup> Amel la chante d'une voix très pure, avec un charme inexprimable; toutes deux, l'une portant l'autre, ont un succès fou, et voilà M<sup>me</sup> Amel célèbre !

15 février 1892.

## LE CHEMINEAU

Le *Chemineau* a obtenu, le premier soir, un succès étourdissant. On a rappelé deux fois les artistes après chaque acte, et, à la fin de la pièce, on a redemandé l'auteur avec une telle furie d'insistance qu'il lui a fallu paraître, traîné sur la scène par ses interprètes. J'ai rarement vu salle plus emballée. Peut-être les publics qui viendront après nous voir le *Chemineau* auront-ils l'admiration plus calme. Mais je serais bien étonné s'ils ne trouvaient pas de quoi s'y plaire.

Le chemineau, comme le mot l'indique, est un homme qui est toujours par vaux et par chemins. Ce n'est pas précisément un vagabond ni un mendiant. C'est un ouvrier, qui n'aime point à s'enfermer sous un toit. Il fait de tous les métiers. Faut-il moissonner? il prend la faucille. Faut-il réparer une porte? il est serrurier, menuisier, ou, comme on dit en Beauce, aricandier. Mais il ne reste jamais longtemps au service de la même personne; son travail achevé, il se remet en route au gré de son caprice, emporté par une sorte d'instinct mystérieux.

> Et maintenant voici : j'ai pour premier principe
> De m'aller promener, libre, le nez au vent,
> Quand il m'en prend envie, et ça me prend souvent.

> J'ai pour second principe, et n'en veux pas démordre,
> D'envoyer promener quand on me donne un ordre.
> Autrement dit, je suis un mauvais garnement,
> Roulant en vagabond la grand'route et l'aimant,
> Travaillant pour manger tout juste et qui préfère,
> Quand c'est son goût, ne rien manger et ne rien faire.

Rude travailleur, quand il s'y met et, avec cela, un gai compagnon, toujours la chanson aux lèvres et le cœur en fête. Au moment où la pièce s'ouvre, il s'est loué, pour la moisson, chez maître Pierre, le riche fermier. C'est lui qui entraîne tous les autres à l'ouvrage et il fauche si dru que le maître Pierre lui propose de le garder à l'année avec de bons gages, comme premier valet de ferme. Il refuse; l'oiseau ne veut pas de la cage.

Maître Pierre lui ménage un autre assaut. Il a remarqué que sa servante Toinette, une jolie fille, orpheline qu'il a recueillie et qui a grandi dans la maison, agréait fort au chemineau. Il les laisse seuls ensemble, espérant qu'ils s'entendront. Il ne se doute pas qu'ils se sont, hélas! déjà entendus. Toinette s'est laissé prendre à la chanson de ce robuste et joyeux gars; elle est sa maîtresse. Elle le prie gentiment de rester; ils gagneront bien leur vie; ils achèteront un petit clos : ils seront heureux! Moi, s'écrie le chemineau,

> Moi, possesseur d'un champ! moi, clos dans ma maison!
> Pourquoi pas me fourrer tout de suite en prison!

Toinette, qui l'aime, comprend que chacun doit suivre sa nature. La tienne, lui dit-elle,

> La tienne, c'est d'aller fier, libre, à l'aventure,
> Mais tu peux avec toi m'emmener par la main,
> Et j'irai n'importe où, quel que soit le chemin;
> Mon chemineau, mon tant aimé, mon bien, mon maître.

Il est touché, mais il refuse :

> Ah ! mignonne, accepter, ce serait te promettre,
> Pour de rares moments bons, trop de mauvais pas,
> Avec des nuits sans gîte et des jours sans repas,
> Et le ventre qui crie et le cœur qui se serre,
> Moi, mon cuir est tanné par le vent de misère ;
> A toi, bouton de rose, il serait hasardeux.

Elle insiste ; il promet, mais sur la fin de l'acte, il est ressaisi de l'instinct migrateur ; il jette au tablier de Toinette les dix pistoles qu'il a reçues pour salaire de la moisson terminée, et s'en va ; et, tandis que Toinette l'appelle et pleure, on entend dans le lointain sa voix qui chante le refrain accoutumé :

> Coup' toujours et coupe encor,
> Chaqu' javelle f'ra son tas d'or.

Il est délicieux, il est exquis, ce premier acte ; tout parfumé de l'odeur des blés qu'on coupe, tout égayé des chansons qui voltigent dans l'air, tout illuminé de poésie. Enfin ! la voilà donc, cette charmante, cette idéale langue du vers appliquée de nouveau aux détails de la vie rustique, et appliquée avec un art merveilleux par un incomparable virtuose. Comme ce vers est simple tout ensemble et savoureux ! Comme il relève par l'image ou par le rythme la familiarité voulue de l'expression ! C'est un enchantement que ce style, qui reste franc et aisé, tout en étant très composite.

Vous ne sauriez croire quel en a été l'effet sur le public de l'Odéon. Nous étions tous charmés. Voilà bien longtemps que je dis qu'au théâtre le Français n'aime au fond que le drame en vers et le vaudeville ! Jamais cette vérité n'a été mieux prouvée que l'autre jour. Le vers a tout fait passer, même cette fin d'acte, où le chemineau abandonne assez vilainement, il faut le reconnaître, la jeune fille qu'il a séduite et qui de son fait va devenir mère.

Vous savez que la pièce avait été lue à la Comédie-Française, qui au *Chemineau* a préféré *Martyre,* du même auteur. Claretie connaissait donc la pièce; mais il n'avait pu assister à la première représentation, et comme nous en causions ensemble :

— Et la fin du premier acte, m'a-t-il demandé, qu'est-ce que le public en a dit? Est-ce qu'il n'a pas été choqué de cet abandon si cruel?

— On n'y a même pas pris garde. La poésie nous avait transportés dans les régions du bleu où ces choses-là n'ont pas de conséquence. Le chemineau, qui s'exprimait en vers, avait évidemment le droit de faire ce qui eût été abominable s'il eût été l'un de nous, parlant en humble prose.

Cet acte n'est qu'un prologue. Toinette a vingt ans de plus quand le second s'ouvre. Elle est mariée à un brave garçon, François, qui l'aimait déjà au temps où elle avait connu le chemineau, qui l'avait épousée malgré sa faute, qu'elle lui avait avouée, et qui avait accepté pour sien l'enfant né d'un autre.

Cet enfant, c'est Toinet. Il s'est épris d'Aline, la fille de maître Pierre, et elle est tombée amoureuse de lui. Mais Aline est riche; car maître Pierre, qui était déjà un gros fermier il y a vingt ans, a depuis lors arrondi son domaine. François, le père de Toinet, n'a qu'un tout petit bien. Maître Pierre refuse son consentement; il le refuse d'abord parce qu'il ne veut pas pour gendre le fils d'un de ses anciens valets de ferme, qui est resté gueux, puis pour une autre raison, qu'il ne dira qu'à la dernière extrémité.

François croyait que seul il savait le secret de la faute de sa femme. Mais le secret, maître Pierre l'avait pénétré, si bien que dans une explication très violente avec le père de Toinet :

— Je ne veux pas, lui crie-t-il, d'un bâtard.

A ce mot, François bondit et se jette sur maître Pierre. Mais le sang lui monte à la gorge ; il tombe foudroyé. Plût à Dieu qu'il fût mort du coup ! il ne nous ennuierait pas au dernier acte, où il est insupportable. Je vous en supplie, mon cher Richepin, tuez-le-moi ! Quel plaisir trouvez-vous à me camper plus tard ce paralytique sur une chaise longue où il retardera, sans profit pour personne, un dénouement qui traîne ? Un bon mouvement, tuez-le ! Ça ne vous coûte rien. Votre pièce y gagnera, et Chelles aussi, qui pourra s'en aller coucher à dix heures, et nous qui n'aurons pas à subir les ânonnements de cet insupportable paralytique. Allons ! c'est fait, il est mort, qu'on l'enterre et n'en parlons plus.

Il n'y a pas grand'chose dans ce second acte, il ne vaut que par la grâce du détail rustique et par la langue qui est toujours ferme et colorée. Mais le troisième est ravissant et il est allé aux nues.

Nous sommes à l'auberge, où Catherine, la cabaretière, sert les consommateurs. Catherine, c'est M<sup>me</sup> Archainband, vraiment élégante et jolie sous son bonnet de paysanne. Elle dit le vers avec une aisance très souple ; elle en fait sentir le rythme, tout en gardant la simplicité de diction que le rôle exige. A une table sont assis, devisant des commérages du pays et buvant sec, Thomas et Martin, dont la conversation a mis la salle en joie. C'est Garbagny et Prince qui jouent ces deux rôles épisodiques ; tous deux sont excellents ; ils ont une façon de dire : « — Oui, Thomas ; — oui, Martin », qui, à chaque fois, fait éclater le public de rire. Ils se content que le pauvre Toinet, pour oublier son chagrin, s'est mis à boire, et qu'il erre, par la campagne, pâle, défait, l'esprit perdu, et se remontant d'un coup de vin à chaque auberge qu'il rencontre. Et justement, le voilà ! Oh ! qu'il est las et triste ! La bonne Catherine, après l'avoir réconforté d'un morceau de pain, le conduit à la grange où il dormira un somme.

Et cependant voilà qu'une voix s'élève du lointain, chantant une chanson à boire. C'est celle du chemineau. Ah ! comme la salle s'est tout de suite éveillée et a frémi de curiosité impatiente. Nous l'attendions tous ; il y avait si longtemps que nous ne l'avions vu ! Il entre, toujours aussi droit, toujours aussi gai. Thomas et Martin le regardent et rassemblent leurs souvenirs. Eh ! mais, c'est le chemineau d'il y a vingt ans. Lui, il ne les reconnaît pas ; c'est qu'ils ont vieilli, tandis que lui !...

> Ah ! dame, à voir vieillir autour de vous les vôtres,
> Vous vieillissez plus tôt, vous ; tandis que nous autres,
> Des oiseaux voyageurs, qui n'avons pas de nid,
> On ne voit que des gens nouveaux : ça rajeunit.

C'est à peine même s'il reconnaît le pays ; il en a tant et tant vu ! Mais peu à peu les souvenirs remontent à sa mémoire et le nom de Toinette, jeté dans l'entretien, évoque en son esprit les images d'autrefois. Il s'informe de Toinette : on lui apprend qu'elle est mariée, qu'elle a un fils — ce fils, quel âge a-t-il ?

Il tombe dans une grande rêverie, et comme Thomas lui demande à quoi il pense, avec cet air songeur et triste :

> Je pense aux blés coupés qui ne sont pas les nôtres
> Et dont les épis mûrs font du pain pour les autres,

répond-il avec une pointe de mélancolie.

La scène à faire ici est évidemment celle qui doit mettre

en face l'un de l'autre le chemineau et Toinette. Elle est amenée sans beaucoup d'art, mais ces gaucheries de facture ne sont pas déplaisantes dans un drame de ce genre. En revanche, l'auteur a pris soin de nous ouvrir par avance le cœur de ses deux personnages : il nous a montré d'un côté Toinette éperdue, courant après son fils, se désolant de sa déchéance et cherchant partout un appui; de l'autre, le chemineau inquiet sur les devoirs, nouveaux pour lui, que lui impose cette paternité. Son premier mouvement avait été de s'enfuir :

> Suis ton destin; va, chemineau, chemine.

Mais il s'est ravisé. Oh! non, s'est-il dit à lui-même :

> Ce serait trop honteux! tu n'es qu'une vermine
> De vouloir fuir. Tu dois rester; tu dois le voir.
> Pour la première fois que tu sais ton devoir,
> Il te faut le remplir, si fort qu'il te tenaille,
> Et tu le rempliras, cette fois-ci, canaille!

Ne me demandez pas comment a pu fleurir tout à coup le sentiment de la paternité dans l'âme de ce chemineau, qui a rencontré un jour sur son chemin une belle fille, l'a quittée le lendemain en chantant, et ne s'est pas plus soucié de l'enfant dont il lui laissait l'espérance, que l'oiseau de la graine qui s'est échappée de son bec, qui est tombée et qui a germé n'importe où, au gré du hasard. Je vous répondrais que c'est là une des conventions théâtrales de l'heure présente. Il est admis pour le moment, en art dramatique, qu'un père, qui retrouve un fils qu'il a toujours ignoré, doit sentir ses entrailles s'émouvoir. Et puis, si cette raison ne vous suffit pas (j'avoue qu'elle n'est pas suffisante), j'ajouterai : Que voulez-vous? c'est en vers. Et si cette nouvelle raison ne vous suffit pas encore... Ah! bien, alors, allez vous promener!

Voilà donc Toinette et le chemineau en présence. C'est à peine s'ils échangent quelques mots sur un passé charmant et douloureux; ils ne se préoccupent que de Toinet. La mère conte la détresse du pauvre enfant; elle a foi, pour lui rendre espoir et force, dans son chemineau qui était si intelligent, si adroit, qui avait si bon cœur. Il promet de relever le moral du jeune garçon :

> Bah! je lui trouverai des mots encourageants.
> N'est-ce pas mon métier, moi, d'égayer les gens?
> Moi, boute-en-train que, pour se distraire, on invite!
> C'est bien le moins, vingt dieux! que mon gars en profite?
> Sans compter qu'à me voir le rire sur les dents
> Il n'aura pas soupçon que je pleure au dedans.

Le fait est que tout de suite il ragaillardit de bonnes paroles Toinet, qui, en s'éveillant de son lourd somme, est sorti de la grange :

> Va, tu l'épouseras, ton Aline, elle t'aime,
> Je le sais, oui; mais toi, ce que tu ne sais pas,
> C'est que son père est un, que, moi, je mets au pas.
> Ah! bigre! quand je parle, il n'en mène pas large;
> Cela te fait rire?

Toinet a ri, tout va bien; le chemineau le prend sous le bras et l'emmène en chantant le refrain par lequel il s'est annoncé.

Cette fin d'acte nous a tous mis en belle humeur. Moi, je regrettais tout de même de n'y avoir pas vu une gentille scène d'amour entre Toinet et Aline. Nous l'aurons peut-être à l'acte suivant, me disais-je. Eh! bien, non! L'auteur ne l'a pas faite; mais, en revanche, il nous en a donné une, en ce quatrième acte, qui est tout à fait imprévue, bien originale, et qui a changé le succès en triomphe.

Il s'agit pour le chemineau d'obtenir de maître Pierre son consentement au mariage de sa fille Aline avec Toinet. Or, maître Pierre croit avoir besoin du chemineau. Il a vu dans le temps quel rude travailleur c'était, et industrieux, et habile ouvrier. Il voudrait l'engager; il en a d'autant plus envie qu'en ce moment il a la guigne : ses bœufs sont malades, ses moutons meurent comme des mouches, la récolte s'annonce mal. Il est superstitieux comme tous les paysans, et l'on dit que ce chemineau a toutes sortes de secrets, les uns pour guérir bêtes et gens, les autres pour les faire périr à volonté. C'est un *jeteux de sorts*.

Il entre donc en arrangement avec le chemineau.

Bien qu'il soit serré, le ladre, il offre une grosse somme au chemineau, pour l'avoir à son service. Mais le chemineau ne veut pas d'argent; ce qu'il veut, ce qu'il exige, c'est la main d'Aline pour Toinet. Maître Pierre se révolte; il allègue sa grosse fortune, ses terres au soleil. Mais le chemineau n'a-t-il pas « ses secrets » ? les mauvais et les bons. Deux fermes, eh ! mon Dieu ! qu'est-ce qu'il faut pour en ruiner le propriétaire : une maladie, le feu, la grêle.

Et, tout en parlant ainsi, le chemineau regarde maître Pierre d'un air méphistophélistique, il fredonne un air mystérieux, qui trouble profondément le superstitieux fermier. Maître Pierre croit aux sorciers. Il ouvre des yeux hagards et une bouche terrifiée, tandis que le chemineau tourne autour de lui, chantant des couplets, d'un sens imprécis, mais qui évoquent vaguement des images de mort et de ruine.

Decori et Janvier ont joué de la façon la plus amusante cette piquante et curieuse scène. Janvier douteux d'abord, puis crédule et épouvanté ; Decori, avec un regard en dessous, malicieux et rieur, l'enveloppant de ses prédictions sinistres et le forçant enfin à composer. Car maître Pierre cède ; il cède, je dois le dire, à un motif plus noble. Sa fille est très malade, et le chemineau promet de la remettre sur pied. Il peut prendre cet engagement ; car il sait de quel mal souffre Aline. Le père se rend :

> Ne laisse pas entrer le malheur par ma porte ;
> J'ai peur pour mon enfant. Tout le reste, qu'importe !
> Sauve mes biens ; je t'en donnerai la moitié.
> Mais elle, elle ! Ah ! j'ai peur ; ne sois pas sans pitié.

Ce fut, quand le rideau tomba sur ce quatrième acte, une longue explosion d'enthousiasme. Dès ce moment, le succès était acquis. Le cinquième acte qui est long, touffu, encombré de détails inutiles, ne l'a pas refroidi. Il serait si facile d'émonder ce dernier acte, de le rendre, à l'aide de quelques suppressions, plus animé et plus vivant.

Quel est le dénouement ?

Aline et Toinet sont mariés. Le chemineau, qui les a faits heureux, est repris par son humeur vagabonde. En vain on le prie de rester ; il faut qu'il parte ; Toinette qui l'aime, comprend ce besoin et l'excuse ; il recharge sa besace sur son épaule et sort en disant :

> Et toi, suis ton destin... vieux chemineau... chemine !

Le voilà, le dénouement. Il y est ; mais mêlé à toutes sortes de détails inutiles et encombrants. Le vieux paralytique, que vous savez, n'en finit pas de faire des adieux dont personne ne se soucie. Il veut que le chemineau, après sa mort, épouse Toinette. Mais nous, qui ne le désirons pas, nous trouvons son insistance désobligeante.

Non, il fallait s'en tenir à nous montrer la décision du chemineau, et l'approbation que lui donne Toinette, qui a de l'intelligence à force d'avoir du cœur. Et cette approbation, elle la donne dans un couplet admirable de verve, dont je ne détache que les derniers vers. Elle s'adresse au pauvre gueux que tout le monde presse de rester au pays :

> Dis-leur que des pays, ce gueux, il en a cent,
> Mille, tandis que, nous, on n'en a qu'un, le nôtre ;
> Dis-leur que son pays, c'est ici, là, l'un l'autre,
> Partout où chaque jour il arrive en voisin,
> C'est celui de la pomme et celui du raisin ;
> C'est la haute montagne et c'est la plaine basse ;
> Tous ceux dont il apprend les airs, quand il y passe,
> Dis-leur que son pays, c'est le pays entier,
> Le grand pays dont la grand'route est le sentier ;
> Et dis-leur que ce gueux est riche, le vrai riche,
> Possédant ce qui n'est à personne : la friche
> Déserte, les étangs endormis, les halliers,
> Où lui parlent tout bas des esprits familiers ;
> La lande au sel de miel, la racine sauvage ;
> Et les chansons du vent dans les joncs du rivage ;
> Et le soleil et l'ombre, et les fleurs et les eaux,
> Et toutes les forêts avec tous leurs oiseaux.

O puissance de la poésie sur la foule ! A ce dernier vers si pittoresque, d'une harmonie si pleine, il y a eu une longue acclamation du public transporté. Mettez ça en prose ; mettez toute la pièce en prose ; il n'en restera rien ; peu de chose, tout au moins.

C'est M<sup>lle</sup> Weber qui a lancé le couplet. Elle l'a dit avec beaucoup de force ; j'y aurais souhaité un plus profond sentiment du rythme. Il y a des vers qu'il faut absolument détacher, dont il faut suivre et marquer avec la voix le contour harmonieux. J'ai horreur de la mélopée continue au théâtre; elle est quelquefois nécessaire. M<sup>lle</sup> Weber a eu dans le cours de son rôle, qui est long, complexe et difficile, des moments superbes. Au troisième acte, quand elle sort de la grange où dort son fils, elle est incomparable de grâce digne et fière.

2? février 1897.

# GEORGES DE PORTO-RICHE

## AMOUREUSE

### I

Le grand défaut de la pièce nouvelle, c'est que la donnée est de simple proverbe ou de vaudeville, et ne comporte qu'un acte : aussi des trois actes dont se compose *Amoureuse*, y en a-t-il un, le premier, qui est à peu près inutile et qui a paru long, et un autre, le troisième, qui est bien pis qu'inutile et dont l'extravagance a failli faire chavirer la pièce. Le second seul, où la donnée se trouve traitée et même épuisée a beaucoup réussi, et la dernière scène où elle se résume avec une rare intensité d'expression a enlevé le public.

Il s'agit au fond d'une femme qui a épousé par amour un homme arrivé à l'âge de l'ambition ; après que la lune de miel est passée, il voudrait ne plus l'aimer qu'à ses heures, il a à travailler, à faire sa réputation ; elle s'impose à lui, elle est jalouse de tous ses instants, elle le fatigue de sa passion exubérante, obstinée, si bien qu'un jour, excédé, dans un mouvement de mauvaise humeur, il l'envoie promener, tout lui paraissant préférable à un amour aussi comprimant ; à peine en est-il débarrassé, qu'il le regrette ; il pestait contre l'accaparement que la femme faisait de lui, de son temps, de ses forces et de sa pensée ; il s'ennuie du vide que son départ a laissé autour de lui. Il la reprend, et toute l'affaire se termine par un baiser.

Avec une aussi mince donnée, les vaudevillistes d'autrefois auraient troussé un gentil vaudeville en un acte : la scène de rupture aurait été le point de partage. La pièce serait tout le temps restée dans le ton d'un aimable badinage. Beaucoup de maris se seraient reconnus dans cette histoire lestement contée, auraient souri, et le soir, en se couchant, ils eussent dit à leur femme : « Tu vois, ma chère, qu'il ne faut pas trop ennuyer les maris qui travaillent. » A quoi la femme eût répondu : « Vous êtes encore bien contents de nous avoir. » Et tous deux eussent été visités dans la nuit par les agréables songes qui s'échappent de la porte d'or.

Mais ce n'est plus ainsi qu'on entend le théâtre de genre. M. de Porto-Riche ne se contente pas d'un croquis gentiment enlevé ; il a essayé de faire un tableau d'histoire avec un sujet de peinture anecdotique, un drame de caractère et de passion avec une donnée de vaudeville.

Il a pris un soin infini à nous peindre le caractère du mari et celui de la femme. Le mari, c'est Étienne Fériaud, un médecin de quelque réputation, bien qu'il n'exerce pas, car il est riche. Il s'est distingué par des travaux de physiologie ; il a fondé un hôpital, où il est seul maître, et poursuit des études personnelles sur la diphtérie. Il a de l'ambition, et justement il vient d'être choisi par le gouvernement pour représenter la science française au congrès de Florence. Il a épousé par amour, vers l'âge de trente-six ans, une jeune fille, Germaine, qui s'était prise pour lui d'une passion folle. Il était allé la demander en mariage pour un peintre de ses amis, Pascal Delannoy, qui en était fort amoureux. La jeune fille l'a vu ; elle a été frappée du coup de foudre. C'est lui qu'elle a voulu, c'est lui qu'elle a épousé.

Il y a huit ans de cela ; et sa passion est aussi intense, aussi exclusive qu'au premier jour. C'est une drôle de petite femme que cette Germaine : il y a en elle des instincts de courtisane. Elle aime son mari, mais elle l'aime à la façon de ces maîtresses d'un jour, qui accaparent et absorbent l'homme tant que dure leur liaison. Elle l'envahit tout entier ; elle ne lui laisse pas pour ses travaux une minute de répit et de liberté ; il ne peut sortir qu'elle ne l'accable de questions sur l'emploi de son temps ; elle regarde comme un vol toute pensée qui ne lui appartient pas et l'interrompt dans son ouvrage par des propos frivoles ; avec cela, tous les goûts de désordre de la cocotte : rien n'est rangé chez elle ; on ne sait jamais ce qu'on y fera le soir ; elle adore les parties improvisées ; c'est une joie pour elle de dîner sur un guéridon, en tête à tête, avec des écrevisses et du vin de Champagne, le tout entremêlé de baisers.

Car les baisers vont toujours leur train. Étienne Fériaud a été et est encore un bel homme. Il passait en son temps pour un irrésistible don Juan, il possède encore de beaux restes, et M. de Porto-Riche, pour nous le prouver, nous fait assister à deux scènes épisodiques bien singulières. C'est le jour de M$^{me}$ Fériaud ; elle reçoit dans son salon, mais elle n'aime pas que les visiteuses voient son mari, car elle est persuadée que ses bonnes amies veulent le lui prendre.

Elle n'a pas si tort : voici deux femmes du monde, M$^{me}$ de Chazal et M$^{me}$ Henriet, qui ont insisté pour serrer, avant de partir, la main au maître de la maison ; on cause, et l'une d'elles, M<sup>me</sup> de Chazal, le tirant à part, lui dit à brûle-pourpoint :

— Vous savez, le petit entresol où nous avons passé de si charmantes heures, il y a deux ans, est libre.

— Je ne le suis plus, répond-il.

C'est ensuite le tour de M<sup>me</sup> Henriet qui lui dit ou à peu près :

— Vous savez, quand vous voudrez...

— Justement, répond-il, je pensais à vous ; il faut que je vous fasse un cadeau.

Il tire un objet de sa poche et le met discrètement dans la main de la dame. Elle regarde : c'est un numéro d'omnibus, le 59.

— Il faut prendre ses numéros, dit-il avec une impertinence plus que cavalière ; vous avez le 59.

Il n'est pas qu'à moitié fat, le monsieur. S'il se dérobe ainsi, c'est d'abord qu'il a quarante-cinq ans ; c'est aussi, c'est surtout que sa femme y a mis bon ordre. Il est médecin et, de plus, physiologiste ; il sent bien que l'heure est venue de dételer. Mais Germaine est si câline, si séduisante ; elle est aussi, nous le savons par de discrètes mais transparentes allusions, si perverse en ses façons de caresser, qu'il s'oublie à tout bout de champ, et sans la contenter. Il lui en veut, il la gronde ; elle boude, et puis elle met une certaine robe qui l'habille si bien que le pauvre homme n'y résiste pas, et c'est à recommencer, et baisers de pleuvoir, et plaintes de recommencer, et voilà huit ans que tout cela dure !

Germaine a pour le moment bien du chagrin, car c'est depuis huit ans la première fois que son mari va la quitter pour quinze jours. Ah ! ce voyage à Florence ! s'il y renonçait !... Mais non, son honneur de savant y est intéressé ; elle le sait, elle se résigne. C'est à huit heures l'heure du train... et à six, elle met sa robe, la robe que vous savez... Elle est si insinuante, elle se coule avec des chatteries si voluptueuses autour de son mari, que le pauvre homme écrit au ministre pour envoyer sa démission.

— Non, il ne faut pas, lui dit-elle ; demain, je te connais, tu m'en voudras.

— Eh ! non.

Et il l'embrasse, la rembrasse, et elle bat des mains, triomphante, heureuse...

— Tu es gentil !

Il y a pour le soir une première représentation de *Lohengrin :*

— Nous devrions y aller, lui dit-elle, en le regardant avec de certains yeux.

— Non, restons ensemble...

— Oh ! que tu es gentil ! que tu es gentil !

Un tiers assiste à ces effusions : c'est ce Pascal Delannoy, pour qui, dans le temps, Fériaud avait demandé la main de Germaine. Pascal est un philosophe ; il n'en a point voulu à son ami de son mécompte. Il s'est en quelque sorte installé chez le jeune ménage ; il y dîne à peu près tous les jours ; il aime toujours Germaine, il en badine, et pas toujours avec assez de légèreté ni de grâce, car le sujet est délicat. Mais on le laisse dire et faire. Il est si bien établi que Germaine est éperdument amoureuse de son mari qu'il n'y a pas ombre de danger à la présence d'un autre homme. Et quant à Fériaud, il est d'une fatuité si pleine, si entière, qu'il ne saurait prendre ombrage des assiduités d'un autre homme ; quand une femme a le bonheur de le posséder, elle ne saurait penser à un autre.

N'importe ! l'intrusion de ce troisième personnage, qui regarde mélancoliquement tomber cette pluie de baisers, vous paraîtra, j'imagine, sinon choquante, au moins énigmatique. Réservez votre étonnement; vous aurez tout à l'heure l'explication du mystère.

Voilà donc le premier acte : la femme cramponne, le mari fatigué, énervé, l'ami philosophant sur la situation.

De quoi va se composer le second acte?

Des mêmes scènes, incessamment répétées, jusqu'au moment de l'explosion finale que nous attendons, qui doit être le point culminant de l'ouvrage et, comme je le disais tout à l'heure, le point de partage des eaux.

Aussi, malgré tout l'esprit de l'auteur, et il en a beaucoup, toute la première partie de ce second acte nous a-t-elle semblé languissante. Fériaud regrette d'avoir envoyé sa démission au ministre.

— Je t'avais dit de ne pas le faire, objecte la femme.

— Allons donc! Je ne l'ai fait que pour toi... et c'est Varin qu'on a nommé à ma place... Varin!... Et il aura peut-être du succès là-bas...

— Alors, gare à moi! murmure Germaine.

Oui, mais ces querelles, nous les avons déjà vues; nous connaissons déjà ces mauvaises humeurs et les gronderies de ce mari amoureux mais excédé et qui sent avec amertume ses forces et sa vie couler entre les doigts de sa femme; nous connaissons les nervosités tatillonnes de cette Germaine, toujours en mouvement, toujours tournant autour de son mari ou collée sur ses lèvres. Nous finissons par être agacés de ce recommencement perpétuel. Nous attendons la grande scène. Enfin, la voilà donc!

Comment arrive-t-elle? Mon Dieu! comme ces choses-là arrivent dans la vie, à propos de rien, sans qu'on sache qui a commencé. Le vase est trop plein; il suffit d'une goutte d'eau pour le faire déborder. Tous deux sont à dîner sur le guéridon, Fériaud tourmenté du souvenir de Varin, Germaine inquiète de le voir soucieux :

— Si nous allions ce soir à *Lohengrin !* demande le mari.
— Mais, mon ami, j'ai donné les billets.
— Tu as donné les billets !
— Tu avais dit que nous resterions ensemble !

Et les voilà partis ; peu à peu la dispute s'échauffe et les cœurs se dégonflent, chacun des deux décharge ses griefs ; c'est un échange de propos aigres, de reproches amers, de plaintes douloureuses. La scène est d'une vérité, d'une vivacité, d'une éloquence merveilleuses. Tantôt elle procède par répliques courtes et brèves, qui se choquent comme des épées de combat ; tantôt ce sont de longs couplets où s'exhalent la colère et le désespoir. Un de ces couplets, le dernier, a été dit par M<sup>lle</sup> Réjane avec un sentiment si juste et si intense, partant de la fureur pour s'amollir aux attendrissements de la passion déçue et aux sanglots du bonheur brisé, que le public ne l'a pas laissé finir : de longs et unanimes applaudissements lui ont coupé sa tirade ; toute la salle était emballée. Il est vrai que la scène est admirablement conduite et que les acteurs l'ont jouée dans la perfection.

Le diable, quand on a ainsi poussé les choses à l'extrême, c'est de revenir ; comme, autrefois, le vaudeville sentait la nécessité de revenir, il se gardait de ces emportements et ne coupait point les ponts derrière lui. Ici, nous sommes en plein drame à cette heure. Plus de porte de rentrée possible.

Quel mot trouver qui termine le second acte et ouvre la possibilité d'un troisième.

Pascal vient d'entrer, quand la querelle est à son moment le plus aigu.

— Ah ! c'est toi, crie Fériaud. Tu aimais ma femme, tu l'aimes toujours, j'en ai assez ; prends-la, je te la donne.

Et il sort.

— Ah ! c'est ainsi, s'écrie Germaine, on ne sait pas de quoi je suis capable pour me venger ! Venez.

— Autant moi qu'un autre! murmure Pascal.

Diantre! nous voilà à cent lieues de la comédie! Quoi! tant de bruit, comme disait l'autre, pour une omelette au lard! Après huit ans, ils vont se séparer et de quelle façon! Pour une méchante querelle! Ils vont, lui, retrouver une ancienne que nous avons vue rôder au premier acte ; elle commet sans amour une faute irrémédiable. Et comment se tirer ensuite de ce gâchis.

Hélas! l'auteur s'en tire fort mal! Je n'insiste pas sur les misères de ce troisième acte, dont quelques parties m'ont paru dénuées de tout bon sens et de toute raison. Je ne fais qu'indiquer le dénouement en gros.

Quinze jours ou trois semaines se sont passés : Fériaud s'ennuie ; sa femme lui manque, quand il rentre chez lui, il la trouve installée avec Pascal ; il ne croit pas, tant la fatuité est chez lui tenace, qu'elle ait failli ; il croit qu'elle s'amuse à coqueter avec lui pour faire enrager le mari qui l'a quitté. Il se trompe ; elle s'est donnée, et elle le regrette ; et Pascal, qui s'est renflammé, devient horriblement jaloux du mari que sa femme aime encore.

Les deux époux ont enfin une explication : Germaine avoue, Fériaud pardonne. Ça ne compte pas ; ce n'est qu'un accident. Il flanque à la porte son ami, qui s'en va en disant que sa vie est brisée ; et le duo va reprendre entre le mari et la femme réconciliés.

On a murmuré à de certains passages, et il y avait de quoi. Mais l'impression laissée par le second acte avait été si vive qu'on ne s'est pas trop révolté tout de même contre ces insanités. Je ne sais quel sera, devant le vrai public, le succès définitif de cette pièce ; elle est pleine de talent ; il y a dans le dialogue je ne sais quel nervosisme qui est bien de ce temps-ci. C'est d'un charme bizarre, très attirant, très ensorcelant, très inquiétant aussi.

La pièce est fort bien jouée, d'une façon absolument supérieure, par M{ᵐᵉ} Réjane, qui a composé ce rôle très complexe avec une finesse et une science extraordinaires. Elle garde, même sous les plus vifs emportements d'amour ou de colère, une mesure exquise; la diction est d'une netteté irréprochable. C'est une comédienne, dans la grande acception du mot.

Le personnage du mari est bien difficile, car il n'est pas non plus tout d'une pièce. Il faut indiquer sa fatuité ridicule, tout en laissant voir le savant amoureux de travail et de réputation; il faut qu'il y ait chez lui assez de passion pour expliquer ses faiblesses et assez d'agacement, d'énervement, pour justifier le coup de tête de la fin. Duménya rendu toutes ces nuances avec beaucoup de légèreté.

27 avril 1891.

## II

L'auteur a refait le troisième acte. Mais la vérité est que le troisième acte, de quelque façon qu'on le tourne, ne sera jamais bon. La première version ne valait rien, la seconde ne vaut pas davantage; toutes celles qu'il essayera ne vaudront pas plus.

Quand le rideau tombe sur le second acte, la pièce est finie, parce que l'idée, d'où elle était sortie, est épuisée. Que prétendait l'auteur? nous montrer un ménage où la femme ne sait pas aimer, l'aimant trop, un mari qui travaille; quand il a poussé à bout cette situation, quand la catastrophe en a jailli, il n'a plus qu'à mettre un point.

Le troisième acte, il n'est pas à refaire, il est à supprimer. Si M. de Porto-Riche consentait par la même occasion à retrancher, au premier acte, quelques brutalités absolument inutiles, et d'une violence désobligeante, ce qui resterait d'*Amoureuse* serait exquis, et je ne crois pas m'avancer trop en disant qu'il ferait de cette petite pièce, ainsi réduite, un des chefs-d'œuvre de la comédie contemporaine. J'ose dire qu'*Amoureuse*, une fois ces suppressions pratiquées, serait infiniment supérieure à la *Parisienne* de Becque, et mériterait, bien mieux que la *Chance de Françoise*, d'entrer au Louvre de la Comédie-Française. La scène par où se termine le second acte est assurément une des plus belles que l'on ait écrites en ces cinquante dernières années.

30 novembre 1891.

## III

Mon sentiment n'a pas changé. Le premier acte est charmant, le second tient du chef-d'œuvre. La scène qui l'emplit est d'une observation aiguë et subtile, d'une vérité poignante. Je n'ai jamais beaucoup aimé le troisième acte ; l'auteur l'a voulu refaire ; la seconde version vaut mieux que la première, sans doute ; je ne sais, s'il n'eût pas mieux valu le supprimer et laisser la pièce sans dénouement. Jamais ces deux êtres, si dignes l'un de l'autre d'être aimés, ne s'accorderont ensemble et ne seront heureux l'un près de l'autre. Cette impression, qui se dégage très nette de la fin du second acte, n'est-elle pas un dénouement? Il n'y aurait qu'à l'accentuer par quelques mots, qui seraient comme la morale de la fable.

Que j'aie raison ou tort dans les réserves que je fais contre ce dernier acte, il n'en reste pas moins que le second (qui est à lui seul une comédie) est admirable. C'est ce que la comédie contemporaine nous a donné de plus nerveux et de plus vibrant. Je suis convaincu que dans un siècle ou deux, quand on voudra donner à nos arrière-petits-fils une idée de nos façons de sentir, on prendra cette scène comme document. Elle servira de matière aux conférenciers de l'avenir.

30 mars 1896.

# LE PASSÉ

Il faut bien l'avouer, la première représentation avait été froide. Malgré les sympathies très vives qu'excite le nom de l'auteur, et le désir que nous apportions tous de voir réussir sa pièce, il y avait eu comme un sentiment de fatigue à l'écouter. On s'était amusé à quelques coins charmants de dialogue; l'impression d'ensemble n'avait pas été d'enthousiasme et de joie.

Je ne dirai pas qu'il y ait eu à celle des représentations suivantes où j'ai assisté une transfiguration complète du public. Il s'est encore retiré incertain et flottant. Mais il m'a paru bien plus animé que nous n'avions été nous-mêmes; il s'est moins raidi contre les scènes de passion; il a applaudi de meilleur cœur. Pour moi, personnellement, j'y ai goûté un plaisir bien plus vif. Je n'avais plus à m'occuper du drame que je connaissais; je pouvais à mon loisir goûter le détail qui est presque toujours délicieux.

Mme Dominique de Brienne a près de quarante ans et elle est encore belle. Elle a été mariée; veuve, elle a fait de la sculpture, moins pour gagner sa vie, car elle est riche, que par un goût très vif de l'art. Elle a du talent et de l'esprit. Elle vit en bon garçon, avec des Parisiens qui ne lui font plus la cour, sachant qu'ils n'arriveront à rien. Ils se sont résignés à n'être que ses camarades : c'est Béhopé, le romancier, qu'on a surnommé l'Instar parce qu'il imite toujours quelqu'un ; Dracony, le peintre, Forain manqué, rosse, et officier de la Légion d'honneur, qui loue la peinture des autres quand elle ne se vend pas ; Mariotte, le compositeur, qui ne parle que de ses bonnes fortunes, et Maurice Arnaut, le plus sérieux de cette petite bande ; il est médecin, mais plus assidu à l'atelier de Dominique qu'à son cabinet de consultation. Il l'aime d'un de ces amours discrets, patients, et résignés qui font les *palitos*. Il ne demanderait qu'à épouser, lui ! Les autres eussent été moins ambitieux. Tous vivent sur un pied d'aimable familiarité avec Dominique qui les traite en camarades.

Ces quatre anabaptistes ne la lâcheront pas d'un bout à l'autre du drame qui va s'ouvrir et qui pourrait parfaitement se passer d'eux. Car ils n'y joueront d'autre rôle que celui de témoins, marquant les coups. Ils feront la fonction du chœur dans la tragédie antique. Mais au lieu que le chœur grec, commentant les faits qui se déroulaient sous ses yeux, les accompagnait de bons conseils et de sages préceptes, nos quatre artistes jettent tout au travers des scènes qu'ils voient un dialogue trépidant, osé, cynique même parfois, où les fusées du paradoxe partent en même temps que les mots d'observation à la La Rochefoucauld où la blague du boulevard se mêle à des considérations de haute philosophie.

Tous quatre sont dans l'atelier de Dominique, fidèles à un rendez-vous quotidien, lorsque le rideau se lève. Ils daubent sur le tiers et le quart, papotent sur tous les sujets qu'amène le hasard de la conversation ; elle ne tarde pas à tomber sur l'amour, et les voilà qui se mettent à traiter cette question particulière : Est-il permis de mentir en amour ? La discussion est longue et vive. J'ose dire que c'est une page de maître ; tous les arguments pour et contre y sont ramassés en phrases courtes, nerveuses, vibrantes, dont chacune enferme un sens net et profond sous une forme aiguë. On pourrait transporter ces quatre pages dans un manuel de morale; elles épuisent la question. C'est une merveille !

Cette merveille est de peu d'effet au théâtre, ou du moins elle en a peu fait aux représentations où j'ai assisté. C'est qu'on la prend pour un brillant hors-d'œuvre. Nous ne pouvons pas nous douter que ce hors-d'œuvre est le fond même de la pièce. M<sup>me</sup> de Brienne plaide avec une âpreté singulière contre le mensonge en amour. Combien nous nous intéresserions davantage à ce qu'elle dit, si nous étions avertis de ce que nous saurons tout à l'heure, c'est qu'elle plaide sa propre cause ! Après la mort de son mari, elle a eu un amant, qu'elle a adoré : François Prieur, qui lui mentait à la journée, qui la trompait avec d'autres, qui l'a enfin abandonnée, qu'elle a longtemps regretté, qu'elle regrette peut-être encore. C'est le souvenir des mensonges dont elle a été victime qui l'anime contre le mensonge. Si nous le savions, nous comprendrions bien mieux son emportement, nous en serions plus touchés.

Ce n'est pas tout ; le drame, nous l'ignorons encore, et nous ne l'apprendrons que beaucoup plus tard, va rouler sur cette idée du mensonge en amour, et c'est un dernier mensonge qui amènera le dénouement. Il fallait nous en prévenir. M. de Porto-Riche ne nous dit rien ; il nous laisse deviner ; il nous croit trop intelligents. Au théâtre, je ne suis, comme les camarades, qu'un simple imbécile.

Il y a bien encore une autre explication du peu d'intérêt avec lequel on a suivi cette scène exquise, c'est que les artistes chargés de la jouer, s'ils en ont récité le texte avec exactitude et justesse, n'en ont pas donné la sensation. Quels sont les personnages que M. de Porto-Riche a voulu mettre en scène ? Des Parisiens, des boulevardiers, des artistes, qui badinent avec légèreté et grâce sur un thème de philosophie mondaine, en compagnie d'une femme, artiste elle-même et, de plus, extraordinairement nerveuse ; et cela se passe dans un atelier de sculpteur. Eh ! bien, vrai ! on eût dit le percepteur des finances, le contrôleur de l'enregistrement et le greffier de la justice de paix, discutant dans un salon de la sous-préfecture avec la maîtresse de la maison. Il va sans dire que j'exagère la critique pour la rendre plus sensible. Les acteurs de l'Odéon sont de bons comédiens ; mais ils manquent trop de désinvolture pour une œuvre d'un modernisme si aigu. Ils sont trop rive gauche. Cette réflexion a été faite par tout le monde ; et elle a malheureusement pesé sur tout le reste de la pièce.

Tandis que l'on potine entre camarades, le domestique annonce Mme Antoinette Bellangé. Dominique l'attendait. Elle a connu Antoinette petite fille et l'a mariée. Le mariage a mal tourné, il a abouti au divorce ; mais il y a déjà longtemps de cela, le mari et la femme ont chacun de leur côté regretté leur sottise ; Dominique s'est mis en tête de les réconcilier ; elle songe surtout à la petite Hélène, née de cette union malheureuse. Elle a déjà persuadé le mari ; il lui reste à vaincre les répugnances de la femme.

Antoinette est une de ces femmes, comme M. de Porto-Riche aime à les peindre, qui porte dans les relations conjugales une grande indépendance de préjugés et une extraordinaire désinvolture de langage. Quand son amie lui parle de réconciliation, elle n'hésite pas à lui avouer qu'il est trop tard. Elle a un amant.

Naturellement, on cause de cet amant qui traverse des projets si bien combinés. Antoinette ne le nomme pas ; mais, à certains traits de caractère, Dominique croit le reconnaître.

— C'est François Prieur!

C'est bien lui, en effet! A cet aveu, Dominique sent se rouvrir l'ancienne blessure. Antoinette s'en aperçoit à l'altération de son visage et de sa voix :

— Puisque c'est le passé! dit-elle à son amie.

— Je t'adore! répond Dominique en l'embrassant; elle tombe sur un fauteuil, et avec accablement : « Elle va le retrouver », soupire-t-elle.

Il est admirable, ce premier acte, bien que les préparations y manquent; admirable de dialogue tout au moins. Si l'on avait, à cet égard, une critique à lui adresser, c'est qu'il pétille d'étincelles si nombreuses, si rapides et si vives qu'on en est comme aveuglé, comme accablé. Il y en a trop; on sent que l'auteur a lentement, jour à jour, emmagasiné ces réflexions et ces mots, pour les laisser échapper ensuite en décharges électriques, coup sur coup lancées.

Le sujet n'en est pas moins très clairement annoncé et exposé. Sur ce dernier mot du premier acte, nous pouvons prévoir que François Prieur, une fois mis en présence de son ancienne maîtresse, va se reprendre d'amour pour elle et la ressaisir, malgré les résistances qu'elle lui opposera. Nous ne voyons pas très bien comment l'auteur étirera cette situation en quatre actes, la comédie en ayant cinq, mais c'est son affaire.

Au second acte, nous sommes encore dans l'atelier de Dominique. L'inévitable quatuor est là, et l'on recommence à potiner; mais cette fois, c'est François Prieur qui est sur le tapis. Les quatre amis s'en donnent à cœur joie de taper sur ce monsieur, qui arrive justement de Londres, où il est attaché d'ambassade et qu'ils haïssent d'instinct. Dominique leur tient tête et leur flanque à chacun leur paquet, avec une verve et un cinglant de langage, dont ils sont un peu ahuris. Ah! cette fois, la scène a porté.

Mais pourquoi ?

C'est que nous étions avertis. C'est que nous savions que Dominique au fond aimait toujours cet infidèle, et qu'elle était enragée de voir qu'on l'attaquât. Et Dieu sait si ces bons amis s'en font faute ! Ils lui racontent qu'avec les lettres de ses maîtresses il faisait des cocottes en papier, ou que, les recevant au bain, il se les faisait lire par son valet de chambre ; qu'il avait rue Saint-James un petit appartement où il hébergeait ses victimes... et plus ils accumulent d'accusations, plus Dominique s'exaspère et les accable de ses sanglantes ripostes. Ils sont habitués à ses boutades ; ils en rient, tout en les trouvant excessives.

A ce moment, le domestique passe à Dominique la carte de François Prieur.

— Mes enfants, dit tout bas l'un des anabaptistes à ses collègues, demain nous aurons notre compte. Nous serons fichus dehors.

François Prieur entre ; le drame commence.

Vous rappelez-vous la scène où Elvire, la pauvre abandonnée, vient revoir don Juan, qu'elle n'a cessé d'aimer. A la voir en larmes, don Juan sent pour elle comme un revenez-y d'amour et lui dit des douceurs. Eh ! bien, c'est avec cette scène-là que M. de Porto-Riche a fait sa pièce.

François Prieur est un don Juan, un homme à femmes. Il les séduit toutes. Ce n'est pas qu'il soit très beau, ni même très spirituel, ni supérieur en rien. Il a le je ne sais quoi. Les femmes ne peuvent le voir sans l'aimer, et une fois qu'elles s'en sont éprises, c'est pour la vie. Elles l'ont dans l'os. Et lui, il ne peut voir une femme, sans qu'aussitôt le désir ne s'éveille chez lui ; il est amoureux du premier coup et sincèrement amoureux, au moins pendant l'heure où il exprime son amour.

Voilà donc ces deux emballés en présence : chez l'une,

c'est l'amour profond, ardent, immuable qui la tient; chez l'autre, c'est la passion du moment qui l'agite; une passion renouvelée, mais une passion qui n'en est que plus vive.

Que vont-ils se dire? Que va-t-il se passer?

Vous m'arrêtez là-dessus et vous m'objectez :

— Mais il n'y a là qu'une scène à faire; la pièce ne saurait plus avoir, arrivée à ce point, que deux actes : l'un où se développe cette scène, l'autre où se dénouera le drame qui va en sortir.

Je suis bien de votre avis. Le *Passé* ne comporte que trois actes. Comment l'auteur est-il arrivé à en faire cinq? Eh! mais, il a refait au troisième acte la scène du second; au quatrième acte, la scène du troisième, et au cinquième la scène des deux autres, en la montant à chaque fois de ton, comme on ajoute de quart d'heure en quart d'heure de l'eau chaude dans un bain où est plongé le thermomètre qui indique le degré de la température.

Le drame se compose donc de trois duos d'amour, l'homme pressant, suppliant, menaçant, en proie à toutes les fureurs des sens déchaînés; l'autre, amoureuse sans doute, mais après s'être abandonnée à des transports de passion, se reprenant, se défiant, remettant au lendemain la défaite, qu'elle espère et qu'elle craint, qu'elle souhaite et dont elle a horreur.

Ces duos très violents, enragés même, sont ponctués par les réflexions des quatre anabaptistes et traversés par l'histoire des amours d'Antoinette. Car enfin Antoinette est de la partie. Vous n'oubliez pas qu'elle était la maîtresse de François Prieur et vous pensez bien que ce don Juan, toujours tout entier à la sensation présente, ne songe plus guère à cette petite linotte dont il a par-dessus les oreilles.

Cette jeune écervelée n'a rien vu, rien soupçonné du

drame qui coulait et bouillonnait à côté d'elle. Dominique, qui a intérêt à la voir réconciliée avec son mari, a continué de travailler à ce replâtrage, et elle en est venue à bout. Antoinette a consenti à reprendre avec M. Bellangé la vie commune. Mais c'est une femme pratique.

Elle ne se doute pas que son amant est las de son amour. Il a beau la maltraiter de paroles, elle croit à un peu de mauvaise humeur : elle se cramponne à lui. Oui, sans doute, elle va se remettre avec son mari, mais elle n'en sera pas moins libre de voir son amant; elle vivra très heureuse, passant de l'un à l'autre. Elle s'explique de ces petits arrangements avec une liberté qui a provoqué quelque haut-le-corps dans l'auditoire. Jamais peut-être sur un théâtre on n'a parlé de l'adultère avec ce sans-façon.

François Prieur, pour se débarrasser d'elle et ne pas discuter trop longtemps, a feint d'accepter cette combinaison. Dominique est mise au courant de leurs intentions à tous deux par Antoinette elle-même qui n'y entend pas malice. Ainsi donc, François mentait, quand il lui disait que c'était fini avec Antoinette ! Il lui mentait encore quand il lui jurait n'aimer qu'elle ! Il mentait toujours comme il avait menti autrefois. Elle se met en devoir de lui écrire, lorsqu'il entre en scène lui-même.

C'est là la grande scène, la dernière, celle qui doit enchérir sur les deux autres; le malheur, c'est que les deux autres en ont escompté tous les effets.

— Pourquoi, lui demande-t-elle, pourquoi m'avez-vous trompée quand je vous ai demandé si vous étiez libre ? Pourquoi m'avez-vous menti ?

— Parce que je vous adorais.

C'est la seule réponse à faire; c'est la seule que fasse don Juan à tous les reproches qu'elle lui jette, toute frémissante, à la tête, lui criant :

— Tous les crimes du cœur, tu les as commis!

— Eh! bien, oui, réplique-t-il, je les ai tous commis, je suis le plus lâche des amants, le dernier des hommes! Mais cela n'empêche pas que je t'aime, que je t'aime à la folie et que je ne puis me résoudre à te perdre.

Elle veut le chasser; il reste, il la prend dans ses bras; elle s'échappe, il la poursuit. Il la presse, il la force presque; elle est là sur sa poitrine, brisée, épuisée, haletante.

— Non, non, pas ici, pas aujourd'hui ; mais demain...
Mais où se reverront-ils?

C'est alors que François Prieur, à qui le mensonge coule de la bouche comme l'eau d'une fontaine, lui dit que, prévoyant qu'elle consentirait, il a loué exprès pour elle, à Saint-James, un petit appartement où elle sera reine et maîtresse.

— A Saint-James!

Ce mot la rend à elle-même. Elle se souvient que ce buen-retiro lui a déjà servi pour y recevoir toutes ses maîtresses. Ce n'est donc pas pour elle qu'il l'a installé et meublé! C'est un nouveau mensonge. Mais ce dernier fait plus que tout le reste. Jamais elle ne le reverra; et, si j'ai bien compris, elle donnera sa main à ce brave patito de Maurice, qui attendait chape-chute à la porte.

Ces scènes, qui sont pourtant si pimentées, n'ont pas remué l'auditoire autant qu'on pouvait l'espérer. C'est peut-être que l'amour vrai en est absent, et que c'est la passion des sens qui y parle toute seule. Le cœur n'est pas pour grand'chose dans tout cela. François Prieur est enragé, mais on sent très bien qu'il le serait également pour le premier jupon venu. Dominique n'est pas précisément une amoureuse, c'est une envoûtée; Phèdre l'est aussi, je sais bien, mais Phèdre lutte, Phèdre a des remords, Phèdre se tue de désespoir, Phèdre est une créature humaine. Les enamourées de M. de Porto-Riche ressemblent à ces cavales que l'effluve lointain du mâle affole et emporte.

Ce qu'on ne saurait trop admirer dans cette pièce, c'est le dialogue, qui est toujours d'une nervosité et d'une vibration singulières. C'est du Meilhac exaspéré. Aussi songe-t-on toujours à M<sup>me</sup> Réjane, quand on voit jouer ou quand on lit du Porto-Riche.

10 janvier 1898.

# OCTAVE MIRBEAU

## LES MAUVAIS BERGERS

La Renaissance nous a donné la première représentation des *Mauvais Bergers,* pièce en cinq actes de M. Octave Mirbeau.

Ce titre n'a pas grand rapport avec l'œuvre. Il est tiré d'une phrase épisodique perdue dans un coin de la pièce. Au quatrième acte, un des partisans de la grève propose d'avoir recours aux députés de la région ; le chef des grévistes répond qu'il n'y a aucun fond à faire sur ces beaux parleurs, qui se contentent de pérorer à la Chambre, tandis que les pauvres diables se battent. « Ce sont de mauvais bergers ! » s'écrie-t-il. Il n'est, du reste, aucunement question de bons ni de mauvais bergers dans le cours du drame. C'est ainsi que M. F. de Curel a emprunté le titre de son ouvrage, le *Repas du lion,* à une métaphore où ne se résume point l'idée première de la pièce. Peu importe après tout le nom dont on désigne une œuvre ; l'essentiel est qu'elle soit excellente: Stendhal a bien appelé son meilleur roman d'un titre qui est resté pour tout le monde, et même pour lui, une indéchiffrable énigme : *le Rouge et le Noir.*

*Les Mauvais Bergers* portent au théâtre non point, comme on l'a trop dit, la question sociale, mais un des problèmes les plus douloureux et les plus aigus de la question sociale : les revendications des ouvriers mineurs ou des ouvriers d'usine contre leurs patrons, revendications qui aboutissent à la grève.

Le sujet n'est pas nouveau ; j'oserais même dire qu'il tourne au lieu commun. Nous avons eu en peu d'années le *Germinal* d'Émile Zola, les *Tisserands* d'Hauptman, puis cette année même le *Repas du lion* de M. F. de Curel, les *Bienfaiteurs* de Brieux, la *Maîtresse d'école* de Tarbé. Je dois en oublier ; car il me reste dans la mémoire le souvenir d'un drame joué en ces derniers temps dans un des théâtres à côté, où un jeune soldat, chargé de garder l'entrée d'une mine, tirait sur un gréviste venu dans la nuit pour y mettre le feu : c'était son père.

Il faut que le sujet soit moins dramatique, j'entends, moins propre à être porté au théâtre qu'il n'a l'air de l'être au premier abord. Car tous ceux qui l'ont traité ont pris les mêmes personnages et les ont jetés dans la même série d'événements. Vous retrouverez partout le fanatique illuminé, socialiste mâtiné d'anarchisme, le patron intelligent, éclairé, juste, mais sévère et dénué de tendresse ; un jeune bourgeois teinté de mysticisme, ne sachant pas trop ce qu'il veut, mais voulant un peu plus de bonheur pour tout le monde ; un ou plusieurs ouvriers crevant la faim, les uns aigris, les autres résignés. La grève éclate ; tableau de la grève ; elle est réprimée ; des ruines, des morts, du sang, des cris, des larmes, et le rideau tombe.

Il n'y aurait qu'un moyen d'échapper à cette monotonie, ce serait d'entrer dans l'âme de chacun de ces personnages et de nous ouvrir le secret des mobiles qui les font agir. Voilà un fanatique, comment l'est-il devenu ? Quelle a été son éducation? Quel est le tour de son esprit? Quelles sont ses idées? Quels sont les moyens qu'il rêve d'employer? M. Émile Zola avait essayé, dans le roman, de répondre à ces questions. Son anarchiste n'est pas seulement une figure symbolique ; c'est un homme de chair et d'os, comme nous ; il est vrai que dans le drame toute cette analyse psychologique a disparu.

Tous les écrivains qui prennent la grève pour sujet semblent ne s'être préoccupés que d'en mettre les horreurs en scène, que de nous montrer des foules hurlantes et grouillantes, que de nous étaler, après des tableaux de misère, des tableaux de meurtre et de mort. On est sûr ainsi de tordre les nerfs d'un public, jusqu'au jour où il en aura pris son parti et ne s'en effrayera pas plus que d'un jeu de massacre.

Permettez-moi un exemple pour rendre ma pensée plus claire.

Je m'en vais vous refaire Polyeucte à la mode nouvelle.

Au premier acte, grande cérémonie du mariage : Polyeucte épouse Pauline, et c'est un tableau superbe, où passent et repassent de magnifiques costumes, d'une exactitude sur laquelle tous les journaux s'extasient le lendemain.

Au second acte, baptême de Polyeucte dans une crypte ; on lui fait prononcer des serments terribles, que Néarque reçoit d'un œil qui serait farouche, si nous le pouvions voir. Mais la scène et le théâtre sont plongés dans la nuit.

Au troisième acte, sacrifice aux dieux offert dans le temple : spectacle prestigieux. Polyeucte et Néarque s'élancent à l'autel et brisent les statues des faux dieux. Rumeurs dans la foule, puis confusion et désordre, admirablement réglés, qui amènent sous la plume des critiques du lendemain le souvenir des Meininger. On constate les progrès incessants que fait notre théâtre dans la représentation de la vérité.

Au quatrième acte, jugement en grand appareil dudit Polyeucte, qui pourra là pousser son beau cri : « Je suis chrétien. »

Au cinquième, on apportera son corps dans la crypte du second ; Pauline se jettera échevelée sur ce cadavre tout sanglant, et elle mourra d'une façon extraordinairement poétique, tandis que les chrétiens murmureront des prières en sourdine.

C'est tout le côté extérieur de la tragédie de Corneille. Mais ce n'est plus qu'un fait divers mis en scène de façon plus ou moins adroite, plus ou moins somptueuse. Tout ce qui fait l'intérêt, l'agrément et l'honneur d'une pièce de théâtre : l'analyse des caractères, le jeu varié des sentiments qui se combattent, a disparu ; il ne reste plus qu'une série d'illustrations ; c'est de l'imagerie d'Épinal.

Je parle en général, bien entendu, car on pourrait me montrer, dans les ouvrages que j'ai cités, telle ou telle scène que cette critique n'atteint pas. Je dois dire pourtant, qu'à mon avis, elle porte en plein sur les *Mauvais Bergers*, de M. Octave Mirbeau : c'est la dernière venue des pièces construites sur la grève ; c'est de beaucoup la plus faible.

Il faut même que je fasse ma confession. Je n'ai pas été bien tendre pour le *Repas du lion* de M. F. de Curel. J'y ai peut-être mis un peu de mauvaise humeur. Quoi ! toute la journée, j'ai les oreilles rebattues de politique ; je vais le soir, au théâtre, et il faut encore que j'y écoute des dissertations sur les droits respectifs des patrons et des ouvriers ; je maugrée tout bas ; si j'avais voulu m'instruire de ce qui fait leurs débats, je serais allé dans une réunion publique. On n'a pas le droit de me prendre ainsi en traître, à moins d'écrire un chef-d'œuvre. La pièce de M. de Curel n'était pas un chef-d'œuvre. Je l'ai dit et peut-être avec trop de vivacité. Je serais tenté d'ajouter : avec injustice, depuis que j'ai vu celle de M. Mirbeau.

Quelle différence! C'étaient souvent les mêmes choses dites par les mêmes personnages. Mais quelle autorité souveraine chez ceux de M. de Curel! Comme ils étaient convaincus et flamboyants! Comme le sentiment qui les animait était sincère, comme la prose était (dans les bons endroits) nette, serrée, compacte et étincelante! Ceux de M. Mirbeau visent à l'effet ; ce sont des saltimbanques de la phrase. Je dois des remerciements à M. Mirbeau : il m'a fait mieux goûter le *Repas du lion*, que je n'aurais jamais lu sans lui et que je viens de relire dans la *Revue de Paris*. J'y ai pris un plaisir extrême, à travers beaucoup d'agacement. Ce diable d'homme (je parle de M. de Curel) est incompréhensible. Il a des moments admirables ; et puis des défaillances, des obscurités, des trous, dont se garderait un enfant. Quel dommage qu'il ne veuille pas ou ne puisse pas faire une œuvre complète!

Rabattons-nous sur M. Octave Mirbeau.

Le premier acte est le tableau de la misère chez des ouvriers d'usine. Il est fort bien fait, ce premier acte, et fort adroitement mis en scène. Il expose une situation et promet un drame. Le drame ne viendra pas ; mais c'est déjà quelque chose de le promettre et de prendre tout de suite le public par la curiosité en même temps que par les entrailles.

Le père Thieux gémit et sanglote, le dos courbé, la tête sur son bras. C'est le vieil ouvrier, qui a peiné dur toute sa vie, mais qui est résigné à la souffrance, et n'a jamais récriminé contre les cruautés, qu'il trouve toutes naturelles, de sa pauvre destinée. S'il pleure, c'est que, dans la chambre à côté, agonise sa femme, depuis longtemps malade, tandis que ses deux petits enfants reposent dans un double berceau. La fille aînée, Madeleine, triste et silencieuse, met du bois dans le poêle sur lequel chauffe la soupe du dîner et ne se relève que pour reprendre un ouvrage de couture.

Près d'eux se tient un ouvrier, que nous reconnaissons aisément pour le socialiste fanatique, teinté d'anarchisme, pour le fomentateur de grèves, c'est Jean Roule. Il se penche à l'oreille du père Thieux ; il profite de la circonstance pour l'aigrir contre les patrons, qui l'ont réduit à ce dénuement, qui lui ont pris ses deux fils, morts phtisiques, qui tuent sa femme, qui tueront encore les petits derniers. Madeleine écoute, les yeux rouges, tirant l'aiguille avec ardeur, mais Thieux, une âme simple, ne sait que répéter : « C'est trop de malheur ! c'est trop de malheur ! »

Dans la pauvre demeure entre une belle jeune fille. C'est Geneviève, la fille du patron de l'usine, qui vient prendre des nouvelles de la malade et lui apporter du vieux bordeaux et de quoi faire de bon bouillon. Elle est accompagnée de son frère, Robert Hargand, qui nous met en quelques mots au courant de son état d'âme. Tandis que sa sœur, une gentille petite tête de linotte, parle à l'étourdie de la charité qu'elle aime à faire, il prend un ton plus grave. Lui aussi, il est socialiste ; d'un socialisme imprécis et nuageux, qu'il a rapporté des cénacles mystiques de Paris ; il se fond de pitié pour les misères de l'ouvrier, sans trop savoir ni même se demander comment il faudrait s'y prendre pour les soulager.

Il aperçoit Jean Roule qui, à son entrée dans la chambre, s'est écarté et est allé s'asseoir, méprisant et hérissé, dans un coin. Il va à lui, car il le connaît bien, il lui parle de cet idéal de justice auquel ils croient tous deux ; il lui demande de lui tendre la main. Jean Roule hésite, puis se rend, mais sans élan ni bonne grâce. On sent qu'il ne croit pas à la générosité chevaleresque de ce bourgeois, fils de bourgeois.

Quand Robert et sa sœur sont partis, Jean Roule, demeuré seul avec Madeleine, lui ouvre son cœur. Il lui conte sa vie, comme quoi il a roulé partout (d'où son nom), condamné ici pour vol, là pour violences, ailleurs pour grève, en guerre avec la société parce qu'il veut le relèvement des misérables, le bonheur intégral pour tous. Il lui demande si elle veut s'associer à ses espoirs et à ses souffrances, si elle veut être son aide, sa consolatrice, sa femme. Madeleine laisse tomber sa main dans celle du vaillant défenseur des pauvres. Elle combattra avec lui le bon combat.

A ce moment, un grand cri retentit dans la chambre à côté; c'est la mère qui rend le dernier soupir. Madeleine se précipite, affolée, et l'on entend les sanglots éperdus, tandis que des femmes entrent silencieusement et s'en vont, traversant la scène, poser des fleurs sur le lit de la morte.

Elle est excellente de tout point, cette exposition. Ce n'est pas seulement parce qu'elle nous charme par le pittoresque de la mise en scène, qu'elle nous étreint le cœur par le tableau de la misère, — ce sont là des effets faciles et qui sont d'ordre courant dans le mélodrame; mais c'est que les personnages qui doivent prendre part à l'action y sont présentés et marqués de traits distinctifs : l'anarchiste, celle qui sera sa compagne, l'ouvrier résigné et triste, le jeune socialiste bourgeois, sa sœur, l'aimable étourdie, et l'on devine le personnage autour duquel tournera tout le drame : le chef d'usine, le patron Hargand.

Il convient d'ajouter que le premier acte... (Je m'y arrête avec complaisance; que voulez-vous? j'aurai tout à l'heure tant de réserves à faire...) ce premier acte a été joué à ravir. Guitry a su donner à son ouvrier en bourgeron une grande allure; jamais sa voix n'a eu des inflexions plus caressantes et plus tendres que dans la déclaration d'amour à Madeleine; il a su être hautain et fier, sans brutalité, dans sa bouderie contre le jeune Robert.

Madeleine, c'est Sarah Bernhardt. Je ne vous cacherai pas que je l'aime mieux enveloppée des voiles de Phèdre ou sous les robes somptueuses de la Princesse lointaine, que serrée dans l'étroite jupe de l'ouvrière. Mais de quelque déguisement qu'elle s'affuble, c'est toujours Sarah.

Oh! le beau poème de tristesse et quelle douceur et quelle fermeté d'accent quand elle a associé sa vie à celle de Jean Roule! Comme on a bien senti qu'elle deviendrait aussi et plus anarchiste que lui!

Et Testo! C'est lui qui joue le père Thieux, un acteur inconnu; admirable dans ce rôle de résignation assommée. Mlle Madeleine Dolly, très gentille, avec son jacassement de mondaine, et Deneubourg d'une bonne tenue dans le rôle, d'ailleurs assez médiocre et qui, hélas! deviendra exécrable, de Robert Hargand.

Au second acte, nous sommes dans les salons du château, qui appartient à M. Hargand. Il est bien mauvais et bien vide, le second acte; il débute cependant par une jolie scène. Geneviève s'amuse à peindre et elle a même obtenu une quatrième médaille au Salon. Elle a pris pour modèle une vieille femme, dont les fils travaillent chez son père. Elle l'a déguisée en marchande d'oranges italienne. La mère Cathiard a pris la pose, et Geneviève, avec le babil inconscient d'une jeune évaporée, fait remarquer à son frère comme la figure est ridée, comme les chairs tombent avec ses pâleurs de cire; à mesure qu'elle parle, la vieille sent lui monter au cœur toutes les douleurs de sa misère, son œil prend une expression terrible. Rappelez-vous dans *Thérèse Raquin* l'œil de M^me Marie Laurent! La jeune fille s'étonne et son frère, qui comprend mieux qu'elle la signification de ce regard, fait descendre doucement la mère Cathiard de l'estrade et la reconduit jusqu'à la porte. C'est M^me Marie Grandet qui joue cette scène muette, où elle nous a tous fait frissonner.

M. Hargand et ses invités, trois chefs d'usine comme lui, entrent au salon, après les cigares fumés. Ils se mettent à causer de la grève que l'on prévoit, mais qui n'a pas encore éclaté. Cette conversation, qui remplit tout le reste de l'acte, est d'une rare sottise. Ces bourgeois font exprès de dire les niaiseries les plus solennelles et les plus violentes. C'est un échange de propos imbéciles, d'une imbécillité voulue, raffinée, extravagante. J'ose dire qu'il n'y a pas dans cette ironie lourde et brutale ombre de sens ni d'esprit. Cela est purement idiot. Le jeune socialiste Robert écoute et ne dit rien. Ah! il a perdu là une belle occasion d'emporter un succès facile!

Tandis que ces bourgeois ineptes se livrent à ce verbiage, la grève est déclarée; les ouvriers hurlent la *Carmagnole* sous les fenêtres du salon; une pierre en brise les vitres et tombe aux pieds de Geneviève, qui pâlit. Et alors...

Et alors, les trois chefs d'usine, qui sont les hôtes d'Hargand, qui sont venus chez lui s'entretenir des probabilités de la grève, qui ont les mêmes intérêts que lui à défendre, marquent une frayeur stupide; ils se défilent en hâte; ce ne sont pas seulement des idiots; ce sont des poltrons. Sans s'informer des mesures à prendre, sans se dire que la grève éclatera chez eux demain, ils se sauvent effarés et pâles; c'est ce que l'on appelle aujourd'hui serrer la vérité de près.

Le troisième acte est meilleur à coup sûr. Nous sommes dans le cabinet de travail d'Hargand, et la grève bat son plein. M. Hargand au moins, lui, est un homme. C'est le bon patron; il a fait tout ce qu'il a pu pour améliorer le sort de ses ouvriers; il a institué des crèches, des écoles, une société coopérative d'alimentation, des dispensaires, des pensions de retraite, que sais-je? Mais il entend qu'on obéisse et qu'on travaille.

Au fond, c'est le Boussard du *Repas du lion*, de M. F. de Curel. Mais, diantre! le Boussard de M. de Curel a une autre envergure et il use d'un autre style. C'est là qu'on voit à plein, la situation et les idées étant les mêmes, la différence d'un esprit supérieur et d'un maître écrivain avec M. Octave Mirbeau. Il est vrai que M. Octave Mirbeau a eu la chance de rencontrer pour personnifier son Hargand un artiste hors ligne. Voilà déjà deux ou trois ans que je remarque et loue M. Deval dans des rôles qui, par malheur pour lui, n'étaient pas de premier plan. Son mérite a cette fois éclaté à tous les yeux. Il est impossible d'avoir plus de naturel, plus de dignité, plus de douleur et toujours dans cette mesure qu'impose l'art. Je voudrais bien voir M. Deval dans un rôle passionné; peut-être serait-il le jeune premier demandé à tous les échos, l'oiseau bleu de nos rêves. Car il est élégant de sa personne et le visage est sympathique. C'est lui qui a fait le succès de cet acte.

L'acte se compose de deux scènes : la première, c'est une discussion entre le père et le fils. Robert est très populaire parmi les insurgés, qui ont inscrit son nom sur le drapeau de la grève. La situation serait belle et même poignante si ce fils était quelqu'un, s'il savait ce qu'il veut, s'il pouvait, aux théories de son père, répondre par un ensemble de vues précises et justes. Mais point. Quand son père, après lui avoir exposé le bien qu'il a fait et celui qu'il a tenté, le met en demeure d'exposer son programme...

Son programme? Il n'en a pas. Ce sont des phrases creuses sur la pitié, sur le droit de tous les hommes au bonheur, avec ce sous-entendu que le bonheur est de ne rien faire.

Je ne peux pas m'intéresser à ce conflit d'opinions, où l'un des deux adversaires se dérobe, où l'autre ne témoigne pas de cette maîtrise hautaine que porte le Boussard de F. de Curel dans la même discussion. C'est une scène dont l'idée n'est pas neuve et dont l'exécution est manquée.

Robert a cependant obtenu de son père qu'il reçût les délégués de la grève, et leur orateur Jean Roule.

Ils entrent.

C'est la seconde scène de l'acte. Eh! bien, comparez-la par curiosité avec la même scène dans les *Bienfaiteurs*. Celle de M. Brieux est vivante et vraie; on sent que les choses ont dû se passer à peu près ainsi. Si le patron est vaincu par l'obstination inintelligente ou la mauvaise foi des fauteurs de la grève, c'est après avoir loyalement lutté, cherchant à faire entrer un peu de raison dans les cervelles étroites et échauffées.

Ici, c'est une simple charge d'atelier.

Jean Roule (que nous n'avions pas vu depuis le premier acte) tire un papier de sa poche et lit, l'un après l'autre, les six articles de l'ultimatum posé par les grévistes au patron. De ces articles, quelques-uns sont simplement grotesques et ont fait sourire. D'autres mériteraient d'être discutés et tirés au clair. Mais point. Hargand se fâche, s'emporte, déclare que ce sont des insanités, les chasse et met en même temps à la porte son fils qui a essayé de les soutenir. Puis, demeuré seul, voilà que tout à coup il fond en larmes et se demande s'il n'a pas eu tort. Je ne comprends plus rien à ce caractère. L'auteur explique cette défaillance en nous disant que, depuis trois jours, le patron ne dort pas et qu'il est énervé. Entre nous, M. Octave Mirbeau ne l'a prêtée au patron que pour rendre possible un mot à effet, un mot prémédité sur lequel il voulait terminer l'acte. Tandis que M. Hargand larmoie devant son ingénieur en chef qui cherche à le réconforter, on entend dans les coulisses le clairon qui annonce l'arrivée des troupes.

— Enfin ! s'écrie l'ingénieur en chef.
— Déjà ! murmure le patron désespéré.

Oui, assurément le mot est à effet. Mais qui ne voit comme il est tiré de loin, comme il sent l'arrangement théâtral, comme il est peu vraisemblable. C'est un mot d'auteur.

C'est, bien entendu, mon avis que je vous donne, car c'est un délire dans la salle. On bat des mains, on crie au chef-d'œuvre, comme on l'avait fait la veille, dans les grands journaux de Paris en première page. Cet enthousiasme m'étonne; peut-être, après cela, est-il sincère. Tout est possible.

Les deux derniers actes me semblent franchement mauvais. Encore le troisième acte, que je n'aime guère, pouvait-il plaire par la hardiesse qu'il supposait chez un auteur qui le campait solidement sur deux discussions théoriques, sans un sourire de femme pour l'égayer. Mais les deux autres ne sont plus que le triomphe de la mise en scène.

Dans un carrefour de forêt, Jean Roule a convoqué les grévistes à une réunion. La grève tire à sa fin ; elle a été animée et joyeuse, tant qu'il y a eu des fonds dans la caisse. Mais on tire la langue ; les grévistes se sont naturellement retournés contre le promoteur de la grève ; on lui en veut surtout d'avoir systématiquement écarté les députés radicaux, qui leur auraient apporté un appui moral et de l'argent.

C'est donc contre lui que se déchaîne la fureur populaire. Debout sur un tertre, Madeleine à ses côtés, il brave leurs récriminations et leurs injures. Il parle et l'on crie, et l'on s'agite, et l'on menace du poing. Toute cette houle est réglée avec beaucoup d'art. Mais croyez bien que cet art-là est de ceux qui s'apprennent assez aisément, et tout le monde commence à le savoir. Il est difficile de former un acteur à dire six vers de suite ou quatre phrases de belle prose. On arrive sans trop de peine à lui indiquer, dans un tohu-bohu de foule, un geste violent et un cri qui se perd dans la rumeur.

Voilà bien longtemps que nous n'avions vu M<sup>me</sup> Sarah Bernhardt. Elle est là ; elle écoute le flot grondant des récriminations contre son compagnon, contre son homme. Il est débordé ; il va être emporté par le torrent ; elle se jette au-devant pour jeter le *quos ego* de la grande actrice et de la directrice.

A sa voix, la foule recule. Oh ! que cette voix a des sonorités d'airain que j'admire et qui m'inquiètent. Après la *Samaritaine, Lorenzaccio;* après Lorenzaccio, Madeleine ! Comment durera-t-elle à ce métier épuisant ! Vous me direz que c'est son affaire. Eh ! non, c'est la nôtre.

Assurément, M<sup>me</sup> Sarah Bernhardt arrive, grâce à ce déploiement de sonorité, à de merveilleux effets de force ; mais, outre que toute nuance périt dans cette diction violente, on n'écoute pas sans une certaine inquiétude sur la solidité d'un organe que l'on sent surmené et forcé. L'actrice passe, sans transition, par un raffinement de coquetterie artistique, de ces éclats bruyants à des accents d'une douceur et d'une tendresse extrêmes, s'adressant aux femmes avec qui elle a peiné une vie de misère. On est secoué par le contraste, dont l'exécution est d'un artifice admirable. Mais l'artifice n'est-il pas trop visible ?

Toute cette foule est immédiatement retournée : on vote avec transport la continuation de la grève, et tous s'élancent vers l'usine avec des cris de fureur et de mort.

Nous voilà au dernier acte. Le rideau se relève sur un tableau de ruines et de désolation. L'usine a été brûlée et saccagée; partout des traces de carnage ; on apporte sur la scène des civières chargées de cadavres. Jean Roule a été tué ; Robert a été tué ; Madeleine a été blessée à la tête ; le sang lui coule sur le visage — un visage pâle, convulsé, effrayant à voir — elle appelle Jean Roule, tandis que Hargand court comme un fou en criant : « Robert ! Robert ! » C'est un spectacle horrible, si horrible que le public n'en peut soutenir la vue. Des murmures de désapprobation courent dans la salle, mêlés de quelques coups de sifflet.

A ce moment, Madeleine se dresse en pied, terrible, inspirée, prophétique : « Je porte, s'écrie-t-elle, dans mon ventre, l'espoir des vengeances futures ; je le sens tressaillir. »

C'en était trop ; le public s'est révolté, et il a vertement sifflé, tandis que Madeleine tombait morte sur le cadavre de son homme, et que périssait avec elle l'espoir des vengeances futures.

Quand je dis « le public », j'ai tort, car les admirateurs quand même applaudissaient furieusement. — Quelle force ! s'écriaient-ils, quelle audace !

Mais il n'y a rien de si facile que de mettre trois civières sur la scène ; j'en mettrais tout aussi aisément quatre ; et dessus, de faux cadavres d'où le sang aurait l'air de ruisseler. Il n'y a pas besoin d'être un si grand clerc pour tordre, avec ces spectacles, des nerfs de femme. Encore ne faut-il pas forcer la note; car il y a des gens à qui les mises en scène rappellent tout bonnement le souvenir de Guignol, gambadant sur ses victimes.

Oui, nous avons irrévérencieusement songé à Guignol. Et c'était d'autant mieux notre droit que toutes ces tueries ne nous paraissent pas avoir de sens. Quelle conclusion l'auteur en tirait-il? Il avait annoncé l'intention de mettre aux prises deux forces sociales; pour laquelle des deux prenait-il partie? Quelle leçon y avait-il à tirer de sa pièce?

Aucune.

Mais alors, ce n'est qu'un énorme fait divers mis à la scène? A quoi bon soulever au théâtre ces questions irritantes, si l'on n'a pas de solution, si l'on n'y cherche qu'un vain spectacle? M. F. de Curel conclut, lui. On peut discuter sa conclusion, qui est toute chrétienne. Mais c'est une conclusion; et l'œuvre en prend de la grandeur.

20 décembre 1897

# JULES LEMAITRE

## RÉVOLTÉE

L'Odéon nous a conviés cette semaine à entendre *Révoltée*, comédie en quatre actes, de M. Jules Lemaître, notre confrère en critique théâtrale. Il est assez audacieux, quand on donne soi-même, chaque lundi, des verges sur le dos des autres, d'y offrir le sien. Mais cette hardiesse n'est pas nouvelle et s'autorise d'illustres exemples. Alexandre Dumas a débuté, lui aussi, par écrire des articles de critique sur le théâtre avant d'en faire lui-même. Je souhaite la même fortune à notre ami Jules Lemaître.

Il n'a pas du premier coup fait sa *Dame aux camélias*. Sa pièce est toute pleine de gaucheries et de trous; elle témoigne d'une singulière inexpérience et d'une rare maladresse. Mais dans les œuvres de ceux qui débutent, il ne faut jamais voir que ce qui est bon et trahit l'auteur dramatique à venir. Eh! bien, *Révoltée* a des parties excellentes. Il y a tout un premier acte qui est délicieux, et deux scènes au troisième qui sont de premier ordre.

Il paraît que la pièce avait été présentée à la Comédie-

Française et qu'elle n'y a pas été reçue. Ces messieurs ont eu raison de la refuser ; car elle n'était pas au point. Mais l'Odéon a précisément été créé pour que ces essais trouvent où se produire. M. Porel a très intelligemment fait son devoir en montant *Révoltée,* et en la montant telle quelle, sans imposer ni solliciter des corrections dont il devait sentir, lui qui est homme de théâtre avant tout, la nécessité ou tout au moins l'importance.

Quelle est cette femme que nous promet le titre ?

Le premier acte va nous l'apprendre. Nous sommes chez M$^{me}$ de Voves à l'heure des visites, à cette heure que nous nommons sottement d'un mot anglais : *five o'clock tea,* quand nous avions sous la main celui de *goûter* qui était si joliment français. M$^{me}$ de Voves est une femme veuve, riche, considérée dans le monde, mère d'un fils qui est fort sérieux de langage et d'allures. Elle-même est plus que sérieuse ; elle est triste. Elle est vêtue de couleurs sombres, et son visage semble toujours soucieux et obscurci d'idées chagrines. On cause ou plutôt on jacasse autour d'elle. Il y a là une M$^{me}$ Herbaut, grande phraseuse, qui nous apprend qu'elle tient chez elle bureau d'esprit, que son salon est l'antichambre de l'Académie. Elle vient de se brouiller avec un de ses académiciens ; elle en cherche un autre, pour le remplacer, et justement voici M. Barillon, qui sort de la séance où l'on distribue les prix de vertu. C'est lui qui était chargé du rapport ; il s'est donné le délicieux plaisir de blaguer la vertu, qu'il devait couronner ; elle en badine avec lui : ce ne sera pas encore là notre révoltée.

Attendez ; voici une jeune femme, fort jolie de visage, très élégante d'ajustements, M$^{me}$ Hélène Rousseau, qui d'une voix nette, incisive, coupante, jette dans la conversation des réflexions amères et railleuses. Elle a sur tous les sujets dont on cause un mot brillant, qui marque l'ennui d'une âme desséchée, d'une vanité souffrante. Elle étonne l'académicien, elle scandalise quelque peu les personnes qui sont là en visite.

— Vous êtes pessimiste, lui dit avec un indulgent sourire de malice M. Barillon.

— Oh! si je le suis! s'écrie-t-elle. Et elle ajoute : Ça m'ennuie même de l'être. Il y a tant d'imbéciles qui le sont! Et se reprenant d'un ton plus bas : il est vrai qu'il y en a beaucoup aussi qui ne le sont pas.

On sent chez elle un esprit inquiet, mécontent. Elle tranche les questions philosophiques avec un sans-façon très cavalier et ne se plaît qu'aux solutions moroses.

Elle ne croit pas aux dogmes révélés ; tout ce qu'elle peut faire est de ne pas nier Dieu ; mais Dieu n'est pas son homme. Il a si mal arrangé les choses !

M$^{me}$ Herbaut, séduite par ce joli bagout, prie la jeune femme de venir à un bal costumé qu'elle va donner bientôt. Mais Hélène refuse, alléguant la modestie de sa position, son peu de fortune : ce sont des dépenses qu'elle ne peut faire. Et l'on sent, dans les raisons qu'elle donne, une pointe de secrète amertume. Elle a je ne sais quel farouche plaisir à étaler sa misère aux yeux des autres, à leur faire dire : « La pauvre enfant ! Est-elle malheureuse ! Ah ! que le sort est injuste ! »

Et voilà qu'entre un joli jeune homme, mis à la dernière mode, le comte de Brétigny :

— Le Léotard des classes dirigeantes, dit Hélène.

Le gentilhomme relève galamment le mot. Eh ! oui, il fait du trapèze et crève des cerceaux en papier ; mais ne faut-il pas refaire des muscles et du sang à l'aristocratie qui s'étiole ? Il parle très joliment ; il a un esprit de surface et un aimable babil mondain, qui est très séduisant. Il cite gaiement, sans ombre de pédantisme, à l'appui de ses théories, un passage de Platon et rappelle les temps héroïques des pairs de Charlemagne. Hélène écoute avec un plaisir visible ; elle s'indigne, elle riposte, mais elle s'amuse. Est-elle déjà en coquetterie réglée avec ce jeune clown, fils de preux ? nous n'en savons rien ; mais s'ils ne se sont point encore parlé d'amour, la chose ne tardera guère ; nous le pouvons pressentir à deux petits faits significatifs.

M#### Herbaut a invité le comte de Brétigny à son bal :
— Me voulez-vous en clown ? a-t-il demandé.
Et comme on se révolte :
— Vous ne savez pas ce que vous perdez, lui a-t-il dit.
Et il a promis de s'y rendre ; et au moment de prendre congé, Hélène, revenant sur son premier refus, accepte, elle aussi ; et elle n'est pas plus tôt partie que Brétigny salue et sort. Il n'en faut pas davantage pour compromettre une femme.

On cause d'elle ; M#### Herbaut la trouve un peu évaporée et singulière. M#### de Voves plaide sa cause. Il faut lui passer beaucoup de choses : elle est fille naturelle. Elle a été portée sur les registres de l'état civil : « Fille de père et de mère inconnus ». Elle a été mise au couvent sans avoir jamais eu personne qui s'intéressât à elle, qu'elle pût aimer. M#### de Voves, qui avait connu sa mère, depuis longtemps morte, n'a pas pu s'en occuper beaucoup ; c'est à peine si elle l'a vue deux fois par année, à son couvent. Quand elle a été en âge, elle l'a mariée, avec une petite dot, à un brave professeur, très honnête homme, très laborieux, mais qui n'a peut-être pas su réaliser l'idéal qu'avait rêvé cette jeune pensionnaire, ignorante du monde et de ses tristes nécessités. Faut-il s'étonner qu'il y ait dans cette jeune cervelle un peu de déséquilibrement ? Elle se corrigera.

André, le fils de M#### de Voves, arrive. Il a vu Brétigny rejoindre à un coin de rue Hélène Rousseau. Il en a été péniblement ému. Il est l'intime ami de Rousseau, le mari d'Hélène. Il l'a connu au lycée, il a vécu avec lui ; il sait quelle âme fière, quel cœur tendre, quel talent original se cachent sous une enveloppe fruste. Rousseau, qui est professeur de mathématiques dans un lycée, se tue de leçons particulières pour suffire au luxe de la toilette de sa femme, qui ne lui en sait aucun gré. Il en souffre ; que sera-ce, s'il apprend qu'elle se laisse conter des douceurs par un jeune godelureau ? Qu'elle ne s'y fie pas : Rousseau est bon et doux comme les forts ; mais si l'honneur et le repos de son ménage étaient en cause, il serait terrible. Et M$^{me}$ de Voves reprend le thème qu'elle a développé déjà ; elle parle de cette Hélène avec un intérêt si marqué, avec une compassion si douloureuse que nous nous regardons étonnés : Tiens ! est-ce que ce serait sa mère ?

C'est sa mère en effet. Quand le dernier visiteur a quitté le salon, M$^{me}$ de Voves joint les mains dans un élan de prières et, d'une voix mouillée de larmes, demande à Dieu de protéger sa fille contre le malheur qu'elle prévoit et dont elle-même a été victime.

Tout ce premier acte est fait avec une grande sûreté de main. C'est une conversation parisienne, avec son laisser-aller et ses accidents, que l'on écouterait pour l'originalité hardie des idées qu'elle remue, pour l'esprit du dialogue, pour la grâce fluide du style, alors même qu'elle ne préparerait point une action future. Mais elle nous apprend, à travers toutes ses digressions, tout ce que nous avons besoin de savoir. Nous y avons vu très nettement dessiné le caractère de la révoltée ; nous savons par ouï-dire quel est son mari, avec qui nous allons sans doute faire une plus ample connaissance aux actes suivants. On nous a prévenus que ce mari serait terrible à l'occasion. Nous nous attendons à ce que l'histoire qui va se dérouler devant nous le montrera dans quelque attitude de colère et de vengeance. On nous a appris que M^me de Voves est la mère d'Hélène ; mais nous n'avons prêté qu'une attention médiocre à ce détail, car nous avons supposé que, si l'auteur avait fait d'Hélène une fille naturelle, née hors des conditions communes, c'était pour expliquer son caractère et justifier ses écarts ultérieurs. Nous imaginons que Brétigny va faire une cour assidue à M^me Rousseau et qu'André, ce jeune homme grave et bon, se mettra, de concert avec M^me de Voves, en travers de cet amour, pour sauver une jeune femme qui se trouve être sa sœur : secret qu'il apprendra infailliblement au cours de la pièce.

Telles sont les idées qui nous préoccupent, quand le rideau tombe ; ce sont les idées mêmes que l'auteur a éveillées chez nous. S'il s'en écarte dans la suite de son drame, si les développements ne sont pas en rapport avec les prémisses, c'est à lui que je m'en prendrai ; c'est lui qui sera dans son tort ; sa pièce ne sera pas logique.

Nous allons bien voir.

Au second acte, nous sommes chez M^me Herbaut, à son bal, et le théâtre représente un salon, où les personnages de la comédie pourront se retirer, loin du tracas de la fête, et causer en toute liberté de leurs petites affaires. C'est une convention, et à Dieu ne plaise que je la blâme. Elle est admise dans le répertoire moderne, comme la place publique où tout le monde se rencontre dans le théâtre classique. Je la tiens pour excellente, car elle est très commode et permet à l'auteur de faire manœuvrer ses personnages et de leur faire dire ce qu'ils ont dans le cœur, sans se préoccuper des entrées et des sorties.

C'est à ce second acte qu'on nous présente Rousseau, le mari de la révoltée. Il est bien tel que nous nous l'étions figuré : c'est une nature plébéienne : barbe mal coupée, chevelure hirsute, habit d'une coupe inélégante, tenue négligée; brave garçon dans toute la force du terme. Il est venu à ce bal, comme il va à toutes les fêtes, pour être agréable à sa femme, qui aime le monde. Il veillera, pour lui laisser le plaisir du cotillon, jusqu'à quatre heures du matin, et n'en sera pas moins à sa classe à huit heures le lendemain. Mais elle se sera amusée. Il n'ignore pas tout ce qu'il y a de frivolité légère, d'égoïsme inconscient dans cette tête, qui a des prétentions à la philosophie et au pessimisme. Il se dit tout bas que c'est une Emma Bovary d'une espèce particulière. Mais lui, il est non seulement homme d'honneur, mais homme de travail, intelligent, instruit, capable de se faire un nom dans la science, si le travail absorbant qu'exige la nécessité du pain quotidien n'épuisait pas tout ce qu'il a d'énergie. Il a encore, de plus que Bovary, la claire vue de la situation. Il sent qu'il n'a pas su conquérir sa femme; il sait qu'il y a un peu de sa faute à lui, il s'en accuse, tout en en souffrant. Mais il a confiance; jamais elle n'a songé à trahir la foi conjugale, et si jamais il s'apercevait de quelque chose, oh! alors...

Et il prend un air si résolu, si terrible que nous nous effrayons tous à l'idée des vengeances qu'il exercera sans aucun doute. C'est naturellement à André qu'il se confie, et André lui donne quelques conseils affectueux sur la façon dont il pourrait ramener sa femme à de meilleurs sentiments.

Ce sont des illusions. Hélène aspire de ses fraîches narines ouvertes la tentation de l'inconnu. Brétigny, après la valse, l'amène dans le petit salon, et là il lui fait ce qu'on appelait autrefois sa déclaration; celle-ci est d'un tour très moderne. La grossièreté des mœurs contemporaines s'y décèle sous des formes de fantaisie piquante.

— Combien cela durera-t-il? demande Hélène.

— Toujours, répond Brétigny. Vous savez bien que je ne peux pas vous répondre autre chose.

Voilà la note, qui a été saisie par M. Lemaître avec un sens très curieux de modernité.

Ils ne sont encore convenus de rien précisément; mais, en pensée, la faute est déjà résolue, quand ils voient poindre M$^{me}$ de Voves et son fils :

— Les gendarmes! s'écrie plaisamment Brétigny.

Et tous deux quittent la place, cérémonieusement, en gens du monde, le cavalier offrant son bras à sa danseuse qui s'est reposée un instant.

Tout va bien jusqu'à présent. C'est ici, mon cher Lemaître, que nous allons commencer à ne plus être tous deux du même avis. M$^{me}$ de Voves, restée seule avec son fils, recommence avec lui la conversation qu'elle a eue sur le ménage Rousseau et les périls qu'il court; et c'est toujours, entendez-vous, toujours une faute en art dramatique de refaire une scène. Songez qu'on dispose de si peu de temps au théâtre. La vie est longue, et la même situation y ramène sans cesse les mêmes réflexions, qui s'expriment presque toujours de la même façon. Au théâtre, une scène qui est faite, c'est pour toujours, surtout lorsqu'elle porte sur un des points principaux du drame.

C'est ma première objection; l'autre est bien plus sérieuse. Nous savons, nous, que M$^{me}$ de Voves est la mère de la révoltée. André n'en sait rien; il ne le soupçonne pas, ayant pour sa mère l'affection la plus respectueuse et la plus tendre. Eh! bien, M$^{me}$ de Voves, inquiète des allures d'Hélène, la recommandant à son fils, va se trouver amenée à lui révéler qu'Hélène est sa sœur.

Cette confidence, mon cher Lemaître, il n'y a pas à dire, voyez-vous, il faut, pour que j'en admette la nécessité, il faut que cette nécessité éclate à mes yeux ; il faut que vous m'ayez mis, par je ne sais quel moyen, dans un état d'esprit tel que je me dise : Elle va faire l'aveu ; elle y est traînée par une force plus puissante que sa volonté. Mais fais-le donc, cet aveu ! Je l'attends, tu ne peux reculer...

Si je ne me dis pas cela, aussitôt je pense en moi-même : Quoi ! voilà vingt ans que, pour des raisons à nous inconnues, elle a gardé ce secret ; la nécessité de le garder lui semblait si grave que, pendant ces vingt années, elle s'est résignée à ne voir sa fille que deux fois par an, à ne pas lui témoigner ombre de tendresse, et puis voilà que tout à coup, sans que rien l'y oblige, elle laisse au premier acte transpirer quelque chose de ce secret devant cette caillette de M$^{me}$ Herbaut, et que huit jours après, elle le dit en plein à son fils, qui est à mille lieues de s'en douter.

Mais c'est une sottise, car ce fils, qu'elle vient ainsi de mettre au courant, va vouloir se mêler de l'affaire, et M$^{me}$ de Voves est trop femme du monde pour ne pas savoir qu'un homme qui intervient dans ces intrigues ne les dénoue jamais que par une querelle, qui mène invinciblement à une rencontre.

Et puis, mon cher Lemaître, voici qui est bien pis : le sujet de votre drame, ce qui m'y intéresse le plus, c'est le ménage Rousseau ; et voilà que tout à coup vous transportez le meilleur de mon attention sur cette histoire romanesque : une femme du monde, mère d'une fille naturelle, dont elle est obligée de dissimuler la naissance à son mari. Ce détail qui ne devait avoir d'autre utilité que de justifier certaines excentricités du caractère de votre héroïne, va passer au premier plan, et, par malheur, il prête le flanc à toutes sortes d'objections.

André sait la vérité : Hélène est sa sœur. Que fait-il, lui qui est un garçon d'expérience et qui a vécu ? Il s'en va trouver Brétigny et lui dit : « Ne vous occupez plus d'Hélène. »

Dumas ose en effet ces sortes de scènes. Mais il est bien malin, Dumas. Il les prépare. Si en effet vous m'aviez peint André comme un homme de premier mouvement, comme un don Quichotte qu'emporte aisément un mouvement de passion généreuse et folle, si... si... si enfin vous m'aviez fait accepter et désirer la scène, je m'y serais laissé aller sans résistance. Car elle est très bien faite, cette scène ; et peut-être même (au point de vue exclusivement métier), peut-être est-ce la mieux conduite, ou, comme on disait du temps de Scribe, la mieux filée de tout l'ouvrage. Elle a son mouvement juste, et ses temps d'arrêt, et ses reprises parfaitement marqués. C'est celle où se révèle le mieux, à mon sens, l'instinct du théâtre.

Mais en même temps que j'admirais l'art avec lequel elle était menée, je ne pouvais m'empêcher de me dire : On n'a jamais vu idiot comme cet André ! Il est clair que, lorsqu'on vient dire à un homme de son âge, sans raison valable, sans titre sérieux : Renoncez à la femme que vous poursuivez de votre amour et qui va tomber dans vos bras, il est clair que cet homme répondra : « De quoi vous mêlez-vous ? Est-ce que ça vous regarde ? Laissez-moi la paix. Ah ! vous me défendez de continuer : ce me sera une raison pour être plus pressant. »

Un duel est au bout de ces explications. La scène est à effet ; mais voyez comme elle est peu dans la logique du drame. On nous a annoncé que, si quelque chose clochait dans le ménage, le mari, qui est un homme terrible, massacrerait tout, et c'est André qui va se battre. Nous ne devrions être occupés que de M$^{me}$ Rousseau et de son mari, et le second acte est empli par la confession de M$^{me}$ de Voves et par le cartel de son fils. La confession nous a choqués; le cartel nous laisse étonnés et froids. C'est que, nous le sentons bien, la pièce a déraillé.

Le troisième acte nous y ramène. Il se passe chez Rousseau. Il s'ouvre par un monologue admirable, où la jeune femme paraphrase avec une intensité extraordinaire de sentiment ce seul mot : « Je m'ennuie ! Mon Dieu ! que je m'ennuie donc ! »

André est venu voir son ami, qui étale encore une fois devant lui les plaies de son cœur. La scène a malheureusement déjà été faite, et l'effet en a été escompté. Lemaître, qui raille la science du théâtre, apprendra peut-être, en s'étudiant lui-même, combien cette science est utile, car voilà une scène excellente, une scène très bien menée, pleine de détails topiques, et qui néanmoins paraît longue. Pourquoi ? C'est qu'elle n'est qu'une répétition et, tout en l'écoutant, je me rappelais ce que m'avait dit un des lecteurs de la Comédie-Française, l'homme au jugement de qui j'ai le plus de confiance à Paris, Henri Lavoix :

— Il y a des scènes dans la pièce ; il n'y a pas de pièce.

Oui, la scène est excellente : mais nous en connaissons déjà les éléments et elle ne nous frappe plus. Ah ! quel dommage que Lemaître n'ait pas demandé conseil à Dumas. En deux heures, Dumas lui aurait dit avec son infaillible sûreté de diagnostic : « Voilà ce qu'il faut corriger ! » Après cela, peut-être, vaut-il mieux que Lemaître ait été livré à ses propres forces. La leçon n'en sera que plus éclatante et plus profitable.

André a relevé le moral de Rousseau ; il lui a dit que, si sa femme ne l'aimait point, c'était que par modestie, fausse honte, timidité, il ne lui avait pas fait voir ce qu'il valait et combien il l'aimait. Qu'il tente cette expérience, peut-être ouvrira-t-il ce cœur fermé.

La scène qui suit est une merveille. C'est la plus belle

assurément de l'ouvrage, et elle est vraiment belle en soi. Ce pauvre Rousseau expose à nu son âme à sa femme, lui contant ses travaux, ses douleurs; et pour qui se donne-t-il tout ce mal? Et tandis qu'il cherche à apitoyer sa femme, il se relève sous le mépris qu'elle lui témoigne; il n'est pas si pauvre d'esprit qu'elle le croit; il a l'estime de ses pairs, et lui aussi pourrait s'illustrer par des travaux personnels.

Et elle, indifférente, un sourire dédaigneux aux lèvres, elle lui répond avec une sécheresse qui fait froid au cœur; elle a des mots cinglants pour le pauvre garçon, qui, rebuté trois ou quatre fois, revient toujours à la charge.

Et au cours de la querelle, la bonne entre :

— Monsieur, dit-elle, l'élève est là, qui attend que monsieur vienne pour la leçon.

Ainsi le pauvre homme n'a pas même le temps entre deux classes de vider son cœur. La profession le ressaisit; il reprend d'un air lassé son portefeuille et, le reposant sur la table, il recommence à plaider sa cause. Hélène est toujours aussi sèche. Quand la bonne est venue avertir Rousseau qu'un élève l'attendait :

— Je vous avais prévenu, mon ami, a-t-elle dit.

Et c'est le seul mot qu'elle a trouvé pour consoler ce malheureux que poursuit le spectre du métier. Il finit par s'irriter de cette indifférence qui lui est si douloureuse et il sort menaçant : « Si jamais j'apprenais quelque chose!... »

Il a laissé Hélène horriblement énervée de cette querelle. Jusque-là, elle avait hésité à accorder à M. de Brétigny le rendez-vous qu'il demandait. Elle se jette, furieuse, sur une plume et commence à lui écrire quand M$^{me}$ de Voves entre. M$^{me}$ de Voves vient lui répéter justement les mêmes choses qu'elle a entendues de la bouche de son mari et qui l'ont si fort exaspérée. La jeune femme l'écoute frémissante; mais quand elle voit M$^{me}$ de Voves se diriger vers son buvard, y prendre la lettre et la déchirer en morceaux, elle éclate :

— De quel droit intervenez-vous dans ma vie ?

Ce droit, Mᵐᵉ de Vores l'a, et elle s'en ouvre à sa fille. Ainsi, voilà une femme qui a gardé, durant vingt ans, ce douloureux secret ; qui a tout sacrifié pour le garder, et la joie de voir son enfant et le plaisir de la surveiller, de la guider : qui n'a, durant les vingt années, laissé échapper ni un mot ni un geste qui pût faire soupçonner rien de sa faute à son entourage, et voilà cette même femme qui, dans la même semaine, conte son histoire à Mᵐᵉ Herbaut, puis à son fils, puis à sa fille, et cela sans nécessité bien avérée. Jamais rôle ne fut plus énigmatique, jamais caractère ne fut moins expliqué.

Hélène écoute, un peu étonnée d'abord et confuse. Elle sent bien qu'elle devrait se jeter dans les bras que lui ouvre sa mère. Elle ne peut pas et se met à philosopher sur son cas.

Le public a été sérieusement froissé. Ce n'était pas du tout, mon cher Lemaître, que la scène ne fût pas vraie. Vraie, elle l'est, et il y a cent à parier contre un que vous l'avez prise sur nature. Mais votre tort est de n'avoir rien fait pour nous la rendre vraisemblable. La convention est toujours aisément acceptée au théâtre. Mais, pour y mettre la vérité (quand elle heurte la convention ou le préjugé), il faut la rendre acceptable au public ; il faut amener, par des artifices très ingénieux et souvent pris de loin, le public à souhaiter que cette vérité soit vraie et à la croire telle. Car on croit toujours qu'une chose est arrivée quand on désire qu'elle le soit.

Je ne souhaite point qu'Hélène repousse les avances de sa mère. Vous ne m'avez pas inspiré ce désir. La chose me paraît très dure, très dure, et d'autant plus dure qu'Hélène exprime de la façon la plus sèche et la plus désobligeante ce sentiment de répulsion.

Ah ! si elle eût dit à sa mère :

— Quel malheur que vous m'ayez parlé si tard ! Comme je vous aurais aimée, si vous m'aviez dès mon enfance traitée comme votre fille ! J'avais besoin d'être aimée ; j'aurais eu pour vous des trésors d'affection !...

Ou quelque chose d'approchant, ou même autre chose qui nous adoucît la cruauté du procédé. Mais cette petite pécore s'étudie sous nos yeux et s'analyse comme une héroïne de Bourget. Elle interroge son cœur comme si elle regardait l'heure à sa montre.

— Tiens ! il ne bat pas !

Vous vous en tirez en disant que c'est une révoltée. Mais c'est nous qui le sommes, révoltés. Voyez donc ce que vous avez fait. Hélène a, en effet, des reproches sérieux à faire à cette mère qui lui tombe du ciel à l'improviste. Mais, remarquez-le, et ici je parle théâtre : ces reproches, nous n'en savons la légitimité que parce qu'on nous les a contés ; nous n'avons appris que par ouï-dire que M$^{me}$ de Voves avait négligé sa fille. Tout au contraire, nous avons vu, de nos yeux vu, l'intérêt affectueux, presque passionné, qu'elle lui témoigne. Car voilà deux heures que cette mère sacrifie pour Hélène sa considération et son repos.

*Segnius irritant animos demissa per aurem*
*Quam quæ sunt oculis subjecta fidelibus...*

Nous oublions la conduite passée de la mère, dont nous n'avons pas été les témoins ; nous ne voyons que sa bonté, son dévouement, et lorsque Hélène, poussant la révolte à bout, lui refuse une marque de tendresse, nous sentons je ne sais quel malaise. En art dramatique, il n'y a de vrai que ce qui est vraisemblable, et la scène ne l'est point.

Dumas, lui aussi, dans le *Fils naturel*, a mis un fils qui, retrouvant son père, engage avec lui une discussion d'où un duel pourrait sortir. Mais, outre que l'on comprend mieux cette indépendance du cœur chez un fils que chez une fille, Dumas en a préparé l'explosion avec un soin infini. Nous sommes ravis que ce sot de Sternay soit puni de son égoïsme ; nous applaudissons de tout cœur à la leçon qui lui est donnée. Ici, nous prenons parti contre la fille, et ce rôle, qui était déjà bien ingrat et bien dur, devient abominablement odieux.

Le quatrième acte n'existe pas pour ainsi dire.

André s'est battu avec Brétigny, on le rapporte blessé grièvement ; il met dans la main de Rousseau celle d'Hélène, dont le cœur se fond à ce spectacle. Elle deviendra une bonne femme, elle aimera son mari, et la toile tombe.

Ce qui nous choque, ce n'est pas le tour un peu bébé du dénouement. J'admets au théâtre que les pièces finissent bien et que l'auteur donne pour cela une entorse à la vérité. C'est une convention ; comme il n'y a pas de dénouement dans la vie, l'auteur, qui est obligé d'en avoir un au théâtre, a le droit de le choisir heureux ou triste, et je ne lui en veux pas, quoi qu'il ait fait.

Mais c'est la logique qui est blessée dans ce dénouement. Quoi ! Voilà trois actes qu'on me dit : Ah ! si jamais Rousseau s'aperçoit de quelque chose, c'est un homme, lui, et l'on verra ! Il n'a pas manqué, lui aussi, de nous dire : Ah ! si jamais je m'aperçois de quelque chose !...

Et, pour finir, c'est André qui se bat, et Rousseau, dans toute cette histoire, ne joue que le rôle d'un comparse.

La pièce, la vraie pièce, c'était le ménage Rousseau. Lemaitre en a traité une autre, plus romanesque et qui n'est pas essentielle à son sujet primordial : le chagrin d'une mère qui, ayant négligé une fille naturelle, la voit mal tourner et s'en ouvre à son fils légitime, et la noblesse de cœur de ce fils qui s'empresse au secours de sa sœur.

*Révoltée* est admirablement jouée par les hommes. M. Candé a donné une physionomie très originale et très vraie au professeur doux et hirsute; il a enlevé le public au troisième acte. M. Duményest élégant et sympathique dans le rôle d'André; M. Calmettes a lancé d'un ton de spirituelle et incisive raillerie les paradoxes de Brétigny; il a également enlevé la scène de la déclaration. Cornaglia est un bon homme d'académicien souriant, et Numa dit très gentiment une scène épisodique où il joue un rôle de gommeux.

J'ai moins aimé les femmes : le rôle de M$^{me}$ de Voves n'est pas bon, et ce n'est pas la faute de M$^{me}$ Tessandier, si elle n'y obtient qu'un succès de prestance et de beauté. M$^{lle}$ Sisos a joué avec beaucoup de science et de conscience le terrible rôle de la révoltée. Elle y est, à mon avis, trop correctement sèche et dure. Il me semble que j'y aurais voulu plus de grâce perverse. Mais peut-être faut-il s'en prendre moins à l'artiste qu'à l'auteur qui a voulu faire un joli monstre.

Il faut aller voir *Révoltée*. Vous serez sans doute choqués à de certains endroits; vous serez rarement émus; mais vous serez intéressés d'un bout à l'autre. La pièce est curieuse et, comme nous disons aujourd'hui, suggestive. Il s'y trouve deux caractères vigoureusement tracés, quelques scènes excellentes, un premier acte charmant. *Révoltée* témoigne d'un goût rare d'observation vraie et d'un sens singulier de la vie moderne; elle est écrite dans une langue exquise, à laquelle on ne pourrait reprocher que d'avoir, au lieu du ramassé qu'exige le théâtre, l'éparpillé du roman ou du journal. C'est un beau, un très beau début et très encourageant.

15 avril 1889.

# LE DÉPUTÉ LEVEAU

Le Vaudeville nous a donné la première représentation du *Député Leveau*, comédie en quatre actes de M. Jules Lemaître.

Disons-le tout de suite : la comédie nouvelle de M. Jules Lemaître a obtenu un succès éclatant le premier soir. Tout a été uniformément applaudi, avec le même enthousiasme. C'était un de ces emballements parisiens où le parti pris de trouver tout également bon entre pour quelque chose. Mais disons tout de suite aussi que, si nous sommes obligé de présenter quelques réserves, il y a, dans l'ouvrage de notre spirituel confrère, de quoi justifier largement l'accueil qu'il a reçu du public.

Il se trouve, dans le *Député Leveau*, un rôle qui est absolument original de conception et qui est d'exécution supérieure, ce n'est pas du tout celui du député Leveau; c'est celui de sa femme.

Le député Leveau... Mon Dieu ! on nous l'avait déjà présenté plus d'une fois. C'est l'homme des couches nouvelles subitement porté à la députation et au pouvoir par le suffrage universel, qui n'a pas dépouillé encore ni l'esprit de la province, ni les habitudes de son existence d'autrefois, et qui se laisse corrompre aux séductions de la vie parisienne, contre laquelle il n'est point armé. M. Jules Claretie nous en avait déjà donné un crayon spirituel dans *Monsieur le Ministre* et depuis on avait plus d'une fois porté cette figure dans le roman ou même à la scène. M. Jules Lemaître l'a reprise à son tour, comme c'était son droit ; je ne crois pas qu'il l'ait marquée de traits plus caractéristiques ; j'incline même à penser que ce portrait est faux par plusieurs endroits.

Mais ce parvenu a une femme ; il s'est marié à l'âge où il n'était encore qu'un humble officier ministériel, avoué dans un ressort médiocre. Il a été trop heureux de la trouver à cette époque, car il n'avait rien que son étude, qu'il n'avait pas même achevé de payer ; elle lui apportait 200.000 francs de dot, le levier de sa fortune future.

C'était une bonne et honnête femme, provinciale de la tête aux pieds, qui adorait son mari, tenait soigneusement son ménage, élevant de son mieux l'unique enfant, une fille, qu'elle avait eue de lui, ne connaissant pas de plaisirs plus grands que de s'en aller faire des commérages avec les voisines sur les petits incidents quotidiens de la vie domestique.

Le mari est ambitieux ; il se jette dans la politique, affiche les opinions radicales qui lui rallient la majorité des électeurs dans sa circonscription. Le voilà à Paris, où, tout en tracassant dans la politique de son parti, il brasse de grandes affaires et gagne des millions. Il a une grosse éloquence naturelle, qui lui donne de l'autorité à la Chambre. Il est quelqu'un.

Sa fille a suivi le mouvement ; elle a pris le ton du jour ; dans les salons où son père la mène, elle prête une oreille amusée au langage de la blague, dont elle joue elle-même au besoin. Elle n'en garde pas moins au fond du cœur une petite pointe de sentimentalité provinciale. Mais elle cache sous des propos hardis et frivoles ce goût d'idéalisme dont elle rougirait et qui est cependant le meilleur d'elle-même.

La mère... Oh! c'est une autre affaire, elle est restée, celle-là, franchement, bonnement, la femme de sa petite ville. On ne peut pas dire qu'elle soit laide ; on ne l'est point avec cet air de bonté répandu sur tout le visage. Mais cette bonté a quelque chose de vulgaire. Mᵐᵉ Leveau ne s'est point formée aux manières ni à la langue des salons de Paris.

Au moment où la pièce s'ouvre, elle est en soirée avec sa fille dans le salon de Mᵐᵉ Manbrun où se réunissent des hommes politiques, des artistes, des clubmen, des femmes du monde : ce soir-là même l'illustre Rosimond, de la Comédie-Française, doit dire une scène de son répertoire, une scène sérieuse, une scène du grand art. Car l'illustre Rosimond s'est refusé à dire un monologue badin ; un homme comme lui doit respecter et défendre la religion et la morale. Il est là avec sa femme, qui lui donnera la réplique, et sa fille, élève au Conservatoire, qui rougit lorsqu'on prononce devant elle le mot d'amour.

Mᵐᵉ Rosimond s'est assise à l'écart sur un canapé ; Mᵐᵉ Leveau a reconnu tout de suite en elle une femme, qui, par contenance, serait disposée à écouter les doléances dont elle a plein le cœur. Elle va s'asseoir à côté de la comédienne :

— Ah! madame, dit-elle d'un ton navré, si vous saviez ce que c'est que d'être la femme d'un homme célèbre.

— Mais je le sais, répond Mᵐᵉ Rosimond en se rebiffant.

Pauvre Mᵐᵉ Leveau, elle a débuté par un impair ; elle ne fait, hélas! que des impairs ! Et la voilà qui arrose copieusement Mᵐᵉ Rosimond d'une interminable pluie de confidences. Elle conte l'élévation de son mari, son chagrin d'être négligée, l'ennui que lui donne le mariage de sa fille.

— Mais, ma mère, interrompt Marguerite que ses effusions agacent, peut-être que tout cela n'amuse pas beaucoup madame ?

— Voilà que tu vas encore faire la leçon à ta mère ! dit Mme Leveau.

Et elle continue, et la scène est charmante, parce que cette abondance de détails sur le ménage Leveau est un trait de caractère. La bonne dame nous apprend tout ce que nous devons savoir pour suivre la pièce, et, en nous l'apprenant, elle nous fait mieux toucher au doigt la plaie de ce ménage, longtemps heureux, aujourd'hui mal assorti, la femme ayant paru baisser à mesure que l'homme grandissait.

Elle est un peu ridicule, cette Mme Leveau ; elle est plus touchante encore. On sent qu'elle aime tendrement ce mari qui en est venu à la compter pour rien, qu'elle se jetterait au feu pour lui, qu'elle souffre de ne pas se sentir digne de ce grand homme, qu'elle l'excuse de son mépris ; cette ingénuité, encore qu'un peu geignarde, nous émeut en sa faveur.

M. Leveau fait son entrée. Le ministère est à bas ; c'est lui qui l'a renversé, au moment où l'on s'y attendait le moins. Il conte l'aventure d'un ton de bonne humeur robuste ; il triomphe, il exulte. Le voilà chef de parti, en passe de devenir ministre. La pauvre Mme Leveau baisse la tête. Elle ne se voit pas bien femme de ministre, recevant dans un grand salon tout ce qu'il y a de plus illustre à Paris. Oh ! qu'elle regrette le temps où Leveau n'était qu'un avoué de province ! C'est dans sa petite ville qu'elle a passé les plus belles années de sa vie. Ces années, elle ne les retrouvera plus.

C'est à peine si son mari, dans la joie de cette victoire, a songé à elle. Il la congédie d'un geste court, car il a à s'entretenir avec une grande dame, la marquise de Grèges, la femme d'un député de droite, une très belle, très riche, très influente et très intrigante personne, qui s'est fait présenter le triomphateur du jour.

Elle cause avec lui ; elle n'a pas de peine à enjôler, avec quelques aristocratiques flatteries, cet homme fruste qui a l'appétit des plaisirs délicats et mondains. Il offre son cœur et son âme à la marquise, et même un peu plus...

— Non, pas cela! dit-elle avec un sourire, en frappant ses doigts d'un léger coup d'éventail.

Le pauvre homme a la tête déjà tournée, quand la porte du salon s'ouvre. M$^{me}$ Leveau s'avance soupçonneuse et timide :

— Adolphe! dit-elle d'un ton de doux reproche.

A ce mot d'*Adolphe*, toute la salle est partie de rire. C'est que ce mot est une révélation de caractère, en même temps qu'un mot de situation. C'est un mot de théâtre. C'est du théâtre.

Leveau, qui est fort mal élevé, témoigne à sa femme sa mauvaise humeur d'être ainsi dérangé dans sa conversation :

— Que voulez-vous ? lui dit-il, ça ne se fait pas...

Ce qui ne se fait pas, c'est de gronder ainsi sa femme, sa bonne et pauvre femme devant une étrangère, qui rit sous cape, qui prend son bras et, en prenant ce bras, prend, nous le sentons bien, tout l'homme.

Au second acte, nous sommes chez M$^{me}$ Leveau. Elle est de plus en plus triste. Leveau n'est plus jamais à la maison ; il n'y passe que pour lui faire des scènes. Il est dur même avec sa fille ; Marguerite aime un jeune homme, M. Deslignières, qui est un très gentil garçon, riche de vingt mille livres de rente, et dont elle est sincèrement aimée. Leveau le refuse pour gendre ; ce n'est pas précisément parce que Deslignières, qui est député, siège au centre gauche. Leveau passerait encore là-dessus. Mais Deslignières a, dans le temps, écrit sur lui quelques articles mordants, où il l'a appelé Brutus de carton. Le mot lui est resté sur le cœur. C'est pourtant un aimable homme que ce Deslignières, et M. Jules Lemaître, qui n'a fait qu'en indiquer la silhouette, l'a enlevée d'une main bien légère et bien délicate. C'est un faux sceptique qui, lui aussi, comme la jeune fille qu'il aime, cache sous l'ironie parisienne du langage un grand fonds non pas seulement de bon sens, mais de naïveté et de tendresse. M$^{me}$ Leveau aurait à cœur de marier ces deux enfants; mais son mari ne l'écoute plus; elle n'est qu'un simple zéro dans la maison.

Il arrive, ce mari, et la malheureuse femme ne peut se tenir d'entamer à nouveau la sempiternelle litanie des reproches. Elle l'exaspère et il réplique... Oh! le vilain homme et qu'il est brutal en ses inconcevables duretés! Vous vous rappelez le mot de la marquise du XVIII$^e$ siècle à Duclos, qui, à brûle-pourpoint, venait de conter en termes crus une anecdote trop salée :

« Prenez garde! Duclos, il y a dix bouteilles de champagne entre la conversation que nous avions tout à l'heure et votre histoire. »

Il y a au moins un acte de préparation entre ce que nous savons du député Leveau et les insolences gratuites dont il accable sa femme. On n'est pas plus goujat, et il n'y a pas de raison, je veux dire qu'il n'y a pas encore de raison connue de nous pour que cet homme, qui est mal élevé, je le veux bien, se conduise avec sa femme comme le dernier des goujats.

Mais elle, ah! comme elle est dans son rôle, et que, ce personnage est d'un bout à l'autre admirablement soutenu! Comme les reproches qu'elle lui adresse sont bien ceux d'une provinciale, à l'esprit étroit, mais au cœur sensible et bon! Elle sait qu'il est l'amant de la marquise de Grèges; elle les a espionnés, suivis, surpris. Elle le lui dit en face, moitié indignée, moitié pleurant.

— Eh! bien, oui, je suis son amant, et après?

Il lui offre, puisqu'ils ne peuvent plus vivre ensemble, puisqu'ils se rendent l'un l'autre abominablement malheureux, il lui offre de divorcer. Elle refuse avec horreur. Le divorce! toutes ses croyances, toute la tradition de son éducation première se soulève à ce mot. Mais ce n'est pas encore tant cela qui l'arrête; non, si elle veut rester avec lui, c'est qu'elle l'aime.

— Tu es à moi, lui dit-elle, je te veux, je te garde, je ne te lâcherai jamais. Et elle répète avec entêtement : Jamais, jamais...

Le sentiment était si vrai, la scène était si poignante en sa simplicité, que toute la salle a éclaté en longs applaudissements. L'actrice peut revendiquer une bonne part de ces bravos. C'était M⁽ᵐᵉ⁾ Marie Samary qui jouait ce rôle. Nous n'avions pas eu souvent l'occasion de louer M⁽ᵐᵉ⁾ Marie Samary qui était jusqu'à ce jour restée dans la pénombre des rôles de second plan médiocrement rendus. Ici tous ses défauts la servaient : ce visage triste, cette physionomie tombante, cette démarche veule, cette voix molle et plaignarde, tout contribuait à faire d'elle la M⁽ᵐᵉ⁾ Leveau rêvée par l'auteur. Et quand elle a dit *jamais, jamais,* on sentait l'obstination aveugle de la paysanne qu'elle avait été, qui ne démord jamais d'une idée qu'elle s'est fourrée dans la cervelle.

Leveau sort furieux; et sa femme, laissée seule, songe aux moyens de détacher son mari de la drôlesse du grand monde qui l'a accaparé. Si elle écrivait une lettre anonyme au mari! Songez, je vous prie, qu'elle est restée provinciale et que ce sont là des moyens de petite ville, qui peuvent, si honnête qu'elle soit d'ailleurs, se présenter à son esprit.

Elle n'a pas plus tôt achevé la lettre, que son mari entre, la surprend et la lit.

— Ainsi, s'écrie-t-il, au comble de la colère, tu voulais me faire tuer !

Elle le regarde, elle ne comprend pas.

— Parbleu ! j'aurais bien été obligé de me battre en duel.

— Toi, un duel !

Cette idée ne lui entre pas dans la tête. Jamais un avoué ne s'est battu en duel ! On ne se bat en duel que dans les romans. Son mari s'épuise à lui remontrer qu'en s'élevant à des sphères supérieures, il a dû en adopter les manières de voir; elle résiste, elle ne sait que répondre, car les mots ne lui viennent pas aisément pour exprimer ce qu'elle pense : « Tu parles mieux que moi, lui dit-elle. Ça n'empêche pas que j'ai raison. »

Et il revient à la charge pour le divorce. Et elle s'entête de plus en plus au *non* qu'elle a déjà vingt fois répété. Il a désormais contre elle cette lettre qui, par un tribunal, serait considérée comme une injure grave.

Et comme elle oppose à toutes ces objurgations une invincible résistance, ce mari — nous l'avons décidément trouvé plus canaille que de raison — propose à sa femme un abominable marché. Elle souhaite pour gendre M. Deslignières, qui est aimé de sa fille; il accordera son consentement. Mais donnant, donnant. Elle demandera le divorce.

— Non ! Non ! Non !... répond-elle.

Il sort en faisant claquer les portes. Marguerite entre ; sa mère lui conte de la scène ce qu'une jeune fille en peut entendre. Marguerite approuve sa mère d'avoir refusé la transaction qu'on lui proposait; elle approuve, mais elle pleure.

— Tu l'aimes donc tant que cela? demande la mère.

La fille baisse la tête en silence. Allons! la mère se résignera. Elle sacrifiera sa dignité d'épouse au bonheur de sa fille.

Et le rideau tombe, et l'on rappelle les acteurs, et ce sont de furieux applaudissements, et dans les couloirs, c'est une joie bruyante, la joie qui s'exhale des grands succès dont la foule est complice.

Il est merveilleux, ce rôle de la femme, et dénote chez M. Lemaître un sens rare du théâtre. Le diable, c'est que, passé le second acte, il disparaît de la pièce; nous ne reverrons plus ni M$^{me}$ Leveau, ni sa fille. Quel dommage! ah! quel dommage!

Au troisième acte, nous sommes en plein dans la politique.

Leveau, le *leader* de l'extrême gauche, s'était laissé, dans une scène exquise, au second acte, entortiller par cette fine mouche de marquise, et il avait conclu un pacte avec la droite pour les élections futures. Peut-être l'auteur aurait-il dû mieux expliquer ici les raisons politiques à l'aide desquelles le chef de parti pouvait se masquer à lui-même cette défection à ses principes. Un ambitieux (tel que l'a dépeint M. Lemaître) ne cède pas uniquement d'ordinaire à des raisons d'amour personnel. Mais ce n'est qu'un doute que j'émets : la scène est charmante, et il s'y trouve un couplet sur les *inerties distinguées* du faubourg Saint-Germain, qui est une merveille d'ironie légère.

Les élections ont eu lieu; et au lever du rideau, nous voyons le marquis, sa femme et Leveau dépouiller les télégrammes, qui leur apportent les nouvelles des élections. La coalition a réussi; mais c'est la droite qui en a le plus profité. Le marquis et ses amis sont élus; Leveau restera sur le carreau; il n'en sait rien encore; mais il peut déjà s'apercevoir que ses amis ont été sacrifiés dans la combinaison.

Vous imaginez bien que, tandis que se déroulait cette scène, tout le monde songeait à l'aventure du boulangisme que nous venons de traverser. On ne s'en amusait que mieux de cette satire légère, où tout se tournait en allusion. A un moment Leveau ouvre un télégramme : « C'est, dit-il, l'évêque de Condom qui m'envoie ses félicitations, » le marquis en lit un autre : « C'est la libre-pensée de Romorantin qui me remercie. » Le constraste était des plus piquants ; tout ce coin d'acte pétille de gamineries ironiques. Le succès en a été étourdissant le premier soir.

Nous touchons au moment où la pièce dévie et tourne, où je l'abandonne, pour ma part.

Leveau vient d'apprendre que ses électeurs l'ont blackboulé ; il est de fort méchante humeur. Il s'en prend au marquis, qu'avec son ton et ses façons d'homme à peine dégrossi, il brusque et malmène ; le marquis, homme poli par excellence, excuse ces vivacités chez un candidat malheureux. Jusque-là rien que de très acceptable.

Mais voici que, laissé seul avec la marquise, il lui met le marché à la main : « Tu m'as promis, lui dit-il (car il la tutoie sans cesse, ce qui horripile la grande dame), tu m'as promis d'être toute à moi, si nous pouvions nous rendre libres l'un et l'autre. Moi, je vais l'être, ma femme demande le divorce et l'obtiendra. Divorce de ton côté, et nous vivrons ensemble. »

Je sais bien que les gens amoureux, une fois possédés de cette frénésie, sont capables de toutes les bêtises. Mais on ne nous a pas peint Leveau comme un simple Antony. C'est un ambitieux ; ambitieux, il l'est de réputation, de fortune, d'influence, de considération, de tout. Être chef de parti et amant d'une marquise, qui est une des plus jolies femmes du Faubourg (songez que c'est Mᵐᵉ Hading), c'est le rêve ! Que gagnera-t-il à faire divorcer la marquise ? Il ne sera plus que le mari de la seconde Mᵐᵉ Leveau, tandis qu'à présent, il peut mettre une fleur de marquise à sa boutonnière. Je ne le comprends plus ; non, je ne le comprends plus et je ne le suis plus...

D'autant mieux que la marquise s'épuise à lui dire : « Puisqu'il n'y aura rien de changé ! puisque je serai toujours aimable pour vous ! » Et vraiment, elle, je ne la comprends pas davantage ! Comment ! elle est femme et elle raisonne avec cette brute, qu'elle voit déchaînée ! Est-ce que Célimène fait de la logique avec Alceste ! Il était si simple, puisqu'elle le voyait furieux, de lui dire : Eh ! bien, oui, mon ami, être tout l'un à l'autre, voilà le vrai bonheur. Mais un divorce ne se fait pas en un tour de main ! Il y faut du temps ; laissez-moi celui de me retourner...

Elle l'aurait renvoyé content ; elle l'eût ensuite écarté, sous prétexte que, devant devenir sa femme, elle était obligée à la plus extrême réserve. C'est lui qui fût revenu huit jours après mendier un rendez-vous.

Je propose ce moyen, sans y tenir. Les femmes ont dans leur bissac mille et une singeries pour attraper les hommes qui les aiment et les mener par le bout du nez dans le Guadalquivir, comme dit Figaro. Mais qu'elle réponde, le sentant capable des extrémités les plus violentes : « Non, je ne peux pas, » et qu'elle lui en développe les raisons ; non, je ne puis me faire à cela. Il n'est plus, lui, l'ambitieux que j'ai connu ; elle n'est plus, elle, la coquette qu'on m'a montrée ; enfin, ce n'est plus la pièce.

Nous voilà en plein drame.

Leveau donne à la marquise un dernier rendez-vous ; elle promet d'y venir ; comme il a dans sa poche la lettre anonyme écrite par sa femme où le lieu de ces rendez-vous est indiqué, il l'envoie au marquis pour l'avertir et la faire surprendre avec lui.

Oh ! que tout cela est noir !

Leveau et la marquise sont ensemble au quatrième acte. Leur conversation ne m'intéresse en aucune façon ; car ils ne peuvent que répéter ce qu'ils ont dit à l'acte précédent.

Le mari frappe à la porte. Leveau peut encore faire échapper la marquise.

— Voulez-vous être ma femme ? lui dit-il.

— Non, répond-elle.

Quoi ! elle répond : Non ! est-ce que les promesses doivent coûter à cette jolie intrigante ? et quand elle eût dit *oui*, est-ce qu'elle eût pu se croire engagée par un oui arraché en de telles circonstances ? Elle aime mieux être déshonorée, perdue, tuée peut-être... A son aise.

Enfin, elle dit : *non*, et Leveau ouvre au mari. Le marquis, en quelques mots très dignes, signifie à sa femme qu'il va demander le divorce, à Leveau qu'il lui rendra la somme qu'a coûtée son élection, et lui demandera raison ensuite, et il se retire suivi du député, qui laisse là la marquise.

— Allons ! dit-elle, remettant son chapeau, je serai M$^{me}$ Leveau !

Ce dénouement a passé comme le reste, bien qu'il y ait eu dans la salle comme une nuance d'étonnement et de déception.

Le *Député Leveau* n'est donc pas, en son ensemble, une pièce homogène et bien faite. Nombre de choses n'y sont qu'indiquées, le rôle seul de M$^{me}$ Leveau est profondément creusé ; pour le reste, on dirait des têtes de chapitres, et le chapitre n'a pas été écrit ; on pourrait faire bien d'autres critiques ; mais qu'importe ! l'ouvrage est intéressant d'un bout à l'autre, même en ses parties que je crois manquées. Il est suggestif et par endroits d'une nouveauté piquante !

il est écrit d'une langue très légère, par un des plus prestigieux assembleurs de mots qu'il y ait chez nous. Je ne puis donner qu'un conseil à Jules Lemaître, s'il veut faire du théâtre; et il en fera, et il en fera même de très bon. C'est de s'enfermer six mois avec son sujet, comme Augier, comme Dumas, comme Sardou, et de ne vivre qu'en lui et pour lui. Nous y perdrons peut-être quelques jolis articles; mais un seul bon drame vaut mieux que tous les chefs-d'œuvre du feuilleton réunis.

20 octobre 1890.

# L'AINÉE

## I

Le Gymnase nous a donné cette semaine l'*Aînée*, comédie en quatre actes et en prose, de M. Jules Lemaître. La nouvelle pièce est si complexe, elle éveille, chemin faisant, tant d'idées disparates, l'impression que l'on en emporte est si mêlée que je préfère entrer tout de suite dans le récit. Les réflexions que nous aurons à faire naîtront au fur et à mesure des scènes qui passeront sous nos yeux. Tout ce que je tiens à dire d'abord, c'est que l'*Aînée* m'a vivement intéressé tout le temps et amusé quelquefois.

Au lever du rideau, nous sommes dans un jardin où des jeunes filles prennent leurs ébats. Ce sont les filles du pasteur Petermann; elles ne sont pas moins de six, aucune n'est mariée encore et le pauvre pasteur en est fort en peine. C'est une lourde charge que six filles à pourvoir! Il en oublie quelque peu les devoirs de son état; il se laisse aller à des compromis que désapprouve sa rigide morale. Ainsi, bien qu'il soit fort à son aise, il achète des mines d'or, malgré le conseil d'un voisin sage, Dursay, qui lui représente combien ces opérations de bourse sont aléatoires.

— Que voulez-vous? répond-il, j'ai six filles! Ces six filles, il les autorise, malgré l'austérité de ses mœurs, à transformer sa maison qui fut longtemps sévère, en un lieu de divertissements où elles flirtent à l'anglaise avec des jeunes gens qui peuvent devenir des épouseurs. M. Petermann suit ces jeux d'un œil bienveillant, Mᵐᵉ Petermann gronde tout bas, mais quoi ? Il faut bien pour se marier qu'elles aillent à la chasse des maris ; ils ne viendront pas d'eux-mêmes, puisqu'elles n'ont pas de dot. Tous deux oublient en soupirant les devoirs de leur ministère : c'est pour l'enfant, comme dit la chanson.

J'ai cru à ces premières ouvertures que l'*Aînée* serait une pièce à thèse ; que M. Jules Lemaître, prenant parti pour le célibat des prêtres catholiques, s'était mis en tête de montrer que le souci de la famille courbait l'esprit du pasteur protestant à de fâcheuses nécessités et le forçait à descendre du ciel. Mon Dieu ! il y a bien un peu de cela dans l'*Aînée*, et nous verrons cette idée se reproduire à intervalles sous diverses formes. Mais il y a tant de choses dans une œuvre de M. Jules Lemaître ! Elle est d'une ironie si subtile et si fuyante qu'on ne sait jamais au juste quel est le but qu'il vise, et il est à croire qu'il en vise plusieurs, au hasard de la rencontre.

De ces six filles, nous en pouvons retrancher trois qui n'auront pas de rôle, pour ainsi dire. Dès le premier acte, elles auront trouvé le fiancé de leur choix et nous ne les reverrons plus qu'à titre de figuration. Mᵐᵉˢ Paule Évian, Bernou et Damis n'auront qu'à égayer le premier acte de leurs jolies frimousses. Il en reste trois qui emplissent la pièce. La cadette d'abord, Mˡˡᵉ Dorothée, qui n'a encore que quatorze ans quand la pièce s'ouvre, mais c'est déjà une petite peste ou, comme nous disons aujourd'hui, une petite rosse. Elle est de celles dont le peuple dit qu'elle a du vice. Elle est déjà endiablée à courir un mari, et le fait est qu'à l'heure où ses trois sœurs présentent leurs fiancés à l'heureux Petermann elle aussi a une manière de collégien à exhiber :

— J'aurai, lui a-t-elle dit en l'embrassant, quinze ans l'année prochaine; toi, dix-huit, tu viendras demander ma main à papa.

La puînée ensuite, Norah, qui est une fille romanesque et perverse. Elle cache sous son matelas un carnet où elle inscrit ses pensées de chaque jour. Elle n'y parle que d'amour; ce sont des effusions brûlantes à l'adresse d'un homme qu'elle ne nomme point. La vénérable M$^{me}$ Petermann a rougi aux premières lignes de ce cahier bleu qu'elle a découvert. Et c'est Lia, sa fille aînée, qu'elle charge d'éclaircir cette affaire et d'admonester sa sœur.

C'est que Lia, c'est la véritable mère de ce petit monde. Elle a vingt-cinq ans; elle s'est dévouée à la tâche de surveiller ses sœurs et de tenir le ménage. Elle a fait avec sérieux et dignité ce qu'elle regardait comme son devoir. On s'est habitué, autour d'elle, à cette abnégation; on la trouve toute naturelle et on ne lui en sait aucun gré. Sa vie est un perpétuel sacrifice au bonheur de ceux qui l'entourent, et personne n'a l'air d'y prendre garde, sauf le voisin dont je vous parlais tout à l'heure, M. Dursay, un homme du monde, un peu revenu de tout, philosophe aimable, qui vit en célibataire, sa femme l'ayant quitté jadis.

Et cependant Lia, elle aussi, a un cœur. Certes, elle n'est pas lasse encore de tant d'années de dévouement; mais elle voudrait en recevoir le prix. Elle aime, et elle aime en secret; ni M. ni M$^{me}$ Petermann ne s'en sont doutés; ils sont si bien faits à l'idée que leur Lia est un ange et l'ange de la maison paternelle! Il n'y a que Norah qui a pénétré ou plutôt deviné ce mystère. C'est que l'homme vers qui s'élançaient les soupirs de son carnet, c'est celui que sa sœur aime; la jalousie lui a ouvert les yeux, et, ma foi! Lia ne

comptant pas, Lia étant, de par la convention familiale, la
bête à bon Dieu du sacrifice, elle s'est mise en tête de lui
chiper cet épouseur.

L'épouseur en question, c'est le pasteur Mikils, le plus
brillant élève, le successeur désigné de M. Petermann. Oh!
que la caricature (car c'est une caricature) qu'en a tracée
M. Jules Lemaître est spirituelle et piquante! Le pasteur
Mikils est un phraseur onctueux et solennel, de la bouche
de qui coulent intarissablement tous les lieux communs de
la morale bourgeoise, mêlés aux souvenirs de la Bible. Il
s'écoute parler avec une satisfaction béate. On n'est pas
plus sot et plus ennuyeux. Comment Lia qui est sensée et
fine, s'est-elle éprise de cet imbécile? Il n'y a qu'une explication : elle a envie de se marier, et l'amour lui a mis des
coquilles sur les yeux. Quant à Norah, c'est une fûtée, animée des plus mauvais instincts. Elle n'a vu en lui que le bel
homme, et elle est restée hypnotisée de sa faconde. Elle a
pris les devants sur sa sœur, qui s'est tenue dans une réserve fière ; elle a fait des avances, des agaceries à ce fat
qui n'a pas été long à se laisser séduire.

— Faites votre demande à Lia, lui a dit M. Petermann.

Oh! que la scène est jolie! Nous la connaissions, puisqu'elle a déjà été faite dans *Fr... 'rou,* quand le comte demande à Louise, qui se croit aimée de lui, la main de sa
sœur cadette. Mais avec quel art M. Jules Lemaître l'a
renouvelée! Ce nigaud de Mikils, au lieu d'aller droit au
fait, dévide à son habitude de longues phrases sirupeuses,
desquelles il résulte qu'il veut se marier, fonder une famille. Lia, avec une sincérité qui ne connaît point les détours ni les fausses pudeurs, lui avoue loyalement qu'elle
l'attendait, qu'elle sera heureuse de lui tendre la main. Le
pauvre homme s'embrouille. Sans doute, la sévère Lia

serait mieux le fait d'un pasteur, mais il compte que la gaminerie de Norah égayera l'austérité de son foyer. Il s'excuse, mais c'est Norah qu'il préfère.

Lia refoule dans son sein le tumulte de ses pensées ; elle fait venir sa sœur et, se penchant à son oreille tendrement : « Sois bonne pour lui, lui dit-elle, sois douce, fidèle... » C'est une jeune artiste, Mme Suzanne Després, connue au théâtre de l'Œuvre sous le nom de Suzanne Auclaire, qui jouait le rôle, un rôle de début pour elle. Elle a dit ce mot « fidèle » en vraie comédienne.

Voilà donc quatre des filles de l'excellent Petermann mariées. Il bénit le Seigneur ; car il ne reste plus que Dorothée à pourvoir ; on a le temps pour elle ; quant à Lia, c'est une quantité négligeable.

Tout ce premier acte est délicieux. Il met en mouvement, comme vous l'avez pu voir, beaucoup de personnages. Jules Lemaître les a présentés avec infiniment d'adresse. Il a eu l'art de ne pas les mettre tous sur le même plan ; dès les premières scènes nous distinguons très bien ceux qui auront un rôle dans l'action, ceux qui s'en élimineront vite. Le seul point noir, c'est que je ne vois pas encore précisément l'idée générale de l'œuvre. J'ai cru un instant que c'était la défense du célibat ecclésiastique ; je commence à voir que cette question n'est qu'incidente. Le vrai sujet, ce sera peut-être le tourment d'une fille qui, fatiguée de sacrifices dont on ne lui tient pas compte, assoiffée d'amour et de liberté, s'évadera, comme une héroïne d'Ibsen, par un coup de tête, de cette vie morose.

Nous verrons bien.

Au second acte, nous sommes toujours chez M. Petermann. Mais le logis est plus modeste.

Les mines d'or ont raflé toutes les économies du pasteur. Il est fort triste et se console du mieux qu'il peut en lisant la Bible. Mais comment marier Dorothée à cette heure? Plus un sou de dot! Et elle a une terrible envie de se marier, M<sup>lle</sup> Dorothée. C'est qu'elle a dix-huit ans, à cette heure! Lia donne des leçons pour vivre; c'est le voisin obligeant, M. Dursay, qui les lui a trouvées... La vie coule monotone et paisible. Le pasteur a, d'autre part, des satisfactions qui le rassérènent; ses filles lui ont donné des petits-fils, et il vient de recevoir une lettre de Norah qui lui écrit qu'elle viendra lui rendre visite avec son mari, le pasteur Mikils.

Les termes dans lesquels cette lettre est conçue inquiètent Lia; elle pressent un malheur. Elle a raison : car le premier mot que lui dit Norah, quand elles sont seules, c'est un aveu terrible qu'elle fait d'un air fort détaché :

— J'ai trompé mon mari, et il le sait; il n'a pas ce qu'on appelle des preuves, mais il le sait.

Comment cela s'est-il fait?

Il faut avoir à son service la langue souple et déliée de Jules Lemaître pour faire entendre, sans qu'un seul mot détonne et choque, les explications de Norah. Ce pasteur était si guindé, si ennuyeux! Il prêchait en causant à table, en causant au lit! Elle n'y a pas tenu; elle a voulu connaître d'autres plaisirs. Il est dépité et furieux. Ce sera un scandale abominable, s'il fait un éclat. Elle prie sa grande sœur de lui arranger cela, sans que le digne Petermann ni sa femme sachent rien de cette aventure. Ils en auraient un coup de sang.

L'égoïsme inconscient et féroce de cette jeune drôlesse qui charge innocemment sa sœur de la réconcilier avec son époux qu'elle a trompé, après le lui avoir volé, est une des plus extraordinaires rosseries qu'on ait portées au théâtre. Lia accepte la mission. Elle a fait venir Mikils et le confesse! Oh! le pauvre homme! qu'il est piteux avec toute sa phraséologie biblique! Il ne demande, hélas! qu'à pardonner. Il reconnaît qu'il a eu des torts, qu'il n'a pas su aimer sa femme; il fera mieux à l'avenir; il dépouillera le vieil homme. La scène est bien piquante; peut-être le serait-elle davantage si je ne sentais voltiger par-dessus l'ironie légère de l'auteur. Je le sens qui se moque de ce niais solennel et qui le raille de sa mésaventure conjugale et de sa débonnaireté. Ne me demandez pas de vous citer un mot où se marque la blague, il n'y en a point. Tous sont mesurés, orthodoxes, exquis; c'est une impression, et l'impression, pour être générale, n'en est pas moins vraie.

Lia est écœurée et furieuse. Ainsi, voilà le magot dont elle s'était énamourée! Ah! les hommes ne valent pas cher! Dire qu'elle s'est sacrifiée pour sa sœur, et à quoi ce sacrifice a-t-il servi? Il est trompé et content de l'être! Ah! misère, misère!

Et tout aussitôt elle prend son parti.

Depuis leur ruine, les Petermann avaient fait connaissance d'un brave bourgeois, syndic de la commune, qui avait à son passif une bonne pièce de cinquante ans, à son actif une grande fortune. Il s'appelait Müller et M. Petermann le traitait de « monsieur le syndic » gros comme le bras. Ce Müller avait été à même, venant presque tous les jours chez les Petermann, d'apprécier les qualités solides de Lia. Il avait demandé sa main.

Le digne M. Petermann et sa compagne, la digne M<sup>me</sup> Petermann, avaient regardé cette demande comme une bénédiction du ciel. Ils avaient fait valoir à leur fille comme ce M. Müller, monsieur le syndic, s'il vous plaît, était un homme comme il faut, considérable, cossu; et que, si Lia l'épousait, elle pourrait aider au mariage de Dorothée. Sans doute il n'était pas plaisant, bien que l'Histoire sainte en fournit des exemples, d'épouser un quinquagénaire. Mais pour Lia, se dévouer, n'était-ce pas une seconde nature?

Lia avait rechigné devant la perspective de ce mariage de raison, vraiment trop raisonnable. Mais le spectacle qu'elle vient d'avoir sous les yeux a levé ses derniers doutes.

— J'accepte, dit-elle à son père.

Le digne M. Petermann et sa digne compagne lèvent des mains reconnaissantes au ciel qu'ils bénissent.

Mais il s'est passé dans l'intervalle une scène qu'ils n'avaient pu prévoir.

Dorothée, vous savez bien, cette petite rosse de Dorothée, avait vu M. le syndic tourner autour de sa grande sœur. Elle ne le trouvait pas beau, ni galant, ni spirituel; mais c'était un mari, un mari riche, et le voler à sa sœur, il y avait là un piment de canaillerie féminine qui devait la tenter.

Comme Müller attendait au salon la réponse de Lia à sa demande officielle, elle se glisse comme une couleuvre, ou plutôt comme une vipère près de lui; et alors, la voilà qui joue, avec une abominable perversité, la comédie de l'amour près de cet homme d'âge. Elle s'affale pâmée sur ses genoux, et la tête perdue dans son gilet.

— Je ne veux pas, lui dit-elle, que vous épousiez ma sœur. Je suis jalouse, j'en mourrai!

La scène a paru par trop débridée au public du premier soir. Je crains que ce ne soit un peu la faute de M$^{lle}$ Dallet qui l'a jouée en petite gredine de la butte Montmartre avec un en-dehors à faire frémir tout ce qu'il y avait eu de Petermann depuis la confession d'Augsbourg. J'aurais souhaité que Dorothée se montrât moins gavroche et moins vicieuse. La scène est risquée par elle-même; l'actrice en a encore chargé les traits déplaisants. Numès (c'est lui qui joue Müller) a des étonnements impayables, quand M^lle Dallet s'abandonne entre ses bras. Il roule des yeux stupéfaits d'abord, puis allumés :

— Quelle aventure ! s'écrie-t-il, quelle aventure !

Et il s'évade discrètement, sans attendre la réponse de Lia qu'il était venu chercher. Dorothée le regarde fuir et sourit : elle est sûre de sa victoire.

A l'acte suivant, nous sommes chez le voisin obligeant, M. Dursay. Il a invité à une *garden party*, pour faire une jolie surprise à Lia, sa préférée, toute la famille Petermann, maris, femmes et enfants. Au lever du rideau, Lia, toujours résignée et triste, surveille les enfants de tous les couples qui se promènent et s'amusent. Elle chante à ses petites nièces de vieilles romances enfantines ; elle rêve au mariage qui l'attend et dont elle a pris son parti.

Que devient-elle quand son père lui apprend que M. Müller a renoncé à sa main ? Le digne M. Petermann et sa digne compagne M^me Petermann, ne croient pas qu'il y ait là de quoi trop s'offusquer. M. Müller a été plein de convenance ; il s'est exprimé sur le compte de Lia en termes d'une correction qui ne laisse point de prise à la critique. Oh ! c'est un homme bien élevé ! Un homme ferré sur les convenances ! Un homme selon le cœur du monde !

— Enfin ! il me rend sa parole ! s'écrie Lia rageuse.

— Oui, mais il y a une compensation qui doit nous consoler tous. Il demande la main de Dorothée ; c'est un mariage inespéré pour elle...

Et le bonhomme verse à flots tièdes son éloquence sur le cœur endolori de cette infortunée Lia. Et il se retire, convaincu qu'elle est enchantée.

Le sang bouillonne en ses veines, à la malheureuse ! Encore un sacrifice, et un sacrifice dont on ne lui saura aucun gré ! Ah ! elle en a assez de cette existence ! Elle veut vivre pour son propre compte! Elle se révolte à la fin. J'ai vu passer là le bout de l'oreille des héroïnes d'Ibsen. Pour un peu, je m'attendais à la tirade obligée sur le droit au bonheur. M. Jules Lemaître nous l'a épargnée. Il s'est contenté de nous montrer Lia, montée au paroxysme de la fureur.

Et voilà que devant elle passent tour à tour les couples enlacés de ses sœurs avec leurs époux; tous parlent d'amour, et l'une d'elles même dit à demi-voix à son mari : « Tais-toi! ce sont là des choses que Lia ne doit pas entendre. »

Ainsi donc, tout le monde aime! Le jardin bruit de propos d'amour! et il n'y a qu'elle au monde qui soit exclue de ce festin de tendresse et de joie! Ah! qu'elle a été bête! Si c'était à recommencer!

Tous ses nerfs sont tendus; elle est dans cet état d'esprit où, les circonstances aidant, on se laisse emporter aux pires extravagances.

Le hasard est toujours là pour pousser à une sottise ceux ou celles qui ont envie de la commettre. Le voisin obligeant, M. Dursay, a pour neveu un jeune lieutenant, qu'il a invité à sa *garden party*. Ce lieutenant est un officier français, il est donc galant; c'est un officier de hussards, il est donc entreprenant : à la hussarde, n'est-ce pas?

Il a vu Lia, il a tout de suite admiré sa beauté chaste, son élégance discrète, la réserve de sa tenue, et sa grâce flexible, et tout. Il l'a invitée à valser, il a causé avec elle, il a été charmé de son esprit. Il le lui a dit, avec vivacité et chaleur.

— Vrai! lui a-t-elle demandé, vous me trouvez désirable, vous?

Cette sincérité serait chez toute autre ou une ridicule bêtise ou une provocation perverse. Mais non; Lia est si heureuse d'avoir sa revanche après tant de mécomptes! Le lieutenant s'émoustille et devient plus pressant. Elle pose son bras sur le sien; tous deux s'éloignent; ils vont s'égarer sous les allées ombreuses du parc.

Et le théâtre change.

Nous sommes dans le pavillon où le voisin obligeant loge son neveu, au fond du parc, quand il vient le voir en permission. La porte s'ouvre et nous voyons entrer l'officier et Lia.

On s'est étonné de l'imprudence de Lia. Je ferai remarquer que l'auteur a pris soin de nous la montrer dans un tel état d'âme qu'elle est capable de tous les coups de tête. Mais dans cette famille où le flirt était pratiqué par tout le monde avec un si parfait abandon, je ne suis pas trop surpris de voir une jeune fille entrer seul avec un jeune homme dans une chambre de garçon. Il me semble que, dans la convention anglaise et allemande, ce sont là libertés que le flirt autorise.

La scène, vous la voyez d'ici. Le lieutenant veut profiter de l'occasion. Il lui verse le poison des déclarations amoureuses; il la prend par la taille, il l'embrasse. A ce baiser, sa pudeur effarouchée se réveille, et alors, dans un couplet qui est une merveille de grâce chaste, elle lui conte ses malheurs et comment, sous le coup d'un énervement subit, elle a été coquette avec lui et attirante; elle se le reproche, elle s'en accuse; mais elle est honnête fille, elle le supplie de l'épargner, de la laisser sortir. Il écoute, il est touché, il admire; il va céder; mais, tout en parlant, il se grise à nouveau de son souffle : laisser échapper une occasion si belle et qui ne se retrouvera plus! On est officier, que diable! Et il la serre de plus près, et il l'enlace, et ses lèvres, malgré la résistance de la jeune fille, vont se poser sur les siennes quand des cris arrivent du jardin :

— Lia ! Lia !

Elle court à la porte, les cheveux dénoués ; car ils se sont défaits dans la lutte. Le lieutenant se jette au-devant :

— Ne sortez pas ainsi, lui dit-il, vous allez être perdue !

— Perdue pour eux, répond-elle fièrement, pas pour moi !

Nous touchons au dénouement.

Lia a été en effet irrémédiablement compromise par cette escapade, d'où elle est pourtant sortie innocente et pure. Son père, le digne M. Petermann, et sa mère, la digne Mme Petermann, ne peuvent lui pardonner le scandale dont elle a affligé le nom des Petermann. Depuis la confession d'Augsbourg, tous les Petermann ont été pasteurs de père en fils et jamais il ne s'est trouvé une Petermann pour manquer à ses devoirs !

Ici se place la scène la plus originale peut-être, mais à coup sûr la plus plaisante de la comédie.

Norah a reconquis son mari, cet imbécile de Mikils. Elle en a fait un autre homme. Ce pasteur commence à comprendre qu'on peut, tout en citant la Bible et en débitant des phrases qui filent comme du macaroni, être insupportable pour une femme. Son âme s'est détendue et son esprit s'est ouvert. C'est lui qui prêche le pardon au digne M. Petermann et à sa digne compagne, Mme Petermann. Il leur dit que, s'ils tiennent rigueur à Lia, c'est pour le monde.

— Vous lui pardonneriez, s'écrie-t-il, si elle avait failli et qu'on n'en eût rien su !

Le digne M. Petermann esquisse des gestes vagues qui tiennent de l'assentiment et de la révolte. Et comme la digne Mme Petermann ne cesse de répéter : « Ah ! depuis la confession d'Augsbourg, c'est la première fois qu'une

Petermann!... » Norah, impatientée, prie son mari de sortir.

— Laisse-moi, lui dit-elle, tu as très bien prêché; tu commences à faire de très bons sermons, mais laisse-nous.

Et aussitôt Mikils sort, docile :

— J'ai fait bien pis que ma sœur, dit-elle effrontément à ses parents. J'ai trompé mon mari !

Le ciel aurait croulé sur la tête des deux vénérables Petermann qu'ils ne seraient pas plus accablés.

— Oui, j'ai trompé mon mari, et c'est sa faute. Il était trop ennuyeux; on meurt d'ennui chez vous.

— Ma fille, vous perdez le respect !

Mais Norah va toujours, sabrant toutes les conventions et tous les préjugés avec la verve la plus amusante du monde. Elle prouve à ses parents que tout ce qui est arrivé, c'est de leur faute. Ce pauvre et digne M. Petermann est suffoqué et bouleversé. Tout ce qu'il a respecté, aimé, pratiqué, croule en morceaux sur sa tête vénérable. Il apprend, comme s'il assistait à une pièce d'Ibsen, qu'il y a des hypocrisies qui sont pires que la faute, qu'il faut mépriser la fausse morale qui se couvre de grands mots convenus, que la Bible est une bonne lecture, mais qu'il n'en faut pas abuser, que sais-je ?

Et tout cela enveloppé d'une ironie fine et lumineuse, la charmante ironie de Jules Lemaître et d'Anatole France.

Le digne M. Petermann et sa digne compagne se résolvent à pardonner à leur fille Lia. Ils le font d'un air assez rogue. Mais elle était résignée à partir; elle partira. Car, si son père pardonne, la petite ville n'oubliera pas.

On croit que tout va finir par ce dernier renoncement, quand le voisin obligeant se présente. Il est allé voir son neveu, il l'a chapitré. Le lieutenant a senti la grandeur de sa faute; il ne demande qu'à réparer. Il sera trop heureux, si M^lle Lia Petermann veut lui accorder sa main.

Le digne M. Petermann est aux anges.

— Il faut accepter, ma fille, lui dit-il, ce monsieur est très poli ; il se sert de termes fort convenables ; et il n'oublie aucune des formules consacrées.

Mais Lia ressemble à la Monime de Racine. Elle ne veut point d'un époux qui l'a fait rougir ; qui garderait toujours présent à la mémoire un moment d'imprudence, dans les yeux de qui elle lirait un éternel reproche. Elle refuse, au grand désespoir du digne M. Petermann, qui est d'autant plus ennuyé, qu'on n'a plus eu de nouvelles de M. Müller, et que Dorothée va lui rester pour compte.

Comment sortir de cette impasse ?

— Veuillez, dit le voisin obligeant, me laisser seul avec M^lle Lia.

J'ai bien pressenti à cette ouverture que le voisin obligeant allait être le terre-neuve de la situation. Mais de quelle façon ? Car nous savions qu'il était marié.

Il ne l'était pas. C'était lui qui avait fait courir ce bruit, pour vivre en paix, à l'abri des entreprises des mères, dans le célibat.

— Mademoiselle, dit-il à Lia, il y a dix ans que je vous connais et que je vous apprécie. Je ne suis ni jeune, ni beau, mais je suis un brave homme et je vous aime. Voulez-vous être ma femme ?

— Topez là, dit Lia après quelques manières.

Et, comme un bonheur ne vient jamais seul, on reçoit une lettre de M. Müller qui est revenu à résipiscence et qui demande, pour de bon, cette fois, la main de Dorothée.

— Avec plaisir, dit Dorothée, mais, ajoute tout bas la petite peste, il me le payera.

Et le digne M. Petermann, et sa digne compagne,

M^me Petermann, et le digne, mais déniaisé Mikils et sa gredine de femme Norah, et le voisin obligeant, et Dorothée et Lia se tenant par la main, s'avancent à la rampe, et tous ensemble : — Que le saint nom de Dieu soit béni !

Oh ! l'ironie ! la charmante et fâcheuse ironie !

La pièce est jouée à merveille par les hommes. Boisselot est impayable dans le digne pasteur Pétermann : d'une naïveté, d'une sincérité primordiale. Il se garde bien, et il a raison, de la caricature. Mayer, sous les traits du pasteur Mikils, est d'un onctueux, d'un fondant et d'un bête inexprimable. Lérand, excellent dans un rôle qui n'est que de tenue, celui du voisin obligeant, et Gauthier, hussard avec la mesure qui convenait dans le personnage du lieutenant séducteur.

Il y aurait plus à critiquer du côté des femmes. M^lle Léonie Yahne a charmé par l'élégance de ses toilettes et de ses coiffures. On n'a pas de plus jolis chapeaux. Je la trouve toujours un peu sèche et dure, mais elle a bien de l'esprit et de la verve... Ah ! bah, décidément, j'ai tort de n'avoir pas été tout à fait content. Elle a ravi tout le public. M^lle Suzanne Després, qui joue Lia, manque encore un peu de flexibilité et de tendresse. Mais elle a porté d'un bout à l'autre, sans faiblir, ce rôle complexe, difficile et tout en nuances. Ce début lui fait grand honneur. Je n'aime qu'à demi M^lle Dallet dans Dorothée. Elle jure tout de même un peu trop avec le milieu où elle a été élevée. Maintenant, elle est fort drôle et amuse par un comique très personnel et très en dehors. M^me Samary porte, dans le rôle neutre de M^me Petermann, une sévérité pleine d'onction.

Il vous sera possible, par cette analyse, de vous faire une idée de la pièce. Je crains qu'une fois devant le grand public, ce qu'elle a d'incertain ne le déconcerte. N'importe? Elle est des plus curieuses; les lettrés et les délicats s'en lécheront les doigts.

11 avril 1898.

## II

J'ai trouvé à Monte-Carlo un mot de Jules Lemaître à Gunsbourg, qui lui avait écrit pour le féliciter de l'accueil fait par le public à sa comédie nouvelle, *l'Aînée*. Lemaître, après avoir remercié Gunsbourg de son attention, ajoute en *post-scriptum* :

« Si vous voyez notre oncle, dites-lui que je le remercie, mais que le pasteur Mikils n'est pas une caricature (je l'ai connu, je les ai même connus) et qu'il n'y a pas d'ironie dans ma pièce, attendu que je ne sais même pas ce que c'est. Peuple, l'oncle te trompe ! »

Je suis bien aise de l'occasion qui m'est si gracieusement offerte de revenir sur la comédie de M. Jules Lemaître. Ici, l'on m'assure, et j'en ai été très étonné, que mon feuilleton avait paru trop sévère et presque désobligeant. Il faut bien qu'il y ait quelque chose de cela, puisque plusieurs personnes me l'ont dit. Il est vrai qu'elles n'avaient pas vu la pièce. Mais elles n'en étaient que plus impartiales.

— Pardon ! leur disais-je, après avoir lu l'analyse que j'ai faite de l'*Aînée*, vous êtes-vous senti le désir d'aller voir la comédie au Gymnase ?

— C'est la première chose que je ferai, indubitablement, aussitôt que je serai de retour à Paris.

— Eh ! bien, alors !... Est-ce que le plus grand service qu'on puisse rendre à un auteur n'est pas d'inspirer au public l'envie de donner cent sous pour mieux connaître son œuvre? Moi, personnellement, la pièce m'a vivement intéressé et charmé. Je l'ai dit très franchement. J'ignore l'effet qu'elle fera sur le grand public; je l'ai laissé entendre sans le marquer précisément, parce que ce n'était pas nécessaire.

Maintenant, mon cher Lemaître, il est possible que vous ayez connu votre Mikils dans la vie réelle. La chose est même certaine, puisque vous l'affirmez. Cela prouverait tout simplement qu'il y a des gens qui sont de vivantes caricatures. Mais remarquez : le Mikils que vous avez connu n'était, sans doute, pas ridicule dans son milieu. Ses attitudes, ses gestes, sa phraséologie, le tour qu'il donnait à ses pensées semblaient, j'imagine, fort naturels aux personnes dont il était entouré. Qu'avez-vous fait ? Vous avez mis près de lui, comme c'était votre droit d'auteur comique, une jeune et spirituelle drôlesse, qui ne songe qu'à s'amuser, qui voit son mari tel qu'il est, pédant, compassé, ennuyeux, biblique et qui, par le contraste, en accuse le ridicule et fait jaillir la caricature.

Le Mikils que vous avez connu n'avait sans doute pas à ses côtés la petite peste que vous avez donnée pour compagne à celui de votre pièce. Je jurerais presque que cet honnête imbécile n'a été un sot que le jour où vous avez appliqué sur lui votre lorgnon. Au reste, ce n'est pas une critique que je vous faisais en constatant qu'il y avait beaucoup de caricature dans Mikils et un peu dans le Petermann de l'*Aînée*. Le théâtre ne saurait se passer de ces grossissements. Votre Mikils m'a beaucoup amusé ; je le dis sans la moindre ironie.

Avez-vous sérieusement besoin qu'on vous explique ce mot ? Quoi ! Vous ne savez pas ce que c'est que l'ironie ? Vous me rappelez une anecdote joliment contée par Chamfort. L'abbé Delille entre un jour chez le cardinal de Bernis et voit sur le bureau du ministre un papier couvert de lignes d'inégale grandeur; les ministres en ces temps-là se piquaient de poésie; Delille fait semblant de humer l'air et dit en souriant :

> Odeur de vers se sentait à la ronde.

— Oh! monsieur l'abbé, répondit le cardinal, vous êtes trop parfumé vous-même, pour rien sentir.

Peut-être ne vous apercevez-vous plus vous-même de l'ironie qui vous échappe de toutes parts. On ne sait jamais si vous ne vous moquez pas de vos personnages, de votre public et de vous-même. Au théâtre, on n'aime pas à être pris pour dupe, et c'est ce qui fait qu'on ne se livre pas à vous, tout entier et sans réserve. On garde une certaine méfiance.

Les oreilles ont dû joliment vous tinter ces jours-ci. Car nous avons beaucoup parlé de vous et de votre pièce. C'était sous une véranda, dans un air tout embaumé de fleurs d'oranger, la mer en face, par le plus beau temps du monde; nous étions là deux ou trois Parisiens, un grand seigneur russe et un correspondant de journaux anglais. Nous avons, tout en blaguant, traité à fond cette question de l'ironie, et nous avons conclu que vous étiez, avec Anatole France, les deux plus délicieux ironistes de ce temps.

Ainsi l'a décidé un jury international : appelez de la sentence, si vous osez!

18 avril 1898.

## III

Je suis retourné voir l'*Aînée*, de Jules Lemaître, au Gymnase. J'avais écrit dans mon feuilleton que tous les délicats y prendraient un plaisir extrême, mais que j'ignorais si la foule les suivrait. Il y a eu plus de délicats que je ne croyais ; l'*Aînée* touche à sa soixante-dixième représentation et le théâtre est toujours plein. Le public paraît s'y amuser beaucoup, et il n'y a pas de raison maintenant pour que le succès s'arrête.

L'interprétation a gagné depuis la première. Elle est mieux fondue en général, et quelques scories en ont disparu. Il y avait une scène qui nous avait particulièrement choqués. C'est celle où cette petite peste de Dorothée, pour souffler à sa sœur Lia le syndic Müller qui a demandé sa main, feint de tomber en pamoison dans ses bras et lui crie avec accompagnement de sanglots : « Je ne veux pas que vous épousiez Lia! » La situation était scabreuse par elle-même ; l'actrice l'avait rendue presque indécente, par la façon dont elle s'était roulée sur les genoux de l'homme dont elle l'avait enveloppé de caresses. Elle a beaucoup apaisé son jeu, elle a mis de l'eau dans son vin. Gauthier, dans la scène un peu vive de la déclaration dans le pavillon, a de même retranché ce qu'il y avait d'excessif dans ses façons par trop cavalières.

A ce propos, me sera-t-il permis de faire remarquer à mes lecteurs que souvent ils m'écrivent pour me reprocher une critique qu'ils n'ont pas trouvée justifiée. C'est que parfois l'auteur ou l'acteur en a tenu compte. Ainsi j'avais dans mon dernier feuilleton reproché aux auteurs de la revue qui se joue en ce moment au théâtre des Capucines, deux scènes que j'avais trouvées l'une trop longue, l'autre inconvenante. Ils m'écrivent qu'ils les ont supprimées. La critique tombe par elle-même ; elle n'en était pas moins juste.

De même dans l'*Aînée,* quelques traits un peu vifs de caricature se sont estompés ou ont disparu. L'auteur m'en a un peu voulu de m'être servi, parlant des pasteurs protestants, du mot : caricature. Peut-être va-t-il au delà de ma pensée. Jules Lemaître conviendra pourtant que le trait caricatural était légèrement indiqué. Il a reconnu lui-même, dans le charmant article écrit par lui sur sa pièce dans la *Revue des Deux Mondes*, que ses Petermann et leurs gendres étaient des pasteurs de fantaisie. Va pour fantaisistes ! Je ne tiens pas au terme. L'essentiel est qu'ils soient très amusants ; et ils le sont. L'un d'eux même est, si j'en crois Jules Lemaître, un pasteur rigolo ; je n'en demandais pas tant.

Parlons plus sérieusement : mon objection, celle dont Jules Lemaître n'a rien dit, est celle-ci : Comment se fait-il que, dans ce milieu austère de protestantisme, sous l'œil de la charmante et sévère Lia, se soient développées en toute liberté cinq demi-vierges, dont l'une est la pire des petites pestes ? C'est cette antinomie qui ne m'est pas expliquée. Jules Lemaître s'en tire en disant : Je n'ai voulu faire ni une comédie de mœurs, ni une étude de caractères. Je n'ai eu d'autre visée que d'écrire une pièce agréable et divertissante.

Eh ! bien, vous avez en ce cas parfaitement réussi. J'ai revu l'*Aînée* avec un plaisir extrême ; et je m'y suis plus amusé encore la seconde fois que la première. Et puis, c'est si charmant d'entendre au théâtre la langue souple et délicate que vous parlez ; je n'ose pas dire, de peur de vous fâcher, la langue ironique, exquisement ironique. Personne n'ignore que vous ne savez pas ce que c'est que l'ironie.

30 mai 1898.

# FRANÇOIS DE CUREL

## LES FOSSILES

### I

M. de Curel sera-t-il un écrivain dramatique? A-t-il le don? Je n'en sais rien encore, après avoir entendu les *Fossiles*. Il est vrai de dire que la pièce a été si mal jouée qu'il était presque impossible d'en saisir le sens. Les acteurs, au lieu de nous traduire les personnages aux yeux, semblaient prendre à tâche de nous les dénaturer ou de nous les cacher. Nous écoutions chaque scène, comme on lit un palimpseste, en faisant effort pour retrouver sous la seconde écriture le texte à demi effacé et pâle de la première, qu'on devine et que l'on reconstitue à quelques mots apparus de loin en loin. C'est là un exercice très pénible et qui gâte tout le plaisir du spectacle. Antoine lui-même, qui est pourtant si intelligent comédien, ne nous a aucunement donné la sensation du vieux Mauprat qu'a voulu peindre M. de Curel, après Mᵐᵉ Sand; je dis après, mais, non d'après, car M. de Curel pense par lui-même et n'imite personne. Quant aux autres interprètes, le mieux est de s'en taire. Jamais je n'ai vu trahison plus complète.

A défaut de talent, on pourrait tout au moins exiger d'eux qu'ils parlassent haut et distinctement. C'est à peine si l'on a pu, avec une tension extrême de l'oreille et de l'esprit, saisir quelques bribes de dialogue aux premières scènes, qui sont pourtant celles où le drame est exposé. Mais à quoi bon récriminer? Nous ne gagnerons rien sur l'esprit d'Antoine. C'est chez lui un système. Ce système est une excuse fort commode aux bafouilleurs. Mais passons outre à l'interprétation, qui a été plus que défectueuse, et voyons la pièce en elle-même.

Nous sommes dans un vieux château des Ardennes, où vit, comme les Mauprat dans leur tanière, la famille des Chantemelle, loin du monde, et loin de notre civilisation. Le vieux duc de Chantemelle en est le chef; c'est un homme des anciens temps; il y a en lui des trésors d'énergie et d'activité, qu'il n'a su où dépenser. Il ne lui a pas été permis d'entrer ni dans l'administration, ni dans les affaires, ni dans l'industrie. Il n'y avait plus de guerre; il s'est confiné dans son manoir, et là, il passe sa journée à poursuivre les loups et les sangliers; le soir il se repose en contant les exploits de ses aïeux, qui ont été plus heureux que lui. Il est de mœurs farouches et de sang impétueux. Il y avait au château une jeune fille, M<sup>lle</sup> Hélène Vatrin, que sa femme y avait recueillie, un peu par charité, car elle était orpheline et pauvre, un peu pour donner une compagne à Claire de Chantemelle, sa fille. Un jour il l'a prise, peut-être de force; elle a consenti ensuite, elle est devenue sa maîtresse. Il ne voit pas de mal à cela; ce sont fantaisies de grand seigneur, qui ne tirent pas à conséquence. La duchesse a cru s'apercevoir de ce commerce, et elle en souffre dans sa dignité d'épouse autant que dans son amour de femme. Mais elle tremble devant le duc, qui est un maître impérieux, et elle ne lui a rien témoigné de ses soupçons ni de ses douleurs.

Claire est de moins bonne composition. C'est une fille aussi entière en ses opinions, aussi farouche en ses sentiments que son père; orgueilleuse de son nom, comme lui; plus orgueilleuse même; car il ne peut lui entrer dans la tête qu'un Chantemelle ait une pensée ou commette un acte qui soit une tache pour ce nom.

Elle a surpris le secret de la liaison de son père avec Mlle Hélène Vatrin. Le duc de Chantemelle s'oubliant avec une fille de rien! Elle a, sans donner d'autre raison à sa mère qu'une invincible antipathie, demandé à la duchesse le renvoi de l'institutrice. La fille est partie; mais Claire en a gardé contre son père un long ressentiment; elle lui parle toujours avec le respect dû au chef de la famille; mais elle est avec lui mystérieuse et sèche. Le père sait qu'elle possède son secret, bien qu'ils ne s'en soient jamais expliqués ensemble.

Ce secret est plus terrible qu'elle ne l'avait imaginé. Lorsque Hélène a été évincée du château, elle allait être mère. Elle a mis au monde, depuis lors, un garçon que le duc tient pour son fils et pour qui ses entrailles s'émeuvent, bien qu'il ne puisse le reconnaître. Il possède, dans l'immense forêt des Ardennes, un pavillon de chasse, perdu au fond des bois, où habite un de ses gardes, en qui il a toute confiance. C'est là qu'il fait revenir Hélène et qu'il l'installe. Il ira de temps à autre, sans que personne puisse rien soupçonner de cette aventure, embrasser l'enfant et rendre visite à la mère.

Il vivrait heureux ainsi, s'il n'était rongé d'un cruel souci. Son fils, j'entends son fils légitime, l'unique héritier du nom, Robert de Chantemelle, est phtisique et s'en va de la poitrine. Comment se fait-il que le jeune homme, né de cette robuste race, qui a toujours vécu au grand air et en chasse, se soit anémié comme un simple fils de bourgeois citadin? L'auteur ne l'explique pas. Nous devons prendre la chose comme il nous la donne. Robert a aimé comme son père la vie libre et les exercices violents; il a, comme lui, fatigué, en galopant à cheval derrière une meute, son besoin d'activité et sa fougue native; il est pourtant, à ce qu'il semble, d'éducation plus affinée; il s'est ouvert un peu plus aux idées et aux sentiments modernes. Est-ce la maladie, qui, le clouant sur un fauteuil, lui a donné le loisir et le goût de la réflexion? Est-ce que la rudesse ancestrale s'est détendue chez lui et amollie en générosité chevaleresque et tendre? Je ne crois pas que la pièce nous donne sur ce point des explications précises. Au moins ne les ai-je pas entendues; ce qui ne veut pas dire qu'elles ne s'y trouvent point.

Ce Robert n'a pas toujours été, comme il est à présent, chétif et bon à rouler sous des couvertures dans un fauteuil. Il a connu les joies de la vigueur physique. Il vivait près d'Hélène Vatrin; il ignorait qu'elle fût la maîtresse de son père. Il en est devenu amoureux; et elle... que voulez-vous? C'était une créature faible et sans ressort. Elle était dominée, hypnotisée par le vieux duc; mais elle s'était prise de tendresse pour ce brave jeune homme, chez qui elle sentait plus de délicatesse morale. Elle s'était donnée à lui, sans se soustraire aux empressements du père. Son renvoi de la maison avait mis fin à cet affreux partage. Robert n'a pas osé prendre sa défense; mais il est persuadé que l'enfant qu'elle emportait dans son sein et que plus tard elle a mis au monde est de lui.

La pièce s'ouvre juste le jour où, une consultation de médecins ayant eu lieu, Robert apprend qu'il est envoyé dans le Midi, où l'on n'a d'autre espoir que de prolonger ses jours à force de soins. Il se voit perdu ; il se résout à faire à la duchesse la confession de son aventure. Elle écoute tout à la fois atterrée et ravie. Les soupçons qu'elle avait conçus contre son mari étaient donc faux ! Elle promet à son fils de veiller sur la mère et sur l'enfant ; et comme il exprime le désir de les revoir une dernière fois avant de partir pour ce voyage d'où, sans doute, il ne reviendra pas, elle consent, malgré sa répugnance, à ce qu'Hélène vienne au château serrer la main de l'homme qui l'aime si passionnément.

Et voilà cependant que le duc rentre de la chasse. Il forçait le sanglier, tandis que les médecins mandés près de son fils délibéraient sur son état. On le met au courant de l'ordonnance qu'ils ont laissée ; mais il faut en venir à un autre aveu. La duchesse apprend au duc que Robert a une maîtresse et un fils, et qu'elle s'est engagée à leur permettre l'entrée du château.

— Une maîtresse, et qui donc ?
— Hélène Vatrin.

A ce nom, le vieux duc sursaute. Ainsi, la misérable le trompait ; ainsi, ce fils qu'il croyait né de lui, un autre pensait être en droit d'en réclamer la paternité. Sa colère, une terrible colère de Mauprat, s'exhale en violences brutales contre cette Hélène. Il la traite de « grue » ; il parle de « saloperies » commises. Ces mots ont paru effaroucher une partie de l'auditoire. Il me semble qu'en effet celui de « grue », qui est exclusivement parisien, détonne un peu au fond des Ardennes. Mais, « grue » à part, il est tout naturel que ce sauvage, sous le coup de la première indignation, s'échappe en grossièretés furieuses. C'est de son tempérament et de son caractère. Mais il y a au fond de cette âme un sentiment qui parle plus que tout le reste :

c'est le respect du nom. Robert va mourir, cela est évident. Avec lui s'éteindra le nom des Chantemelle. Cet enfant, peu importe qu'il soit né de l'un ou de l'autre ou de tous les deux ensemble. C'est à coup sûr le sang des Chantemelle. Eh! bien, que Robert épouse Hélène, l'enfant sera légitime; il continuera la famille. A cette tradition du nom, on peut, on doit immoler tout, même les conventions de la morale ordinaire, même la pudeur du foyer.

Le parti du vieux duc est pris en un instant. Il dompte ses jalousies séniles; il foule aux pieds les bienséances mondaines. Robert épousera Hélène.

Avouez que c'est tout de même joliment crâne, et que ça a de l'allure. Quel dommage que toute cette exposition n'ait pas été faite d'une façon plus claire et que les caractères n'aient pas été aussi nettement dessinés qu'ils nous apparaissent à nous, après réflexion, hélas! comme si au théâtre on pouvait jouir par réflexion!

La bonne duchesse n'y voit que du feu. Robert n'a pas été difficile à convaincre; il aime Hélène, et il est enchanté de la solution que lui apporte son père, car il n'en soupçonne pas les motifs cachés. Mais il y a deux personnes qu'il faut persuader, Hélène et Claire. Hélène, encore! Ce ne sera pas très difficile. C'est une brebis passive. Le rude gentilhomme lui dit, non sans une certaine grandeur : « Vous n'êtes plus pour moi une femme; le passé n'existe plus; je veux qu'il n'ait jamais existé. Vous serez la mère d'un Chantemelle. » Hélène courbe la tête; après tout, ce coup inattendu du sort lui donne un nom, une situation, et la joie de vivre à côté de l'homme qu'elle aime. Pourquoi chicanerait-elle ce bonheur?

Mais Claire, c'est une bien autre affaire en vérité! Claire a pénétré le secret de son père, et son père le sait. Claire a la farouche intransigeance de la jeunesse. Elle ne voit qu'une chose : c'est que, dans cette demeure, jusqu'à cette heure vierge de toute souillure, on introduit un bâtard et avec lui une femme qui a été la maîtresse de son père et de son frère, la rivale de sa mère. La scène (une scène à faire, celle-là!) n'était certes pas commode à écrire.

Elle a été écrite par un maître homme. Mais c'est là que j'ai bien vu ce qu'était l'importance d'un petit détail, d'un détail de rien du tout, dans cet art si complexe et si délicat du théâtre. Cette scène se passe en présence d'Hélène. Le duc lui dit : « Écartez-vous donc, je vous prie. » Et elle va à la fenêtre, faisant semblant de regarder dehors, tandis que le père et la fille s'expliquent. Rien de plus simple, rien de plus facile que de corriger cette maladresse, qui est d'un débutant. Il y avait cent moyens pour un de faire sortir de scène la maîtresse qui ne devait rien entendre de ce dialogue, dont la présence était si gênante et presque ridicule. Vous n'imaginez pas comme cette niaiserie a gâté la scène, qui est vraiment belle.

Le duc, qui a pris l'habitude de mener durement tous les siens, commande d'abord, sans apporter d'autre raison, sinon qu'il est chef de famille. Mais Claire n'est pas seulement une âme noble ; elle est taillée dans le granit, dont les Chantemelle ont été faits. Il sent que c'est par la religion du nom qu'il peut la prendre.

— Tu ne sais donc pas, lui dit-il, le besoin qu'ont les gentilshommes de laisser une trace à travers le monde, longtemps après soi...

— Oh! papa, c'est toute mon âme.

— Eh! bien, Claire, je te jure que tu peux consentir! T'aurais-je élevée dans le culte de nos grands souvenirs, pour te conseiller une action indigne d'eux ? C'est en leur nom que je te supplie. Sur mon honneur, sur celui de mon fils qui va mourir, je te promets que ce mariage sauvera le nom...

— Je vous crois, mon père.

— Merci, ma fille.

Savez-vous que c'est très noble, cela, et comme on dit dans le monde, très *chic!* Oh! que j'étais en colère contre les artistes qui me dérobaient la singulière grandeur de cette scène familiale! Antoine, il n'y a pas à dire, Antoine n'a pas la ligne; il manque de dignité, et Claire... Mais je m'arrête; j'avais promis de ne plus rien dire des acteurs. Ce sont de grands misérables. Quand on ne leur donne pas à jouer des souteneurs de barrière, ou de petits gratte-papier de mairie, ils ne sont plus à leur affaire.

Au troisième acte, nous sommes à Nice, où toute la famille a loué une villa, pour veiller sur la santé de Robert. Il reprend des forces au chaud soleil du Midi, et au souffle vivifiant de l'amour d'Hélène. Il y a là une scène qui serait charmante, si l'exécution était à la hauteur de l'idée. La pauvre fille, en causant avec son mari, se rend bien compte qu'il y a dans cette âme supérieure une foule de pensées et de sentiments où elle n'atteindra jamais, quelque intelligence qu'elle déploie, quelque peine qu'elle se donne; et elle en est désolée. Et lui! il tâche de se rapprocher d'elle; il s'aperçoit qu'un changement s'est fait dans ses idées, et ce changement, il l'exprime sous une forme symbolique, dans un morceau sur lequel se sont extasiés les adeptes.

Le sens de ce couplet, qui est fort long, c'est que, jadis, Robert a aimé les hautes futaies, où des chênes se dressent par-dessus tous les autres arbres et les dominent, et que, maintenant, il préfère la mer, dont les vagues toujours pareilles viennent s'ébattre sur la plage... « Je me demande, dit-il, si les hommes ne pourraient pas cheminer parallèlement comme les vagues qui, sans se heurter, courent toutes ensemble sur la grève... »

Il devient républicain. On a beaucoup admiré cet air de

bravoure. La vérité est qu'au théâtre il fait longueur. On m'objecte qu'il est admirablement écrit. Cela est possible ; mais une page de *Télémaque* ou de *René* est de même admirablement écrite ; et de même aussi un chapitre de Renan ou un conte d'Anatole France. Portez-les à la scène, et vous verrez si tout le public ne bâille pas à les écouter. C'est qu'il y a, quoi qu'en disent les novateurs, un style de théâtre, comme il y a un style pour l'oraison funèbre, pour le discours académique, pour l'histoire, pour le traité de philosophie, pour tous les genres, en un mot, parce que le style n'est que l'appropriation de la façon de parler aux conditions nécessaires du genre.

Tandis que se déroulaient toutes ces considérations sur la forêt et sur la mer, comparées l'une à l'autre, quelques spectateurs ont manifesté une certaine impatience. Ils étaient dans le vrai. Ces deux pages, qui auraient été charmantes dans un roman philosophique, n'avaient ni ce ramassé ni ce lumineux qui convient au théâtre, parce qu'il passe par-dessus la rampe.

Une pierre tombe tout à coup dans l'eau tranquille de ce bonheur. On a emmené à Nice, avec l'enfant, sa nourrice, qui n'est autre que la femme du garde, à qui le duc s'était jadis ouvert de son secret. Cette nourrice fait des siennes avec des sous-officiers, en sorte que la duchesse prend la résolution de la chasser. Elle en parle à son fils, qui lui dit :

— Cette femme est violente et mal embouchée. Elle pourrait vous répondre par quelque injure. Je vais moi-même lui donner son compte.

Et il y va.

Il y va ! La bonne duchesse n'y voit aucun inconvénient. Mais Hélène, mais Claire, mais le duc restent sur la scène épouvantés et anxieux. Il suffit d'un mot, lâché imprudemment par cette mégère criarde, pour que tout cet échafaudage de bonheur, industrieusement construit, croule en un instant.

Plus dure l'éloignement de Robert, qui est en conférence avec la nourrice, plus s'exaspère l'affolement des personnages en scène, si bien que la duchesse en conçoit quelque ombrage et pressent la vérité. Elle y a mis le temps, la bonne dame !

Il faut pourtant savoir ce qui en est. Il est évident pour tout le monde que Robert est au courant du passé et qu'il hésite à reparaître. C'est Claire qui se dévoue et qui promet de le ramener. J'aurais aimé à voir comment elle s'y est prise pour arriver à son but. J'imagine que, si l'auteur n'a pas écrit la scène, c'est qu'elle n'eût été qu'une répétition, sous une autre forme, de celle que nous avions entendue au premier acte entre le père et la fille.

Claire a réussi : Robert rentre, tout pâle et très triste. La scène est vraiment d'un beau caractère. Le duc s'incline devant son fils :

— C'est vous, lui dit-il, qui êtes maintenant le chef de la famille.

Robert ne dit que quelques mots : il retournera au château des Ardennes, avec sa femme et son fils.

— Mais c'est la mort à brève échéance !

— Un voyage par le froid, dit-il, m'abrégera peut-être de quelques jours. Mais j'aurai donné à tous, dans la mesure où cela m'est permis, un exemple de dévouement aux idées...

— Aux idées ? interroge le duc.

— Aux vôtres, aux miennes, aux nôtres à tous. L'honneur du nom qui couvre tout.

Et il part accompagné de Claire et d'Hélène, laissant son fils (héritier du nom) aux bons soins de son père et de sa mère qui le lui ramèneront plus tard.

Je ne peux pas me figurer aisément l'effet qu'aurait produit cette scène, si elle avait été jouée. Il me semble pourtant qu'elle a grande tournure et que l'homme qui l'a trouvée n'est pas un écrivain indifférent.

Je n'aime pas beaucoup la mise en scène du dernier acte. Quand le rideau se lève, on aperçoit sur son lit funèbre Robert, autour de qui veillent des religieuses. L'une d'elles se détache vers le duc, affaissé sur un fauteuil, et l'avertit que le forgeron du village attend pour souder le cercueil : « C'est que, lui dit-elle, le corps commence à se décomposer ! »

A quoi bon ces détails répugnants ? A quoi bon cet étalage des réalités vulgaires de la mort dans une pièce purement idéaliste ? L'auteur comptait sans doute agir sur les nerfs de son public ; il l'a désobligé et nous avons vu même se produire quelques protestations, énergiquement réprimées par les *chut* des amis. Ces répugnances étaient pourtant légitimes, et d'autant plus que ce spectacle n'ajoutait rien à la beauté du dénouement, qui est d'une tristesse grandiose.

Robert a laissé un testament, que sa sœur Claire lit à haute voix devant la famille assemblée. Il est fort long, ce testament, et si jamais la pièce est transportée sur un vrai théâtre, ce dont je doute, on en devra retrancher une bonne moitié, mais le sens en est beau et donne sa moralité à l'œuvre.

« Il faut, dit Robert, que le futur duc de Chantemelle soit élevé dans la conviction que son rang ne le dispense pas d'avoir une valeur personnelle, qu'on ne néglige rien pour en faire un homme moderne au sens profond du mot. »

C'est ainsi que s'opérera la réconciliation de la vieille aristocratie avec la société moderne et que, sur les os « des fossiles » se dressera une tige nouvelle, un fils des preux, qui, tout en gardant la tradition des vertus héroïques de la famille, les accommodera aux nécessités de la vie contemporaine.

Il y a dans ce drame beaucoup de maladresses, beaucoup de longueurs, beaucoup d'obscurités, mais ce n'est pas une œuvre indifférente. Elle nous laisse encore incertains, non sur la qualité d'esprit de M. de Curel, qui est de premier ordre, mais sur ses aptitudes au théâtre.

5 décembre 1892.

## II

J'ai reçu, à propos de mon dernier feuilleton sur les *Fossiles*, une lettre du directeur du Théâtre-Libre, et, comme elle m'a paru intéressante, je lui ai demandé l'autorisation de la reproduire dans le journal. La voici :

Mon cher maître,

Oui, vous avez mille fois raison et tout le monde avec vous ; nous avons indignement massacré la pièce de Curel. Au reste, nous ne nous faisons guère d'illusions à ce sujet, ni lui ni moi.

Et voici pourquoi :

C'est que le Théâtre-Libre ne peut pas avoir de troupe. Comment voulez-vous que je puisse ainsi, avec les très maigres ressources dont je dispose, et qui suffisent à peine à payer la salle, les décors et du papier pour les programmes, réunir et grouper une véritable troupe?

Nous sommes, au début de cette année, complètement démontés. Faites le compte de ceux de l'an dernier qui commençaient à se sentir les coudes :

Grand est au Vaudeville, Janvier à l'Odéon, Luce Collas au Vaudeville, Damoye à l'Odéon, M<sup>lle</sup> Valdey à Bordeaux, France à la Porte-Saint-Martin, etc., etc.

Aussitôt que l'un de mes camarades commence à marcher un peu, on me l'enlève et il me reste à en chercher d'autres.

L'interprétation ne devrait donc avoir, chez nous, qu'une importance secondaire. Je suis bien plus content de vous avoir découvert les *Fossiles* dans un tas de manuscrits et de vous avoir amené de Curel que vexé d'avoir mal joué la comédie. Moi, là dedans, je suis comme ces petits boutiquiers établis qui n'ont pas le moyen de se payer un employé ; je balaye la boutique ou je porte les lettres. L'essentiel, c'est de continuer à garder pour les jeunes gens la certitude d'être lus et joués, même très mal, ce qui vaut mieux que de ne l'être pas du tout. Ils trouveront des comédiens de talent ailleurs.

Vous êtes tout de même bien aimable pour nous ; vous pouviez nous traiter plus sévèrement, et vous savez combien je vous suis profondément reconnaissant de tout ce que vous faites pour nous.

Votre

A. ANTOINE.

Il y a du vrai et beaucoup de vrai dans les doléances d'Antoine. Les artistes en quête d'engagements viennent le trouver, jouent une ou deux pièces avec lui et lui faussent compagnie aussitôt que, s'étant fait au Théâtre-Libre un petit nom, ils trouvent à gagner de l'argent autre part. Mais je ferai remarquer à Antoine que, depuis le jour où il a fondé le Théâtre-Libre, il s'est trouvé aux prises avec les mêmes difficultés, ce qui ne l'a pas empêché de nous donner parfois des pièces extrêmement bien jouées.

Il doit donc y avoir à cet échec, qu'il reconnaît de si bonne grâce, d'autres raisons qu'il ne soupçonne pas ou qu'il ne veut pas dire. Il y en a d'autres, en effet, et si j'y insiste, c'est que les réflexions que je vais présenter visent plus haut et portent plus loin que le Théâtre-Libre.

Antoine s'est évertué de son mieux à supprimer ce que nous appelions autrefois l'art de la diction. C'est lui qui a, le premier, avec beaucoup d'intelligence d'ailleurs et une merveilleuse ténacité, appliqué ce principe qu'il faut parler sur le théâtre comme on parle dans la vie. Est-ce que, dans la vie, on parle très haut, quand on est seul avec un ami ou que l'on cause avec une femme? Est-ce que l'on prend la peine d'articuler toutes les syllabes et de donner aux mots de valeur une accentuation particulière? Y a-t-il même des mots de valeur dans la conversation ordinaire? Qu'est-ce que c'est que ça : des mots de valeur? On dégoise sa phrase, comme elle vient, le plus vite qu'on peut; l'autre comprend toujours, suppléant par le sens général à ce qu'il n'a pas entendu, et parfois même, s'il n'a pas saisi, interrompant l'interlocuteur par un : « Vous dites? » qui l'oblige à recommencer. Mais il n'y a pas de mal à cela. Dans la vie, on a le temps.

Ce procédé, ou plutôt cette absence de procédés dans la façon de dire, peut n'avoir aucun inconvénient dans certaines pièces, où l'on n'a cherché, en effet, à transporter sur le théâtre que les réalités vulgaires et plates de la vie. Il est clair que s'il ne s'agit que de dire, comme le bourgeois gentilhomme : « Nicole, apportez-moi mes pantoufles et me donnez mon bonnet de nuit, » on peut précipiter le débit; la phrase, comme il le remarquait lui-même ingénument, est de la prose, et une prose qui ne mérite pas qu'on s'y arrête.

J'accorderai même que, dans ces œuvres-là, le bafouillement — pardon de ce terme! mais c'est le terme technique de l'argot du théâtre — j'accorderai donc que le bafouillement fasse merveille, car il y a une harmonie secrète entre le texte et la façon dont il est dit. Quand une ménagère surveille son pot-au-feu qui bout, goûte le bouillon et regrette de n'y avoir pas mis assez de carottes ou de navets — car la soupe est meilleure quand il y a beaucoup de légumes — je lui sais gré d'exprimer entre haut et bas cette vérité incontestable, et si la moitié m'en échappe, c'est une perte médiocre.

Le système d'Antoine est donc excellent — il est admissible — tout au moins — dans la plupart des pièces qu'il a jouées; mais il est insuffisant, il est même détestable, aussitôt qu'on veut l'appliquer à des œuvres où l'auteur ne s'est pas contenté de jeter sur la scène une tranche de vie. Les *Fossiles*, il n'y a pas à dire, c'est un drame idéaliste ; Jules Lemaître a dit le vrai mot dans son feuilleton : c'est une tragédie. Eh! bien, on ne peut pas, on ne doit pas dire une tragédie comme une scène populaire de Henri Monnier.

Au premier acte, vous vous rappelez peut-être que Robert de Chantemelle est phtisique et que les médecins appelés en consultation viennent de lui ordonner le climat de Nice, sans autre espoir que de prolonger ses jours de quelques mois. C'est une observation que tout le monde a pu faire : dans la maison d'un malade, tout le monde instinctivement baisse la voix en parlant et marche d'un pas suspendu. Comme, au Théâtre-Libre, il s'agit toujours de serrer le plus près possible la réalité, les personnages en scène parlent tout bas et fort vite. Il n'y aurait pas grand mal en effet, s'ils n'avaient à se dire, comme dans les autres pièces du même théâtre : « La tisane est-elle chaude? L'avez-vous bien sucrée? S'il ne veut pas la boire, insistez. Le médecin a recommandé qu'il la prît », et autres balivernes naturalistes.

C'est que, point du tout ; M. de Curel expose dans ce premier acte l'idée philosophique de sa pièce et la situation d'où il tirera tous les développements ultérieurs. Impossible d'en saisir un traître mot. Là, ce n'est pas seulement à l'insuffisance des acteurs qu'il faut s'en prendre ; c'est le système que j'accuse.

Un système déplorable contre lequel je ne cesserai de protester, car il fait en ce moment de grands ravages dans tous nos théâtres, et la Comédie-Française elle-même a de larges taches phylloxériques. Oui, voilà que sur cette vaste scène, devant ce public qui s'étage à quatre rangs de loges, il se trouve des artistes qui, lorsqu'on s'avise de poser une phrase, s'écrient ironiquement : « Ah ! le vieux jeu alors ! Il n'en faut plus ! Vous n'êtes pas dans le train ! » Et, sous prétexte de naturel, ils parlent comme on parle quand on parle mal ; ils se fourrent le plus loin de la rampe qu'ils peuvent pour causer dans les petits coins de leurs petites affaires, sans se soucier du public, qui est venu pour les entendre. Le public, pour eux, n'existe pas. Est-ce que dans la vie réelle il y a un public ? Eh ! bien, le théâtre, c'est la vie réelle. Ils font donc abstraction du public, sauf pourtant, j'imagine, à l'heure où il s'agit de dresser les comptes et de partager les bénéfices.

Antoine a donc eu le tort d'appliquer son système de diction à un genre d'ouvrage qui ne le comportait pas, qui même y était réfractaire. Il a également soumis la pièce de Curel à ses procédés ordinaires de mise en scène, et il a eu tort. Dans les œuvres qu'il nous joue habituellement, il est nécessaire qu'il pousse jusqu'à la minutie le soin des accessoires ; qu'il suspende, par exemple, s'il nous transporte chez un boucher, de vrais quartiers de viande aux crocs de la boutique ; mais qu'a-t-on besoin dans une pièce purement et sévèrement idéaliste de ces bahuts, de ces crédences, de tout cet attirail de mobilier, qui exige pour être mis en place une grande demi-heure d'entr'acte ? Peignez-moi tout cela sur la toile. Vous aurez un entr'acte de deux minutes, et nous ne ferons attention qu'au dialogue, parce qu'il n'y a, dans ces sortes d'ouvrages, que le dialogue qui soit intéressant.

Antoine, qui est sans cesse obligé, comme il nous le dit, de renouveler sa troupe, aurait pu assurément trouver sur le pavé de Paris de jeunes artistes ambitieux d'imiter

Mounet-Sully et M^me Sarah Bernhardt; il y en a de tels, et ceux-là, si insuffisants qu'ils eussent pu être, auraient au moins joué dans le ton et dans le mouvement; ce que les siens n'ont pas fait. Il aurait pu de même simplifier la mise en scène et la mettre en harmonie avec l'austérité de l'œuvre; mais il est l'homme de système.

Après cela, je ne puis lui en vouloir. C'est précisément parce qu'il a les idées très arrêtées, qu'il est arrivé, sans autres ressources que beaucoup d'intelligence et de talent, à remuer le monde dramatique et à créer un mouvement d'esprits, qui après dix années ne semble pas avoir encore épuisé toute son énergie. Est-ce que nous le discuterions si passionnément, si ce n'était pas un impresario de grande valeur? Il a tout à fait raison quand il dit que mieux vaut encore avoir mal joué les *Fossiles* que de ne les avoir pas joués du tout. Il nous a ainsi engagés à les lire, car nous avons à cette heure la brochure entre les mains.

Je ne suis pas éloigné de croire, après lecture faite, que, si M. de Curel avait rencontré un Montigny et qu'il eût, sur ses indications, consenti à remanier la pièce, pratiqué des coupures et corrigé quelques gaucheries d'exécution, les *Fossiles* auraient remporté un succès éclatant sur un grand théâtre. A cette heure, mieux vaut que l'auteur n'y songe plus et qu'il pense à nous en écrire une autre. Nous croyons que, pour M. de Curel, le temps des épreuves est passé et que la nouvelle œuvre qu'il apportera aux directeurs se heurtera à des portes moins hermétiquement fermées. L'honneur en reviendra à Antoine.

12 décembre 1892.

# L'INVITÉE

Le Vaudeville nous a donné l'*Invitée*, drame en trois actes de M. de Curel, l'auteur des *Fossiles*. La pièce a réussi le premier soir d'une façon éclatante. Ce n'étaient qu'applaudissements à chaque mot du dialogue et rappels répétés à la chute du rideau. Et, dans les couloirs, on s'extasiait, on criait au chef-d'œuvre. A Dieu ne plaise que je m'inscrive en faux contre cet enthousiasme ! J'estime infiniment le talent de M. de Curel ; j'ai beaucoup aimé les *Fossiles*, qui me semblent encore aujourd'hui propres à fournir une longue carrière si l'auteur y pratique quelques retouches indispensables. Je suis convaincu, en revanche, que l'*Invitée*, malgré tout le tapage mené autour d'elle, n'ira pas très loin. Je puis me tromper, et j'ajouterai même que je souhaite de me tromper, tant j'ai de sympathie pour l'auteur. Mais je crois bon de le mettre en garde contre sa facilité à se contenter du premier jet. Il a des idées originales et curieuses ; il possède (et c'est là son principal mérite) une langue qui est bien à lui ; la phrase qui est compacte et ramassée toujours, lumineuses quelquefois, enferme beaucoup de sens et passe par-dessus la rampe.

Mais il ne sait guère le métier ; cela encore, aujourd'hui, avec les idées qui courent, on pourrait lui en faire un mérite. Mais il ne se donne pas la peine de poser son idée ni ses personnages, de les rendre clairs au public, d'expliquer ce qu'il veut faire, de rendre compte de ce qu'il fait. Sa pièce est une énigme dont il ne nous donne pas la clef.

Veut-il me permettre d'appuyer cette critique de quelques preuves ?

Prenons son héroïne, Mᵐᵉ Anna de Grécourt.

Un jour, après trois ou quatre ans de mariage, elle s'est aperçue que son mari, M. Hubert de Grécourt, la trompait. Elle était orgueilleuse ; elle a brusquement, sans explication aucune, fui à Vienne, en Autriche, abandonnant, outre son mari, deux enfants qu'elle avait de lui. M. de Grécourt, pour expliquer la disparition, a répandu le bruit qu'on l'avait enfermée comme folle ; au fond, il a cru et le monde a cru qu'elle était partie avec un amant. Elle a laissé croire et dire. Elle s'est arrangé, grâce à sa fortune et à ses relations, une vie confortable, oubliant ses enfants, qu'elle a, comme Médée, chassés de son cœur le jour où son mari l'a trahie.

Seize ou dix-huit ans se sont écoulés depuis cette fugue, et il n'y a eu jamais, durant tant d'années, ni tentative de réconciliation de la part du mari, ni chez elle curiosité de savoir au moins ce qu'étaient devenues ses deux filles.

Voilà une femme bien extraordinaire ! Je n'en reviens pas.

Là-dessus on me dit : mais c'est un *postulatum* ; et, d'après vos théories même, vous devez accepter tout *postulatum*, sauf à le chicaner ensuite, si l'auteur n'a rien su en tirer... Pardon ! j'accepte les *postulatum* d'événements, qui se sont combinés de façon à former une situation que va exploiter le drame. Je ne peux pas accepter un *postulatum* de caractère, quand ce caractère est absolument contraire à la vérité générale tout ensemble et à la convention dramatique.

Il faut, en ce cas, faire comme Dumas a fait, par exemple, pour M^me Aubray. Me l'expliquer, et me l'expliquer si bien que je finisse par me dire : oui, c'est vrai, une femme bâtie de telle sorte devait agir de telle façon. Elle est singulière, mais je la comprends et je l'admets.

Quand un écrivain porte à la scène un caractère ou un sentiment qui rentre dans l'ordre des vérités consenties par tout le monde, il n'a pas besoin d'entrer dans aucun commentaire, puisqu'il nous a tous pour complices. Mais vous me présentez une femelle qui abandonne ses petits, et vous vous contentez de me dire : « C'est comme ça, parce que c'est comme ça ! » Ah ! non, je me révolte. Je veux savoir pourquoi c'est comme ça, comment il peut se faire que ce soit comme ça.

J'ai d'autant plus besoin de connaître ce caractère, que c'est lui qui va être toute la pièce. Oui, durant deux heures, M^me de Grécourt va évoluer dans une situation inadmissible, poussée par des ressorts qu'il me sera impossible de saisir.

Elle est à Vienne, chez elle, quand la pièce s'ouvre. Un vieil ami, Hector Bagadais (entre parenthèses, le rôle a été délicieusement joué par Dieudonné), qui a été l'un de ses anciens soupirants éconduits comme les autres, vient, envoyé par le mari, lui proposer, non pas précisément de se remettre avec son mari, mais de venir renouer connaissance avec ses filles, dont le père, en proie à une maîtresse, surveille fort mal l'éducation.

Elle résiste d'abord ; elle objecte que ses filles ne l'intéressent point ; puis, elle se laisse séduire à la curiosité. Elle ira là en dilettante ; ce sera amusant de voir ce qu'est devenu le ménage. Joli sujet d'observations pour un psychologue ! Peut-être y a-t-il à son acceptation un mobile plus humain ; mais il est si faiblement indiqué, que je crains d'avoir mal compris : peut-être donc a-t-elle senti comme une petite pointe de jalousie rétrospective en entendant parler de la maîtresse de son mari, Marguerite de Raon, qui vit chez lui, en compagnie des deux jeunes filles. Cette femme est si compliquée et si mystérieuse qu'on ne sait jamais au juste le pourquoi de ses déterminations.

Au second acte, nous sommes chez Hubert. Les jeunes filles, Thérèse et Alice, causent ensemble, tout en jouant au billard. Elles ont été fort mal élevées, et l'on s'en aperçoit à leurs manières et à leur langage. La scène est jolie et bien faite. Mais, à travers leurs extravagances, luisent des éclairs de bon sens. Elles sentent qu'avec une mère folle (on le leur a dit et elles le croient), avec un père dont la vie est irrégulière (elles ont surpris le secret de ses amours), avec le déhanché de leurs allures, elles ne trouveront pas de maris, en dépit de leur dot, et elles en sont toutes mélancoliques.

M$^{me}$ de Grécourt arrive au bras de Bagadais, qui la présente comme une vieille amie de la maison. Hubert est absent, il pêche ; M$^{me}$ de Grécourt en profite pour faire passer une sorte d'examen à la plus jeune. C'est, je vous l'ai dit, une dilettante, une curieuse de sensations rares.

Le mari entre ; il revient en habit de coutil, tenant une carpe qu'il vient de prendre, les mains sales, le pantalon mouillé. Sa femme le regarde :

— Oh ! qu'il est vieilli ! Qu'il est commun !

Et c'est pour cet homme-là qu'elle a souffert, qu'elle a vécu si longtemps en exil, sans amour ! Quand il revient après s'être nettoyé, elle le blague (il n'y a pas d'autre mot) avec beaucoup d'esprit, et la scène m'aurait amusé, si je ne m'étais dit : Où allons-nous ? ces scènes-là ne mènent nulle part ; car l'auteur ne nous a laissé entrevoir aucun but vers lequel il nous dirige.

Ce mari aussi est par trop bête. Il a chez lui sa maîtresse. Il est déjà assez étonnant qu'il n'ait pas une gouvernante pour ses filles, afin de sauver au moins les apparences aux yeux du monde. Il laisse cette maîtresse frayer avec elles. Il aurait dû tout au moins lui dire, aussitôt l'arrivée de sa femme :

— Ma chère, M<sup>me</sup> de Grécourt me tombe sur les bras. Elle doit rester quarante-huit heures à la maison. Enfermez-vous dans votre chambre, ou allez faire un tour à Paris.

Il ne prévoit rien et s'effare, tandis que femme, filles, maîtresse se rencontrent et échangent entre elles des propos désagréables, sans que la situation avance ; elle tourne sur elle-même.

Il y a pourtant une scène vraiment délicieuse et qui est de théâtre. Les deux jeunes filles ont appris en secret par Hector Bagadais que l'*invitée* est leur mère, laquelle n'a jamais été folle. Elles ont formé le projet de se mettre sous son aile et de rompre avec la vie qu'elles mènent. M<sup>me</sup> de Grécourt les accueille durement et leur demande ce qu'elles ont à lui dire. La plus jeune, à demi agenouillée, se contente de laisser tomber d'une voix tendre, avec un geste suppliant, ce seul mot : « Maman !... » Ah ! je n'ai plus besoin d'explication, cette fois ! Voilà un mot qui se comprend ! et des larmes sont montées à tous les yeux.

Mais M<sup>me</sup> de Grécourt ne veut point embarrasser sa vie en prenant ses filles ; Hubert ne veut plus les garder :

— Personne ne veut de nous ! disent-elles douloureusement. On joue au volant avec nous ; nous sommes renvoyées de raquette en raquette.

Je vous avouerai que tout cela m'a paru fort pénible ; mais surtout, tout cela ne m'a pas paru très clair. Le dialogue est charmant par endroits ; mais ce que je suis agacé de marcher à tâtons ! Cette dilettante m'est insupportable avec sa curiosité doublée d'orgueil. Je trépigne d'impatience.

Ah! çà, tu n'auras donc pas un sentiment humain ! Tu as donc sucé le lait de la nourrice de Maurice Barrès ! Si tu savais comme toutes tes subtilités de sentiments, tous tes raffinements de pensées, toutes tes complications de caractère, tous tes mystères de cœur irritent mon gros et droit bon sens !

Il est temps que le troisième acte arrive : elle s'amollit enfin. Ah ! pourquoi s'amollit-elle à présent ? car aucun fait nouveau n'est intervenu qui puisse modifier ses déterminations. N'importe ! elle emmènera ses deux filles à Vienne et partira enchantée de laisser un regret au cœur de son imbécile de mari, qui se dit mélancoliquement : « Je ne vais pas m'amuser avec ma maîtresse, ma femme lui était bien supérieure. »

— Et quand vous voudrez venir nous voir à Vienne, lui dit gracieusement M$^{me}$ de Grécourt, je serai heureuse de vous rendre l'hospitalité que vous m'avez offerte.

Le rôle de M$^{me}$ de Grécourt est horriblement difficile comme tous ceux qui ne sont pas francs et nets. M$^{me}$ Pasca l'a joué avec une rare sûreté ; il m'a semblé qu'elle durcissait encore un personnage déjà dur et peut-être aussi le vieillit-elle un peu trop. Elle a plutôt l'air de la grand'mère que de la mère de ses filles. Elle a encore le défaut de laisser tomber les finales, en sorte qu'on perd la dernière moitié de ses phrases. Mais elle a grand air, elle dit juste et avec mordant. Elle a emporté un grand succès personnel.

23 janvier 1893.

## LA NOUVELLE IDOLE

La *Nouvelle Idole* est une œuvre très curieuse ; mais c'est plutôt un dialogue philosophique qu'une pièce de théâtre. Elle aura sans doute le sort des ouvrages précédents de M. François de Curel ; elle sera beaucoup louée par la presse ; elle sera écoutée avec intérêt par un petit nombre de publics triés sur le volet. La foule n'y entrera point. Je sais bien que ceux qui n'aiment point le théâtre n'en applaudiront que davantage et la *Nouvelle Idole* et son auteur. Ils lui sauront gré d'avoir méprisé ou tout au moins négligé ce qu'ils appellent les ficelles des faiseurs. Je ne présenterai qu'une observation à M. François de Curel : quand on écrit pour le théâtre, c'est qu'on s'adresse à la foule, puisqu'il n'y a pas de théâtre sans public, puisque c'est le public qui constitue le théâtre. C'est ce qu'ont fait tous les grands écrivains dramatiques de tous les temps, qui, sachant que leur œuvre serait écoutée d'un grand public, se sont arrangés toujours pour qu'elle fût comprise et goûtée de la foule. Ils ont donné à leurs idées, quelles qu'elles fussent, une forme dramatique. Comment peut-on faire compliment à un homme qui écrit pour le théâtre de ne pas se soucier de cette forme ? Qu'on s'en excuse en faveur d'autres qualités, passe encore ; mais l'en louer ! mais le proposer pour modèle !

Ce qui m'agace, c'est que M. François de Curel me semble le faire exprès. Il a des qualités indéniables d'homme de théâtre ; oui, je suis convaincu que l'écrivain qui nous a donné le premier acte des *Fossiles* et deux scènes du *Repas du lion* est né pour le théâtre. Il y a dans la *Nouvelle Idole* une scène dont l'idée, au point de vue purement dramatique, est géniale. Voyez plutôt !

Albert Donnat est un médecin célèbre, imbu des théories pastoriennes, qui cherche le bacille du cancer. Pour l'étudier, il lui faut des champs d'expériences. Comme il est chef de clinique, quand il rencontre dans son service un malade qui souffre d'un mal qu'il sait incurable, qui est, par exemple, phtisique au dernier degré, il lui inocule, d'un coup de lancette, le virus du cancer, et suit d'un œil attentif les développements du mal. C'est l'expérience qu'il a tentée sur une jeune fille.

« Voyez cette enfant, dit-il à sa femme, que ces pratiques étonnent et bouleversent, elle est phtisique jusqu'à la moelle des os et n'ira pas jusqu'à l'automne. Supposez que je lui ai inoculé un mal épouvantable toujours mortel ; supposez que, grâce à cela, j'arrive à préserver des mères de famille, des personnes robustes et utiles ; ou plutôt ne supposez pas ; c'est fait. Franchement, suis-je bien coupable d'étudier dans ce pauvre petit corps condamné à une dissolution prochaine le secret qui va sauver des générations entières ? »

Une discussion s'engage sur ce point de casuistique morale.

Puis le médecin dit à la petite malade d'approcher :

— Eh ! mais, lui dit-il, nous avons meilleure mine... un peu engraissée... de bons yeux... pas trop brillants...

Nous croyons, nous, dans la salle, que ce sont là les phrases banales d'encouragement qu'un médecin prodigue à un malade qu'il croit perdu.

— Voyons ! que je vous ausculte ! Respirez... Toussez...

A mesure que l'examen avance, le docteur prend une figure plus anxieuse :

— Ah ! çà, mais, s'écrie-t-il brusquement et d'un ton furieux : Vous êtes guérie !

— Grâce à vous, docteur !

— Et qu'est-ce que vous avez fait pour cela ?

— Ce que vous avez dit, docteur.

Elle ajoute, détail charmant, qu'elle a bu tous les matins un verre d'eau de Lourdes, et comme elle voit le docteur très en colère :

— J'aurais peut-être mieux fait de ne pas vous le dire ; mais quand vous m'avez dit : Vous êtes guérie ; il m'a semblé que la sainte Vierge me trouvait ingrate, et je n'ai pu me taire.

Ce malheureux Albert Donnat est désespéré. Car cette jeune fille qu'il a guérie, contre toute espérance, de sa phtisie, porte au sein un petit bouton, qui n'est pour le moment qu'un bobo, mais un bobo terrible, dont elle mourra infailliblement dans les plus atroces souffrances. Science et conscience, tout chez lui est en déroute. Et quand la jeune fille est sortie, c'est de la bouche de sa femme que jaillit le cri de la situation :

— Assassin ! lui dit-elle.

Et lui, découragé, désolé, reprend tout bas :

— Oui, je suis un assassin !

Ça c'est du théâtre, de l'excellent théâtre, du très beau théâtre ; parce que l'idée, qui est d'une haute philosophie, est présentée sous une forme éminemment dramatique. Ce n'est pas que cette scène n'eût pu être mieux préparée, mieux aménagée, et mise dans une lumière plus vive ; mais enfin, elle est très puissante. C'est une trouvaille de génie.

M. François de Curel voudra-t-il me permettre de lui

montrer, par contre, dans sa pièce une autre idée, qui est restée obscure pour nous, ou qui n'a pas en tout cas eu son effet sur le public, parce qu'elle n'a pas été revêtue par lui d'une forme dramatique?

Louise n'aimait pas déjà beaucoup son mari, qui, tout entier à la science, sa nouvelle idole, négligeait sa femme. Elle se sentait du penchant pour un jeune savant, Maurice Cormier, qui était l'élève de son mari, ou tout au moins qui l'aidait dans ses recherches. Il travaillait pour son compte dans une autre partie. C'était un psychologue; il étudiait surtout l'âme; il l'étudiait, comme on fait aujourd'hui sur le vif, à l'aide de la suggestion, de l'hypnotisme et d'une foule d'artifices que l'auteur décrit complaisamment.

« Nous parcourons, dit-il, les hôpitaux, les casernes, les écoles, les usines, et sur des centaines, sur des milliers de sujets nous répétons à l'infini des expériences qui consistent à faire agir l'esprit en exerçant sur le corps le contrôle d'une incroyable minutie que je viens de décrire. Nos fils conducteurs s'accrochent aux nerfs; nos tubes s'adaptent aux bronches; nos pinces, nos leviers se contractent avec les muscles; par les yeux, par les oreilles, par les canaux sinueux des veines, par le labyrinthe des filaments nerveux, nous nous glissons jusqu'au sanctuaire de la pensée, et nous touchons, oui, nous touchons l'inconnu qui vibre au plus profond de l'âme humaine. »

Mais Maurice Cormier ne se contente pas de ces études psycho-physiologiques. Il porte également sa curiosité sur l'intérieur de l'âme humaine et examine les désordres qu'y cause la passion.

Il a fait assez discrètement la cour à la femme de son maître et ami, et il ne s'est déclaré que la veille du jour où les pratiques d'Albert Donnat, ayant été dénoncées au parquet, il devait s'ensuivre une enquête. C'est qu'il a pensé que Louise, affolée, effarée, viendrait lui demander des conseils en lui contant ses chagrins et qu'il aurait là une belle occasion d'étudier sur le vif les manifestations d'une passion violente.

Louise, en effet, est venue chez lui, décidée ou à peu près à s'offrir.

Mais Maurice ne lui cache point son idée de derrière la tête :

« Je poursuivais simplement, lui dit-il, en vous faisant la cour, mon idée de suggestion. Vous souffrez, et l'amour naît de votre chagrin, orchidée rare, qui s'épanouit sur les marais fiévreux. Et comme une amoureuse ne se possède guère mieux qu'une somnambule, vous accourez, sans fausse pudeur, toute surprise, vous-même de vous trouver ici. »

Ainsi parle ce psychologue, avec la parfaite inconscience du savant, mais Louise, qui lui sert de sujet, tressaille d'horreur :

« Regarder l'amour, s'écrie-t-elle, comme une hallucination de malade et consentir à être aimé ! Abuser d'une folle !... Tenez, mon mari, son crime est plus grand peut-être, mais il est moins... »

Et elle n'achève pas la phrase, ne trouvant pas l'épithète.

Il est évident que cette scène fait pendant à l'autre. Mais elle n'est pas claire, elle ne parle pas aux yeux. On est forcé de réfléchir pour la comprendre, et dès lors on n'est pas ému.

La forme dramatique n'y est pas.

Toute la pièce se compose de longues dissertations sur le droit du savant à sacrifier des vies inutiles pour en sauver d'autres qui sont de choix ; c'est ainsi que le général en chef envoie un bataillon se faire tuer pour gagner la victoire.

Il y a de beaux morceaux dans ces discussions, car M. François de Curel écrit d'une langue très ferme, naturellement oratoire, et qui s'élève parfois jusqu'à la poésie. Mais le théâtre est-il fait pour les entretiens de Platon?

L'auteur a heureusement rencontré un dernier acte qui est délicieux, et de théâtre celui-là.

Antoinette, la petite phtisique, revient; elle sait que le docteur lui a inoculé le virus du cancer. Albert l'interroge tristement :

— Ceux qui font ce que j'ai fait, on les appelle des assassins, n'est-ce pas? demande-t-il.

Antoinette est une résignée et une extatique; elle se destinait à la vie religieuse, et elle est toute en Dieu :

« Je savais bien, répond-elle, que vous aviez du chagrin... il ne faut pas... Vous m'auriez proposé ce qui est arrivé, j'aurais consenti tout de suite... me croyez-vous donc trop sotte pour comprendre que mon mal peut amener à guérir une foule de gens? Je voulais être sœur de charité et consacrer ma vie aux malades... Eh! bien, je livre ma vie en gros, au lieu de la donner en détail. »

Le mot est exquis.

— Il n'y a pas que les sœurs de charité qui savent mourir proprement, observe Albert Donnat.

13 mars 1899.

# JEAN JULLIEN

## LA MER

### I

L'Odéon a donné la première représentation de la *Mer*, drame en trois actes de M. Jean Jullien. La pièce, avant de se produire devant le public, avait été annoncée, à grand bruit de trompettes, comme une œuvre qui devait faire révolution au théâtre. C'était moins une pièce que le manifeste d'un nouvel art. M. Jean Jullien allait bouleverser les vieux cadres et introduire pour la première fois la vérité dans le drame. Je dois dire que, pour mon compte, je ne m'étais pas trop inquiété de tout ce tapage. J'ai vu trois ou quatre révolutions de goût au théâtre. Elles se sont faites, si j'ose ainsi dire, à l'insu de l'auteur dont la pièce les avait lancées. Dumas fils en écrivant la *Dame aux Camélias* ne se doutait guère qu'il donnait au théâtre une orientation nouvelle; Labiche quand il fit jouer le *Chapeau de paille d'Italie* n'a pas eu un seul instant l'idée qu'il imprimait au vieux vaudeville une nouvelle forme qui durerait vingt-cinq années.

Les vrais artistes laissent échapper leurs œuvres, qui sont ce qu'elles sont ; c'est nous, critiques, qui en tirons de notre mieux des théories qui s'appliqueront à d'autres ouvrages analogues. C'est la foule qui, dans les pièces, quand il se trouve quelque chose de nouveau, voit si ce nouveau répond à ses aspirations secrètes, à ses goûts du moment, et qui impose ensuite ce modèle aux autres écrivains, jusqu'à l'heure d'une révolution nouvelle. Je ne crois pas qu'il y ait encore eu dans le monde une œuvre fabriquée en vertu d'une théorie, avec l'intention formelle d'être révolutionnaire, qui ait fait révolution. Ces jeunes gens, me disais-je, mettent la charrue devant les bœufs : ils commencent par exposer des systèmes et composent des pièces pour les prouver. Ils devraient écrire d'abord un chef-d'œuvre et je me chargerais, moi, qui ne suis qu'un pauvre diable de critique, d'en tirer un système. A chacun sa besogne.

Nous voici à l'Odéon ; tâchons d'oublier, et les prétentions qu'ont affichées par avance les amis de l'auteur, et les théories que l'auteur a exposées lui-même ; tout cela ne fait rien à l'affaire. Nous sommes en face d'une œuvre dramatique ; regardons-la, comme nous ferions de toute autre pièce, qui ne porterait pas une révolution dans ses flancs.

Le rideau se lève : nous avons sous les yeux un coin de la Bretagne. La mer au fond, des rochers à gauche ; à droite une auberge. Ce sera le seul décor du drame. Il est vrai que comme l'action se continuera à travers diverses heures du jour, la toile de fond, qui représente la mer, changera de coloration à chaque acte, grâce à des artifices d'éclairage. Mais les flots en resteront immobiles. On a beau faire, il y aura toujours une limite où la résolution de faire vrai, absolument vrai, viendra se heurter.

L'auberge est sur le chemin qui mène à la mer; les marins qui passent s'arrêtent pour y boire une bolée de cidre ou un verre d'eau-de-vie. La Manguy les sert et cause avec eux. Une jeune fille arrive, couverte de haillons, le visage émacié les yeux tristes; elle meurt de faim. L'aubergiste la chasse avec mépris; il n'y a pas de pain pour les filles qui ont fauté.

Nous comprenons ce qui se passe sur la scène par la pantomime plus que par le dialogue. L'auteur, pour serrer la vérité de plus près, a mis dans la bouche de ses personnages le patois du pays; et, comme l'habitude des marins ainsi que des paysans, et en général de toutes les personnes à qui l'éducation n'a point appris une articulation juste et nette, est de manger, en parlant très vite, la moitié des mots, nous perdons une bonne partie du dialogue et nous ne comprenons que le quart de ce qu'il nous est permis d'entendre. C'est une joie, lorsqu'à travers un enchevêtrement de sons inintelligibles, nous distinguons tout à coup quelques mots français qui nous donnent la clef du reste. Et tous, sans exception, d'un bout à l'autre du drame, jargonnent ainsi à qui mieux mieux, sans répit ni trêve, traînant sur les dernières syllabes, avec l'horrible accent du paysan normand ou du marin breton. Je ne sais rien de plus insupportable ni de plus agaçant.

Je ferai remarquer à M. Jean Jullien et à ses amis que l'auteur au théâtre est toujours forcé de traduire la pensée de ses personnages dans la langue qui est familière à son public. Auguste et Cinna parlent en français, et non en latin; Oreste ne cause point en grec avec Pylade. Si M. Jean Jullien eût transporté sa pièce sur un autre point de la Bretagne, où le français est presque inconnu, il eût donc fait parler ses personnages en bas-breton? Non, j'imagine; il eût évidemment traduit leurs pensées dans la langue qui est la nôtre. Il eût sans doute tâché de conserver le tour exotique de cette pensée dans la traduction qu'il en eût essayée; mais cette traduction, par cela seul qu'elle devait être écoutée d'un public français, il l'aurait faite en pure langue française.

Pourquoi a-t-il écrit la *Mer* en patois ? C'est une fatigue extrême de suivre une conversation dans une langue où l'on ne saisit que de loin en loin des mots et des bouts de phrases connues.

La pauvre Jeanne-Marie nous débonde son cœur. Elle avait été fiancée à un hardi marin Yves Lemell; mais Yves Lemell n'est pas revenu depuis trois ans; on croit au village qu'il a péri. Elle ne l'attend plus; et cela vaut mieux ainsi. Car en quel état la retrouverait-il ? Un soir, après un Pardon, elle a été rencontrée sur le chemin par un beau gars, François Kadik, la coqueluche des filles de l'endroit, qui l'a saisie, l'a emportée dans la lande, et, malgré sa résistance, l'a mise à mal, puis abandonnée. Elle a eu de cette aventure un enfant et tout le village l'a montrée au doigt; elle n'a point dénoncé le misérable qui s'est marié depuis et justement à la sœur de son fiancé Yves Lemell; elle s'est enfermée dans un silence farouche.

Comme elle pleure et se désole, voici que, tout à coup, un gros baiser lui tombe sur la joue; elle se redresse effarée. C'est Yves, qui est de retour et dont l'arrivée a fait sensation dans le village. Il a demandé joyeusement des nouvelles des siens; on lui a appris que sa sœur était mariée... bon, cela !... Mais sa fiancée, la jolie Jeanne-Marie ? On a évité de lui répondre. Il a couru après elle, il l'embrasse à pleine bouche, et elle, suffoquée, atterrée, se recule : elle n'est plus digne de lui; elle a un enfant !

Elle lui conte en pleurant sa douloureuse histoire ; comment elle a été forcée, puis délaissée, et honnie et moquée, et elle sanglote. Yves est assommé du coup ; il s'en ira, il n'a plus que faire au village. Peu à peu, il reprend ses esprits ; il cède à l'ancien attrait... Après tout, ce n'est pas sa faute... il l'épousera tout de même ; mais, auparavant, il veut savoir le nom du séducteur. Elle refuse de le dire, craignant une bataille ; il insiste, la serrant dans ses bras, lorsqu'on entend derrière le rocher une voix qui chante joyeusement : c'est François, qui, à voir deux amoureux, dont il ne distingue pas les traits, rit d'un gros rire moqueur.

— Tu veux savoir qui ? s'écrie la fille indignée ; le voilà !

Et aussitôt, sans mot dire, emporté d'un grand mouvement de colère, Yves saute sur François Kadik, le serre à la gorge, le renverse ; les deux hommes roulent à terre l'un sur l'autre. François râle et crie ; Yves le tient sous son genou et frappe. Au bruit, une femme accourt ; c'est Élisabeth Kadik, la femme de François et la sœur d'Yves. Elle se jette au secours de son mari, l'arrache des mains de son frère :

— Tu ne vas pas me le tuer !

En quelques mots haletants, on la met au courant du crime et de la vengeance. On n'apprend rien de nouveau à Élisabeth, une maîtresse femme, qui sait bien que son François a eu toutes les filles du pays et qui en est presque fière, car c'est elle qui, définitivement, a mis le grappin sur lui. Elle obtient de son frère qu'il lâchera François et ne lui cherchera plus querelle.

— C'est bien ; nous irons nous marier n'importe où, reprend Yves. Adieu !

Tout ce début de pièce est excellent, et l'émotion a été

très vive. Mais prenez garde que, patois à part, ce que je viens de vous conter là, c'est du vieux théâtre, c'est du d'Ennery, très bien fait... Oh! ça, je n'en disconviens pas, et très empoignant. Les scènes s'appellent l'une l'autre et se suivent; elles vont d'un train rapide; tout y est en relief; ce commencement d'acte me ferait croire volontiers que M. Jean Jullien a le sens de la scène et qu'il n'aura contre lui pour faire du théâtre que son malheureux parti pris d'en faire autrement que tous ceux qui en ont fait, depuis Sophocle jusqu'à Dumas, en passant par Molière. Il y a chez lui deux hommes, le théoricien et l'auteur dramatique. Le second ne réussira que lorsqu'il aura rompu avec le premier.

Jusqu'ici, vous n'avez pas encore vu de sujet nettement indiqué; attendez, nous y arrivons.

Élisabeth songe à une chose : ne vaudrait-il pas mieux qu'Yves restât? Une moitié de la maison lui appartient; on vivrait ensemble; on aurait à deux la gabarre, qu'on appellerait la gabarre des deux beaux-frères; l'enfant, qui est aussi bien au père qu'à la mère, croîtrait dans ce ménage à quatre, aimé de tout le monde. On vivrait heureux.

Yves a quelque peine à accepter cet arrangement; il s'y résout enfin et finit par décider Jeanne-Marie, qui résiste davantage. Voilà qui est dit, tout est conclu, et le rideau tombe.

Vous imaginez la stupéfaction du public. Quoi! ils vont vivre ensemble! Cette promiscuité, après ce qui s'est passé, ne les révolte point! M. Jean Jullien me répondra sans doute que ces gens-là n'ont pas sur l'honneur les mêmes idées que nous, qu'ils n'ont pas les mêmes délicatesses de sentiments..., mais c'est ici que je l'arrête.

Il se donne un mal infini pour nous représenter exactement le milieu où se passe son drame. Ainsi, les costumes, les coiffures, les accessoires sont d'une merveilleuse exactitude ; il y a au tournant de la route un mendiant qui, à chaque passant, se lève, reprenant son éternelle litanie ; un peu plus loin, un marchand d'objets de piété offre sa marchandise ; autour de la table de l'auberge se succèdent des marins qui boivent en frappant de grands coups sur la table et qui causent du temps qu'il fera, des bateaux rentrés au port, des menus commérages de l'endroit. Le patois même, le patois contre lequel je me suis insurgé tout à l'heure, fait, dans la théorie de M. Jean Jullien, partie intégrante de cette restitution du milieu.

Mais il y a un milieu moral comme il y a un milieu physique. Ce dernier, mon Dieu ! je veux bien qu'on me le reconstitue, quoiqu'à vrai dire... le vieux mendiant, le marchand d'images, les bolées de cidre et tous les menus détails, je n'y attache qu'un intérêt médiocre. C'est de la mise en scène plus ou moins pittoresque, mais qui n'ajoute rien ou presque rien à l'intelligence des vrais drames. Shakespeare s'en est passé ; Molière s'en est passé ; la *Théodora* de Sardou ne s'en passerait peut-être pas ; mais *Patrie* s'en passerait aisément.

Le milieu moral a une importance autrement considérable.

Le pacte que ces deux familles viennent de conclure nous paraît absurde et ignoble. L'auteur a beau nous dire : Mais c'est comme ça que ça se passe ; j'ai vu cette situation dans un village de Bretagne, et personne n'y prenait garde. — Mais, mon ami, si personne n'y prenait garde, c'est qu'elle était en harmonie avec les mœurs de ce pays, et ce sont précisément ces mœurs qu'il fallait, vous, auteur dramatique, m'expliquer d'abord, avec lesquelles il fallait me familiariser.

Comment ? de quelle façon ? Je n'en sais rien ; ce n'est pas mon affaire. Si je le savais, je ferais des pièces. Mais vous, c'est votre métier. Vous me transportez dans un pays où, pour ne pas liciter une maison, qui appartient indivise à deux propriétaires, on trouve bon que les deux propriétaires y vivent ensemble, bien qu'ils aient des raisons d'honneur pour vivre séparés l'un de l'autre ; où l'on regarde comme simple qu'une femme, prise de force par un homme, vive avec son mari sous le même toit que son amant d'un jour et que l'enfant né de ce viol soit tour à tour embrassé par les deux pères ; où les deux femmes, dont l'une a été la maîtresse et dont l'autre est l'épouse, ne feront qu'un même ménage et n'en seront pas moins estimées de tout le monde. C'est évidemment là un milieu spécial ; ouvrez-le-moi et disposez-moi à le comprendre et à l'admettre, si vous ne voulez pas qu'il me fasse tout simplement horreur, si vous tenez à ce qu'il m'intéresse.

M. Jullien me montre très exactement les dehors de ce pays ; il nous étale les loques dont les corps sont couverts ; il ne nous révèle rien du mystère de leurs âmes. Il ne fait qu'une partie de la besogne d'un auteur dramatique et la moindre.

Quand le rideau se relève sur le second acte, les deux ménages sont déjà en guerre. Tout ce qui aurait eu pour nous quelque intérêt, c'est-à-dire la façon dont la désunion s'y est mise et s'est plus tard accentuée, a eu lieu comme on disait jadis, à la cantonade, entre le premier et le second acte. Peut-être aurions-nous suivi avec curiosité les progrès de cette désunion, parce que c'était après tout le thème de la pièce et un sujet d'analyse psychologique.

Mais non ; tout le second acte va rouler sur un point qui nous est très indifférent. Élisabeth Kadik, qui avait (on n'a jamais su pourquoi) organisé cette vie commune, n'a pas tardé à en voir les inconvénients. Les deux beaux-frères ne s'entendent pas. Son mari François, à voir les amours des deux jeunes mariés, a conçu un vif dépit; il ne peut plus voir Yves en face, il le laisse aller tout seul à sa pêche, et lui, il passe son temps au cabaret, où il perd son argent et sa santé. Elle a donc résolu de faire embarquer son frère sur un des navires qui s'en vont en Islande. Elle dépense beaucoup d'éloquence à persuader Yves qui finit par consentir, car ces matelots sont de grands enfants, qui n'ont pas de résistance et se laissent mener par leurs femmes par le bout du nez. Il va pour se faire inscrire chez le capitaine de bateau; mais Jeanne-Marie ne l'entend pas ainsi; elle le rattrape et le ramène. François, qui était déjà content comme un roi et s'était grisé en l'honneur du départ de son beau-frère, se grise encore pour noyer son chagrin, quand il apprend qu'il ne part plus. Nous avons tout le temps devant les yeux cet insupportable pochard et sa pie-grièche de femme; l'un, l'œil allumé et la parole pâteuse; l'autre, le verbe haut et grondant; et tous deux, ils ne parlent que de ce détail, qui nous est très indifférent, à nous qui n'avons rien vu de ce ménage à quatre: Yves embarquera-t-il ou n'embarquera-t-il pas?

Il n'embarque pas et le second acte est fini.

M. Jean Jullien s'étonne qu'on ait trouvé cet acte vide et ennuyeux. Mais, s'il a paru vide, c'est qu'un seul fait l'emplit et que le fait nous est indifférent; s'il est ennuyeux, c'est qu'il n'y a pas ombre de mouvement et que la situation reste à la fin du second acte exactement ce qu'elle était au début.

— Mais c'est une tranche de la vie! s'écrient les adeptes de la nouvelle école. Ainsi, dans la vie, il y a des ivrognes, que leurs femmes tarabustent et qui cognent sur leurs femmes; il y a des gens qui ont promis de partir et qui ne partent pas. Ça se voit tous les jours. Pourquoi ne voulez-vous pas le voir au théâtre?

Parce que ça ne m'intéresse pas; parce que je ne viens pas au théâtre pour voir ce qui se voit tous les jours, mais seulement ce qui se voit quelquefois et qui est curieux à voir. Vous n'imaginez pas la fatigue du public après cet interminable second acte; il avait au moins paru tel, bien qu'il soit peut-être d'une dimension ordinaire.

Le troisième acte est bâti sur un plan singulier.

La haine a crû naturellement entre les deux beaux-frères. Nous nous étions imaginés qu'on nous mettrait sous les yeux quelques-uns des effets de cette haine, et la catastrophe qui devait en être la conséquence inévitable : les explications des hommes entre eux ou des femmes avec les hommes; ce sont les scènes à faire. Mais que voulez-vous? C'est le vieux jeu. Nous ne les verrons donc pas.

Les gens du village sont sur le bord de la mer et ils regardent au loin un bateau sur lequel on sait que François et Yves se sont embarqués le matin.

Il est bien entendu que nous ne le voyons pas, nous, public; mais eux, le suivent des yeux, et les propos qu'ils échangent nous tiennent au courant des péripéties qu'il traverse. Le bateau s'est engagé entre deux rochers; quand il reparaît, il n'y a plus qu'un homme à bord, qui indique de loin par un grand signe de croix qu'un malheur est arrivé. L'un des deux est mort, mais lequel?

C'est François qui arrive. Il conte l'accident, et l'on sent à la façon dont les matelots l'écoutent qu'ils le trouvent extraordinaire; ils n'ont pas confiance. Le soir tombe; François demeure sur la scène avec sa femme, tandis qu'au fond Jeanne-Marie embrasse la croix qui se dresse au tournant de la route. La cloche sonne lugubrement le glas de la mort et Jeanne-Marie pousse des hurlements funèbres, jetant à la mer le nom d'Yves qu'elle appelle.

François tressaille ; un grand frisson le saisit ; dans son effarement, l'aveu du crime lui échappe en mots entrecoupés ; sa femme lui met la main sur la bouche et l'entraîne, tandis que Jeanne-Marie continue d'emplir l'espace de sa plainte monotone : « Yves ! mon cher Yves ! »

Cette dernière scène est d'un bel effet dramatique. Cet effet est dû, comme dans nombre de nos mélodrames, moins au pathétique des sentiments exprimés qu'à un ingénieux arrangement de mise en scène. C'est affaire de pittoresque bien plus que de poésie. Mais il est certain qu'on est remué.

Telle est cette pièce, qui n'a vraiment plu que dans les parties où elle rappelle le théâtre ordinaire. Le reste nous a prodigieusement ennuyés : c'est ce reste, sans doute, à quoi M. Jean Jullien tient le plus, et dont ses amis le loueront avec le plus de chaleur. J'attendrai paisiblement que le public ait prononcé entre nous et eux. Je regrette que M. Jean Jullien, égaré par de fausses théories, fasse un si méchant usage de qualités indiscutables et dont quelques-unes sont de premier ordre. Mais c'est affaire à lui, nos conseils et nos critiques ne feront sans doute que l'enfoncer davantage dans son opinion. L'événement lui sera peut-être un enseignement plus efficace. Peut-être se fatiguera-t-il de n'avoir pour applaudisseurs que 1.500 ou 2.000 personnes, qui font profession d'ailleurs de regarder l'art dramatique comme le dernier des arts.

Nous verrons bien ce que le public décidera de l'ouvrage, mais il n'y a qu'à louer l'esprit d'initiative de M. Porel, qui peut-être contre son goût secret donne aux adeptes de ces nouvelles écoles l'occasion de se produire et leur met galamment tous les atouts dans la main.

5 octobre 1891

## II

La *Mer* de M. Jean Jullien n'aura pas duré sur l'affiche de l'Odéon. Nous n'en avons pas moins su gré à Porel d'avoir essayé cette tentative, sans s'être fait, je crois, aucune illusion sur le résultat. Mais il me semble que ce résultat est assez négatif pour avoir ouvert les yeux, et de l'auteur et de ses amis, pour leur avoir au moins inspiré quelques inquiétudes sur l'excellence de leurs théories. Si j'insiste sur ce point douloureux, ce n'est pas pour le sot plaisir de dire : Voyez comme j'avais raison ; ce n'est pas non plus pour contrister des jeunes gens, dont les aspirations sont hautes, et un écrivain dont le talent est incontestable. C'est que j'enrage de voir qu'ayant en lui de quoi prendre le public, il fasse exprès de le déconcerter.

L'homme qui a écrit les premières et les dernières scènes de la *Mer*, l'exposition et le dénouement, est assurément un homme de théâtre ; il en a le sens, et il en aura la langue, quand il voudra bien ne plus parler patois. C'est son second acte qui a tout gâté, un second acte fait en dehors des conditions théâtrales ordinaires et en vertu d'un système préconçu. L'auteur m'a fait l'amitié de m'écrire que c'était précisément ce second acte qui, aux représentations suivantes, avait été le mieux compris et le plus goûté du public. Je le veux croire : il resterait alors à expliquer comment il se fait que Porel ait privé le public d'une pièce qui lui faisait un si vif plaisir.

M. Jean Jullien s'imagine nous avoir ouvert l'âme des marins parce qu'il a entassé dans ce second acte une foule de détails, pris à leur vie de tous les jours, parce qu'il leur a prêté, pour exprimer les idées fort sommaires qui hantent leurs cerveaux, le langage dont ils se servent tous les jours. Mais j'en sais plus sur la psychologie des marins, après avoir vu le *Flibustier* de Richepin, qui est écrit en beaux vers et où leur vie est idéalisée de parti pris.

M. Richepin se donne la peine de traduire, dans une langue accessible, les sentiments qui s'agitent, confus et sans expression, dans ces âmes naïves. Il est probable que les filles des marins, quand elles regardent par une fenêtre le nuage qui passe, sentent un certain trouble à se dire que ce nuage s'en va là-bas, là-bas, où peut-être le gars qu'elles aiment vogue à la merci des flots. Comme elles n'ont point de mot pour préciser ce rêve, M. Jean Jullien mettra dans leur bouche une exclamation du pays : « Ah ! diache !... » rappelez-vous les larmes qui montaient à tous les yeux, quand M<sup>me</sup> Barretta soupirait ces vers charmants :

> ...Et le soir, quand le soleil descend,
> Où donc te mires-tu, beau nuage, en passant,
> Goéland fatigué qui sur l'onde sommeilles,
> Berçant ton ventre d'or et tes ailes vermeilles.

Vous souvenez-vous encore de ce passage exquis où le vieux matelot expliquait à son fils pourquoi il aimait la mer d'un amour si profond :

> Les fleuves, oui, je sais ; ça coule à la dérive.
> Sans doute c'est de l'eau, de l'eau qui marche, mais
> Elle s'en va toujours et ne revient jamais.
> Ce n'est pas comme ici. La marée est fidèle ;
> Elle a beau s'en aller au diable, on est sûr d'elle.
> Au revoir, au revoir ! dit-elle en se sauvant,
> Car elle parle, car c'est quelqu'un de vivant.
> Et tout ce qu'elle crie et tout ce qu'elle chante,
> La mer, selon qu'elle est d'humeur douce ou méchante,
> Et tous les souvenirs des amis d'autrefois
> Dont la voix de ses flots a l'air d'être la voix,

> Et les beaux jours vécus sur elle à pleines voiles,
> Et les nuits où l'on croit cingler vers les étoiles,
> Oh ! mon Pierre, mon gars, tout ça, ce n'est donc rien !

La voilà, la vérité, la vérité vraie parce qu'elle est idéale. C'est cela que pensait le vieux bonhomme de marin ; c'est cela qu'il eût dit dans la vie réelle s'il eût eu des mots à son service ; c'est donc cela que l'auteur doit, sur la scène, lui mettre dans la bouche. Nous pénétrons ainsi au fond de cette âme élémentaire que nous a ouverte la baguette magique du poète. M. Jean Jullien s'imagine nous avoir fait faire avec ses marins une connaissance plus intime parce qu'il a mis sous nos yeux le train accoutumé de leur pauvre vie dans ses détails les plus infimes ; il ne nous apprend rien, et, ce qui est pis en matière de théâtre, il ne nous intéresse à rien.

Il peut voir où cela le mène ! Ses amis ont beau crier que le succès a été prodigieux ; les faits sont là ; la *Mer* disparaît de l'affiche, tout comme le *Maître*, après un petit nombre de représentations. Et je crains bien qu'il n'en soit de même encore si M. Jean Jullien s'obstine à ne pas vouloir tenir compte de nécessités auxquelles ont obéi les dramaturges de tous les temps, s'il persiste à vouloir imposer à la foule des théories qu'elles repousse si clairement et si résolument.

Les jeunes adeptes des nouvelles écoles m'en veulent beaucoup de ne pas mettre au service de leur cause l'influence qu'ils me reconnaissent sur le public bourgeois. Mais cette influence, je ne la dois qu'à la netteté avec laquelle je les combats. Il est évident, de toute évidence, que le public n'admet de leurs tentatives que ce qui est, dans une certaine mesure au moins, conforme à l'idéal qu'il s'est fait du théâtre. J'aurai beau lui dire : Mais non, tu sais, ô public, que le second acte de la *Mer* est admirable, justement parce qu'il n'y a pas ombre de mouvement dramatique, ni d'intérêt, il m'enverrait promener. Ces messieurs font semblant de croire que c'est nous qui empêchons le public de se plaire à leurs pièces. Mais non; le public ne nous suit que si nous allons du même côté que lui. J'en ai fait bien souvent l'expérience, car je ne suis pas toujours de son avis, et il ne m'écoute pas plus que les autres dans ces cas-là. Il faut pour le ramener des années de discussion patiente; il faut lui prouver qu'on a raison contre son goût, entreprise toujours ardue et vaine le plus souvent.

12 octobre 1891.

# INDEX ALPHABÉTIQUE

## A

Agar (M<sup>lle</sup>), 114, 115, 244.
*Agamemnon*, 134.
Alcard (Jean), de 177 à 200.
*Aînée (l')*, de 356 à 375.
Amel (M<sup>me</sup>), 275, 276.
*Amie (une)*, 153, 155, 162.
*Amoureuse*, de 289 à 299.
Antoine, 97, 103, 104, 181, 182, 185, 187, 189, 377, 378, 384, 389, 390, 392, 393.
Archainbaud (M<sup>me</sup>), 281.
*Assommoir (l')*, 10, 13 à 20.
Augier (Émile), 5, 6, 7, 151, 164, 169, 179, 184, 355.

## B

Baillet, 200.
Ballande, 141.
Balzac, 83.
Banville (Th. de), 262.
Barrès (Maurice), 399.
Baretta (M<sup>me</sup>), 259, 263, 419.
Bartet (Julia), 183, 270, 272, 275.
Barty (M<sup>lle</sup>), 126.
Bayard, 216, 231.
Becque (H.), 298.
Bergerat (Émile), de 153 à 167.
Bernhardt (Sarah), 99, 114, 118, 150, 195, 245, 318, 323, 393.
Bernis, 372.
*Bienfaiteurs (les)*, 312, 321.
Bisson (Alexandre), de 215 à 239.
Blanche (D<sup>r</sup>), 77, 191.
Boileau, 12, 66.
Boisselot, 238, 370.
Boneza (Wanda de), 138, 200.
Boucher, 157.
*Bourgeois gentilhomme (le)*, 23.
Bourget (Paul), 75, 340.
*Bouton de Rose*, 4, 9, 11.
Bouvier (Alexis), 61.
Brandès (M<sup>me</sup>), 182.
Brieux (Eugène), 312, 321.
Brisson (Adolphe), 139.
*Britannicus*, 197.
Busnach (W.), 13, 21, 29, 31, 43, 44, 47, 48, 49, 51, 54, 57, 60, 61, 68, 83.

## C

*Cadio*, 102.
*Cagnotte (la)*, 8.
Calmettes, 342.
Campistron, 120.
Candé, 342.
Capoul (V.), 101, 103, 104.
Caron (M<sup>lles</sup>), 239.
*Célimare le Bien-Aimé*, 83.
Chabrillat, 14, 15.
Chameroy, 52.
Chamfort, 372.
*Chance de Françoise (la)*, 298.
*Chapeau de paille d'Italie (le)*, 407.
Chavette (Eugène), 23.
Chelles, 281.
*Chemineau (le)*, de 277 à 287.
Chénier (André), 113.
Cheret, 176.
*Cigale (la)*, 8.

Claretie (Jules), de 85 à 96, 181, 182, 183, 184, 190, 196, 252, 275, 280, 343.
Coquard et Bicoquet, 227, 239.
Cogniard, 14, 15, 17.
Collas (Luce), 388.
Collin d'Harleville, 186.
Coppée (François), de 113 à 140.
Coquelin, 224, 263.
Corbin, 238.
Cornaglia, 342.
Corneille, 143, 170.
Courtès, 238.
Critique de l'École des Femmes, 185.
Curel (François de), 311, 312, 314, 315, 320, 321, 325, 377 à 405.

## D

Dallet (M<sup>lle</sup>), 363, 364, 370.
Dame aux Camélias (la), 327, 407.
Dame Blanche (la), 102.
Damoye, 388.
Daudet (Alphonse), 45, 46, 67.
Davenant, 180, 183.
Daynes-Grassot (M<sup>me</sup>), 239.
Décoré (le), 227, 239.
Decori, 285.
Delaunay (Louis), 200.
Delile (l'abbé), 372, 373.
Demi-Monde (le), 83.
Denise, 196, 263.
Deneubourg, 318.
Député de Bombignac (le), de 215 à 226.
Député Leveau (le), de 343 à 354.
Déroulède (Paul), de 169 à 176.
Després (Suzanne), 360, 370.
Deux orphelines (les), 8.
Deval, 320.
Dolly (M<sup>lle</sup>), 318.
Dudlay (M<sup>me</sup> A.), 151, 183, 270.
Duflos (Raphaël), 132.
Dufresnes (M<sup>lle</sup>), 105, 110.
Dumaine, 268.
Dumas (Alexandre), 8, 68, 73, 93, 96, 151, 163, 164, 180, 184, 190, 327, 336, 337, 340, 341, 355, 396, 407, 412.
Dumény, 342.
Duquesnel, 170, 175, 176.
Durand (M<sup>lle</sup>), 225.
Duvert, 216, 231.

## E

École des Femmes (l'), 185.
Ennery (d'), 8, 51, 265, 412.

## F

Fenoux (Jacques), 200.
Feraudy (de), 224.
Feuillet (Octave), 184.
Fils de Giboyer (le), 87.
Fils naturel (le), 8, 340.
Flibustier (le), 183, de 252 à 264, 419.
Fourchambault (les), 7.
Fossiles (les), de 377 à 393, 394, 401.
France (Anatole), 368, 373, 385.
France (M<sup>me</sup>), 191, 388.
Froufrou, 359.

## G

Gambetta, 92.
Garbagny, 281.
Gastineau, 13.
Gaudy (M<sup>lle</sup> Caroline), 275.
Gauthier, 370, 374.
Geffroy, 175.
Gendre de M. Poirier (le), 83.
Germinal, 312.
Germinie Lacerteux, 104.
Gil-Nasa, 175.
Glu (la), de 241 à 251.
Got, 7, 178, 180, 181, 182, 183, 185, 190, 192, 195, 263.
Gotte, 83.
Grand, 190, 388.
Grandet (M<sup>me</sup> Marie), 319.
Grangé (M<sup>me</sup> Pauline), 263.
Guéroult (C.), 153.
Guitry, 318.

## H

Hading (Jane), 213, 214, 353.
Halévy (Ludovic), 6.
Hamlet, 194.
Hauptman, 312.
Henri III, 99.
Héritiers Rabourdin (les), 4, 5, 9, 11.
Hetman (l'), de 169 à 176.
Homère, 254.

Horace, 253.
Hugo (Victor), 120, 136.

## I

Ibsen, 365, 368.
Invitée (l'), de 394 à 399.

## J

Janvier, 285, 388.
Jouassain (Mme), 225.
Jolly, 238.
Juan Strenner, 169.
Jullien (Jean), 164, de 407 à 421.

## K

Kalb (Mlle), 225.
Kock (Paul de), 14, 15, 17, 23, 26, 27, 29.
Kœning, 214.

## L

Labiche (E.), 5, 6, 8, 23, 29, 215, 223, 231, 407.
Lacressonnière, 51, 250.
Lambert (Albert), fils, 131, 269.
Lara (Mlle), 199.
Laroche, 263.
Laugier (Pierre), 200.
Laurent (Mme Marie), 51, 319.
Lausanne, 216, 231.
Leloir, 267, 275.
Lemaître (Jules), de 327 à 375, 391.
Lerand, 370.
Lerou (Mme), 139, 157, 270.
Lohengrin, 293, 295.
Lorenzacio, 223.
Luther, 102, 110.

## M

Macbeth, 194.
Machiavel, 61.
Madame Caverlet, 11.
Magnier (Mme), 91.
Mahomet, 184.
Maître (le), 420.

Maître de Forges (le), de 201 à 214.
Maîtresse d'École (la), 312.
Marais, 91, 175.
Mari à la Campagne (le), 216, 218, 219, 224, 225.
Marivaux, 74.
Mars (Antony), 227.
Martyre (la), 280.
Masset-Largillière (Mme), 51.
Maubant, 132.
Maurais Bergers (les), de 311 à 325.
Mayer, 370.
Mégère apprivoisée (la), 194.
Meilhac (Henri), 6, 8, 165, 183, 184, 225, 309.
Mélingue, 268.
Mendès (Catulle), de 97 à 111.
Mer (la), de 407 à 421.
Mères ennemies (les), 248.
Méténier (O.), 103.
Meurice (Paul), 102.
Michel et Christine, 252, 253, 260.
Mirbeau (Octave), de 311 à 325.
Molière, 5, 6, 7, 8, 23, 36, 38, 48, 177, 187, 225, 412, 413.
Monnier (Henry), 391.
Monsieur le Ministre, de 85 à 96, 344.
Montigny, 393.
Mounet (Paul), 132, 196, 197, 272, 275.
Mounet-Sully, 151, 152, 183, 195, 196, 197, 199, 200, 267, 268, 269, 270, 273, 274, 275, 393.
Mousquetaires de la Reine (les), 102.
Muller (Mlle), 223.
Musset (Alfred de), 113, 165.

## N

Nana Sahib, 258.
Nancy-Martel, 157.
Niniche, 11.
Nom (le), 158, 162, 166.
Norma (la), 149.
Nouvelle Idole (la), de 400 à 405.
Nuit d'Octobre (la), 113.
Numa, 342.
Numès, 363.

24.

## O

Ohnet (Georges), de 201 à 214.
*Othello*, 183, 184, de 193 à 200.

## P

Pailleron (Édouard), 184.
*Parisienne (la)*, 298.
*Par le Glaive*, de 265 à 276.
Parodi (Alexandre), de 141 à 152.
Pasca (M<sup>me</sup>), 399.
*Passant (le)*, de 113 à 115, 125.
*Passé (le)*, de 300 à 309.
*Patrie*, 266, 413.
*Peppa (la)*, 183.
*Père Lebonnard (le)*, de 177 à 192.
Perrin, 99, 141, 142, 144, 150, 151, 195, 225.
*Petites mains (les)*, 215.
Picard, 215, 223.
Pigault-Lebrun, 23.
Pixérécourt, 17.
Platon, 405.
Porel, 46, 99, 215, 327, 328, 417, 418.
Porto-Riche (Georges de) de 289 à 309.
*Pot-Bouille*, de 21 à 42.
*Pour la Couronne*, de 133 à 140.
Prince, 281.
*Princesse Georges (la)*, 88, 182.
*Prophète (le)*, 102.
Prudhon, 223.

## R

Racine, 3, 12, 197, 369.
Reichemberg (M<sup>lle</sup>), 49.
*Reine Fiammette (la)*, de 97 à 111.
Réjane, 245, 250, 295, 297, 309.
Rémusat (Paul de), 184, 185.
Renan, 385.
*Renée*, de 69 à 84.
*Repas du Lion (le)*, 311, 312, 314, 315, 320, 401.
*Révoltée*, de 327 à 342.
Richepin (Jean), 178, 183, de 241 à 287, 419.
Roger, 102.
*Roi Lear (le)*, 194.
*Rome vaincue*, de 141 à 152.
Roumanille, 186.

*Ruy Blas*, 265.

## S

Salis (R.), 104.
*Samaritaine (la)*, 323.
Samary (M<sup>me</sup> Marie), 349, 370.
Sand (George), 102, 377.
Sardou, 3, 8, 179, 208, 266, 355, 413.
Scribe, 6, 7, 23, 164, 165, 216, 223, 225, 228, 231, 251, 252, 253, 254, 255, 258, 260, 336.
Séjour (Victor), 265, 266, 268, 273, 274.
*Severo Torelli*, de 116 à 132.
Shakespeare, 8, 99, 103, 107, 131, 158, 193, 194, 196, 199, 413.
Sisos (Raphaël), 342.
Smilis, 180.
Sophocle, 412.
Stendhal, 311.
*Surprises du Divorce (les)*, de 227 à 239.

## T

Tarbé, 312.
Tessandier (M<sup>me</sup>), 132, 139, 342.
Teste, 318.
*Théobald ou le Retour de Russie*, 252, 253, 258.
*Théodora*, 413.
*Thérèse Raquin*, 12, 319.
Theuriet (André), 254.
*Tisserands (les)*, 312.
*Trois épiciers (les)*, 227.

## U

*Ulm le parricide*, 141, 143.

## V

Valdé (M<sup>lle</sup>), 388.
*Ventre de Paris (le)*, de 43 à 68, 78, 83.
*Vestale (la)*, 143.
Vigny (Alfred de), 193.
Villain, 200.

Voltaire, 83.

## W

Weber (Mlle), 287.
Worms, 182, 192, 259, 263.

## Y

Yahne, 370.

## Z

Zola (Émile), de 1 à 84, 312, 313.

# TABLE DES MATIÈRES

                                                                    Pages

**ÉMILE ZOLA**
    *Le Théâtre et les Préfaces de Zola*..................... 1
    *L'Assommoir* ........................................... 13
    *Pot-Bouille*............................................ 21
    *Le Ventre de Paris*..................................... 43
    *Réponse à M. Émile Zola*................................ 53
    *Renée*.................................................. 69

**JULES CLARETIE**
    *Monsieur le Ministre*................................... 85

**CATULLE MENDÈS**
    *La Reine Fiammette*..................................... 97

**FRANÇOIS COPPÉE**
    *Le Passant*............................................. 113
    *Severo Torelli*......................................... 116
    *Pour la Couronne*....................................... 133

**ALEXANDRE PARODI**
    *Rome vaincue*........................................... 141

**ÉMILE BERGERAT**
    *Étude générale sur son théâtre*......................... 153

**PAUL DÉROULÈDE**
    *L'Hetman*............................................... 169

**JEAN AICARD**
    *Le Père Lebonnard*...................................... 177
    *Othello*................................................ 193

# TABLE DES MATIÈRES

Pages.

**GEORGES OHNET**
    Le Maître de Forges.................................... 201

**ALEXANDRE BISSON**
    Le Député de Bombignac................................ 215
    Les Surprises du Divorce.............................. 227

**JEAN RICHEPIN**
    La Glu................................................ 241
    Le Flibustier......................................... 252
    Par le glaive......................................... 265
    Le Chemineau.......................................... 277

**GEORGES DE PORTO-RICHE**
    Amoureuse............................................. 289
    Le Passé.............................................. 300

**OCTAVE MIRBEAU**
    Les Mauvais Bergers................................... 311

**JULES LEMAITRE**
    Révoltée.............................................. 327
    Le Député Leveau...................................... 343
    L'Aînée............................................... 356

**FRANÇOIS DE CUREL**
    Les Fossiles.......................................... 377
    L'Invitée............................................. 394
    La Nouvelle Idole..................................... 400

**JEAN JULLIEN**
    La Mer................................................ 407

P. Vinsonau, 15, rue Saint-Georges.

---

Typographie Firmin-Didot et Cⁱᵉ. — Mesnil (Eure).

www.ingramcontent.com/pod-product-compliance
Lightning Source LLC
Chambersburg PA
CBHW071110230426
43666CB00009B/1896